# LINKAGE
## 人・建築・都市を○○でつなぐ

岩崎克也 編著

Tomohiko Yamanashi

Jun Sato

Hirotaka Ogihara

Tatsuya Hiraga

Akira Ando

Katsuya Iwasaki

Tatsuo Iso

Ryuichi Sawada

Yuya Uchiyama

Toyo Ito

総合資格学院

# 刊行にあたって

建築・都市に関わる世の中は、大きく変わってきています。

これまでの、設計、構造、設備、土木といった枠組みから、クライアントと建築家の間に入りプロジェクトマネジメントをする仕事（ＰＭ）や、行政と一緒に街づくりや地域デザインといったコンサルタントを行う仕事、他にも、建設費をはじめコストコントロールを行ったり、建設工事のアドバイスをするコンストラクションマネジメント（ＣＭ）という仕事など多岐にわたってきています。特に、建築や土木の工事の規模が大きくなると、これらの調整を図るため、さらに多くの役割の人が仕事に携わってきます。また、海外では、外装デザインの専門家や、インテリアを専門とする業種など、さらに職種が細分化されています。

このように、大学で建築や都市について学ぶ学生たちの活躍先は幅が広く、さまざまな職種を自ら選択をして行くこととなります。

本書は、「Linkage ／ 人・建築・都市を○○でつなぐ」と題して1年半の期間に9回にわたる東海大学建築都市学部設立を記念した連続オープニングセミナーでの講演内容に「Linkage ＋」として建築学科同窓会である建築会主催による筆者の基調講演を加えた内容をもとに、大学の教員もコラムに参加し、さらに肉付けをして編まれたものです。

この連続セミナーのタイトルでもある「Linkage」は、それぞれの個性あふれる講演者は、専門とする職能／〇〇で建築と都市をどのように考え、どう解決をしているかについて考えています。このさまざまなつながり方や関係性を各ジャンルで編むことで何か見ることができるのではないか。ここでは、10編の異なるキャラクターを縦糸にして、建築・都市のいくつものテーマを横糸にすることで、それぞれのつながりについて抽出するといったものを考えました。この意味合いからも、本書をセミナータイトルと同じく「Linkage」としました。

セミナーでご講演頂いた9人のメンバーは、世界で活躍をする建築・都市の業界を牽引するトップランナーの方々です。建築設計や、構造、環境設備の分野、土木エンジニア的な視点からは、ランドスケープや交通計画の分野、また、行政からは都市情報の可視化を推進する分野を、さらには、照明デザインや、出版という形を通じて発信を行うジャーナリストの方など、建築・都市の世界で活躍をする多方向の分野の方々をお招きしました。ここからも、建築・都市の分野での活躍の先の裾野が広いことがわかります。

本書が、将来、建築や都市の分野に進もうと考えている学生に、この世界の広さと奥行を少しでも感じていただけることを期待し、また、実際に社会に出て日々奮闘している実務家の方々へは、これが指南書となり新たに推進するためのエネルギーとして一助となることを願っています。

2023年10月　東海大学建築都市学部学部長 建築学科教授　岩﨑 克也

02

[**構造**]
Structure

「こもれび」の透過性を
生み出す幾何学と力学

[2021年11月20日講演（オンライン）]

## 佐藤 淳
**Jun Sato**

1970年愛知県生まれ滋賀県大津市育ち。1995年東京大学大学院修了。1995～1999年木村俊彦構造設計事務所勤務。2000年佐藤淳構造設計事務所設立。現在、佐藤淳構造設計事務所技術顧問、東京大学准教授、スタンフォード大学客員教授。主な作品に、芦北町地域資源活用総合交流促進施設（2009年竣工、建築設計：ワークステーション、2009年日本構造デザイン賞）、Sunny Hills at Minami-Aoyama（2013年竣工、建築設計：隈研吾建築都市設計事務所、JCDデザインアワード2014金賞）、直島パビリオン（2015年、建築設計：藤本壮介建築設計事務所）、高田東中学校（2016年竣工、意匠設計：SALHAUS）、宮野森小学校（2017年竣工、意匠設計：盛総合設計・工藤和美＋堀場弘／シーラカンスK&H）など。

01

[**建築**]
Architecture

建築と都市を切る／つなぐ

[2021年10月2日講演（オンライン）]

## 山梨 知彦
**Tomohiko Yamanashi**

1984年東京藝術大学建築科卒業。1986年東京大学大学院修了。日建設計に入社。現在、チーフデザインオフィサー、常務執行役員。代表作に、神保町シアタービル（2007年竣工、2008年JIA新人賞、グッドデザイン賞）木材会館（2009年竣工、2013年BCS賞）、ホキ美術館（2010年竣工、2011年JIA日本建築大賞、2012年BCS賞）、NBF 大崎ビル（2011年竣工、2014年日本建築学会賞［作品］、2014年BCS賞など）、桐朋学園大学調布キャンパス1 号館（2019年日本建築学会賞［作品］、RIBA Award for International Excellence 2018）ほか。

著書に『切るか、つなぐか？建築にまつわる僕の悩み』（2020年、TOTO出版）、『山梨式　名建築の条件』、『最高の環境建築をつくる方法』、『プロ建築家になる勉強法』（2011年、日本実業出版社）など。

04

# [ランドスケープ]

Landscape

## Without Borders ／ 境界を越えて

[2022年4月16日講演（オンライン）]

## 平賀 達也

Tatsuya Hiraga

1969年徳島県生まれ。高校卒業後に渡米。1993年ウェストヴァージニア大学ランドスケープアーキテクチャー学科卒業後、同年日建設計入社。2008年ランドスケープ・プラス設立。現在、同社代表取締役、ランドスケープアーキテクト連盟副会長。

主な作品に、としまエコミューゼタウン（2015年竣工、建築設計：日本設計、2015年グッドデザイン賞、2016年都市計画学会賞［計画設計賞］、2017年BCS賞）、南池袋公園（2016年オープン、2017年グッドデザイン賞および照明学会照明デザイン最優秀賞、2018年日本造園学会賞および照明学会賞など）。これらの活動が評価され2020年豊島区より文化栄誉賞受賞。

03

# [環境]

Environment

## 光を操り、風を促す ── 環境デザイン・エンジニアリング

[2022年2月26日講演（オンライン）]

## 荻原廣高

Hirotaka Ogihara

1974年愛知県生まれ。1998年神戸大学工学部建設学科卒業、NTTファシリティーズ入社。2008年アラップ東京事務所入社。2015年アラップロンドン本社へ移籍。2017年アラップ東京事務所に復帰。2023年deXen設立。現在、同社代表、神戸芸術工科大学准教授、東京藝術大学非常勤講師、芝浦工業大学非常勤講師。主な作品は、松原市民松原図書館（2019年竣工、建築設計：MARU。Architecture、2022年日本建築学会作品選奨、第20回環境・設備デザイン賞・最優秀賞）、みんなの森 ぎふメディアコスモス（2015年竣工、建築設計：伊東豊雄建築設計事務所、第15 回環境・設備デザイン賞・最優秀賞）、横浜市港南区総合庁舎（2017年竣工、建築設計：小泉アトリエ、2020年JIA環境建築賞・優秀賞）、太田市美術館・図書館（2017年竣工、建築設計：平田晃久建築設計事務所、2022年日本建築学会賞（作品）、2017年村野藤吾賞、2018年BCS賞）など

06

［**建築**］
Architecture

## 建築から都市を 都市から建築を考える

— 都市と建築空間の
＜重なり・奥行き＞のデザイン —

［2022年6月25日講演（オンライン）］

## 岩﨑 克也
Katsuya Iwasaki

1964年千葉県船橋市生まれ。1991年東海大学大学院工学研究科建築学専攻修了。1991年日建設計入社、設計部長を経てダイレクターアーキテクト。2020年東海大学工学部建築学科教授。2022年東海大学建築都市学部長・建築学科教授/岩﨑克也建築設計事務所。

主な作品に、大田区特別養護老人ホームたまがわ（2000年竣工、2001年東京建築賞「最優秀賞＋東京都知事賞」など）、東京理科大学葛飾キャンパス図書館棟（2013年竣工、2015年東京建築賞優秀賞、2015年図書館協会建築賞）。主な著書に『未来を拓くキャンパスのデザイン』（ 2018年、彰国社）など。

05

［スマートシティモビリティ］
Smart City

## 新しいモビリティと まちづくり

［2022年4月4日講演（オンライン）］

## 安藤 章
Akira Ando

1991年日建設計入社。2008年より日建設計総合研究所。現在、同研究所・主席研究員。都市・交通政策やスマートシティに関する研究、コンサルティング業務に従事。

主な著書に、『スマートエネルギーネットワークの最前線』（共著、2012年、NTS出版）、『近未来モビリティとまちづくり』（2019年、工作舎）他あり。

内閣府・戦略的イノベーション創造プログラム（SIP）「包摂的コミュニティプラットフォームの構築」評価委員及びピアレビューアー、東京都スマートサービス実装プロジェクト評価委員等、政府や自治体の政策評価委員も併任。

受賞歴に2013年日本都市計画学会年間優秀論文賞受賞他あり。博士（工学）、技術士（建設部門・都市及び地方計画）他あり。名古屋大学大学院博士課程修了。

08

［光環境］
Light Environment

## 気配・印象・雰囲気をコントロールする
〜 照明デザイン

［2022年10月8日講演（対面&オンライン）］

## 澤田 隆一
Ryuichi Sawada

1964年福岡県生まれ。1988 年武蔵野美術大学造形学部空間演出デザイン学科卒業。照明メーカーの研究所、照明デザイン事務所を経て、2004 年サワダライティングデザイン&アナリシス設立。近年の主な仕事に「道の駅しょうなん“てんと”」、「国立アイヌ民族博物館」、「同志社香里中学校・高等学校メディアセンター“繋真館”」、「西原商会本社」、「大和ハウスグループ みらい価値共創センター“コトクリエ”」など。

07

［メディア］
Media

## 建築を動かすイメージとワード

［2022年7月23日講演（オンライン）］

## 磯 達雄
Tatsuo Iso

1988 年日経BP 入社、『日経アーキテクチュア』編集部に勤務。1999年に退社し、編集事務所フリックスタジオを共同主宰しながら、建築専門誌、一般誌で建築に関する記事を執筆。2020年からはOffice Bungaを共同主宰する。桑沢デザイン研究所、武蔵野美術大学非常勤講師。
主な筆書に、『日本のブルータリズム建築 BRUTALIST ARCHITECTURE IN JAPAN』（2023年、トゥーヴァージンズ）、『昭和モダン建築巡礼』（宮沢洋と共著、2006年、日経BP）、『菊竹清訓巡礼』（同、2012年、日経BP）など。

10

# [建築]
Architecture

建築って何だろう

[2023年6月17日講演(対面&オンライン)]

## 伊東 豊雄
**Toyo Ito**

1941年生まれ。1965年東京大学工学部建築学科卒業。

主な作品に、せんだいメディアテーク(2000年竣工、2003年日本建築学会賞[作品])、多摩美術大学図書館(八王子キャンパス(2007年竣工)、みんなの森 ぎふメディアコスモス(2015年竣工)、台中国家歌劇院(2016年竣工)、水戸市民会館(2022年竣工)など。その他の受賞に、2002年ヴェネチア・ビエンナーレ金獅子賞、2006年王立英国建築家協会(RIBA)ロイヤルゴールドメダル、2013年プリツカー建築賞、2017年UIA ゴールドメダルなど。2011年に私塾「伊東建築塾」を設立。これからのまちや建築を考える場としてさまざまな活動を行っている。

09

# [都市情報]
City Information

都市DXの取組み
— 国土交通省Project PLATEAU

[2022年11月26日講演(オンライン)]

## 内山 裕弥
**Yuya Uchiyama**

1989年生まれ。2012年首都大学東京卒業、2014年東京大学公共政策大学院修了、2013年国土交通省入省。現在、国土交通省総合政策局/都市局 IT戦略企画調整官。国家公務員として、防災、航空、都市など国土交通省の幅広い分野の政策に携わる。法律職事務官として法案の企画立案や法務に長く従事する一方、大臣秘書官補時代は政務も経験。2020年からはProject PLATEAUのディレクターとして立ち上げから実装までを一貫してリード。

# 01

# ［建築］

## Architecture

日本最大手の組織設計事務所である日建設計で
チーフデザインオフィサー（デザインの最高責任者）を務める山梨知彦氏。
木材会館や桐朋学園大学調布キャンパス1号館などの代表作を事例に挙げながら、
空間を「切る／つなぐ」という自身の設計手法や思想について解説する。

［2021年10月2日講演（オンライン）］

山梨 知彦
Tomohiko Yamanashi
日建設計

# 建築と都市を切る／つなぐ

## 内外を微妙につなぐ日本の建築

私は日建設計という大きな設計事務所にいて、チーフデザインオフィサーという大げさな名前をいただいて、建築のデザインを中心に担当しています。しかし、実際自分自身がデザインをした建築は、おそらく30に満たないと思います。フランク・ロイド・ライト（注1）は人生の中で800の建築を手掛けたと言われていますが、私は30くらいしかできていないわけですから、一つずつ大切に取り組まなければと思い、取り組んできました。大切に取り組むということは、建築は何から生まれるのか、僕にとって建築はどういうものなのかということを考えることではないかと思っています。つまり、建築とは何だろうと自問自答しているわけです。

自問自答した中で出した答えの一つが、建築は連続したひとつながりの世界から、ある領域や空間を分節する、つまり切り取る作業なのではないかということです。世の中から空間を切り取りつつ、つなぐ作業が建築を

---

（注1）
フランク・ロイド・ライト
（1867年～1959年）
ル・コルビュジエとミース・ファン・デル・ローエと並び「近代建築の三大巨匠」と呼ばれるアメリカの建築家。プレーリースタイル（草原様式）という建物の高さを抑え水平線を強調した様式を生み出し、アメリカの郊外住宅を中心に数多くの建築を残した。主な作品にプレイリースタイルの代表作となったロビー邸（1910年）、滝の上に建てられた落水荘などがある。落水荘（1936年）は世界遺産リストに登録されている。日本では旧帝国ホテル（1921年、愛知県犬山市の明治村に中央玄関を移築）や自由学園明日館（1921年）、ヨドコウ迎賓館（1924年）を手掛けた。

つくることなのではないか、と考えるようになりました。

わかりやすい例だと日本の縁側や韓国のテンマル（図1）があります。日本人はよく縁側を内外の空間をつなぐものとして捉えていますが、一方で建物の外と中を切る役割も確実に担っています。完全に切らずに、微妙につないでおり、それが建築を生みだしています。韓国は日本より少しだけ環境が厳しい分、テンマルは縁側に比べるとやや閉鎖的なのかなと感じます。とはいえヨーロッパの建築に比べるとはるかにつながっていて、こういった違いに着目することが重要なのではないか、このようなことが建築のはじまりなのではないかと考えて設計をしています。

これとよく似た考え方に記号論があります。いや、より正確にいえば、私のこうした建築の捉え方は、記号論に影響を受けているのだと思います。いつの時代にも時代を支える考え方があって、僕が学生時代には記号論だったのですね。記号論とは世の中を記号で捉える考え方で、記号論の大家ソシュールは、世の中はひとつながりであって、それを言葉を使って分節していく、それが物を認識することだと言っています。そもそもひとつながりの空間を分節して建築にして認識することは記号論的な世界観と言

（図1）

えそうな気がします。

切るというのは先ほどの縁側もありますが、障子もそうですね。内外を切っているけれど、光をやわらかくつないでいるとも言えます。日本独特の開口部として掃き出し窓や縁側、簾、格子など（図2）はヨーロッパの建築に比べてもう少し微妙に内外をつないでいて、切ってもいる。非常に微妙なものが多いわけです。

これはある京都の寺院の窓ですが（図3）、風景を切り取って、内外の境に壁を設けているようであり、窓が中をつないでいるようであり、かつ、引き戸が入っているわけですね。このように、つないで切るという作業が建築の中では非常に重要ではないかと思っています。

これは名古屋のある料亭の渡り廊下ですが（図4）、手すりを兼ねて腰壁が付いています。腰壁下には地窓があり、そこにまた障子状のものが入っている。非常に凝った作りをしています。この空間から外を見ると、ある人にとっては室内だと言えるかもしれないですし、ある人にとっては室外だと言えるかもしれませんが、非常にマイルドな気候風土を持った日本ならではの建築空間ではないかと思い、何か魅力を感じるわけです。

（図3）

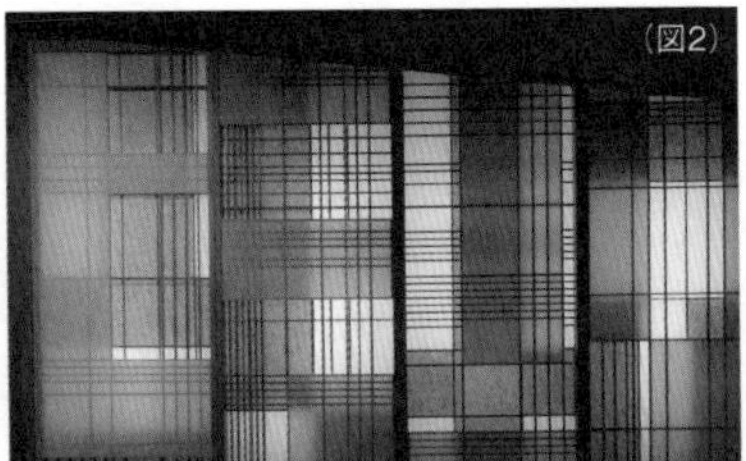
（図2）

このようなものをヒントに現代の建築をつくっていけないかと常に考えています。上手く答えを出しているかわかりませんが、今日はそのような話をしてみたいと思います。

## 「9・11」を目の当たりにして　木材会館

私は大型の建築をつくることが多いですが、大型の建築でも外部空間との切るつなぐを考えられると思っています。大型の建築だと、ガラス張りのカーテンウォールでできた内外が完全に切れてしまったような建築が多いわけですが、僕は大型の建築が嫌われてしまう原因の一つに、それが内外のつながりが薄いからなのではないかと思っています。ですので、大型の建築のファサード、立面を外部空間とのインターフェイスと考えて、そこに障子や縁側、引き戸のようなもの、伝統的な建築に近い内外をつなげる方法を加えることによって、大型建築も人々に馴染みのあるものにできるのではないかと考えています。

近代の大型建築が登場したのは、アメリカに始まる摩天楼ですが、摩天楼は有名な建築家であるレム・コールハース（注2）が、三つの発明によっ

（図4）

（注2）
レム・コールハース（1944年〜）
オランダのロッテルダム出身の建築家、都市計画家。父親は小説家で、コールハースもジャーナリストや脚本家として活躍していた。1968年にイギリス・ロンドンのAAスクールで建築を学び、設計事務所OMAを設立。研究機関AMOも設立し両機関の所長を務める。代表作は在ベルリン・オランダ大使館やシアトル中央図書館など。また『錯乱のニューヨーク』や『S,M,L,XL』といった著書は現代の建築理論に大きな影響を与えた。

て出来上がったと言っています。一つは垂直移動装置であるエレベーター、一つは摩天楼が外部空間と切り離されても人間が使っていける空調設備、それから同じく外部空間と切り離されても使える照明設備です。摩天楼の歴史は、外界から切り離された人工環境をつくるという、すごくヨーロッパ的、アメリカ的な考え方でできたわけです。これをもう少し日本の気候風土に合わせたものにするためには、外界から切り話すものを弱める必要があるのではないかと思います。

その想いのきっかけになったのが「911」、2001年9月11日に起きたアメリカ同時多発テロです。マンハッタンに建っている世界貿易センタービルにアルカイダの飛行機が突っ込み、パンケーキクラッシュ（注3）という現象でいっぺんに超高層ビルが崩壊してしまいました。皆さんも聞いたことがあるかと思いますが、実は僕自身がショックを受けたのはパンケーキクラッシュのすぐ直前の現象でした。アルカイダの乗っ取った飛行機が、世界貿易センタービルに突っ込んで、内部火災によりモクモクと超高層ビルから煙が出ていたわけです。テレビで映像がクローズアップされると、割れた窓から煙に追われた中の人が身を乗り出しているシーンが映

（注3）
パンケーキクラッシュ
地震などにより建築物が倒壊し、各階が押し潰され重なった状態がパンケーキに似ていることから名づけられた「層崩壊」を指す和製英語。他の階層と比べて剛性が小さいといった構造的な問題がある場合に崩壊に至り、連続的に破壊が進み、階層全体が崩壊する現象を言う。

りました。しかし、超高層ビルですから誰も助けることができないわけです。そして、中継を見ていると、突然カメラがズームアウトをしてビル全体を映しました。ビル全体のファサードに映っていたのは、チラチラと燃え落ちる灰のようなものです。僕は最初内部で燃えている灰か何かが落ちているのかなと思ったのですが、よく見ると人間なのです。煙で追われた人が、逃げ場がなくなって、飛び降りるわけです。内外につながりのないファサードではなく、そこにバルコニーや日本の縁側のようなものがあれば、何人の人が助かっただろうか。その時、そう思いました。

すでに超高層ビルの設計を手掛けていた僕は、それまでダブルスキンというガラスを二重に入れるファサードを採用していました。しかしダブルスキンの超高層ビルだと人が助からない。「9・11」を見て、環境にやさしいだけでなくて、安全なビルをつくれないかと思い始めました。

## バルコニーで内外をつなぐ　木材会館

「9・11」のテロと同じ頃に設計室長になり、自分の設計チームを持てたので、自分のデザインができるようになりました。そんな状況の中でデ

(図5)

(図7)

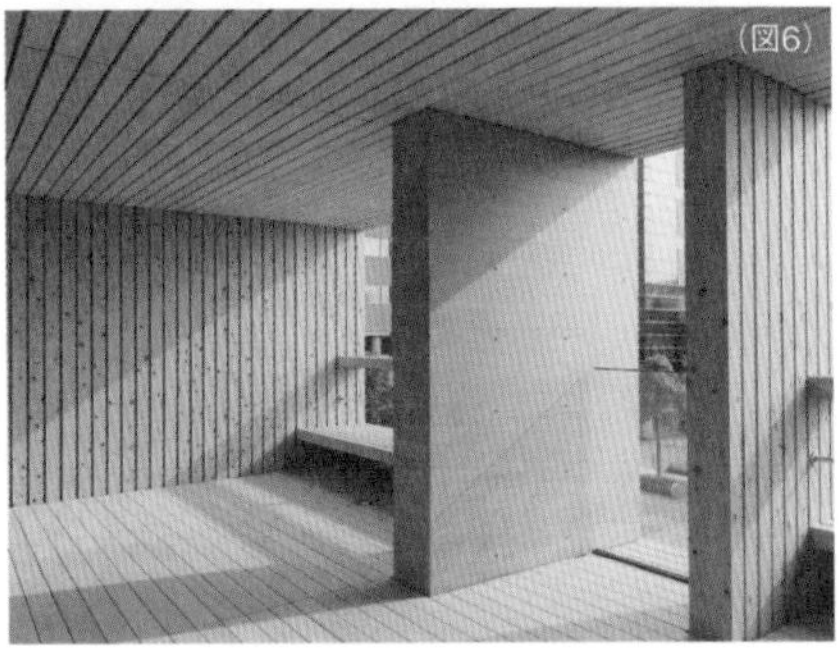
(図6)

ザインしたビルが木材会館です(図5)。ファサードが木でできていて、木質とコンクリートと鉄骨のハイブリッド造のオフィスビルです。何をやりたかったかというと、西日は遮りつつも、視覚や体感的には、内外の連続を持ったファサードをつくりたかったわけです。ビルはほとんどがガラスで覆われているわけです。ガラスの厚みは、大体8㎜とか12㎜、厚いものは15㎜くらいですが、窓も開かないし、僅か15㎜の世界で内部と外部が断絶されている状況です。僕はそうではなくて、縁側のようにある厚みを持たせてもいいから、内外の環境や視界と何かつながりのあるものができないかと考えて、このようなファサードにしてみたわけです。

西日を切るということは日本では大事です。陽射を遮るには庇がきくわけですが、同時にその庇の空間をバルコニー状にして人間がリフレッシュするための空間、縁側のように2m程度の奥行のある空間をつくることで、内外の環境をつないだ新しい高層ビルができるのではないかと考えていたわけです。

構造体はSRC造というコンクリートと鉄骨のハイブリット構造ですが、手摺や天井を支えているサブの構造は木造にしました。伝統的な角材を使って、このようなバルコニーをつくりました（図6）。外部から見るとこのような感じで（図7）、コンクリートの型枠も同じ幅の木を使っています。１０５㎜で、すごく中途半端に聞こえますが、尺貫法でいくと三寸五分なのですね。一番住宅の設計で使われ、日本で流通している材料だったので、非常に安く、このような角材を使って高層ビルを設計してみたわけです。

内部空間も、表層のファサードのモチーフが内部に入ってきて、内壁もファサードのようなデザインになり、内外が連続している感じが出ています。外装の厚みが２ｍ以上あって奥行は深いですが、外の環境につながり、内外の流れが生じ、新しい高層ビルのイメージが生まれたのではないでしょうか。この写真（図8）もファサードが部屋の中に入り込んできて、それによって西日を切っています。

超高層ビルというと、外は外、内側は内側でデザインされているものが多いのですが、やはりそういうものは、建築的に豊かではないと思い、内外をつなげて一つのものにしました。

コンクリートの厚い壁は構造体です。これだけだと日差しが切れないの

（図8）

で十字に木材の庇が入っています。ちなみに木材は全部ボルト止めになっていて、古くなると外せて、リユースできるような工夫がしてあります。

バルコニーには普通のオフィスビルと違い、マンションに見られるような、床まで目一杯の建具が入っている掃き出し窓を使っています（図9）。例えば、休憩時間には窓をガラガラと開けて、外のベンチに腰かけてお茶が飲めます。ファサードだけではなくて縁側のような何か人間の暮らしや生活、行動に役に立つようなものとしてデザインしてあります。

それから当然木造でできているわけですから燃えやすい。法律は満たしているけれど、より安全性を高めるために、専用の階段をつくって、火災時にも安全に逃げられるようにしつらえています。また、ファサードの考え方を最上階の屋根にまで持ち込んで、木造の屋根をつくりました。オフィスビル全体を木造でつくるという試みをしてしまうと、普通に考えるとスパンが飛んでいますから非常に経済的ではないけれど、最上階は自分で自重を支えるだけですから、木造という軽い材料でつくる意味はあります。空から見ると第六のファサードと言っていい空間だと思いますので、木造でつくってファサードとの連続性を確保しました。外にはバルコニーを設

（図9）

（図10）

けています（図10）。

この木材会館が２００９年に完成しましたが、２００１年のアルカイダの飛行機の墜落から10年以内にこのようなビルをデザインしてみたわけです。

## バルコニーを水が伝う最新の環境建築　ＮＢＦ大崎ビル

木材会館を設計している最中にコンペがありました。研究者のためのビルをつくってくれというお話でした。グローバル企業の研究者のビルのコンペですから、本来求められていたのはそれにふさわしいかっこいいオフィスビルだったかもしれません。しかし、高さ１３０ｍの超高層ビルでしたから、安全なビルにする。かっこいいことも大事だけれど、企業の頭脳をおさめるビルとして、世界で一番安全な超高層ビルをつくることがよいのではないかと思ったのですね。プレゼンテーションの時も、最も大事なことは、研究者に安心して入ってもらう世界一安全なビルを提供することじゃないかと、「その安全なビルの中で存分に研究をしてもらって、今までにない新しい製品を生みだしてもらう」ということを、訴えたのですが、幸いなことに通りました。

ＮＢＦ大崎ビルで考えたことは全面にバルコニーをまわして、安全なビルをつくろうという木材会館と同じものですが、クライアントはアッと驚くようなアイデアでグローバルになっている会社なので、安全のためにバルコニーをとるだけではなく、そのバルコニーを使って、最新鋭の環境建築にしないとコンペは通らないだろうと思いました。世界一安全で、かつ世界で最新の環境建築をつくろうというのがコンペ時の提案内容です。

まず、バルコニーが本当に安全かどうか、シミュレーションをしたわけです。当時シミュレーションはエクセルを使い、法律で決めた時間内に人間が逃げられるかどうかだけを計算していましたが、そうするとリアルな状況がわからないものですから、コンピュータのエージェントプログラムを使いました。そうするとエクセルでは安全となった時間が、実際にはパニック状態になっていることがわかりました。バルコニーを設けると避難の時間が二分の一になるということだったので、オフィスの全周にバルコニーをまわすという提案をしました。また、それだけではバルコニーがもったいないので、バルコニーに柱を配して、室内には柱が1本もない空間をつくろうと思いました。我々はユニバーサルスペースを設計しましたという言い方をよくしますが、実際には柱が立っていることが多い。それはある意味嘘じゃないかということで、せっかくバルコニーがあるのなら、そこに柱を出してワークプレイスに本当のユニバーサルスペースをつくるという考え方をしました。

環境対策として最初に思い付いたのは打ち水です。ファサードから水をまくことによって、建物を冷やす新しいタイプの環境建築ができないかと考えました。でも130mのファサードから水を撒くというとクレームになりそうですから、いろいろ考えて一つヒントが見つかりました。アジアの暑い国の水瓶ですが、非常に質素な素焼きでできています。素焼きの瓶の中に飲み水を入れると、素焼きですから水が滲み出てくる。これが大事で、滲み出た水が表面から蒸発し始めることで気化熱を奪う。気化熱を奪うことで暑い国でも水の温度が5度くらい冷えると本に書いてあるわけです。本当かどうか、手すりに使うレールを陶器の素焼きのパイプにして、実際に5本の素焼きのパイプを並べて、その中に空気と同じ温度の水を入れて1時間、2時間経って計測をしてみました（図11）。水が陶器のパイ

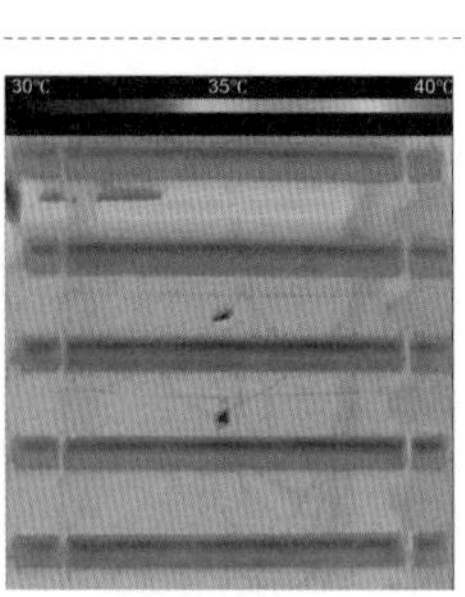

（図12）熱画像

（図11）モックアップ実験

プから蒸発することによって、日なたで最大12度、日陰でも6度くらいパイプが冷えることがわかりました（図12）。その結果パイプの内側にある、つまりバルコニーに溜まっている空気が2度くらい冷えたのです。たかだか2度ですが、地球の温度が過去１００年間で1度上がって大騒ぎしているわけです。実は都会では3度上がっています。我々がつくっている建築や高速道路が昼間太陽の熱を吸収して、それを夜になると発散してしまうヒートアイランド現象（注４）のために、東京の気温は3度上がるわけです。ですから、地球環境の敵である温暖化ガスで1度上げているだけでなく、我々建築家がつくっているコンクリートの塊が2度も上げてしまっている。その時にこのパイプから水を蒸発させるだけで全くエネルギーを使わないし、水も雨水を使えばそれだけの現象で我々が起こしてしまったヒートアイランド現象をキャンセルできる。このアイデアは面白いと思い、デザインに取り入れることにしました。

モックアップは1m×1mの小さなものですが、これが130mのファサード全体に備え付けたらどのようなことが起きるかは、コンピュータでシミュレーションしてみました。コンペに通った後にクライアントに新し

（注４）
ヒートアイランド現象
都市では、田や畑、河川などが埋め立てられたり、地中化されたりしたため、アスファルトやコンクリートに覆われた地面が広がる。アスファルトやコンクリートは日中熱をため込み、なかなか冷めないため夜間も熱を放出する。またビルや自動車などに設置されている空調設備の室外機から熱い空気が排出される。このような都市部に特徴的な要因により、都市部の気温上昇が激しく、これをヒートアイランド現象と呼ぶ。過去１００年間で中小規模の都市が約1度気温上昇したのに対して、東京では約３度気温が上昇したが、ヒートアイランド現象の影響が大きいと言われている。

い環境装置「ＢＩＯ ＳＫＩＮ」と名前を付けてもらいました。

黄色い玉は35・5度くらいの夏場の暑い空気を表現していて、それがファサードに触れると、バルコニーの内側にはすでに2度冷えた空気が溜まっている状態です（図13）。外気がＢＩＯ ＳＫＩＮに触れることによって2度くらい冷えると、ブルーのボールになり、シミュレーションの画像に出ているようにビルの右下角に集まってくるわけです。ＢＩＯ ＳＫＩＮのシミュレーションは非常にビジュアル効果があるので、クライアントからは、ビルの中央にエントランスホールを計画していたのを、せっかく冷えるのであれば、冷える側に移動させませんかと逆提案されました。ちなみに左側の冷えてない部分は植栽を入れて冷やすことにしました。

実際につくる段階になると外装をつくっていただくメーカーを探すのに苦労しました。外装メーカーさんは雨水を排除することは得意なのですが、雨水を中に通すのは得意じゃないということでつくってくれるところがないのです。結局陶器の中に水を通すことが得意な会社、便器をつくっているＴＯＴＯさんがこのファサードをつくってくださいました（図14）。実際にできたときに部分的に水を通して本当に効果が表れるか実験しました

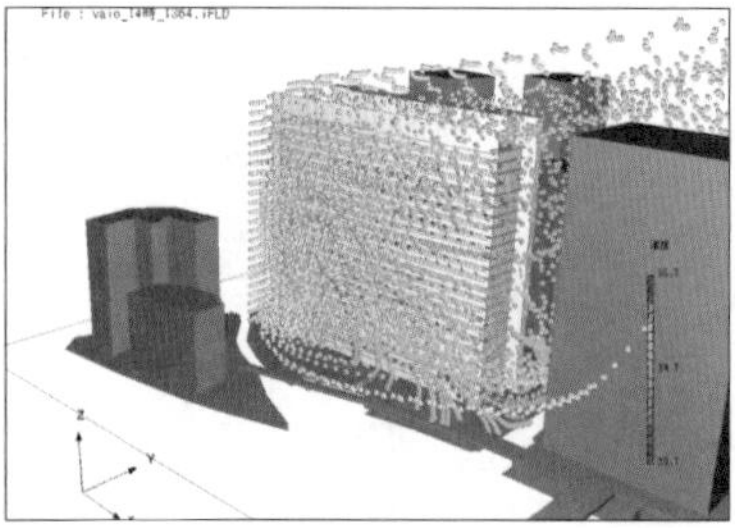

（図13）

（図15）。気温が35・5度の日にとったデータですが、日が当たるのでファサードは38度を超える状況になっていました。水を通すと、左上の写真では34・1度となっていますが、ブルーのところは大体28度なので、最初のシミュレーションと同じように10度くらい冷えることがわかりました。

このファサードをつくっているときに、ファサードに植物を巻き付けた方が効果的なのではないかとおっしゃる人もいましたが、調べる中で、植物は体温をもっており、それほど熱が下がらないことが判明していたので、サイボーグであるＢＩＯ ＳＫＩＮの方が熱を下げる効果が高いということがわかっていました。この左上の写真を見ると右下の角に植栽が写っていますが、植栽が32度くらいになっているのがわかると思います。それに比べてＢＩＯ ＳＫＩＮのファサードは青々と28度まで冷えているのがわかります。

通常大型建築は環境に悪くて、低層の住宅の方が環境に良いという認識を持っていますが、その低層の建物がヒートアイランド現象を起こしている状況の中で、このファサードは都市を冷やしていることがわかりました。実際に航空写真で見たものがこれです（図16）。真ん中に写っているのが

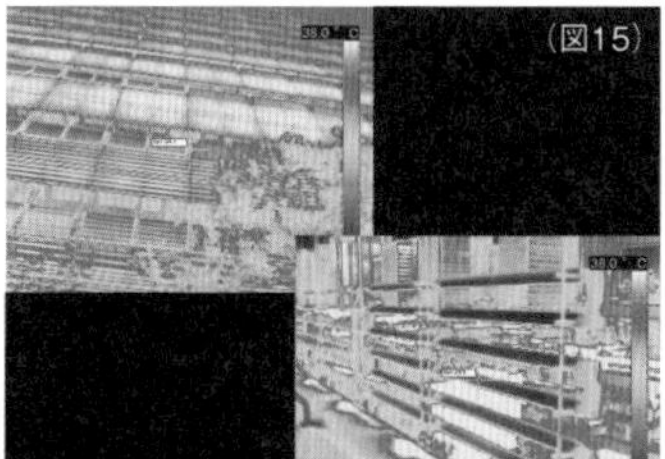

（図15）

（図14）

（図16）

（図17）

NBF大崎ビルですが、周りの住宅が赤くヒートアイランド現象を起こしているときにこのビルだけはファサードが青く冷え切っています。それだけではなく、足元に冷たい空気が垂れ込めているという状況がわかると思います。

こういう新しいファサードを、コンピュータシミュレーションをしながらつくっていくのが僕たちのやり方のベースになりました。水の流れ方によってファサードがデザインされています。水をキーワードに非常に繊細な形ができているという点も、新しいかと思っています（図17）。

## 内部空間から形と構造が出来上がる　ホキ美術館

美術館を設計させていただけることもあります。ホキ美術館は派手な外観で有名になりましたが、実際はファサードからデザインしたのではなく、内部空間からデザインしました（図18）。

最初にオーナーさんから伺った話では、写実絵画の専用美術館をつくりたいという要望でした。正直写実絵画は、少し時代遅れの絵画じゃないかなと、もっとモダンな現代絵画の美術館をつくりたいと思ったのですが、

（図18）

オーナーさんからは「写実表現でないと描けない20世紀的な現代美術もある。だから最初は普通の写実絵画を掲げて、それから次第にテーマ性を持った写実絵画を展示する美術館にしたい。条件は二つ。写実絵画が理想的な状況に見える美術館をつくってくれ。それと歩きやすい美術館をつくってくれ」。その二つだけが要望でした。

写実絵画を生かすためにどうしたらいいのだろうと、いろいろ考えてみましたが、白い抽象的な空間の中に浮いているように絵が展示されているのが理想なのではないかと思い、そのためにはピクチャーレールも邪魔ですし、壁のクロスの継ぎ目も邪魔です。しかし建築は目地の塊です。目地のない空間をつくりたくていろいろ考えた結果、船の構造に行き着きました。船は鉄板でできていて全て溶接されているので、継ぎ目がない。それに壁が鉄板であれば、そこにマグネットを使って作品を吊ることでピクチャーレールがなくなる。鉄板で船のような構造体をすべて解決できるのではないかと思いつきました。

ただ、船の構造はコストが高くて、通常の3倍くらいかかってしまい、計画は頓挫しかけました。しかし、考えてみれば、鉄板を使った船のような構造は、構造体ができた瞬間に内装も外装もできているわけです。ですから内装と外装のコストも使えるのではないかと思いました。建築のコストをパイチャートで表すとちょうど３６０度の円を十字架で切る90度の４つの扇型に割ったような区分になりますが、最初の25%は内装、次の25%が外装、次の25%が構造、残りの25%が設備。極端に言うとそのコスト比率がホキ美術館の場合、構造の比率が3倍だと言いましたが、通常25%のものが75%になったわけですね。しかし、構造体=内壁であり外壁であったので、構造で75%使っても成り立つのではないかと考えました。つまり、木材会館やＮＢＦ大崎ビルのような分厚い内外を仕切る壁ではなくて、構造=内外を仕切りつなぐ壁、外装になる構造体をつくることによってホキ美術館は成り立つのではないかと。あとは鉄板丸出しでは錆びてしまいますから、ペンキ代を工面しなくてはなりませんが、設備を鉄板の間にダクトとして使うことによってダクトを減らし、ペンキ代を捻出して、この美術館は成り立ちました。

内部からつくったものを素直に積み上げると、このような形になるわけです。内部空間から考え、次に構造を考え、それから内外を仕切るという

（図19）

建築の作り方を考えた結果、外装が最後に生まれた建築です。外観が派手ですから、外観しか考えていない美術館だと言われてしまいますが、それがちょっと悔しくて、今日少し詳しく説明をしてみました。

お土産売り場というか、最初の入場券をもぎるところはこのような空間になっています（図19）。最初の展示場は周辺に住宅がありますから、住宅の屋根の高さより抑えた比較的マイルドな空間で、外光もたくさん入ってナチュラルです（図20）。だんだんチューブを下っていくとチューブが大きくなり、絵も大きくなり、相対的に人間が小さくなり、最後は暗転して人間が飲み込まれたような空間で、現代絵画的なテーマを持った写実絵画、オーナーがぜひ見せたいと思っている絵が展示される（図21）。そんな美術館になっています。

## 空壁を挟みレッスン室をつなぐ　桐朋学園大学音楽学部

次は学会賞をいただいた桐朋学園大学について、説明いたします（図22）。地上3階建ての建物で、1階がメインホールで、学生が集う空間になっています。1階はピロティ空間のように光がたくさん入る空間になっていま

（図21）

（図20）

す。一層上がった2階はレッスンルームです。通常は非常に薄暗い部屋が多いのですが、この学校では外光がたっぷり入った気持ちよい空間ができています。どことなく自然で一本調子でない空間が並びます。

今度は2階から三層構成の地下1階に降りていきます。階段を下りて地下1階にくるとサンクンガーデン（注5）があって、地上のような感じがします。地下1階から階段を伝って1階に戻ると、ピロティ状の学生会館になります。そこでは柱がルールがありそうでなさそうな不思議な並び方をしています。外観は内部プログラムが素直に表現されているだけです。

どのようなことを考えたかというと、普通の音楽大学は図23の左上の図面のようにつくられています。建築家がまず外観を決めて、その真ん中に中廊下を通して、レッスンのための部屋を中廊下に沿って軒割につくっていくので、同じ大きさの部屋が羅列しているわけですね。部屋と部屋が隣接して音楽の練習をするものですから、音が隣の部屋に漏れないよう、厚いコンクリートの壁で仕切るわけです。壁の役割だけだともったいないので、構造体として壁式構造的（注6）に使うケースが多くなります。その結果、各階が同じプランになり、そして基準階では廊下にも厚い壁が出て

（注5）
サンクンガーデン
一般の道路よりも低い位置に設けられた庭や広場のこと。「サンクン」とは英語で「沈んだ、一番低い場所」を指し、それとガーデンがくっついた。西洋庭園の方式のひとつであるが、半地下の庭や広場などをいう。採光を工夫したりして地下でも開放的な空間になることから、都市計画でよく計画される。オフィスビルや学校、ホテルによく使われるが住宅にも用いられる。

（注6）
壁式構造
柱と梁の代わりに壁で支える構造。構造を担う壁を耐力壁という。鉄筋コンクリートの壁だけで構成されるため、柱や梁による凹凸がない室内空間となる。面で支えるため、線で支える柱や梁のラーメン構造よりも耐震性は高いと言われている。ただし、高層になると建物の強度が十分に保てなくなることから、5階以下の建築物に適用される。また、壁が構造体のため、広い窓などの開口については制限がある。

（図22）

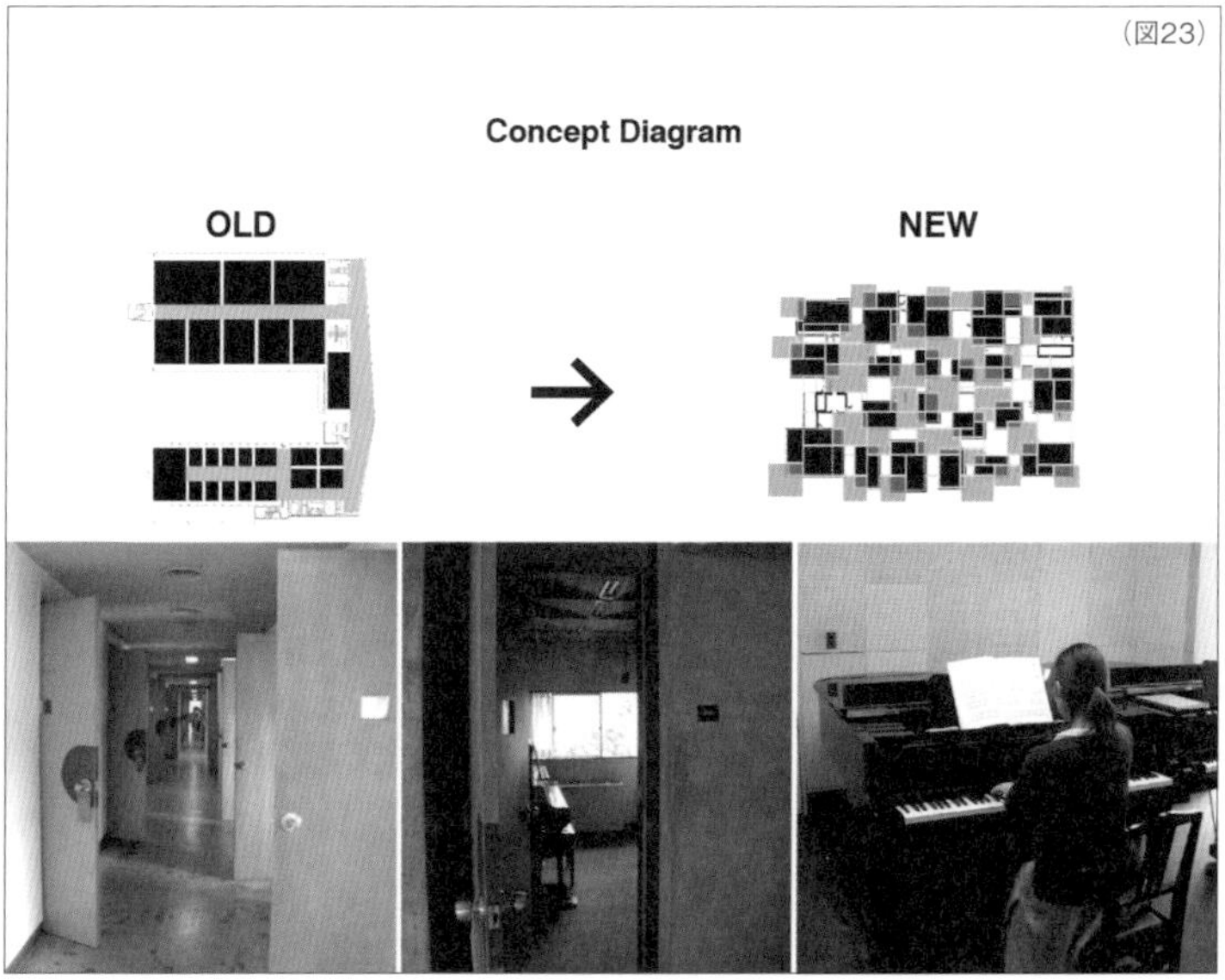


（図23）

きますから、音楽大学でありながら廊下を通っても音が一切聞こえない空間になってしまいます。なによりも問題はその下の写真にあるように（図23）、中廊下に向かって部屋が羅列した、言葉は悪いですけが牢屋のような空間になってしまう例が非常に多い。これをなんとか避けたいと思いました。大きくは図23の右側の図式のように考えました。練習室と練習室の間に空気を挟もうじゃないかと。そうすると2枚の壁をつくりますから、壁はそれぞれ薄くてすむはずだと。そのレッスン室とレッスン室の間の空壁を吹き抜けや廊下で使ったらどうか、廊下で使うとどのようなメリットがあるか。その部屋の前に行くと薄い壁1枚で廊下と接していますから、廊下にかすかに音楽の音が聞こえてくるわけです。音楽大学らしい風景になる。

でも、黒い部屋から黒い部屋には2枚の壁がありますから音が漏れなくなる。そうすることによって、牢屋みたい空間と異なるものができるのではないかと考えてみたわけです。

それから、図23の左側の図だと部屋が全て同じプロポーションになっていますが、右側だと間に空気を挟みますから、それぞれの部屋は第一バイオリンと第二バイオリンといったように、指導する先生が必要な空間をそのまま実現できるというメリットもあります。

断面的にはこのようになります（図24）。左側の図式が古い例で、厚い壁を構造体として使っているので、上から下まで同じ部屋になってしまいます。音楽大学は共用ホールに学生さんがたむろしていて、自分のレッスンになるとレッスン室に入り、レッスンが終わるとまた共用ホールに帰ってくる。それを繰り返します。ですから共用ホールは、本当は道線を兼ねた広々とした空間が望ましいはずですが、左のような図式になっていますから、牢屋に詰め込んだようになっているわけです。ですので、右側の図式のようにグランドレベルにキャンパスのような空間があり、これが動線を兼ねた学生のたまり場になっていて、一層上がるとレッスン室があって音楽を練習する、それで、一層下がるとアンサンブルルーム、合同演奏を行う場所があったらいいのではないかと思ったのですね。なぜ地下1階に合同演奏をやる場所があった方がいいかというと、土がコストの安い吸音材として使えるわけです。地上だと音が漏れてしまいますが、地下であればオーケストラをフルで演奏しても漏れづらい。

（図24）

**Concept Diagram**

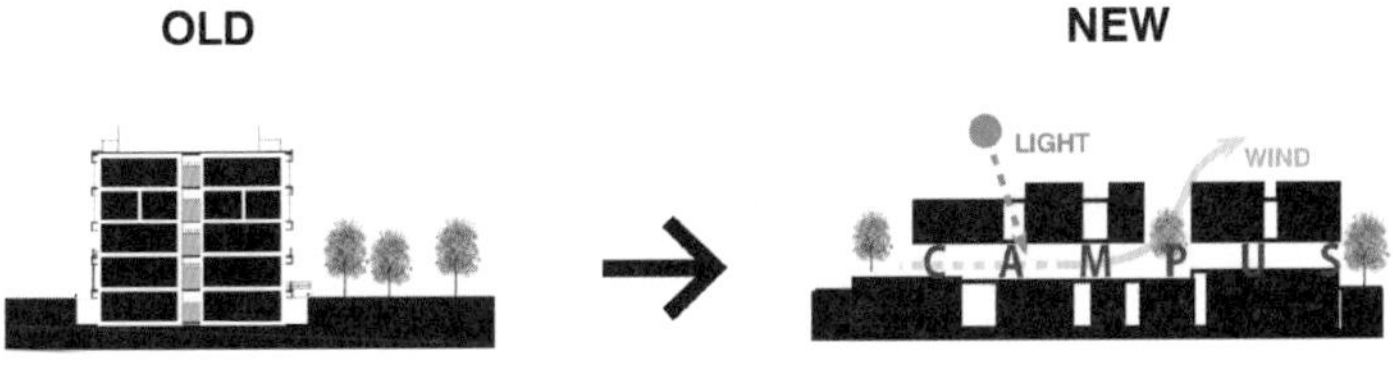

構造的にはひどいもので、地下1階がコンクリートでできた大部屋、1階がピロティ、2階がコンクリートでできた小部屋ということで、構造の先生から見ると叱られてしまいそうな、でたらめなスタッキングになっているわけですね。これをなんとか解かなければいけない。当社の構造家は優秀な者がいて聞いてみると、2階の壁と地下1階の壁の交点を探して、そこに真っ直ぐ柱を落とせば、1階はピロティになるよねと。あとは部屋のプロポーションを変えないで、廊下のプロポーションだけを変えて、柱が構造的に成り立つスパンに部屋をセットできれば成り立つ、という考え方を示したわけです。

すごく難しそうなパズルですが、得意のコンピュータを使って解いてみると、これが意外と解け出して、上からみると複雑ですが（図25）、地下1階の壁と2階の壁の交点に柱を入れることによって、柱が真っ直ぐ通って、それでいてそれぞれの部屋は音楽大学の先生が欲しがったプロポーションにぴったり収まり、廊下は各所の幅が微妙に異なるという、不思議な空間ができていくわけです。

各部分で見ると合理的なものの積み重ねなのですが、全体になってみる

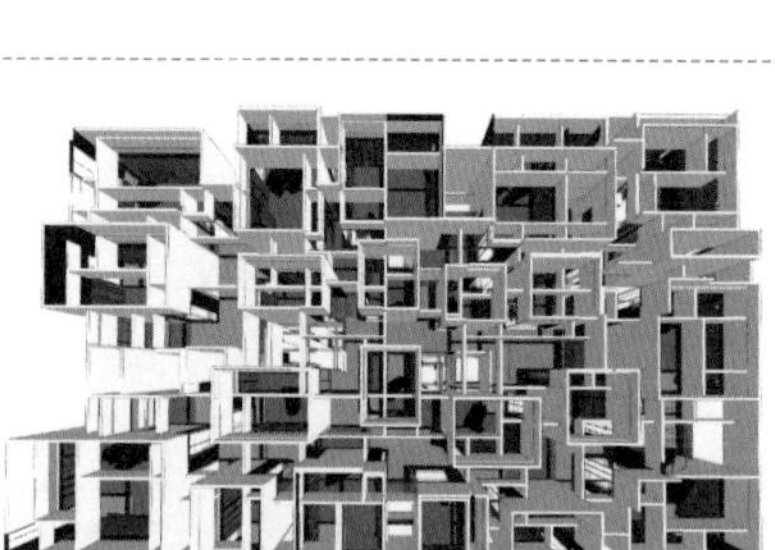

（図25）

とそれがあまりにも複雑で合理性が見えなくなる。なんだかナチュラルな集落のように見えて面白いと思いました。柱を通すという理性的な行為をすればするほど一見ランダムで、場当たり的に見える面白い空間ができることに気が付いて、桐朋学園はこの方式でデザインしてみました。

通常の音楽大学はストレートの廊下を旨としているわけですが、桐朋学園では部屋のプロポーションと部屋の大きさを大切にしていますから、廊角はその結果屈曲している。屈曲しているからといって悪くないわけですね。一回原型ができてしまうと、ここに自然光や風がうまく入るシミュレーションを加えることによって、より豊かな空間になっていくわけです。

さらに気が付いたことは、ちょうど写真では3室が向かい合っていますが（図26）、薄い壁2枚を抜けて、レッスン室からレッスン室に音が抜けるといいましたが、実際にやってみるともはやコンクリートの必要もなくて、薄いガラスの壁2枚をコンクリート壁1枚に置き換えられる。つまり、ガラスの壁を二層に建てることによって、レッスン室からレッスン室へは音は聞こえませんが、視線は通って、全く牢屋的な空間と違うものができる。いたるところでそのような関係が生まれています。

（図26）

学生は廊下で騒ぐことはありませんが、ここを歩き部屋の前にくるとガラスの2枚の壁を通して中のレッスンの様子も見ることができますし、音もかすかに聞こえてくる。サウンドスケープ的にも音楽大学らしいものが生まれていますが、こちらの左の部屋から右の部屋に向かってはガラスが4枚あるので、それぞれのレッスンの音は混じらない。そういう不思議な空間が生まれました。部屋と部屋の空壁は廊下や吹き抜けで使ったり、屋外テラスにしたりしてもいいわけです。

次に地下1階では、空壁を使って自然光を取り入れているので、地上階のような雰囲気があります（図27）。

1階に戻ると、見事交点と下の交点、部屋の大きさは違いますが、壁が重なったところに柱を入れることによってピロティが成立しています（図28）。ただし柱は整然と並んでいませんね。地下1階と2階の都合によって非常にランダムに並ぶわけですが、ただ、コンピュータによって調整しているので、柱のスパンは合理的であるように並んでいます。実際ここにはテーブルとイスが入って、学生さんがレッスンとレッスンの間に待機するための空間になっているわけです。

（図28）

（図27）

こういうデザインだと中のプログラムであるレッスン室、各パート別に先生が必要だといった空間が外観にもそのまま現れています。ですから、たとえば各部屋で天井高が違いますが、これは残響時間の違いをそのまま表現していて、このパートの先生は、残響時間はこれくらいがいいからこの天井高でいいよ。こちらは弦楽器で残響時間がもう少しほしいから天井高を上げてください。という事がそのまま外部にでています。

外部に出した理由は住宅地の中だったので、音楽大学全体が一つの顔では強すぎると思いましたが、ちょうどレッスン室の大きさが住宅のスケールに合っていたので、内部プログラムをそのまま表に出すことによってスケール感を作ろうと考えたわけです（図29）。

## ひとつながりの空間で別荘と湖をつなぐ　On the Water

大型建築ばかりではなく、本当は小さな建築も作りたいのです。アトリエの友人に聞くと、親戚や友人から住宅の設計を頼まれるそうですが、僕は全く頼まれない。大型建築ばかりをやっていると住宅はできないのではないかと思われているかもしれません。悔しい思いをしていました。実際

（図29）

に住宅を頼まれてみるとおかしなもので、住宅らしく作るのが嫌になってしまうわけですね。大型建築で培ってきた内外のつなぎ方を住宅にも取り入れたいと思ったので、このような住宅になりました(図30)。中禅寺湖に建つ別荘ですが、内外をつなぐ、ここでは中禅寺湖の水と建物をダイレクトにつなぐ、水の上に浮いている建築なので、On the Waterと名付けました。

種を明かすと、中禅寺湖は、夏は雪解け水で水かさが増えますが、冬は雪解け水がないので、水が少なくなるわけです。ですので、冬の間はこの敷地は陸地になり、夏になると敷地中に水が入ってきて水没してしまう。そんな敷地に、冬の間に建築を建ててしまえば、夏の間は水の上に浮いた住宅になるだろうと考えたわけです。クライアントも夏の一週間を過ごすための別荘だということだったので、このアイデアが活きるわけです。ただ、コンピュータを使って設計をするときに、この中禅寺湖全体を敷地と考えて設計することを試みました。

内外をつなげたいので、アプローチを通ってきたときに、屋根の上から中禅寺湖全体が見渡せるわけです。湖に沿って建物があると通常建物の前

に車を停めると湖が見えないわけですよね。それは嫌だったので、地形をよく勘案して湖が見えるようにしたいと思いました。やり方は単純で敷地だけではなくて三次元のコンピュータの中に湖と周りの山を入れて、例えばこの母屋の屋根の高さを決める時に水から上で、かつエントランスに車が着いた時に視線を阻害しないように、徹底してデザインをしていくわけです（図31）。例えば駐車場に停まった時に、僅かなスロープがあった方が水辺に人を誘導できる。屋根も、屋根が山の頂と揃うようにする。そのようなことを考えながらデザインしていきました。

これだけ素晴らしい風景があると、別荘にご友人を呼んだ時に駐車場からここまで降りてくると、風景に見とれてしまい、ウエルカムドリンクはここで飲みたくなるだろうと思ったので、テーブルが欲しくなりました。家具としてテーブルを置くのは嫌だったので、構造自体がテーブルになるように逆張りにしてテーブルを用意しました。茶室の腰掛みたいな感じになっています。そこから屋外を見た写真（図32）ですが、山の頂が切れないようにギリギリの高さに絞り込みつつ、かつ座ると水が見えるという。実は2階から見ていますから水が遠いのですが、不思議なことにここから

（図31）

溢れ出んばかりの水に見えるわけです。

クライアントに使い方について聞いてみると、金曜の午後にお友達夫婦と2台の車で向かい、自分たちがちょっと先に着いて準備をして、お友達夫婦が少し遅れて来て、ここで夕日を見ながら食事をするというお話だったので、エントランスに入ると最初の空間は食事の空間にして、かつ西日が見えるようにしました。西日をきれいに見せたいので、ここは敷地に運べる最大のガラスを使うことによって、サッシレスのファサードにしました（図33）。

空間はスパイラルになっています。なぜかというと敷地が急斜面すぎて、最初はもっと素直に水辺までつなげたかったのですが、そうすると水辺につながらないことがわかったからです。スパイラルに空間を作ることによって自然に降りていける空間にしました（図34）。

高級な別荘ですから、最初はたくさんの部屋を計画していましたが、このスパイラルを活かすためにはワンルームがよいだろう。ですから、パブリックは外側の空間に配置して、まず車のアプローチ道路から駐車場、内部へのアプローチ道路、腰掛があり、リビング、そしてウェイティングの

（図32）

(図33)

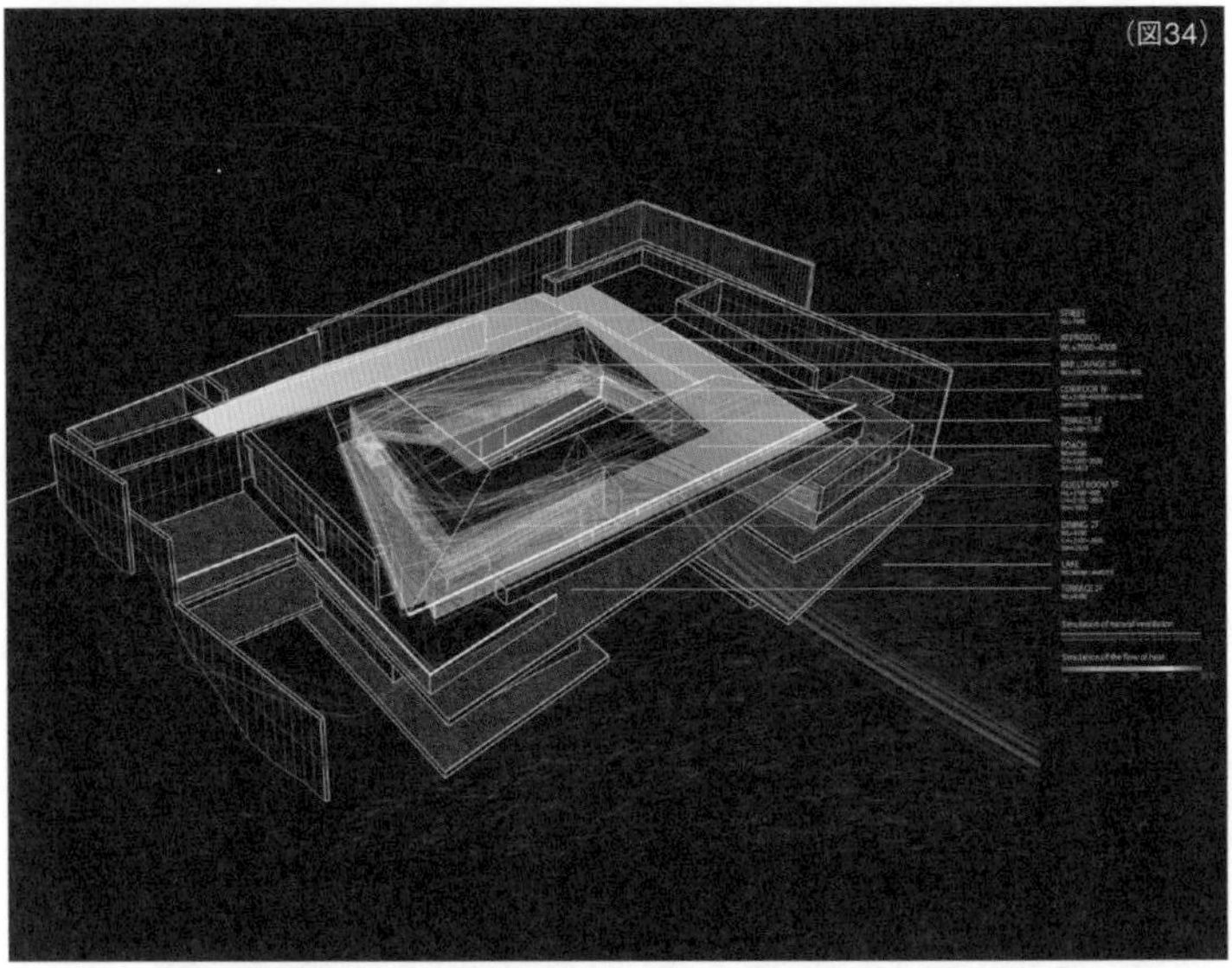

STREET
APPROACH
BAR LOUNGE 1F
CORRIDOR 1F
TERRACE 1F
PORCH
GUEST ROOM 1F
DINING 2F
LAKE
TERRACE 2F
Simulation of natural ventilation
Simulation of the flow of heat


(図34)

バーが下にありますが、それらがすべて一つながりになるようにデザインしました。連続写真のように間仕切りが無いわけです。レストランから下のバーが見え、食事が終わると、さらに沈みつつある夕日を、この下のバーでドリンクを飲みながら見る。ここでも山の頂がギリギリ見える高さでデザインをしているわけです。これは偶然そうなったわけではなくて、三次元の中に敷地を取り込み、内外をつなぐ工夫をしたために実現したのです。そして、全体もファサードだか構造体だか外被だかわかりませんが、僕の中では内外をつなぐファサードとしてデザインしたつもりです。

## 吹き抜けが外装となる　長崎県庁舎

再び大きな建築で長崎県庁舎を設計しました。18階建てを求められていました。けれど2011年の東日本大震災があった後だったので、やはり震災があるときに高層ビルでエレベーターが止まってしまうと、どうしようもないわけですよね。なるべく低い方がいいという想いと、長崎は丘の街ですから、海辺に高いタワーが建ったらその丘が死んでしまうのではないかという思いがあったので、8階建てのプロポーザル案（注7）を出し

（注7）
プロポーザル
主に公共事業などで設計者を選定する際に、複数の者に企画を提案してもらい、その中から設計者を選ぶ方法。コンペが提案そのものを評価するのに対して、プロポーザルは提案の中身だけでなく、提案者の実施体制や実績なども評価項目に入れて、総合的に評価する。

ました。結果、うまく通りました。

低層ですから吹き抜けを設けて、すべての役所の関連カウンター業務がこの空間から直に見えるようにデザインをしました（図35）。

これは先ほどのＯｎ ｔｈｅ Ｗａｔｅｒでやったことを室内で試みています。コンピュータを使って全てのものが見えるようにという計画です。これは外装と連続するような屋外スケールの空間ですが、実際には内部空間なのですね。木材会館で２ｍから３ｍとっていた幅のある外装が、ここでは実際には吹き抜け自体が外装の一部となって、今度は１０ｍを超える外装を持った建築ができたのではないかと思っています。

全体的にも外観らしい外観はなくて、非常に緩やかな丘のような建築を作ろうと思いました（図36）。実際にできたものがほぼその通りにできていて、ファサードらしいファサードが無い建築になっています（図37）。

現在はここに新幹線のホームができていますが、この新幹線が特徴的で、東京のイメージだと新幹線は通過するものですが、長崎はターミナル駅なので、入ってくるとスイッチバックで出ていくわけですね。ですから、ちょうど地上３階レベルに駅のプラットホームがきますから、新幹線を降りる

（図36）

（図35）

（図37）

と長崎の港を見られる可能性があったので、駅から見えるところに建物を建てない。それから3階建てと同じレベルにデッキを設けておけば、都市計画にはない、新幹線とこの建物をつなぐブリッジが生まれるような機運が出てくるのではないかということで設計をしてみたわけです。

今ありがたいことに、市民からここをつないだらどうかという声が出てきています。都市計画は、建築を作る前に何か上位計画としてできてしまうことばかり考えがちですけれど、私はそれだけじゃなくて、建築が街づくりを誘引していくという流れもあるのではないかと思っています。建築から都市をつなぐ視点が生まれる、それもすごく重要だと思っているわけです。

私は大型建築をつくっていますが、つるっとした外装ではなくて、ガサガサした外装を多くつくります。それは、建築を生み出すことは、連続した世の中のひとつながりの世界から、ある領域や空間を分節する作業として捉え建築を作っているからです。このような考えで建築をつくると、高層建築でありながら非常に環境にやさしいものができるのではないか、今までの大型建築とは違った内外の連続を強く持った日本の気候風土に合った建築ができるのではないか、それによって都市と建築が連なっていく、都市計画によらない街づくりができていくのではないか、そんなことを思って建築をつくっているというお話をさせていただきました。

COLUMN 01
建築

# これからの時代の先見性とプロジェクトを推進する建築家像

岩崎　克也（東海大学建築都市学部教授）

建築の実務の世界で、意匠設計は構造や設備のエンジニアとは異なり、総括というデザインに加えてエンジニアのメンバーをチームとしてまとめる立場を担うこととなる。

特に、大きな組織で大きな建築に携わるほど、この総括という責任が増すのである。

そんな中、山梨知彦さんは、優れた作品を創り続けている建築家である。今回の講義は、彼の著書と同じタイトル「建築と都市を切る／つなぐ」というタイトルで建築と都市のサーフェースについて、六つの作品から紐解いていった。どれも、容積一杯まで床をつくる必要があろうデベロッパー主導のオフィスビルとは異なり、都市空間と建築との間に余白が挿入できるレンタブル比（有効率）から解放されたビルディングタイプで実現している。

15㎜のガラスで建築の外と中を区切るのではなく、日本をはじめアジアの建築スタイルである縁側状の空間を内外の中間領域として取り入れた木材会館やNBF大崎ビルなどは、安全面と環境面からもユーザー側にベネフィットとして応えている。また、NBF大崎ビルはバルコニーに水を通したセラミックのルーバーを配し、建築を冷やすだけでなく、周辺の都市環境の温暖化を防ぐといった効果も狙っている。

山梨さんの作品に共通するのは、誰よりも早くからコンピューターによるデジタルデザインを導入して、作品を展開していることにある。もちろん、AIのようなものではなく、いくつかのパラメトリックによるデジタルデザイン思考と、スケッチによる手で考える思考、つまり右脳と左脳をふんだんに使い、デジタルとアナログ、言語とカタチの間を何往復もするデザインのプロセスを辿っているから、魅力的な空間が生まれるのである。ホキ美術館も桐朋学園大学も、思考のキャッチボールにより、難しいパズルを彼らのロジックで解きながらも人間味のある作品となっている。

ここまでの4作品は、私も比較的近くで見てきたが、次の二つの作品は、景観や風景といったより広域を対象とした中での建築のとらえ方を示唆しているようだ。

ゲストハウスであるOn The Waterは、クライアントの行動とシークエンスに重点を置いて、中禅寺湖への景観とどう対峙するか。湖とつながる空間の切り取り方や構成、時間の経過なども、入念に検討を重ねることで獲得したスパイラル状の空間である。また、長崎県庁舎は、新幹線の駅との関連から決めた配置やボリュームの決断など、都市よりの視点で検討が進められていたことがわかる。あわよくば、建築の力で都市を変えようという力強さを感じるものである。

松尾芭蕉の連歌が前の作家の読み歌を受けて次の歌と紡いでいくように、建築でも一つの作品を受けて次の作品を別の建築家が考え、それらの集積が都市空間を豊かにする。そのようなことを私たち建築家は考えていく必要があり、山梨さんの作品はこれからも都市とつながり、新たな関係性を創る可能性を秘めたものだといえる。

建築のデザインを超えて組織としてチームを統括し、苦労を重ねて作品を創り上げてきている山梨さんだが、チームの魅力を引き出し、１＋１が2ではなく10にも１００にもできる力量があって成し得る結果であると思う。また、個人の力を超えて、組織を動かし、あらゆる関係者をまとめて、プロジェクトを推進する力もこれからの建築家には求められるのである。

将来、意匠設計を志す学生や、現在、実務の中でももがき、苦労をしている設計者も、これからプロジェクトを牽引する立場として、今の時代の先を射程におき、デザインの能力を磨くことに加えて、エンジニアなどの他分野の領域の知見を持ち、チームメンバーや多くの関係者とともに、カタチにつなげていく職能が求められていることを忘れてはならない。

**切り取る作業が建築なのだ!**

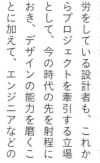

# 02

## [構造]

## Structure

建築の設計は意匠(デザイン)だけでなく、構造設計と設備設計がある。
とりわけ作品性のある構造を手掛ける構造設計者を構造家と呼ぶ。
佐藤淳氏は、構造家として独自の手法を用いて、
話題性のある作品を次々と生み出している。手掛けた事例を紹介しながら、
目下、佐藤氏が研究している「こもれび」の空間について解説する。

[2021年11月20日講演(オンライン)]

佐藤 淳
Jun Sato

佐藤淳構造設計事務所/東京大学 准教授

# 「こもれび」の透過性を生み出す幾何学と力学

## 1㎝のガラスで300㎡の屋根を支える

東京大学および佐藤淳構造設計事務所の佐藤です。今日は「『こもれび』の透過性を生み出す幾何学と力学」という題でお話いたします。私が手掛けている構造デザインは、か細い材で形成された透過性のある構造形態を追求することが多くなっています。半透明な構造が環境を制御するフィルターとしての役割を持って、内部に「こもれび」のようなナチュラルな空間を生み出すということも考えています。これは形態の力学的な最適化はもちろんですが、「こもれび」のようなナチュラルな光環境の空間を同時に最適化するという多目的最適化により、形態が生み出されると言えます。構造に限らず、この最適化という技術が発達してきているわけですが、今の世は多目的最適化の時代だと言っても過言ではないくらい、いくつもの形態の制御の提案がされていると思います。

どのようなことをやりたいかと言うと、日本には素敵な言葉があります

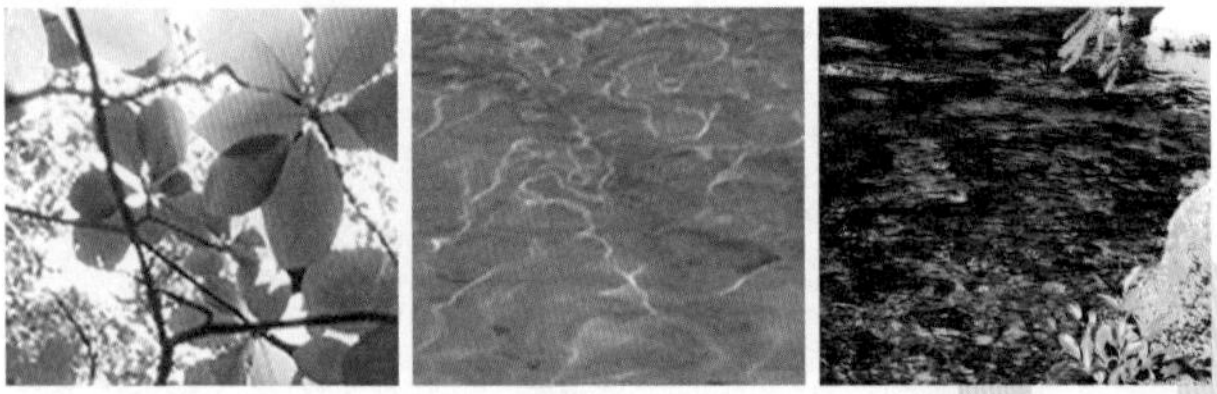

（図1）

ね、「こもれび」や「さざなみ」、「せせらぎ」など（図1）。そういった心地よい雰囲気を感じる言葉が表す空間を雰囲気的に話すのではなくて、もう少し数値的に捉えられないだろうかと考えています。今日は構造以外の分野の方も聞いているかと思いますので、意匠や環境の分野でも使えそうなツールや数式をお話していきたいと思います。

まずは力学的な制御として、力学にもとづいた形態のわかりやすい例を挙げます。ファイバースブルグ（Vijversburg）と読みますが、オランダにできたビジターセンターです（図2）。建築家は石上純也さんとマリエケ・クムスで、ガラスの壁で囲われた、三角形が伸びたような形状です。このガラスの壁だけが屋根を支える構造になっています。オランダなので地震はほとんど起きませんが、風には耐えないといけず、風に対してもガラスで抵抗するという構造です（図3）。この薄い壁に曲率を与えると断然強くなるという原理は、みなさん何となくわかるかなと思いますが、完全に平らなフラットな壁だと座屈に弱く、曲率を与えて段々半径を小さくしていくと、どんどん強くなります。例えば半径7ｍだと9ｔくらいの強度のところを、半径を1・5ｍくらいにすると19ｔくらいになるというのがこ

（図3）

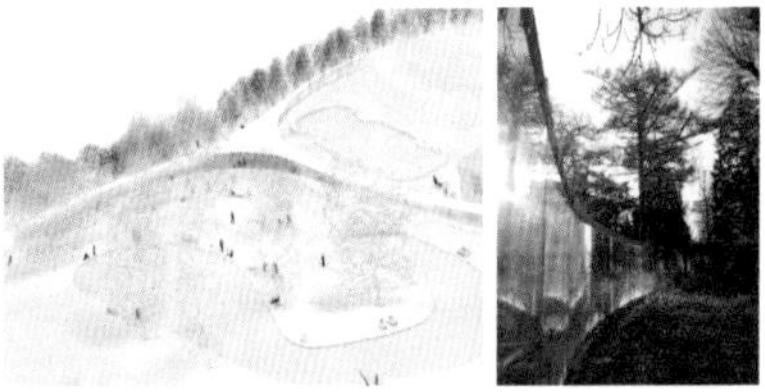
（図2）

のグラフです（図4）。これはガラスの壁のスタディとはちょっと違い、薄鉄板に細いリブを付けた時の薄壁のスタディですが、いずれにしても半径を小さくしていくと数倍強くなります。形式によっては4倍、6倍と強くすることができます。その原理を使っています。

これは建設途中の様子で、ガラス壁の上に木製の梁を並べています（図5）。この梁の並べ方によってガラスへの荷重の分散をコントロールすることができます。なので、梁の配置によっても強度の調整を行います。梁の配置と壁の曲率のコントロール、この二つを幾何学的なパラメーターとすることで全体の形状を最適化しています。幾何学的パラメーターは複数ですが、目的関数は一つですね、部材強度の安全率という目的関数ですが、それをターゲットにして最適化しています（図6）。曲がった壁は強いということで、真ん中あたりに広い部分がありますから、真ん中あたりの曲率が上がっている、つまり半径が小さいということですが、この曲率を荷重に応じて決めているといった具合です。この結果、300㎡くらいの面積を覆う屋根が、たった1㎝のガラスの複層でできています。2枚でできていますが、片方は割れても大丈夫なようにということで片側だけで計算

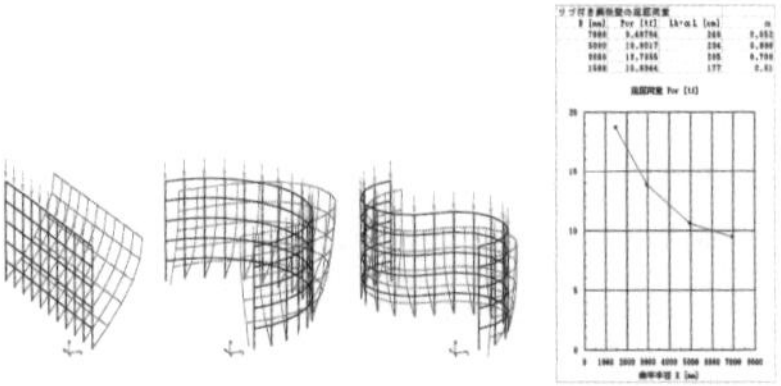

（図4）

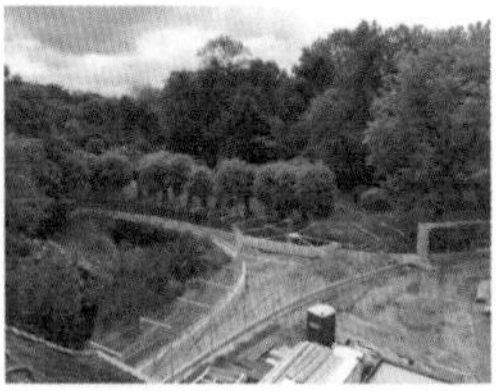

（図5）

していますので、たった1㎝のガラスで屋根を支えることができています。

## 力学的な最適化へのアプローチ

こういう薄っぺらい部材で構造を成立させるには、力学的なコントロールが必要なわけですが、そうしてつい最近できたものが、同じく石上純也さんと一緒にした仕事でKAIT広場です(図7)。短辺方向が概ね50m、長辺方向が80mという長方形の平面形、これにポコポコと四角いトップライトが開いています。これは決してCGではなくて、実際の写真です。これは鉄板が垂れた構造にしていて、ほとんどの所が12㎜の厚さの鉄板を垂らしただけになっています。また、80m×50mは完全無柱の空間です。地面も垂れた屋根と同じようにすり鉢状の凹んだ床面となっていて、一番キワの壁の方では床面がなめらかにせり上がっている部分もあります。断面を見ると50mでだいたい4mくらい垂らしていますが、地面もおおむねそれくらい凹んでいます。

座屈止めの配置などを工夫しながら実現したわけですが、先ほどほとんどが厚さ12㎜と言いましたが、屋根のエッジ3mの領域、この図面でエッ

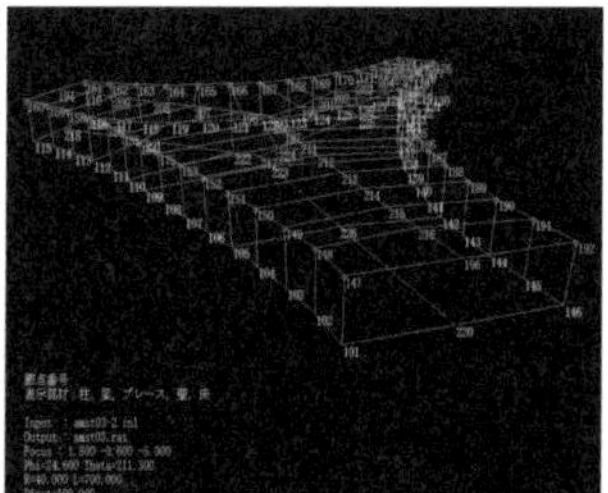

(図6)

(図7)

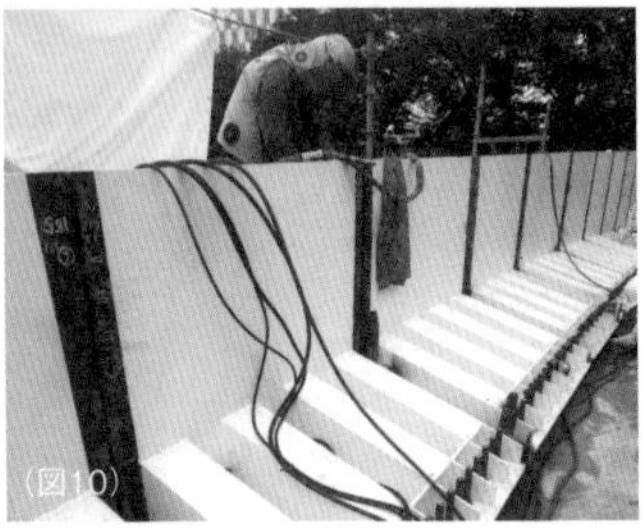
(図10)

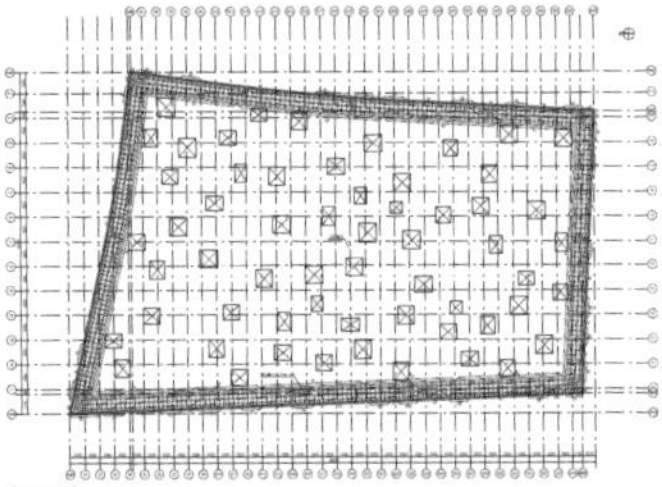
(図8)

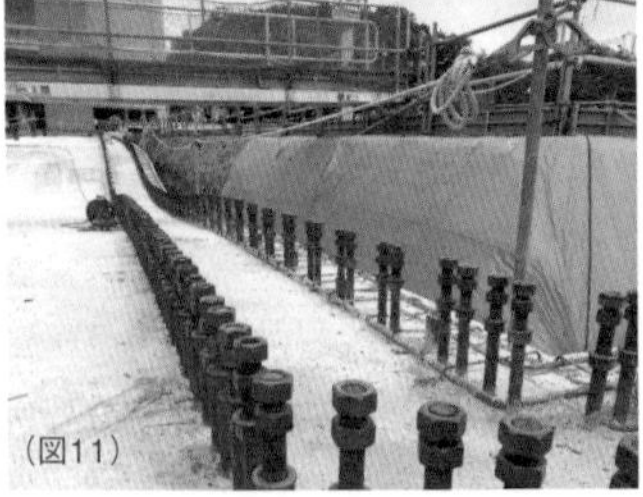
(図11)

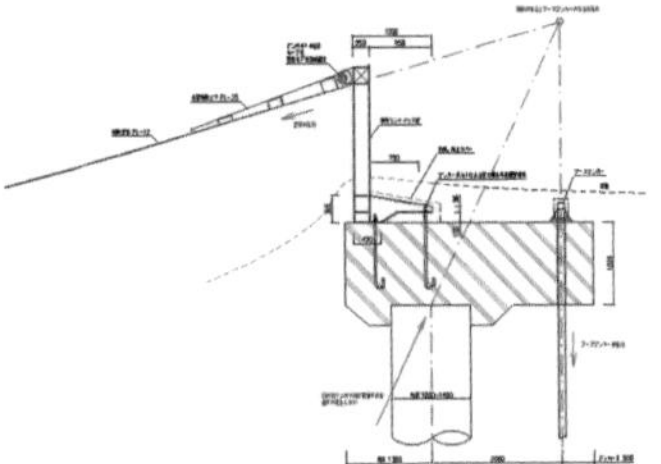
(図9)

ジの方にモワモワモワと線が描いてあるエリアがありますが、そのフチの部分3mだけは座屈止めのリブを配置しています（図8）。そんな工夫をして実現しました。

懸垂屋根というのは何度が実現したことがありましたが、四辺が拘束されていて、四角形の中に垂らす懸垂屋根というのは初めてで、なかなか難問なことがわかりました。角の部分をかなり絞り込んだような円錐形に加工しないとキレイに全体が張力状態にならないと判ったのですが、そうすると四隅でかなり凹んで内部が低くなってしまいます。内部空間を使えるようにしなくてはいけませんので、リブ（注1）を入れて少し圧縮が発生するのを許したことでこの形状が生まれています（図9）。こちらは施工現場です（図10）。鉄骨をつくっているところですが、もの凄い張力で壁が中央に引っ張られるのをアンカーボルトで抑え込むために、膨大な数のアンカーボルトがズラッと並んでいます（図11）。施工を担当された鹿島建設の方も見たこと無いと言っていました。熱矯正をしながら屋根のデコボコを矯正するといったこともやっています。

力学的な最適化へのアプローチとして、多面体のプロジェクトがありま

（注1）
リブ
平板部や肉薄部を補強するために、面に直角に取り付ける補強部材のこと。プラスチック製品などにもよく用いられる。建築では、例えば鉄骨の薄板部を補強するためにリブプレートを付ける。

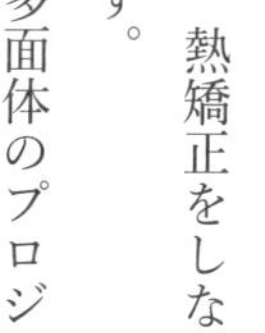

す。隈研吾さんとやった川棚温泉交流センター「川棚の杜（コルトーホール）」です。山並みのようにモコモコとした構造です（図12）。実際には円形鋼管でフレームをつくって、表面にコンクリートの面を張って両方が効いているという多面体の作り方をしています。

こちらが解析モデルですが、全長60mくらいのところ、手前にあるのが博物館のエリアで、奥にあるのが音楽ホールのエリアですが、多面体の凹凸を調整すると、そのデコボコの具合によって強かったり弱かったりというのが表れます（図13）。それを探索するソフトウェアをつくりました。こちらは単純化したモデルで、今この画面では赤い部材が表れています。これは安全率が1を超えていると強度が足りないということで赤くなります。ですので、この赤い色が無い形状を探索するということになります。この時私がつくったのが、手動でこの点を動かしながら探索するというソフトでした。これは重力のみが加わっている状態と、重力とx方向の地震が起きた時と、重力とy方向の地震が起きた時というふうに、複数の荷重パターンに対して最適化をしているというのが特徴です。この方法は自分でマウスを動かして形状を変形することができるので、かなり他の形状

(図12)

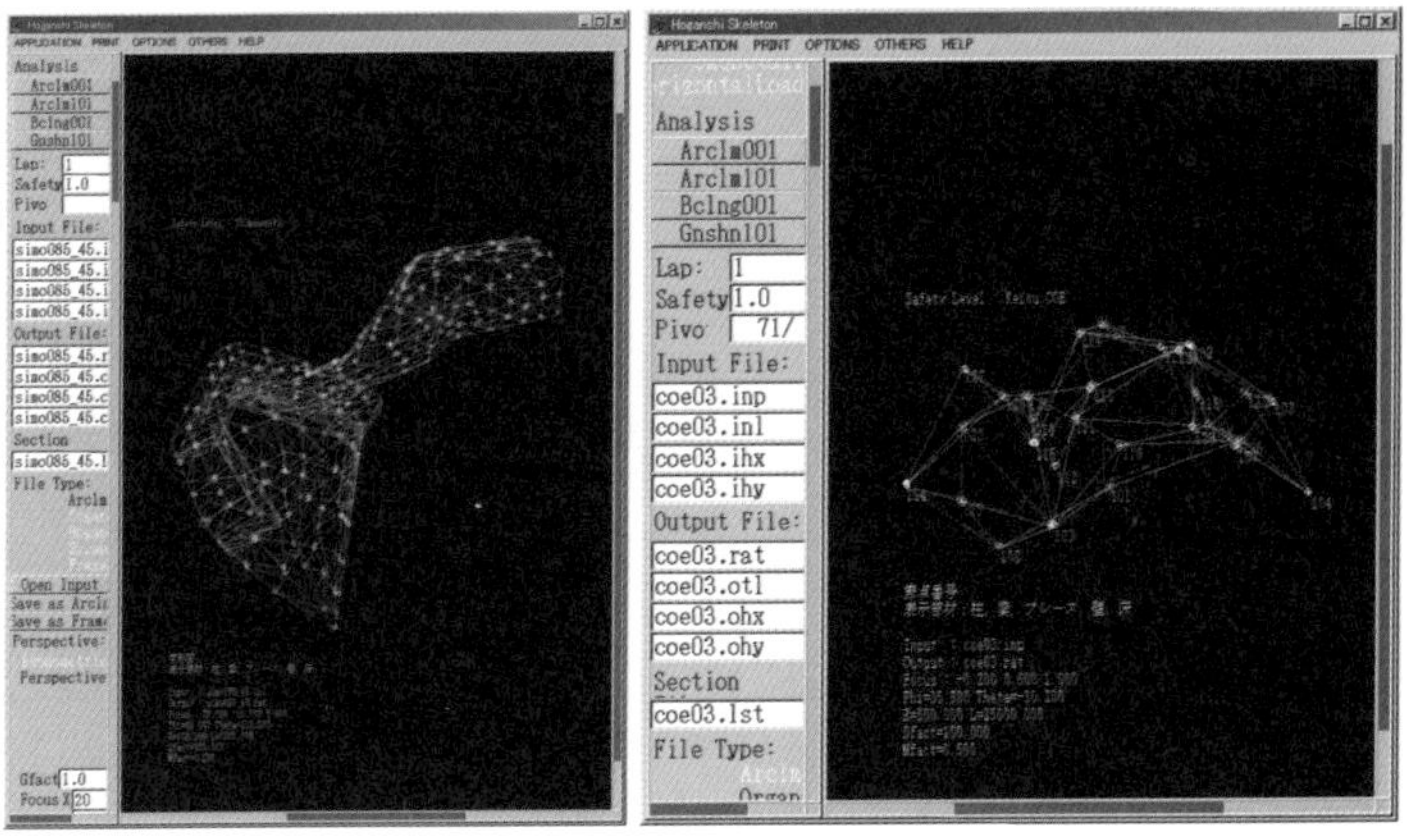
Hoganshi Skeleton
APPLICATION PRINT OPTIONS OTHERS HELP
Analysis
Arclm001
Arclm101
Bclng001
Gnshn101
Lap: 1
Safety 1.0
Pivo 71/
Input File:
coe03.inp
coe03.inl
coe03.ihx
coe03.ihy
Output File:
coe03.rat
coe03.otl
coe03.ohx
coe03.ohy
Section
coe03.lst
File Type:
Open Input
Perspective
Gfact 1.0

(図13)

にも適用しやすくて、自動探索のプログラミングをしなくても、比較的応用していきやすいということがあります。

例えばこれも多面体のプロジェクトですが、藤本壮介さんとやった直島パビリオンは、先ほどの多面体を変形するプログラムを使って実現しました。また、多面体だけでなくて曲面を滑らかに変形するというプログラミングをすると、このような自由曲面をどういうふうにモコモコすれば強くて硬くなるかというのが探索できます（図14）。

これはシドニーのクラウドアーチというプロジェクトですが、リボン状の部材がフワフワと空中を漂っていくようなそんなタワーです（図15）。実際は鉄骨で平べったい長方形のパイプでつくりますが、このうねっている曲線がもちろん最適化のパラメーター（注2）になりえますし、あとはリボンがどれくらいひねられているかというのがパラメーターになります。その二つだけを幾何学的なパラメーターとして最適化しようじゃないかということをやりました。左側に見えている図がソフトウェアですが、ソフトウェアの画像を見ても何をやっているのかわかりにくいですが、こういう最適化を考える時にいかに少ないパラメーターの数でコントロール

（注2）
パラメーター
変数のことをいう。例えば、y＝2xという数式があった際、yを求める際に変動するxがパラメーターになる。プログラミングにおいても数式のパラメーターと同様に、プログラミング上の値を道き出す際に変化する数字のことを指し、この変数がソフトウェアの挙動や求める結果に影響を与える。

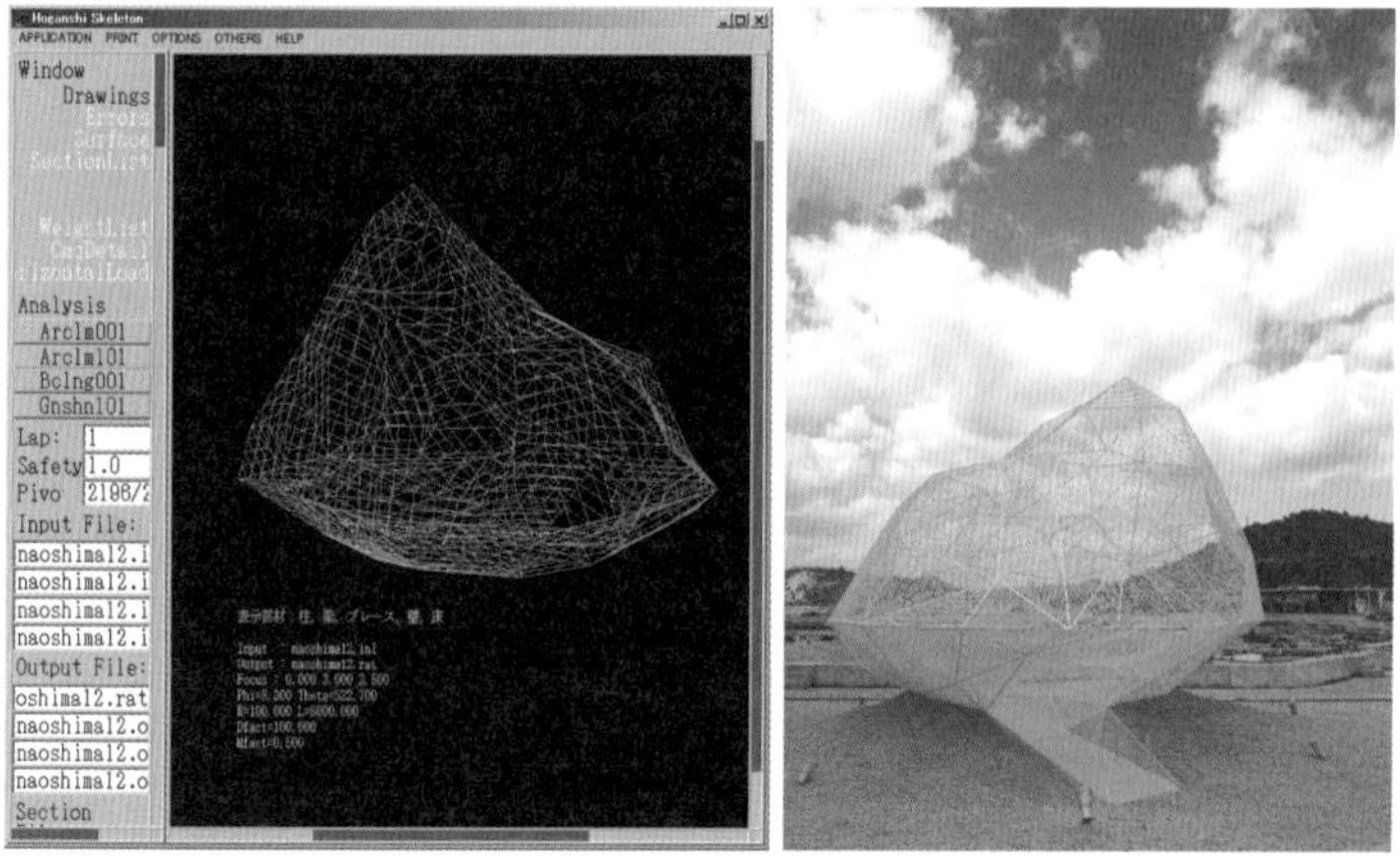
APPLICATION PRINT OPTIONS OTHERS HELP
Window
Drawings
Analysis
Arclm001
Arclm101
Bclng001
Gnshn101
Lap: 1
Safety 1.0
Input File:
naoshima12.i
naoshima12.i
naoshima12.i
naoshima12.i
Output File:
oshima12.rat
naoshima12.o
naoshima12.o
naoshima12.o
Section

（図14）

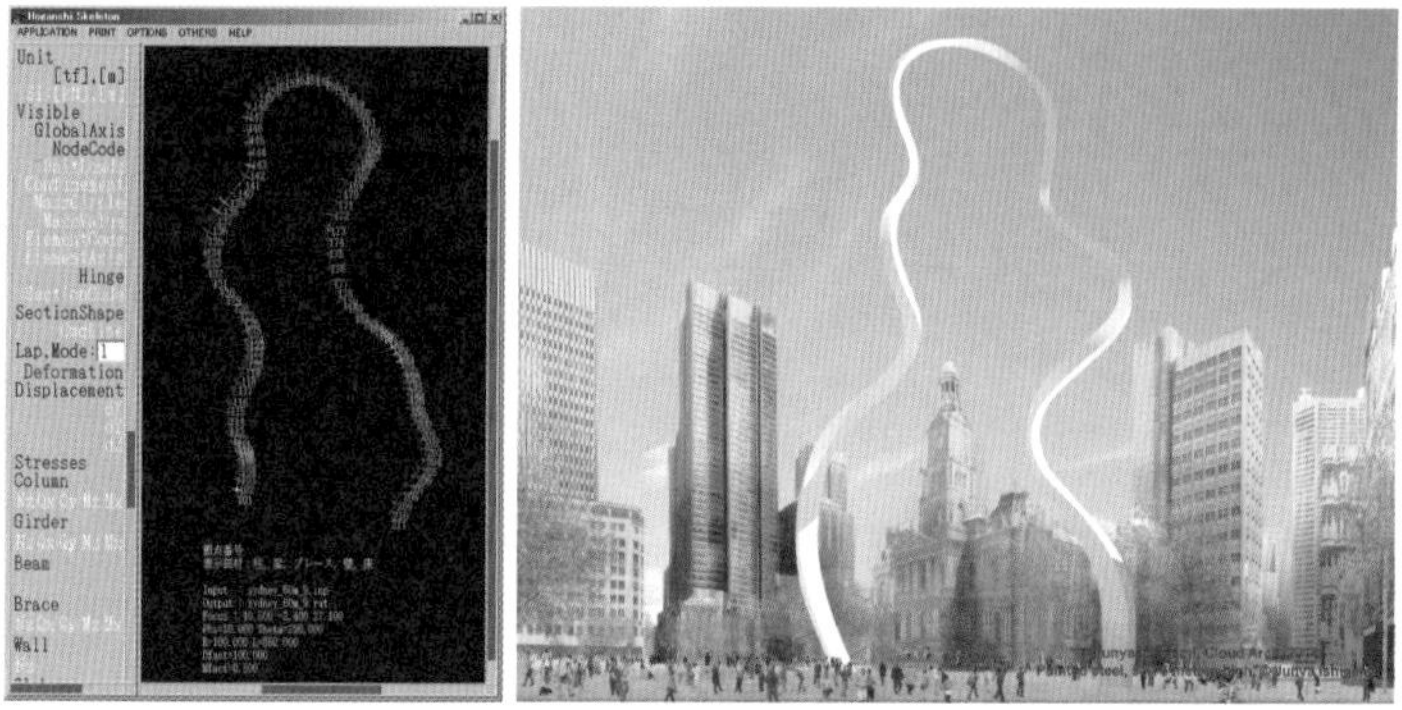
APPLICATION PRINT OPTIONS OTHERS HELP
Unit
[tf],[m]
Visible
GlobalAxis
NodeCode
Hinge
SectionShape
Lap,Mode: 1
Deformation
Displacement
Stresses
Column
Girder
Beam
Brace
Wall

（図15）

するのかというのはひとつ腕の見せどころですね。パラメーターの数をドンドン増やすと形状の自由度が上がるので答えの可能性が広がりますが、自由度が高すぎて途方に暮れることもあります。なので、幾何学的なパラメーターを少なくするというのがコツの一つですね。

## 最適化のアルゴリズム

私は形状の操作を自分でプログラムするのが好きですが、最近では形状操作を3Dモデリングのソフトウェアに依存できるようになりました。Rhinocerosが典型的ですね。RhinocerosとGrasshopperで形状を操作して、その度に安全率の色を見て、赤色がなくなるように形状を探すという繰り返しをすると、最適化のコンポーネントのようになるのです。

グラスホッパーではすでに最適化のプラグインがひと昔前から出ていて、それを使う人が多いですが、どのような計算をしているのかわかりにくい時があります。計算が簡略化されているのか、対称形なモデルのはずが少し非対称な結果が出るとか、荷重の加え方が不思議に見えるときがあったりして、ちょっとだけ使いにくい部分があったりもしますので、興

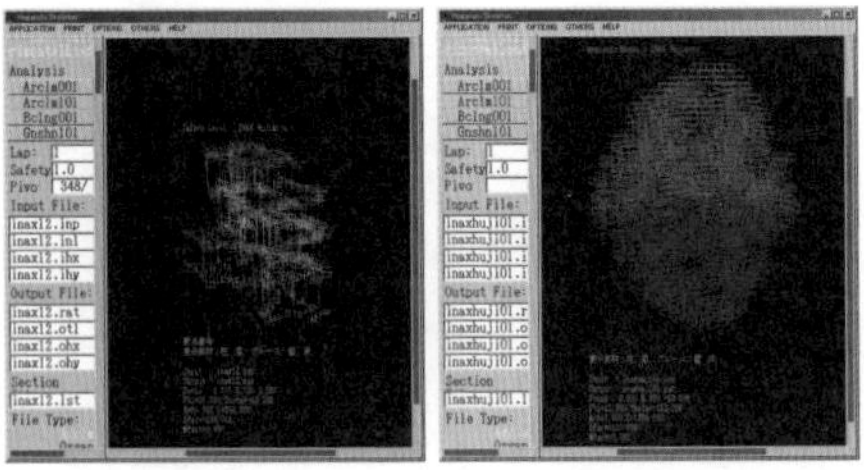


（図16）

味がある人はぜひ自分でプログラミングをしてみるといいかと思います。

その他、適用できる形状としては木の葉もしくはアメーバー状のユニットが積層された建築ですが、これを何百個も積み上げるとこのような形態の建築ができるのではないかと（図16）。これは本当のプロジェクトではなくて、仮想のプロジェクトなので実現はしなったのですが、藤本壮介さんが考えた案です。

このような多段スラブにも適用ができます（図17）。細かく段々になっているスラブの高さを調整すると、スラブによって柱が拘束されます。この拘束される距離、柱の長さが短いと硬くて地震によく効きながら、その割に曲げモーメントが大きくならずに済むということがあって、そのコントロールを上手くすると、ほんの一部ブレースが入っていますが、細い柱でラーメン構造が実現できます。

こういう形態解析は自動化できます。うちの研究室でも自動化プログラムをつくってみて探索させています。先ほどの多面体を探索させるといったプログラムを組んでいますが、最適化のアルゴリズム（注3）として一番単純な方法に最急降下法があり、少し収束計算を早めるテクニックとし

（注3）
アルゴリズム
計算や問題解決の手段のことをいう。定式化された、あるいは最適化された処理手順（プログラム）のことをいう。「グーグルの検索アルゴリズム」という場合は、グーグルがどの単語を検索して上位に示すかの計算方法を指す。ある目的までの手順はたくさんあるが、最適なアルゴリズムを探すことが重要。

（図17）

て共役勾配法というものもあります。いずれにしても勾配法と呼ばれるもので、雰囲気としてはグラフの窪んだところ、凹んだところを見つけに行く方法ですね。安全率が1を超えている形状を、1を超えないところまで変化させます。例えば全ての節点のz座標を調整しながら、安全率が1を下回るような値を探索しますが、これは安全率を表すグラフの凹んだところを探しに行くということです。そこへ向かって坂道をズーっと下がって行くというイメージなので勾配法という名前が付いています（図18）。

その他、最適化に使えるアルゴリズムとしては、遺伝的アルゴリズムだとかESO法だとかフォースデンシティ（Force Density）法といったアルゴリズムがありますので、興味のある人は調べてみてください。

## ディープラーニングは何をしている

話はそれますが、ディープラーニング（Deep Learning）は形状最適化とアルゴリズムが似ているということを話しておきます。先程出てきた最急降下法というのを一番基本のディープラーニングでは使っています。

形状最適化というのは入力値の最適化です。先ほどのデコボコの多面体

（図18）

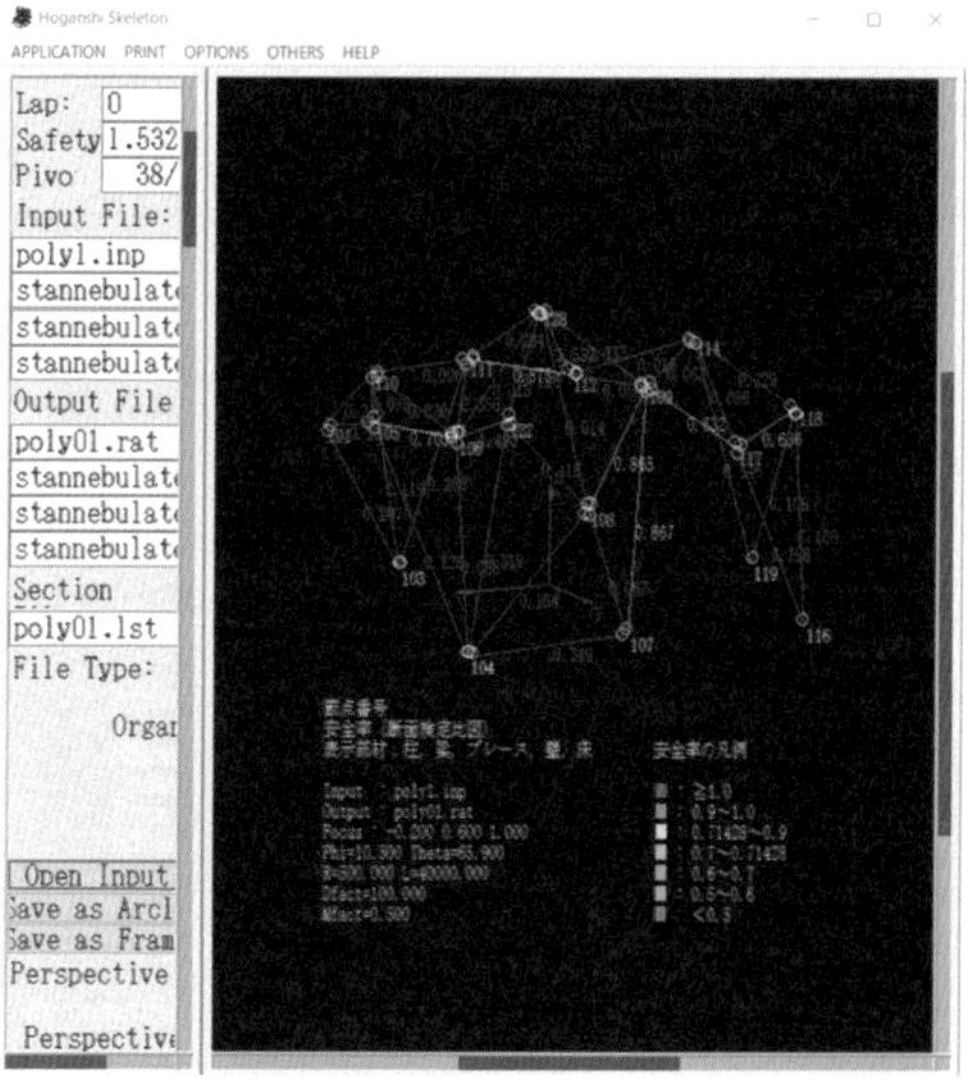
Hoganshi Skeleton
APPLICATION PRINT OPTIONS OTHERS HELP
Lap: 0
Safety 1.532
Pivo 38/
Input File:
poly1.inp
stannebulat
stannebulat
stannebulat
Output File
poly01.rat
stannebulat
stannebulat
stannebulat
Section
poly01.lst
File Type:
Orga
Open Input
Save as Arc
Save as Fram
Perspective
Perspectiv
節点番号
安全率（断面検定比図）
表示部材：柱、梁、ブレース、壁、床
安全率の凡例

↓

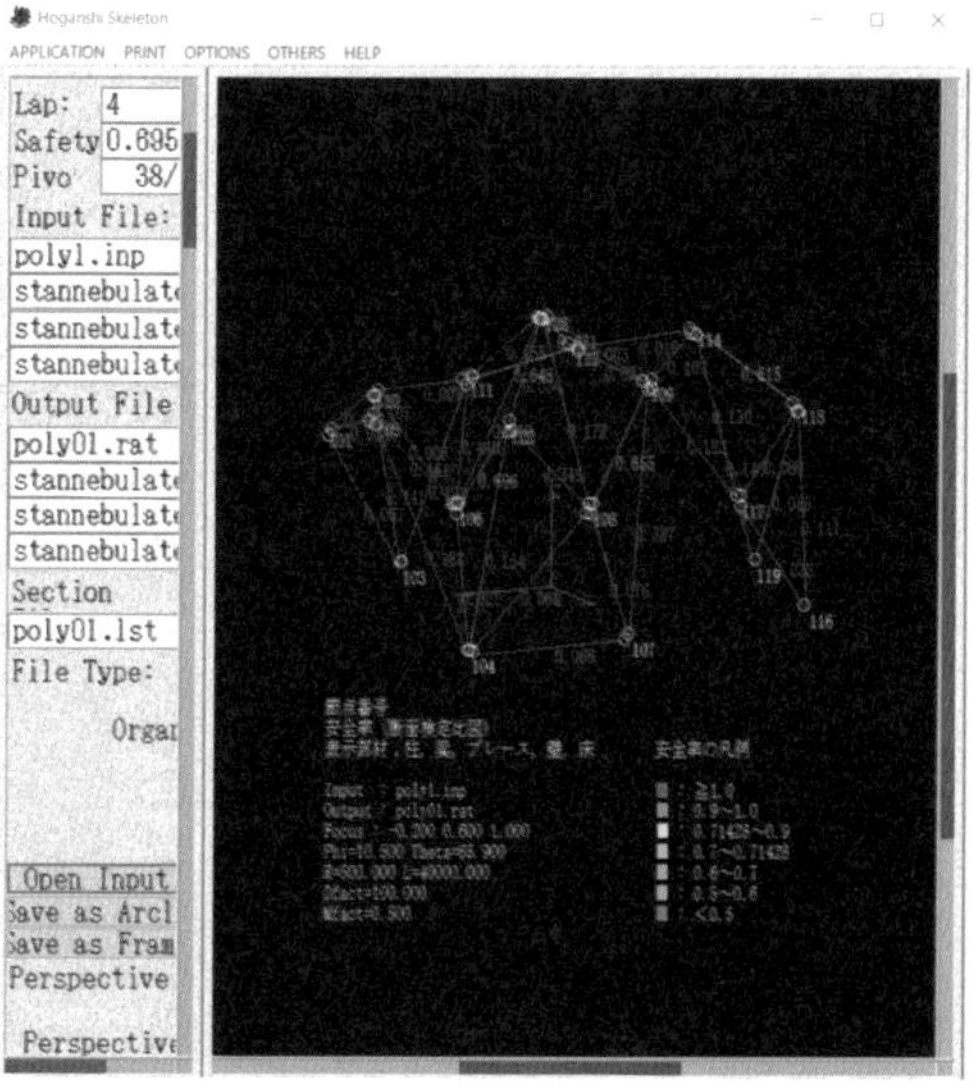
Hoganshi Skeleton
APPLICATION PRINT OPTIONS OTHERS HELP
Lap: 4
Safety 0.695
Pivo 38/
Input File:
poly1.inp
stannebulat
stannebulat
stannebulat
Output File
poly01.rat
stannebulat
stannebulat
stannebulat
Section
poly01.lst
File Type:
Orga
Open Input
Save as Arc
Save as Fram
Perspective
Perspectiv
節点番号
安全率（断面検定比図）
表示部材：柱、梁、ブレース、壁、床
安全率の凡例

の話でいうと、ｚ座標を入力値として安全率が1を下回るようにｚ座標を最適化しているのですね。式を単純化して、$\alpha x + \beta y = z$ といった式があったとすると、入力値はｘとｙなわけです（図19）。$\alpha$ と $\beta$ は今わかっている時に、与えられたｚに近くなるｘ、ｙを探す。例えば先ほど見せた多面体の話ではｚが1を超えていた場合は1を下回るｘ、ｙを探すということです。例えば $4x + 2y = 1$ という式があったとします。ここではｚが1に近くなるｘ、ｙを探したいとします。他の情報が無いからすぐには答えがわからないわけですが、$x = 0.10$、$y = 0.10$ を代入してみると0・6になります。$x = 0.15$、$y = 0.05$ を代入してみると0・7になります。そうしたら、1に近くなるのがいいのだから0・7の方がいいというのがわかりますね。こんなことをしながら解に近づけていく。ｘ、ｙを調整していくということが、形状の最適化ということです。

一方でディープラーニングは何をしているのかというと、関数の最適化をしていて、$\alpha x + \beta y = z$ という式のｘ、ｙとｚの組み合わせがいくつかわかっているという時に、そういうふうになる係数 $\alpha$、$\beta$ を探していきます（図20）。例えば、$x = 1$、$y = 4$ を与えると $z = 2$ になるとわかっ

（図19）「形状最適化」は「入力値」の最適化

$\alpha x + \beta y = z$
与えられたｚに近くなるｘ, ｙを探す。
式の係数 $\alpha$ , $\beta$ は与えられている

例：$4x + 2y = 1$
$z = 1$ に近くなるｘ, ｙを探す。
$x = 0.10$, $y = 0.10$ を代入してみると $4 \times 0.10 + 2 \times 0.10 = 0.6$
$x = 0.15$, $y = 0.05$ を代入してみると $4 \times 0.15 + 2 \times 0.05 = 0.7$
などとして解に近づけてゆく

ている。x＝2、y＝2を与えるとz＝1になるとわかっているとします。これは教師データなどと呼ばれますね。教えるデータ、学習させるデータです。この答えがでるα、βを見つけるのが目標です。α＝0・8、β＝0・1にしてみると、x＝1、y＝4に対してはz＝1・2になります。x＝2、y＝2に対してはz＝1・8になります。そうするとz＝2、z＝1にしたいところを、z＝1・2、z＝1・8ですからまだ遠い。これをα＝0・1、β＝0・5にしてみたらz＝2・1、z＝1・2になります。目標の答えにだいぶ近づきましたね。なので、αとβが望ましい値に近づいた、つまり望ましい式が見つかった、と言えます。全部を完全に満たす式が見つからないという場合もありますが、そういう場合でもできるだけ近い答えを出せる式に近づけるということを行います。

　階層が深くなるとディープラーニングと言いますが、階層が多くなったり各層のノードの数が増えたりというのは、要はαx＋βyの数式を複雑にしていくのです。この係数の数をたくさんにすればするほど式の自由度は上がります。ただし膨大な数の係数を決めるという手続きが必要で、それをやっているのが最急降下法などを使って係数を最適化することで、

（図20）「Deep Learning」は「関数」の最適化

$\alpha x+\beta y=z$

入力 x,y の値に対する答え z が何例かわかっている。
そうなるような 係数α、β を探す。

例：x=1, y=4 を与えると z=2
　　x=2, y=2 を与えると z=1
となるようにα、βを調整したい。
α =0.8, β =0.1 としてみると
0.8 × 1+0.1 × 4=1.2
0.8 × 2+0.1 × 2=1.8
α =0.1, β =0.5 としてみると
0.1 × 1+0.5 × 4=2.1
0.1 × 2+0.5 × 2=1.2
完全に満たす式は見つからなくても近い答え z を出せる式に近づけてゆく。

学習と呼ばれます。学習させてその式を特定しているのです。
あともう少し、どういうふうに適用するかというのを話すと、x＝1というときに例えば1は爬虫類だとしますね、x＝2は哺乳類だとします。yは足の数だとか決めて、y＝4は足が4本、爬虫類で足が4本なのはワニだとして、z＝2の2はワニにしようとか決めます。カテゴリー2はワニですと。哺乳類で足が2本なのはゴリラだと。z＝1、つまりカテゴリー1はゴリラにしようということです。そうなるような式をまずは求めたわけですね。そうしたら、じゃあ爬虫類1で足が2本と入力するとどう出るのだろうというのを計算してみます。先程求めた式ではz＝1・1になりますが、それはワニよりゴリラに近い。どれぐらい近いかというと1・1という数値の近さでゴリラ1・0に近いと。そういうことをやっている。極めて単純化して言うとディープラーニングはそういうことをやっています。このディープラーニングの基本プログラムは非常に短いんです。自分で組んでみるといいと思います。これが参考プログラムなのですが、こんな風にA4の紙に印刷してもたった8ページくらいなのです（図21）。ライブラリも使わず全部自分でプログラミングするというのをやってみる

（図21） Deep Learning の参考プログラム

学習データ（教師データ）

・Cyan ● {0, 255, 255} → 1 つまり f(x,y,z) = f(0, 255, 255) = {1 0 0 0}
・Yellow ● {255, 255, 0} → 2 つまり f(x,y,z) = f(255, 255, 0) = {0 1 0 0}
・Magenta ● {255, 0, 255} → 3 つまり f(x,y,z) = f(255, 0, 255) = {0 0 1 0}
・Orange ● {255, 100, 0} → 4 つまり f(x,y,z) = f(255, 100, 0) = {0 0 0 1}

となる関数 f を見つけておく。

その上で、

・● {180, 140, 40} がどれに近いか判定してみる。

Yellow との一致度 62% ,Orange との一致度 27%と算出される。

といいと思います。それでもこのぐらい短くプログラミングできますね。もう一つプログラミングのおすすめということで、ウィンドウズプログラミングの第一歩はこんなのです。今まで見せた解析ソフトをつくってうちの事務所と研究室でドンドンアップデートしていますが、最初に私がつくったソフトは、Windowsのウインドウを開いて、マウスでチョンチョンとクリックして線を引くというものです。これができたらソフトウェアをつくるプログラミングはほとんど習得したようなもので、あとは大体なんでもできるようになりますね(図22)。ここまで若干ハードルは高いです。しかし、これも比較的短いプログラミングなので、ここまでできると後は少しずつ時間がある時に増殖していけばいいので、ぜひ皆さんやってみるといいのではないかと思います。

## 幾何学的操作で全体を最適化

最適化に話を戻しますと、全体の操作の他に、今私が着目している幾何学的操作に、局所最適化というものがあります。全体最適化に対して局所最適化というのは、例えばこれはアクリルの2㎜の平板に水玉模様にデコ

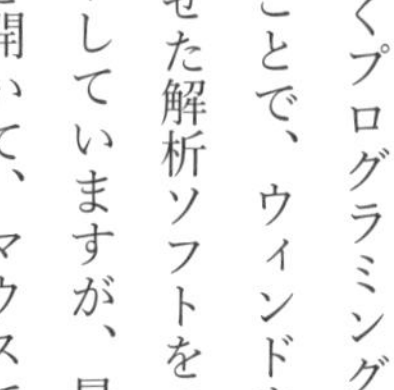

(図22)

ボコを与えています（図23）。そうすると6倍くらい強くなる。もしくは、葉脈のように溝を与えるとか（図24）、もしくは金網に紙のようなシワを与えたりすると、薄い面材が強くなります。

ツルっとしたアーチがあったとします。アーチというのはカテナリーの曲線を描いています。カテナリーというのは重力に対して全体が圧縮になるように最適化された形で、非常に薄っぺらい材料でつくれます。それに対して少しデコボコやうねりを与えると、さらに強くすることができます。赤色が出ている部分が先ほどと同じくNGの部材ですが、それをドンドン無くしていきます（図25）。これが局所最適化の使い方ですね。

2年ほど前にうちの大学院生が、水玉模様よりも花柄模様が強いということを見つけました（図26）。この月形模様もまあまあ良いのですが、このように花の数を増やして、密度を上げていくとドンドン比例的に強度が上がっていく。8個ほどちりばめると元の何も無い板よりも4倍くらい強くなります。これはシェル構造のスタジアムの提案だったのですが、こんなシェル構造の応力の厳しいところに、多めに花柄のディンプル（えくぼ）をちりばめると良いんじゃないかという提案をしました（図27）。応力に

（図23）

（図24）

応じて花が咲き誇っているような、そんな華やかなシェル構造にできないかなと思っています。この花柄のディンプルをキレイに型押しをすると、このような板がつくれます。ちょうど私の後ろに映っているの板がディンプルを押した板です（図28）。このように金属の薄い板もしくはガラスにディンプルを施すことで、シェル構造をつくれないかなと考えています。

今ちょうどこれを応用してうちの研究室で月面基地を開発中です。年明けぐらいに公開できると思いますが、そんなことに応用しようとしているアイデアです。

最適化において、目的関数として、さっきの安全率だけではなくて、地震で揺らしたときに構造が吸収するエネルギーの分布も使えるのではないかと考えています。

その他にも座屈固有値解析をするときの、座屈固有値問題を縮約すると各部材の座屈強度が検出できるのではないかと。まだ研究中ですが、これが検出できると座屈だけに着目して、こういうふうに強度分布が求められるので、それも最適化の指標になりそうだと考えています（図29）。

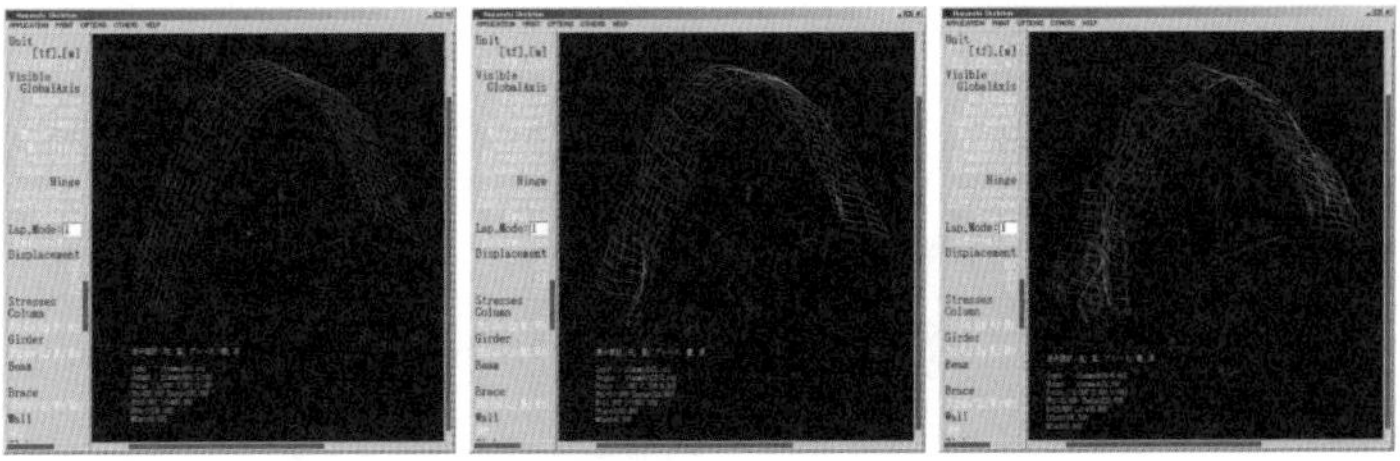

（図25）

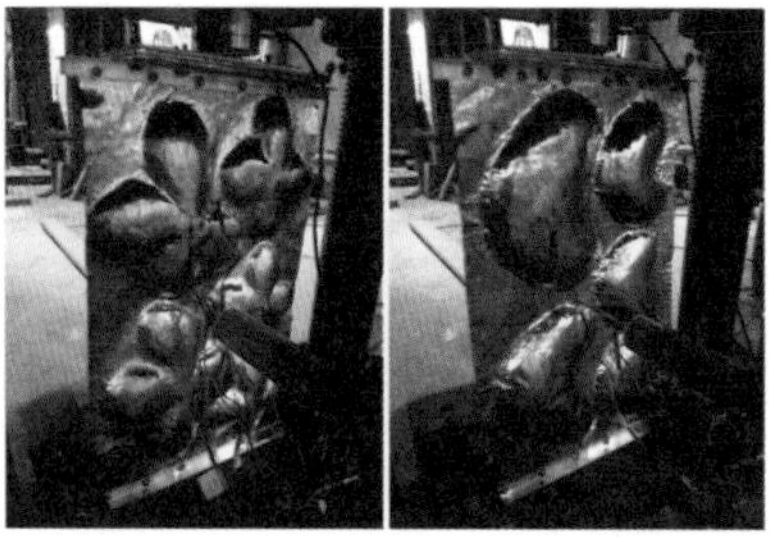

(図26)

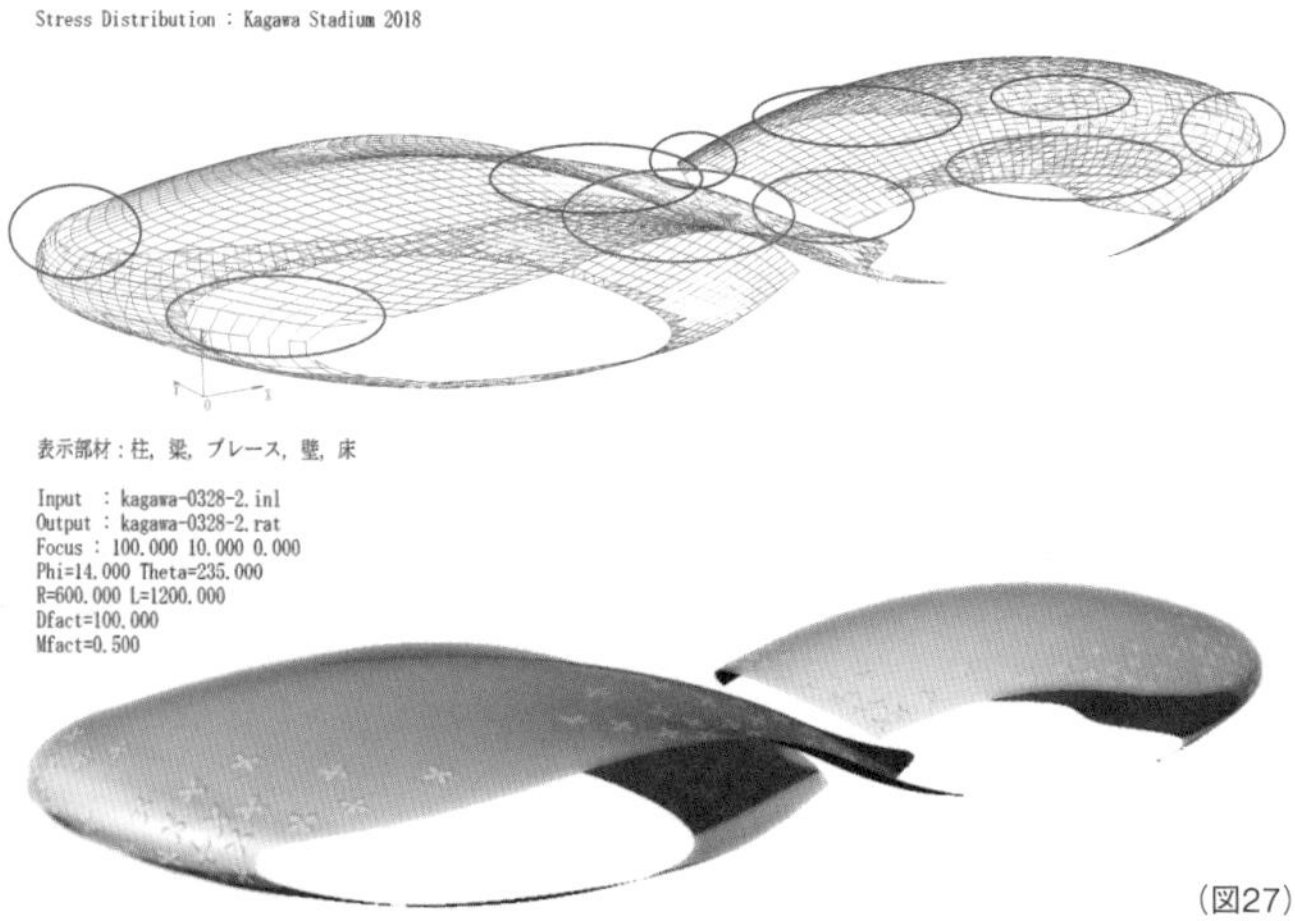


(図27)

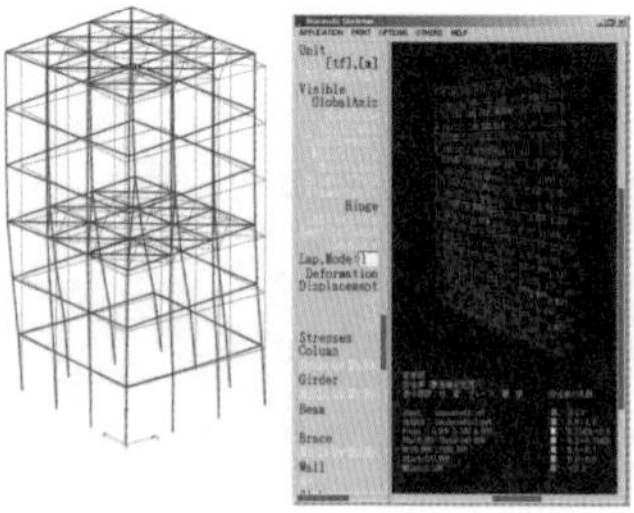


(図29)

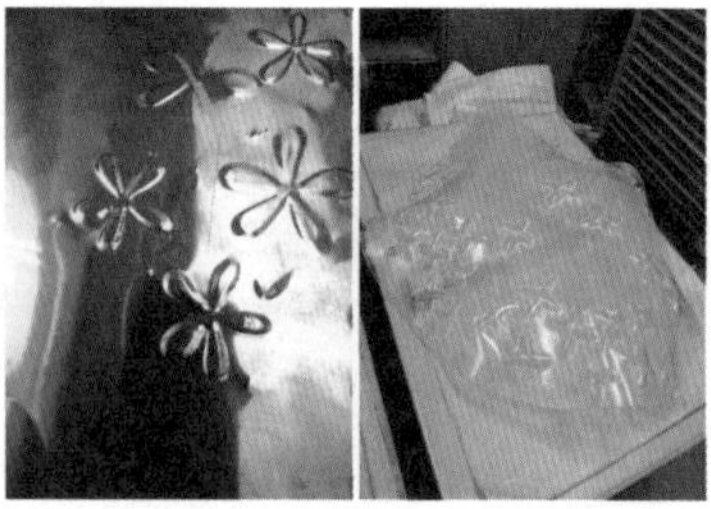

(図28)

## 木組みとボクセル形式でつくったサニーヒルズ

こうして考えていくとき最適化だけをイメージしなくてもいいと思いますが、構造デザインで極々単純な形でも、日常的に最適化をやっているので切っても切り離せません。そして最適化を考える際には幾何学のコントロールが大事だなということがわかってきます。極めて複雑な幾何学を操るプロジェクトをいくつか紹介していきたいと思います。

こちらはサニーヒルズという隈研吾さんとのプロジェクトですが、このようなモシャモシャな木組みの構造ができました(図30)。最初にお話した、半透明な構造が「こもれび」の空間を生み出すということをもう少し数学的に定量的に分析できないかなと思い始めたのはこのプロジェクトがきっかけでした。このモシャモシャな木組みの内部空間にまさに「こもれび」のような空間が生まれるというイメージから考え始めたのです。この木組みは、元々は地獄組み（注4）もしくは千鳥格子などと呼ばれる平面の格子から発想を膨らませています（図31）。これはかつて飛騨の大工さんたちによって考案されたもので、木材を完全に交互に噛み合わせたように組

（注4）
地獄組み
木材を組み上げる組子の手法の一つ。和室の建具などに使われる。一度組み上げたら容易には外すことができないように組むので地獄組みという。

（図30）

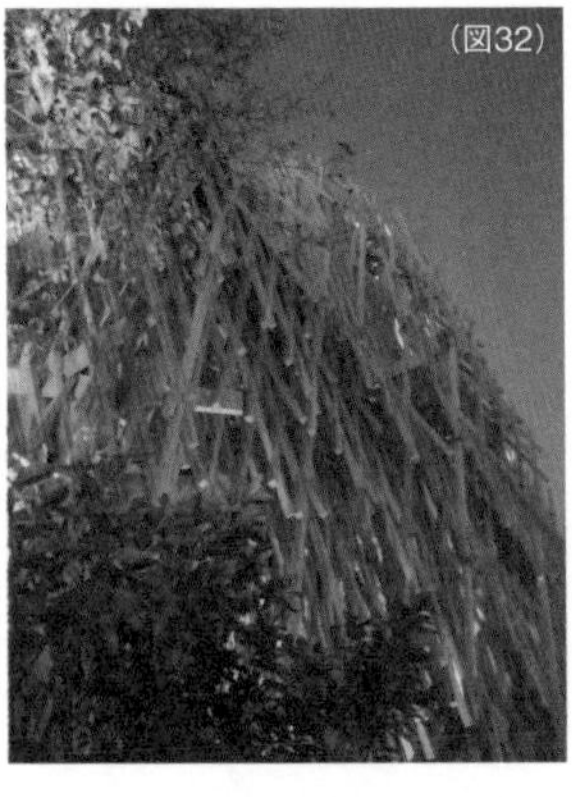
（図32）

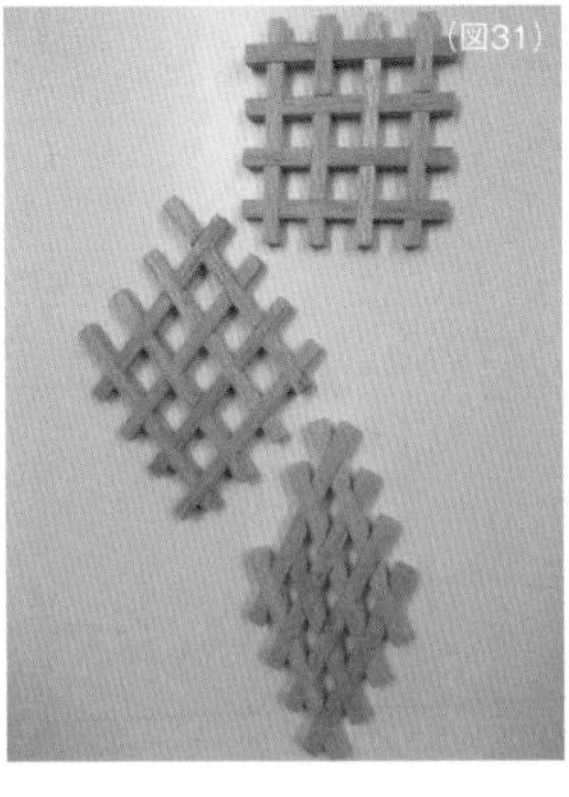
（図31）

めるという方法です。

ここに菱形の格子が見えていますね（図32）。敷地ギリギリに建っていますので、こっちの面のファサードは比較的平らにせざるを得なかったので、菱形の模様がよく見えています。この地獄組みは菱形にも組めるので、これを何層か並べて、その間をさらに木材で紡いだような形状にして立体化しています。ここにちょっとはみ出ている木材が、この菱形の格子とその向こうに菱形の格子がありますね、これらを紡いでいます。斜めに刻んでさらに刻み込んで、細いところは断面が1／4くらいしか残っていないみたいなことをやるわけですが、どうやって刻めばよいか、あと現場でどうやって組めばよいのかというのを見つけて実現しています（図33）。未だこのようなことはコンピューター上では考えられないですね。まだまだスタイロを自分で削りながらスタディをします。もうそろそろ画面上のスタディができるようになるのではないかということで、描き始めたのがこちらです（図34）。寸法の無い図を見ていると、どの面が手前なのかがわかりにくいですが、立体的に寸法線を入れると、意外とそれが見えてきました。このようなツールを発展させると、こういう木組みを考えられると

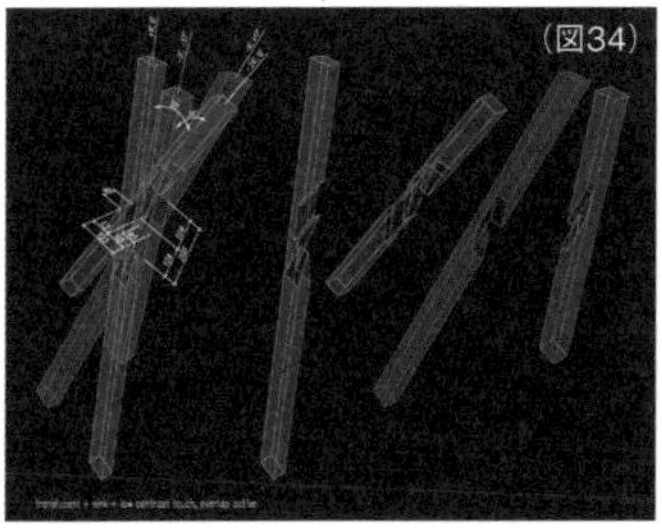
（図34）

（図33）

も思っています。

このサニーヒルズは複雑な組み方ですが、全体形状としては同じ幾何学的なユニットを並べただけです。木材はつながっているのですが、形状としては同じユニットを積み重ねたものと見ることができます。同じ形状を積み木のように積み重ねているので、ボクセル形式みたいなものです。そうするとドンドン積み重ねてランダムに形状を生成できるわけですね（図35）。ランダムに生成された形状をそれぞれ評価して、力学的にどれが良いか、内部空間の大きさとしてはどれが良いか、風の通り具合としてはどれが良いかということで評価して、段々最適解に近づけていくという方法が考えられますね。ランダムに生成しながら、次第に相応しい解に近づいていくという方法の典型的なものが遺伝的アルゴリズムです。完全にランダムではなく収束を早くするテクニックとして使われます。一方で全体の輪郭をなんとなくこんなふうにしたいなという、先にイメージがある場合があります。例えば最初のイメージが門型のラーメン構造だとすると両肩の部分と足元の負担が大きいので、そのあたりのボリュームが大きい方がいいなというイメージができて、こんな形にフィードバックする（図36）。

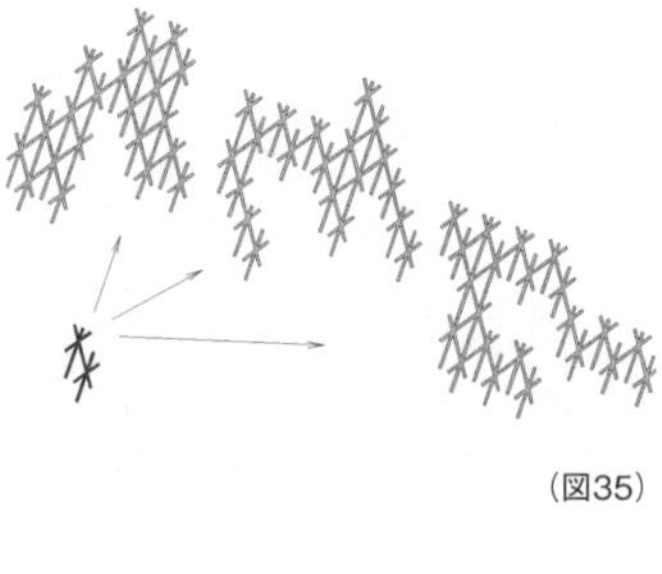

（図35）

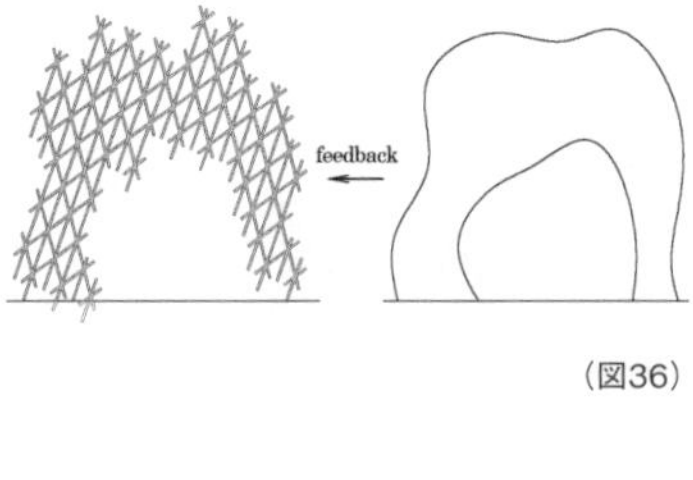


（図36）

このとき部材をどういうふうに並べればこの形にできるかは、今のボクセル形式だと非常にやりやすいですね。なので、これを施してサニーヒルズのこちら側の面は表面までこんなモコモコになって、内部も少しモコモコになっているのですが、そんな求め方をした結果このような形になりましたた。そして、同じ形状が並んでいますが、厚みの違う壁になったおかげでランダムな光が入ってくるという状態がつくれました。

## 「こもれび」のスペクトル

今のような「こもれび」の空間をどうやって分析するかというと、二次元スペクトル解析という方法を試しています。30年ぐらい前に1／fゆらぎというのが一世を風靡しました。今日聞いている学生の方はあまり知らないかもしれませんが、エアコンの風などが1／fゆらぎの特徴を持っていると、ナチュラルに快適に感じるという話があります。例えばエアコンの風は一定の強さで吹いているよりも、少し強弱をつける。その強弱の付けた方を1／fゆらぎにすると、人はナチュラルに感じるということです。この原理を二次元に拡張し分析してみようじゃないかということをやってみています。

実際にはこの「こもれび」の写真を二次元のスペクトル（注5）にすると、このような画像になるのです（図37）。これがどういう原理で出来ているかは置いておいて、「こもれび」の風景はこのようなスペクトルだと思っておいてください。いくつか自分で選んできた写真、これをスペクトルに描いてみます（図38）。スペクトルは写真によってだいぶ違うのがわかると思います。ここで二次元スペクトルの描き方ですが、スペクトルは二次元に限らずフーリエ変換をします。二次元にしてもこの程度の式でできます（図39）。画像のスペクトルと言っているのは、画像にはピクセルがX方向、Y方向に並んでいますね。そのピクセルがRGB色の0〜255の値を持っていますが、その値がずらーっと並んでいるのを波だとみなす、その波形をスペクトルに変換します。そうするとフーリエ変換（注6）をして、振幅を計算するということになりますが、その数式はたったこれだけなのです。このamnというのがM×N個のピクセルデータを表すとすると、a00からa(M−1)(N−1)までのデータが並んでいるわけです。それを変換しますが、たった6つの式です。たった6つの式

（注5）
スペクトル
光や信号などの複雑な波形を単純な正弦波に分解し、特徴量を規則的に並べたもの。その図自体がスペクトルと呼ばれることもある。例えば分光スペクトルは、光を分光器で波長ごとに分解し、その結果をグラフで表す（分光分布図）。太陽と照明の光では波長が異なるのでスペクトルも異なり、それぞれの特徴がわかる。

（注6）
フーリエ変換
関数や信号を周波数に関して解析するための分解法をいう。重なり合った異なる周波数の正弦波を、周波数毎に分離する際に使われる。音楽データを圧縮する際、人には聞き取れない高周波領域をカットするが、その際にフーリエ変換で音を周波数毎に分ける。スマホの電波の送受信もフーリエ変換を基礎とした演算で動いている。

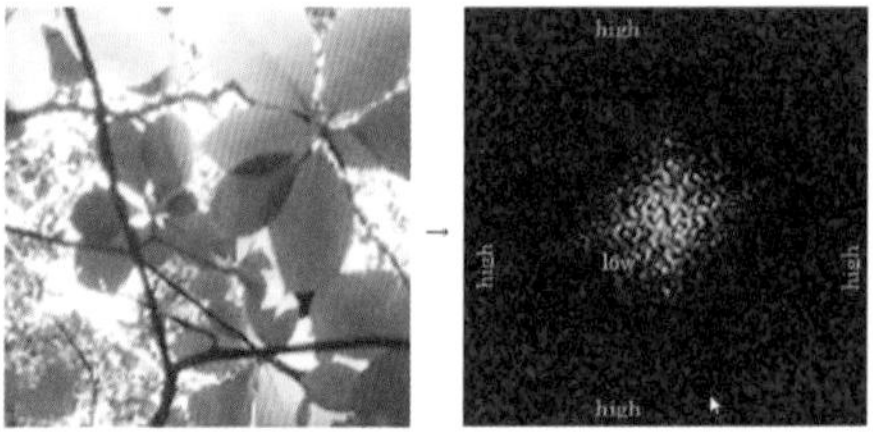


（図37）

（図38）

2 次元のフーリエ変換の式は、1 次元とほとんど同様です。

波のデータが M × N 例あるとする。（M,N は偶数とするのがよい）

$a_{mn}=a_{00}, a_{01}, a_{02}, \cdots a_{(M-1)(N-1)}$（m=0〜M-1, n=0〜N-1）

複素フーリエ係数を Ckl（K=0 〜 M-1, l=0 〜 N-1）とすると、

$$C_{kl}=\frac{1}{MN}\sum_{n=0}^{N-1}\sum_{m=0}a_{mn}e^{-2\pi i\left(\frac{km}{M}+\frac{ln}{N}\right)}$$

$$C_{kl}=\frac{A_{kl}}{2}-i\frac{B_{kl}}{2}$$

とおくと、

周波数 $$f_{kl}=\frac{\sqrt{\left(\frac{M}{k}\right)^2+\left(\frac{N}{l}\right)^2}}{2}$$

位相 $$\theta_{kl}=atan\left(-\frac{B_{kl}}{A_{kl}}\right)$$

振幅 $$X_{kl}=\begin{cases}A_{00} & (k=0 \text{ かつ } l=0)\\ \sqrt{A_{kl}^2+B_{kl}^2} & (k>0 \text{ または } l>0)\end{cases}$$

パワー $$P_{kl}=X_{kl}{}^2=A_{kl}^2+B_{kl}^2$$

（図39）

で最後のパワーという式を求めるだけなのです。途中何をやっているのか本当は知った方がよいですが、とりあえずあまり訳がわからなくても、当てはめてみればスペクトルが描けます。試してみるといいです。

出てくるのは単純な計算で、中身はそんなに難しい計算はやっていないですね。eの何乗も難しい式ではないですし、Σでいくつからいくつまでを足し合わせることも、そう難しいわけではないです。皆さん恐れずにチャレンジしてみてください。

やりたいことは五つの写真のスペクトルが描けたら、それをカタログのように見立てて、次に実際に自分がつくった構築物のスペクトルと比較してみるということです。このガラスのインスタレーションは、正方形のガラスをバラバラと散りばめただけなのですが、ちょうどこの「こもれび」のスペクトルに近いものになりました（図40）。なので、幾何学的な正方形をちりばめるだけでも「こもれび」のスペクトルに近いものを実現することができると言えます。

さっきのサニーヒルズはこんなスペクトルになりました。紅葉の森のスペクトルにかなり似ていますね。なので、「こもれび」のような内部空間

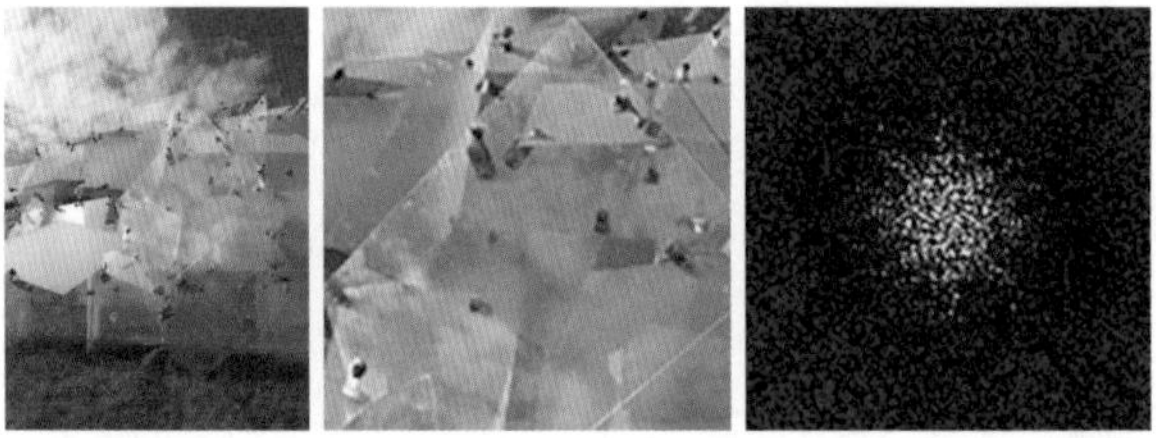

（図40）

というよりは森の中のような空間になったというふうに言えるでしょう。

森の中の空間は、「こもれび」の空間ではないかとややこしいかもしれませんが、このカタログのこの写真の風景の雰囲気に近いという表現でいいと思います。後から自分がつくったものが、どのナチュラルさに近いのかなと探すのに使ってもいいですし、もしくは「こもれび」のスペクトルに近くなるように部材の並べ方を考えていく、デザインするという方法もあると思います。そういう意味ではスペクトルを目的関数として、「こもれび」のスペクトルをその達成目標にして最適化するということですね。それが光環境の最適化ということにもなります。

こちらは世界最薄の布を使ったパビリオンをつくったのですが（図41）、そうしたらこんなスペクトルになりました。このスペクトルに似た自然界のスペクトルは、まだ見つけていないので、見つけてみたいなと思います。尖ったこういう模様なんかはススキ野原の様子にもありそうですし、森の中のこの風景のスペクトルに近いところもちょっとあるかなという雰囲気を感じています。

単なる丸をドンドン増やしていっても「こもれび」に近づけるというこ

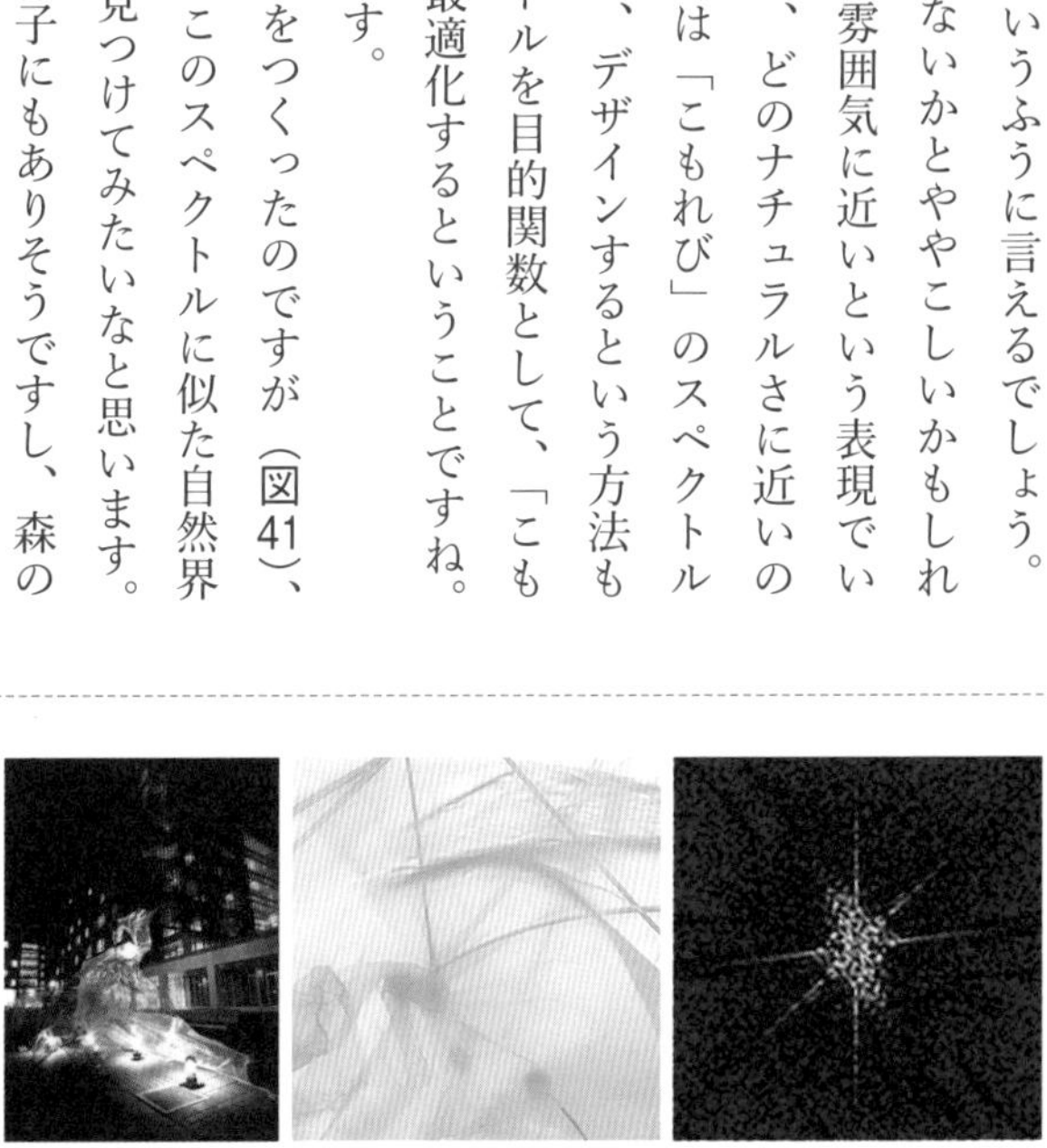

（図41）

とができそうですね。もうちょっとちりばめないといけないですが、段々近づいてきたという様子がわかるかと思います。このように木の葉とは全然違う形を使って「こもれび」に近い雰囲気を持たせるという使い方ができそうかなと思っています。考えるにつれ、さらに自由な形状を生み出す幾何学や施工方法、作り方を考えていきたいなと思うわけです。

## デジタルファブリケーションで大工の技を引き出す

隈さんとやっている木組みシリーズの第4弾がこちらにできました（図42）。自由な木組みをつくれないかというのを考えているのですが、このように立体菱形格子、四つの木材が完全1点で交わるような木組みの作り方を見つけました（図43）。柱梁は耐火の要件のために鉄骨にしましたが、この方杖は地震にだけ効かせるということをすると、耐火被覆もいらないし、燃え代もいらないという設計ができます。この方杖をこの木組みでやってみようと考え、角度は一定にしてピッチだけランダムにしてみようというふうにして単純化しました。大規模な建築ではまだまだ形状を単純化しないと実現できない時代なので、そんな単純化をしながら、ピッチをラン

（図42）

（図43）

（図44）

ダムにしたおかげで、少し森の中の雰囲気を出せるかなというのを試みました。

木組みプロジェクトの第5弾が今進行中でして、さらにモシャモシャになってきました（図44）。少し扇型に広がる縦材が、ここにサインカーブのように波型に並んでいるのです。上が広がっているわけですね。それに対して、斜めの材が扇型にザーッと寄り添っているという形態です。これは隈さんがカナダのバンクーバーで計画をしている、カーブド・タワーという超高層ビルの足元にできるパーゴラなのです。パーゴラといっても高さ15mくらいあって、これは部分模型ですが全長40mくらいに伸びていくという、けっこう大きなパーゴラです。こんなモシャモシャな木組みを考えたところ、この交差角もひねり角も自由な交差の相欠きが必要だということがわかって、どうやったらいいのか考案しました（図45）。けっこう複雑ですね。まだCNC（注7）で削れないんです。五軸のCNCを使えばできなくはないですが、かなり厄介で、うちの研究所でどうやって刻めばいいかというのを研究しているところです。このプロジェクトは、一旦カーブド・タワーの超高層ビルができないと取り掛かれません。まだ何年

（注7）
CNC
コンピューター数値制御とも言い、コンピューターを利用して、工作機械の手順や工具の移動量、移動速度を制御する。建築では3DCADやBIMで設計したデータをCNCに連動させて部材を加工したりする。

（図45）

も待たないといけない状況です。なので、待ちきれないので家具をつくってみました（図46）。こんな棚です。この自由交叉木組を使っていますが、家具大工の八文字雅昭さんという方が一人で刻んでくださいました。90本くらいの木材で2㎝という非常に細い木材でできているので、非常に刻みにくいわけです。3Dプリンターで形状を印刷して形状を確認してみましたが、かなり鋭角に交わり角度が浅いおかげで入隅や薄皮一枚残すのがえらく刻みにくい。八文字さんに何とかやってくださって実現しました。

CNCについては、だいぶ実用になってきました。複雑な刻み方をするCNCの使い方ができるようになってきたと感じるプロジェクトがこちらです（図47）。世田谷の馬事公苑にできたツリーハウスのプロジェクトで、日本の第一人者のツリーハウスクリエーターの小林崇さんとやったもので、建築家の西田司さんも設計に協力しています。表面を覆っている板材がCNCで削ったものですが、VUILDの秋吉浩気さんにも協力いただいていますね。カマキリの卵のような非対称な曲面に厚さ6㎝の板を下見板張りしたように並べたものが構造体になっています。最大4枚が重なる部分がありますが、これをこのように刻むとしっかり噛み合わされて、構

（図46）

（図47）

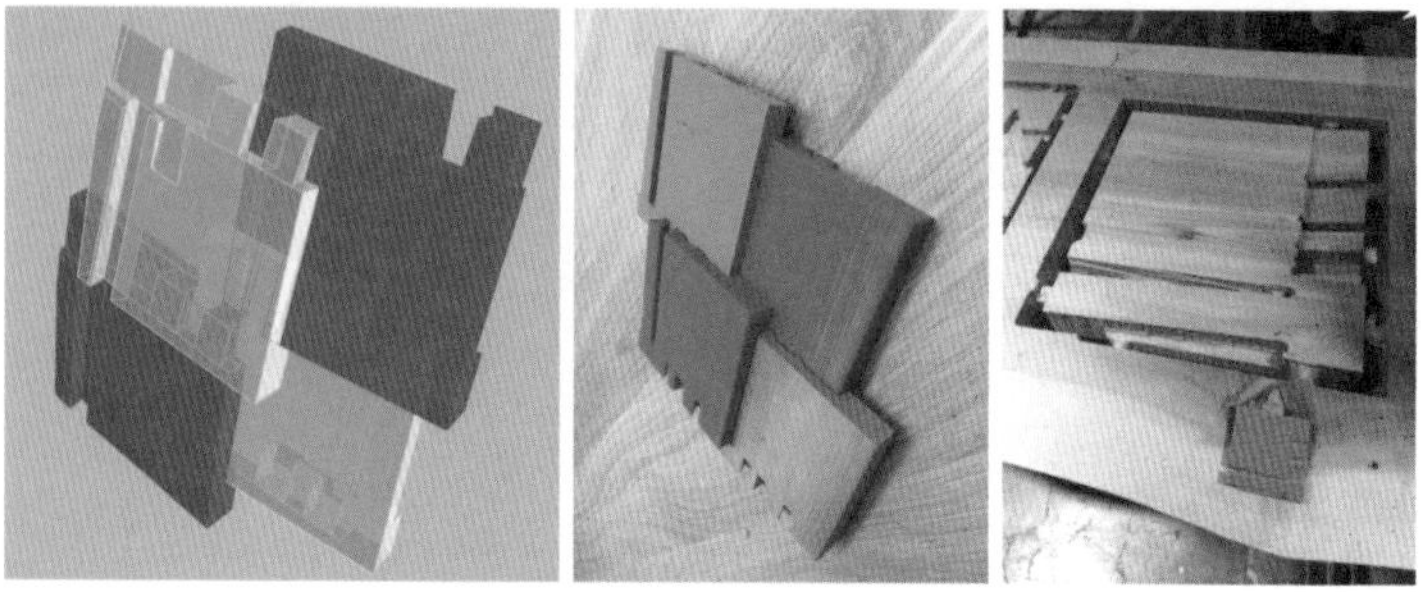

（図48）

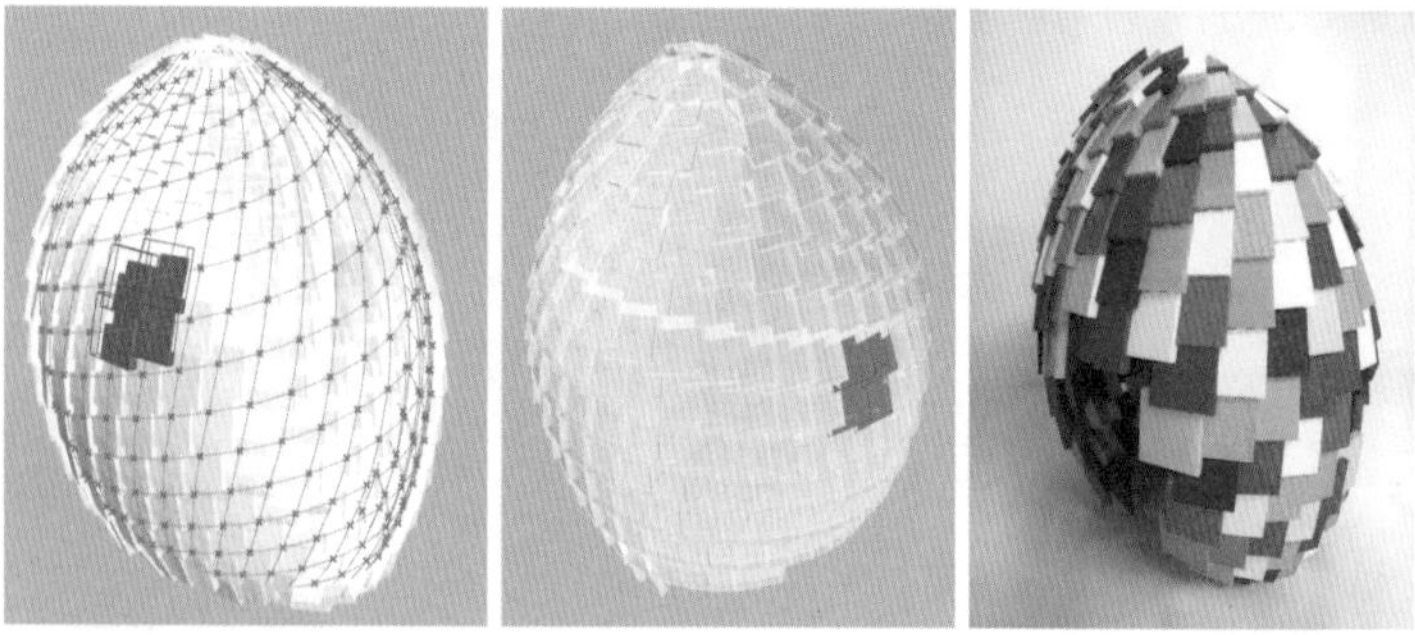

（図49）

造として効くというのを考えました（図48）。この形は完全にはCNCで削っていられないので、粗削りをCNCでやって、最後は大工に仕上げてもらい実現しました。非対称な卵型なので場所によって形状が変わってきますね。これをパラメトリックに生成して、それを3Dプリンターで印刷してみるとこのようになります（図49）。全部印刷してみると正しく組めるかどうかが判ります。こうやって生成された形状をCNCに送って削り出すということができるようになって、だいぶ実用になる時代になってきました。アリ型に滑り込ませるところなんかは、ちょっとずつ角度が変わっていっているということですね。パネルの外形も少しずつ変わってきます。

ここで感じたのが、CNCの加工機でできることが増えると、大工の仕事に取って代わって大工の仕事が無くなるのではなくて、大工はもっと精緻に刻める技を持っているので、そういう技を引き出せるようになるのだなというふうに感じました。

デジタルファブリケーションを駆使してパラメトリックデザイン（注8）を実現するには、まだ手間がかかります。今はサラッと話しましたが、

（注8）
パラメトリックデザイン
形状を決定する変数（パラメーター）を変化させながら形をつくる方法をいう。Grasshopperをはじめとしたモデリングソフトを使えば、具体的に数値を決めて形をつくっていく（決めていく）のではなく、ある変数を少しずつ変化させながら軌跡を描かせたり、いくつかの変数を連動させて形状を生成させたりして、さまざまな形状を容易につくることができる。

これも結構な手間がかかっているのです。でもまだ少し手間がかかりますが、途方もないことではなくなってきて、実現できる時代が到来したというのを感じますね。

## 安全な構造の追求にもつながる

さっきちらっと話をした、このガラスのパビリオンで「こもれび」のスペクトルを実現したわけですが、これはスタンフォード大学の授業でみんなでつくったものです（図50）。Transparent Structure as Perceptual Filterということで授業をやっているものです。みんなでスタディして、このような形状に組み上がりましたが、同じ材料を使って東京でもワークショップをやって、また少し違った形ができました。接合用の孔は最初から決められた位置に開けておきました。時間がなかったので、準備のために穴の位置を決めてから発注したのです。これは極薄のレオフレックスというガラスとドラゴントレイルという日本のガラスメーカーのAGCがつくっているガラスですが、これを発注して日本から持っていきました。そんな時間がかかっているので孔は予め開いているわけです。そうするとガラス

（図50）

をもう1枚添えたいという時に、安定させるために3か所以上で留めたいわけですが、孔の位置が一致しないとボルトで止められないですね。しかし、実は意外と止められているのです。例えばこのガラスを見ると4か所止められています(図51)。そんなに何か所も位置が一致させられるように見えないのですが意外とできている。これはこのアルミのストラップで接合する方式を考えたからなのですが、ある程度の距離まで孔同士が近づくとストラップを曲げたり捻ったりして接合することができる。そうすると少し自由度があるファジーなノードとみなすことができます。このおかげで圧倒的に全体形の自由度が増すということがわかります。この幾何学は他のプロジェクトでも応用できそうなので、本格的に数式的に解いてみようということをやっています。雰囲気程度だと、行列とベクトルで表せる連立方程式を解きたいわけですが、数式の数に対して未知数が多すぎて、完全に解けないのですね。ですが、これをなんとか解けないかなというのをやっているところです。学生が幾何学的な条件を加えて比較的実際に近いような動き方をするようなソフトをつくってみたり、それを使ってファザードをデザインするツールをつくってみたりしていますが、もう少し直

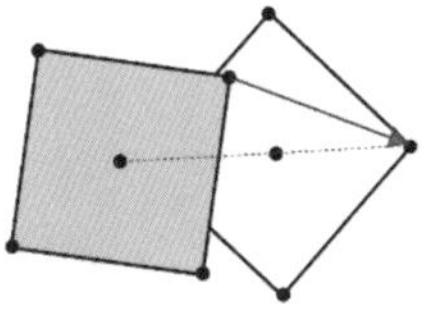

(図51)

接的に解けないかなと探っているところです。

その他、極めて軽量な世界最薄の和紙と3㎜で2ｍの木材、この木材はなかなかつくりにくいのですがなんとかつくってもらって、制作したパビリオンがこれです（図52）。極めて軽量ですね。世界最薄の和紙を草木染めもしてもらえました。あと、細い木材を弾性曲げして和紙で拘束すると和紙で絞り込んだような硬めのモジュールができ、そういうモジュールを54個つなげてつくっています。最近、弾性曲げしておいて部材を使う、ベンディングアクティブがかなり注目を浴びていますね。だいぶ昔に考案された言葉ですが、最近よく聞くようになってきました。こうしてこんな極めて軽量なインスタレーションができました。

同じ材料で2020年にうちの学校で10ｍのタワーをつくることができました（図53）。たった3㎜の木材と世界最薄の和紙ですね、10ｍの透明感のあるタワーができました。このように細い材でできた透過性のある構造を追求していくと、災害で壊れた時に、中にいる人が死なない構造ができるのではないかと感じています。すると透過性のある構造がナチュラルな空間を生み出すのを追求しながら、同時に災害で壊れても安全な構造を

（図52）

（図53）

追求していくことにもなると感じています。小型のワークショップスケールの試みであっても、いずれフルスケールに拡張していくことができます。少し材料の使い方の様相が変わるかもしれませんが、似たような形態はつくれるのだろうと思っています。ワークショップで構築物をつくるということは、学生に力学や現場の施工を勉強してもらうためだけではなくて、みんなで、壊れても安全な構造を追求することなのだという意識を持つとよいと思っています。ありがとうございました。

COLUMN 02
構造

# 豊かな新しい感性を持ち合わせる
## ―これからの構造エンジニアの姿―

野村 圭介（東海大学建築都市学部講師）

建築を人間に例えて、意匠が皮膚や筋肉、設備が神経や呼吸器だとすると、構造は骨格にあたる。優れた建築は、健全な骨格を持っているといっても過言ではない。

昨今、コンピューターやAI技術の発展にともない、これまでできなかった複雑な構造解析も可能となった。

構造エンジニアとは、地震や台風などのさまざまな災害に対して安全になるように、建築物の構造部材（柱や梁など）の配置や大きさを設計し、建築家とともに空間のデザインをする人である。佐藤淳さんは多くの建築家と協働して建築物を設計しており、この場合、形状が複雑になることが多い。講演の序盤に紹介された五つの建築物は、その最たるものである。どれも、コンピューターを利用して最適化を模索しながら構造デザインを行うが、解析も施工も、どこか「のり代としてのルーズな部分」を残しながらも創り手の意志でカタチをまとめ上げて行く点が特徴的だ。

ファイバースバーグでは、座屈防止のために壁に曲率を持たせ、また荷重が分散するように梁の配置を調整することで、わずか10㎜の薄いガラス壁だけで屋根を支えている。KAIT広場では、薄い鋼板による懸垂屋根で大空間を覆っている。薄い鋼板には圧縮力が働くとすぐに皺ができてしまい、耐力が極端に落ちる。偶部を尖らせている特殊な平面形状にすることで、全て力が引張力となり、懸垂屋根を実現している。クラウドアーチでは、曲線上にうねったパイプ型の鋼材で構成されており、曲線のうねりとねじりを制御することで、浮遊感を持たせつつ、外力に強い形状を実現している。上記のような複雑な形状の建築物においては、形状を少し変えただけで建築物の耐力は大きく変化する。構造エンジニアは力学的に合理性があり、さらに建築家の意匠に沿った形状を探索することに長けていなければならない。多くの優れた構造エンジニアたちは、それに長けているからこそ、建築家から指名され、さまざまなプロジェクトで協働するに至るのだろう。この技術を支えているのは最適化手法による形態解析である。

　最適化手法とは、目的関数が最大・最小になるような設計変数を探索する手法である。ここでの目的関数とは、一般的には自重・地震・台風・積雪などの外力に対する建築物の耐力である。設計変数は建築物の形状を操作する指標であり、ファイバースバーグにおけるガラス壁の曲率を梁配置、ＫＡＩＴ広場における平面形状やリブを配置した領域、クラウドアーチにおけるうねりとねじりがそれに該当する。この最適化手法は数十年前から建築構造の分野でいろいろな研究がなされており、目的関数・設計変数の設定の仕方や最適解の探索方法によって多様な形態が得られることが知られている。特に彼は、目的関数と設計変数の設定する際のバランス感が卓越しているエンジニアである。

　さらに、今回の講義の終盤で紹介された構造のデザインでは、か細い材や透けるほど薄い材が良く用いられる。それらを使うことで、半透明でナチュラルな「こもれび」のような空間が生まれることも多く、「こもれび」の空間を分析する方法についても研究しているようである。建築の構造分野では地震の特徴を分析するためにスペクトル解析が行われる。地震波形の中に多く含まれる振動数の波を見出し、予めその振動数に対して揺れにくい建築物をつくるために用いる技術である。彼はこの技術を自身の建築物の光環境に応用することを考えており、光の強さを波と仮定してスペクトルを描き、特定の自然環境に近い条件を探索することも考えているようである。従来の建築構造とは全く異なるアプローチである。

このように、さまざまな関係者と連携しながら建築を創造する一員として、合理ある「強と美のバランス」と、「豊かな新しい感性」を持ち合わせた構造エンジニアがこれからの時代に求められているのだ。

幾何学や力学を使ってみよう!

# 03

## [環境]

Environment

劇的な気候変動が起こる中で、建築においても環境は最も注目を集める分野。
講演者の荻原廣高氏は、自然の力や最新のエンジニアリングを用いて光や風を操り、
心地よく、環境問題にも寄与する建築を生み出してきた。
荻原氏のレクチャーから、今後ますます重要となる環境デザインの一端が垣間見られる。

[2022年2月26日講演(オンライン)]

荻原 廣高
Hirotaka Ogihara
元ARUP所員、現deXen代表/神戸芸術工科大学 准教授

# 光を操り、風を促す――環境デザイン・エンジニアリング

## 空気や光も空間を成立させる重要な要素

皆さん、はじめまして。今日はこれまでＡＲＵＰ（注1）で実践してきたプロジェクトを紹介しながら、建築そして建築の環境をどのようにデザインしていくかについて紹介したいと思います。タイトルは「光を操り、風を促す」。建築の中における光や風がどのような役割を担うのか、またそれをどのようにデザインに活かしていくのか。その一端を感じてもらえると今日の講演は大成功になるかなと思います。

私はＡＲＵＰという会社で設計を行っています。スライドに「シドニー・オペラハウス」が映っていますが（図1）、ＡＲＵＰの創業者であるオヴ・アラップが構造設計に携わっています。ＡＲＵＰという会社は１９４６年に設立され、現在33カ国に約88のオフィスがあります。スタッフは１万４０００人を超え、多くのスタッフが世界中でそれぞれつながりながら一緒に仕事に取り組んでいます。ＡＲＵＰはわかりやすく言うと、建築の外観

（注1）
ＡＲＵＰ
構造設計者であるオヴ・アラップが1946年にロンドンで設立。構造設計や設備設計などを中心として総合的なエンジニアリング、コンサルティングを提供する企業として、国際的に事業を展開している。1966年に創業者のオヴ・アラップがRIBAゴールドメダル賞を受賞するなど、社内の技術者が建築における著名な賞を受賞している。

（図1）

や内観をデザインする、いわゆる建築家が担う意匠設計の仕事がありますが、主にそれ以外のすべての分野を担当しています。それはエンジニアリングになりますが、世界中のいろいろな建築家とチームを組みながら、建築の設計に携わっているということです。ビルディングデザインやプランニングサービスなど、建築の設計だけではなくさまざまなコンサルティングを行っています（図2）。スライドの右側はインフラストラクチャデザインと言いますが、プランニングを練ったり、エネルギー戦略を構築したりします。プロジェクト自体をうまく進めるためのマネジメントコンサルティングの仕事もしていますし、スペシャリストによる技術サービスということでファサードエンジニアリング、ライティングデザイン、火災安全設計、音響コンサルティングなど、まさに多彩なスペシャリストが集まって、建築や土木の設計を支えています。私はビルディングデザインという部門の環境設備設計で働いています。

早速ですが、学生の皆さんレンゾ・ピアノ（注2）という人を知っていますか。世界的に有名なイタリア人の建築家です。パリのポンピドゥーセンター、メニル・コレクション、ザ・シャードというような名作といわれ

（注2）
レンゾ・ピアノ
イタリアを代表する建築家。1970年から1977年にかけて、リチャード・ロジャースと「ピアノ&ロジャース」を、1977年から1980年は、構造家のピーター・ライスと「ピアノ&ライス&アソシエイツ」を共同主宰。1981年以降は故郷のシェノヴァに自身の事務所を設立し活動している。構造や設備がむき出しになるという、当時斬新なデザインで話題になったポンピドゥーセンターや、ARUPと共に構造やエンジニアリングにおける成果を出した関西国際空港旅客ターミナルビルが代表作。

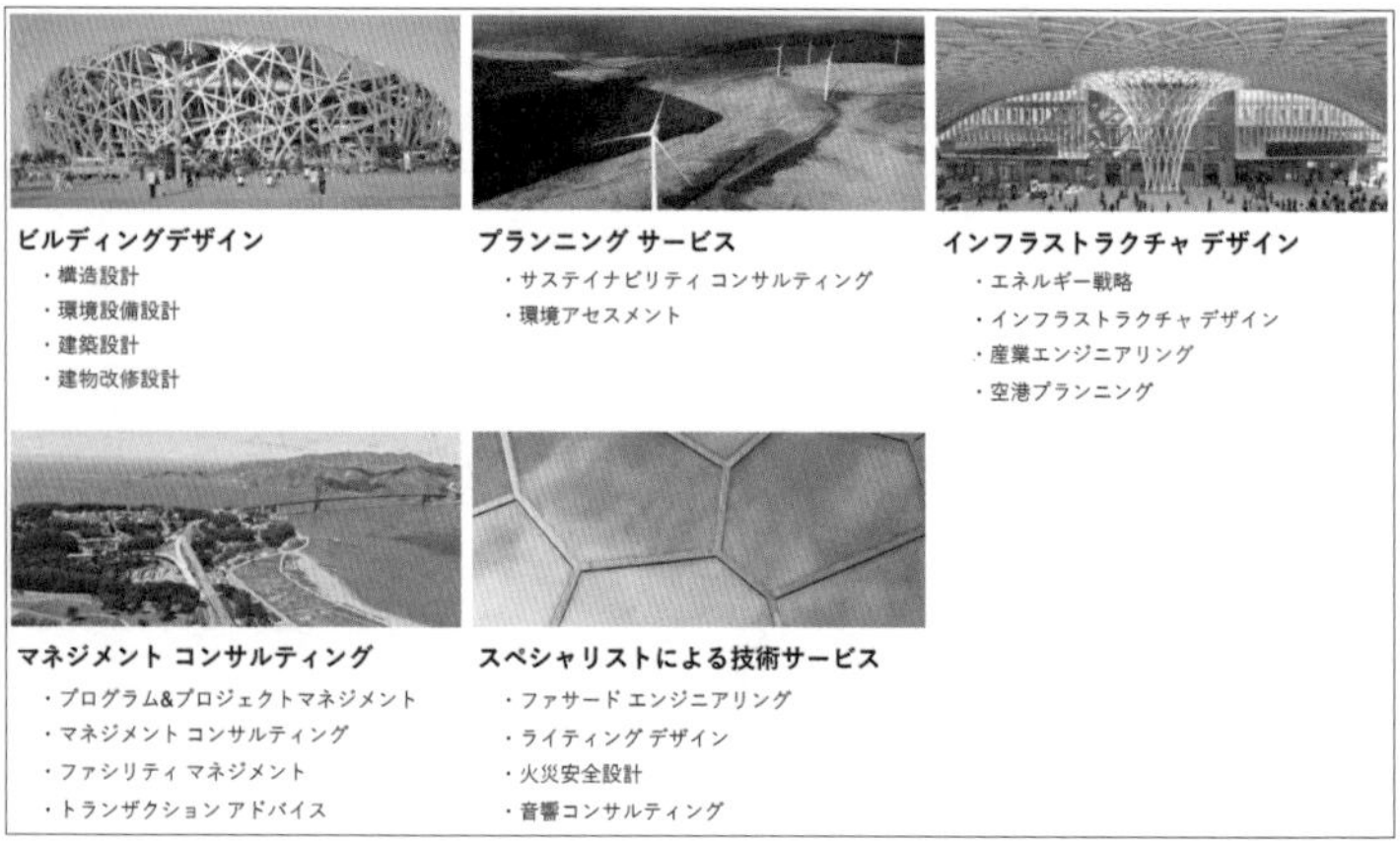
ビルディングデザイン
・構造設計
・環境設備設計
・建築設計
・建物改修設計
プランニング サービス
・サステイナビリティ コンサルティング
・環境アセスメント
インフラストラクチャ デザイン
・エネルギー戦略
・インフラストラクチャ デザイン
・産業エンジニアリング
・空港プランニング
マネジメント コンサルティング
・プログラム&プロジェクトマネジメント
・マネジメント コンサルティング
・ファシリティ マネジメント
・トランザクション アドバイス
スペシャリストによる技術サービス
・ファサード エンジニアリング
・ライティング デザイン
・火災安全設計
・音響コンサルティング
(図2)ARUPのサービス

る建築を世界中に設計してきました。日本でもエルメス銀座、関西国際空港旅客ターミナルなどを手掛けました。そんな彼が次のようなことを言ったのです。

「空間は、ある集合的瞬間にやどる魔法を表現し、壁や仕切りや天井の組み合わせとして在るのではなく、空気や光や音のような、触れることのできない要素によってつくられるものである」

もちろんレンゾ・ピアノは建築家です。その彼をして、それだけで空間は成立しない、目に見えない、触れることができない空気、光、音といったものが、その空間を成立させるのにとても重要な役割を担っていると言っているわけです。彼の作品には、空気や光、音を上手にデザインした作品が多くあります。ぜひ別の機会に探してみてください。

私自身はARUPに所属しながら光や風をデザインするエンジニアとして、いろいろな建築家と一緒に仕事をしてきました。坂茂さんや伊東豊雄さん、谷尻誠さん、山本理顕さんや平田晃久さん、そして幻のプロジェクトとなってしまいましたが、ザハ・ハディドの新国立競技場の設計案にも関わってきました。

ARUPという会社は本社がロンドンにありますが、私は約2年少しの間ロンドンで仕事をする機会に恵まれました。そして、その2年間はレンゾ・ピアノとほとんど一緒に仕事をしていました。他にもジョン・マカスランといった建築家とハイチの大学のプロジェクトに携わり、環境のエンジニアとしていろいろと勉強をしてきました。その後日本に戻り、今は神戸芸術工科大学で教えながら、ARUPで実務も行っています。

## 風が吹き抜ける学生寮

では、ここから先はプロジェクトの紹介をしながら、実際にどのように建築の空間に光や風、空気、熱をデザインしていったのかをお話しいたします。まずはNanyang Technological Universityです（図3）。伊東豊雄さんが設計されたシンガポールの大学の学生寮です。この学生寮を設計する時に大学側から、エアコンを入れてはダメだと要求されました。エアコンは当然電気料がかかるので、学生は課金しないとエアコンを使わせてもらえないというルールになっている。そうするとエアコンの使用がためらわれるわけです。ですのでエアコンの代わりに、できる限り風通しの良い学

（図3）

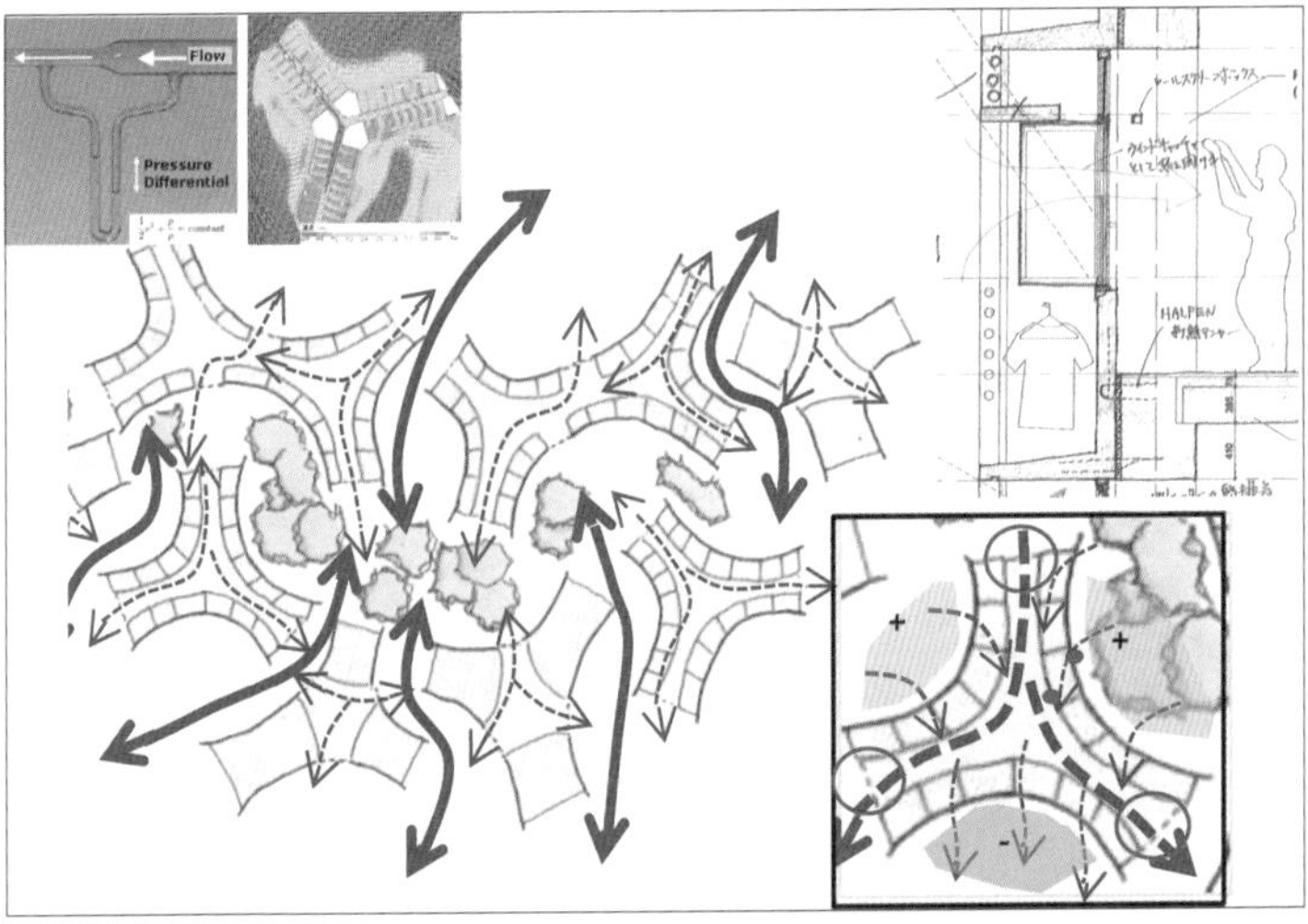


（図4）気候風土と生活をつなぐカタチ

生寮の部屋にしてくれというのがリクエストでした。当時、私が描いたスケッチですが（図4）、真上からこの建物を見るとブーメランのような形をしています。それには理由があるのです。これは風通しの良い建物にしようと考えた結果、このような不思議な形になったのです。ベルヌーイの定理（注3）という有名な方程式があります。この定理を上手く応用して、このブーメランのような建物の平面計画の一番端の黄色で塗っている廊下の突き当りを必ずオープンにしたのです。外に開いている半屋外の中廊下です。さらにグレーの四角が寮の部屋ですが、それが張り付いている形にしました。シンガポールは1年を通じていろいろな方向から風が吹いてきます。そこで、どちらの方角から風が吹いても、この中廊下に必ず風が入ってくるように、いろいろな方向に向けて開口を設けたのです。拡大したスケッチがありますが（図5）、今、三方向の廊下の行き止まりが赤い丸でくくってありますが、それが屋外に開放されているわけです。そうすると風がどの方向であっても、どちらかからは入って、どちらかからは出ていきます。このように風上、風下が必ず生まれる建物の形をまずはつくったのです。そのため、ブーメランのような形になった。ベルヌーイの定理で、

（注3）
ベルヌーイの定理
スイスの物理学者ダニエル・ベルヌーイが1738年に発見した定理で、ベルヌーイの式は、流体の速さと圧力と外力のポテンシャルの関係を記述する。運動エネルギーと圧力の和が一定であるので、速度が速くなると圧力が下がり、逆に速度が遅くなれば圧力が上がる。

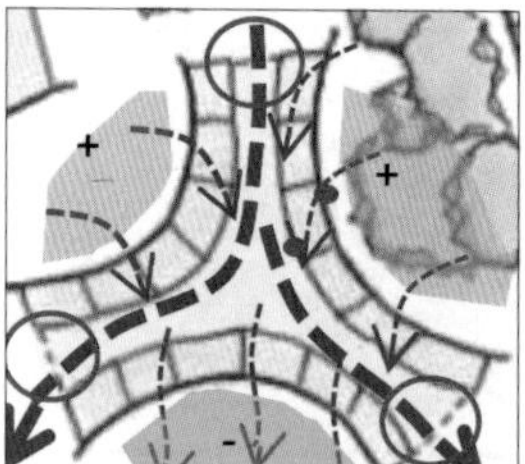

（図5）

細い廊下に空気が入ってくると風速が上がります。そうすると廊下は涼しくなります。直接的に寮の部屋を涼しくするのではなくて、空気のスピードが速くなることによって、寮の部屋を涼しくする。スライドに赤い丸でぽつぽつとあるのが窓です。断面の矩計のスケッチがありますが、窓があるわけです（図6）。屋外側と中廊下側の両方共に窓があり、両方を開けると中廊下に流れる風に向かって、外の風が誘引されるのです。これを期待して、中廊下に外の風が直接入ってくるようにして、窓さえ開ければその屋外の空気が自分の寮の部屋を通じて中廊下側に抜けていく。中廊下と屋外における圧力の違いを生み出すことによって、中廊下を通じて空気が自分の部屋の中に流れるという仕組みをつくったわけです。機械はもちろん使われていません。建物の形を操ることによって、寮のどの部屋にも窓さえ開ければ必ず豊かな風が流れこんでくるという設計にしました。実際に大変うまくいっていて、むしろ風が流れ過ぎるという評価も大学側からいただきました。

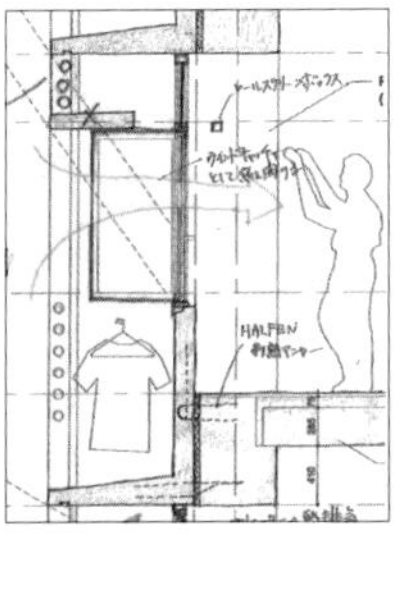

（図6）

## 新たな環境性能で煙突の風景を蘇らせる

次のプロジェクトです。「歴史をつなぐ煙突」というタイトルをつけましたが日本の建築です（図7）。ミツカンミュージアム、愛知県の半田市にあります。調味料で有名なミツカンが自社の博物館を建設したプロジェクトです。左側に博物館があります。敷地は半田運河が前に流れています。江戸時代にミツカンは庶民が手に入る安いお酢を開発して、それをこの半田運河から太平洋を通じて江戸に運んだ。江戸で江戸前寿司が生まれて、一気にお寿司が日本全国庶民の口に入るようになったという、そういう歴史を持っている運河です。現地の資料をいろいろと確認した時に、ある写真に目がいきました。当時の半田の風景です。お酢を作る際、お酢は菌なので、冬でも工場の中を温めておかなくてはならない。そのために年間を通してボイラーで火を焚いていたわけですが、大きな煙突があって、ボイラーの煙がモクモクと出ていました。当時のミツカンの繁栄、そして半田の繁栄を象徴するような風景として存在していたのです。ところが、時代も変わって効率の良い暖房装置を使うようになりました。もちろん、この

(図7)歴史を繋ぐ煙突

環境の時代に、煙突から黒い煙がモクモクと出てくる方法は採用できはしない。もっとクリーンで環境にやさしい暖房装置を使用することが必要です。なので、今のミツカンの工場には煙突はありません。しかし、今回博物館を建設するにあたって、昔半田の繁栄を支えたこの煙突の風景をもう一回蘇らせてはどうかという提案をしたのです。ただし、煙を出すことはできないし、かといって単なるモニュメントというだけではいかない。役割を与えようと。役割はこの環境の時代にふさわしいもの、つまり環境を操るための装置として、この新しい煙突をデザインしてはどうかと提案しました。いろいろなアイディアを考えましたが、最終的に採用されたのは案3と書いてあるものです（図8）。煙突の足元をガラスにします。そうすると太陽からの直射光、短波といいますが、短い波長の光がガラスの中に入ってきます。そしてこの中で長波に変わりますが、長波はガラスを通りにくいという特性を持っているので、太陽からの光は熱となって留まります。植物用の温室も同じ原理を利用しています。この特性を利用して熱を溜める。そうすると空気は熱を持つと上昇します。温かい空気がどんどんと上がって煙突から出ていくという、空気の流れが生まれるわけです。

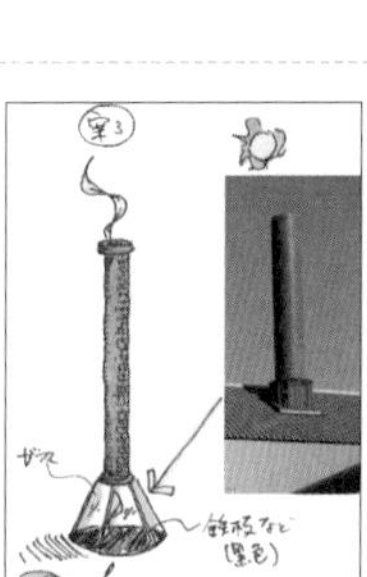

（図8）

それを新しいミツカンの建物に付与する。煙突の上から出ていくということは、どこかから空気が入ってこないといけない。その入り口を、展示室を挟んだ半田運河に面した窓に設けたのです。そうすると半田運河を伝ってくる空気が運河によって冷やされて、それが窓を通じて展示室を冷却する。そして、その後空気は煙突を通じて空に逃げていく。自然の力だけで空気を動かす装置を新しい煙突をデザインすることによって生み出したのです。機械は何も使っていません。煙突の役割を変えることで、昔あった景観を今に甦らせて、未来へと継承していく。それも環境の時代にふさわしい役割として継承していくことを提案したのです。

## パラメトリックデザインで最適な形を導き出す

三つ目のプロジェクトです。都内の某オフィスビルで、受け皿のような不思議なバルコニーを持った建物です(図9)。近くには電車が走っていて、うるさい場所です。ということで、風を上手に取り入れたい、光りも上手にコントロールして適度に入れたい、そして電車からの騒音を防ぎたいという、三つの要求がありました。この三つの要求を最適にするよう、この

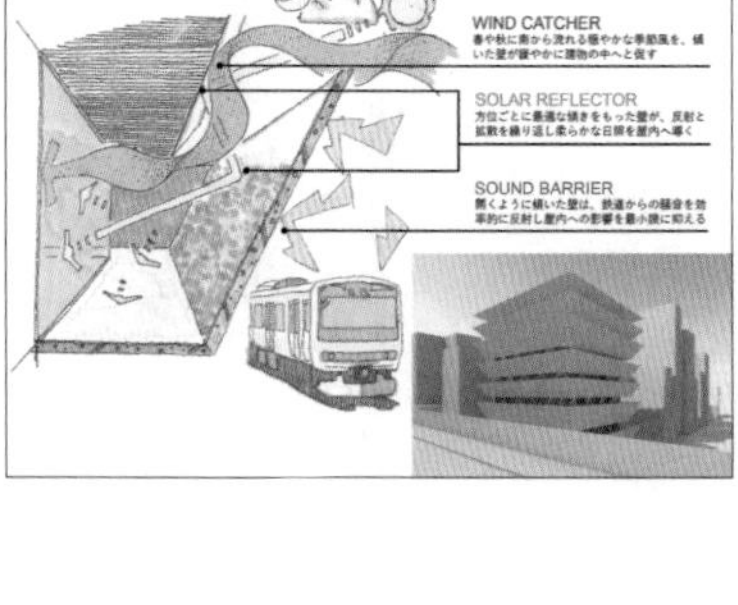


(図9)風、光、音を操るファサード
ーパラメトリックデザインー

バルコニーの斜めの壁が立ち上がったのです。では、この三つのパラメータを最適にするにはどうすればよいかということで、パラメトリックデザインといいますが、Grasshopperを使って、数百通りの組み合わせの中から最適なものを選ぶという作業をコンピュータに行わせました。この事例で言うと、直達光の取得量をより小さくし、間接光として取り入れていく一方で、入ってくる騒音の強度を小さくする、さらには全体的な間接光の取得量としては大きくするというような三つの軸を作りました。三つの組み合わせは数百通りになりますが、その組み合わせを最適にする値をコンピュータに計算させて、バルコニーの傾きや、出などを検討しました。こういった一昔前は、感覚でしか設計できなかったものが、あるいは膨大な時間をかけて計算をしていたものが、現在はコンピュテーショナルデザインの手法を使うことで、短時間で最適な解を導けるようになってきています。

## 屋外と半屋外の空間で、一次エネルギーを50％削減する

ここから先は二つのプロジェクトをご紹介して、僕のプレゼンテーショ

ンを閉めたいと思います。一つは「みんなの森　ぎふメディアコスモス」です。伊東豊雄さんの建築として、ご存じの方もたくさんいると思います。もう一つは、割と最近大阪に竣工した松原市民松原図書館という、農業用溜め池の中に直接建てた建物。この二つを紹介したいと思います。設計のプロセスを通じて、皆さんに環境をデザインするということがどういうことなのかを知ってもらって、そして建築家と、環境をデザインするエンジニアのコラボレーションがどんなに魅力的で、面白いのかを知っていただけたら、とてもうれしく思います。

まずはメディアコスモスです（図10）。２階建ての計１万５０００㎡ほどの建物ですが、２階はこのような内観になっています（図11）。「グローブ」と呼ばれる、不思議な造形物が屋根から吊られています。後ほど、どうしてこのグローブが生まれていったのかということをご説明したいと思います。グローブもいくつか直径に種類があり、これが一番大きいグローブです（図12）。大体、プラネタリウムが１個すぽっと入るくらいの、巨大な造形物です。下から見ると不思議な印象がありますね（図13）。その他、中学生や高校生が勉強して静かに過ごしているグローブがあったり、子供

(図10)

(図13)

(図11)

(図12)

が靴を脱いで走り回っているグローブがあったり、グローブにそれぞれ個性があって、空間の用途が違っています。屋外にはテラスがあって、ちょっと疲れたという時、また友達とおしゃべりしたいという時はテラスに出ておしゃべりをしたり、休憩したりする（図14）。そういった空間が用意されています。昼間は上のトップライトから自然光が落ちてきてグローブを照らしていたのが、夜になると逆にグローブの中にある照明器具が内側から外を照らすようにして、グローブが浮き上がるような演出をしてくれます（図15）。

さて、学生の皆さんは日々さまざまなことを考えながら設計演習をしていると思いますが、実務では決して一人で設計はできません。もちろん、このぎふメディアコスモスは伊東豊雄さんの有名な作品として大変よく知られています。しかし、伊東豊雄さん一人で設計したわけではないのですね。建築家・伊東豊雄さんを中心に、構造、私ですが環境、設備。さらに家具の藤江和子さん、さらにグローブと呼ばれる不思議な造形は原研哉さんや安東陽子さんといったテキスタイルデザイン分野の人が関わっていたり、さらに屋外のランドスケープは石川幹子さん、照明デザインのライティ

萩原廣高（元ＡＲＵＰ所員　現 deXen 代表／神戸芸術工科大学 准教授）

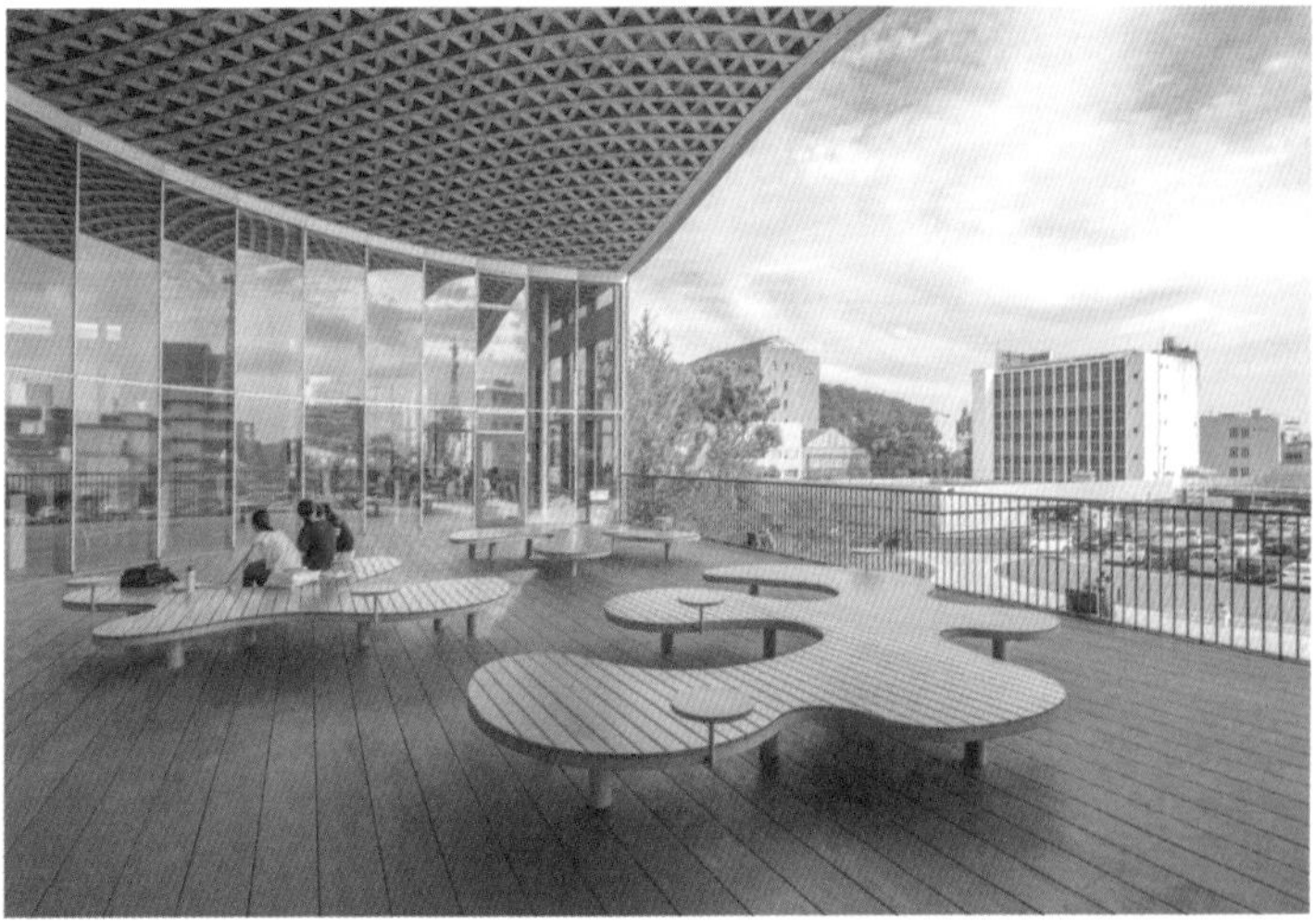

（図14）

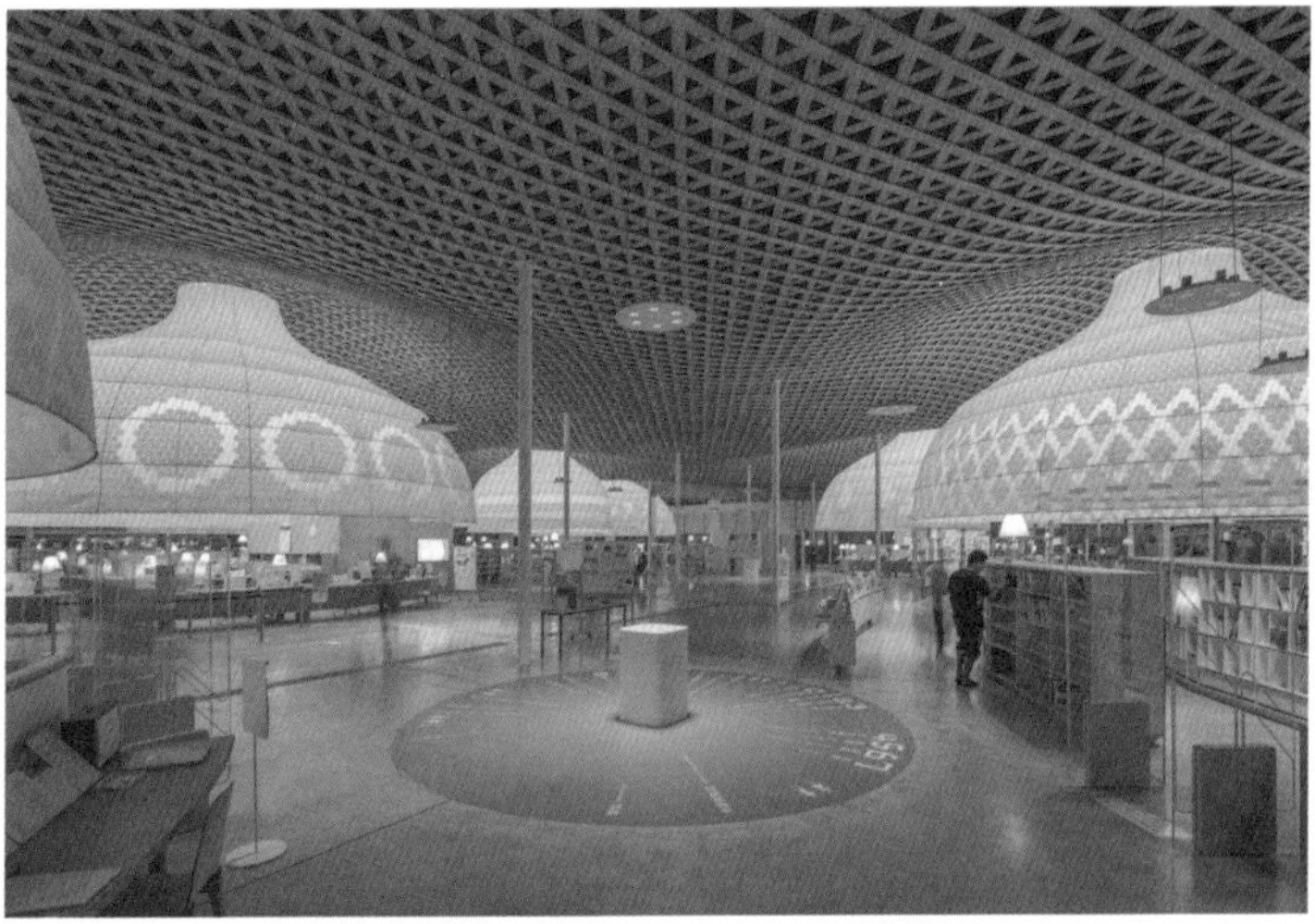

（図15）

ングは面出薫さんで、大変多くの方が関わって一つのプロジェクトをつくっているのです。もちろん、ここに出ている人たちだけではなくて、それぞれをサポートしているスタッフや、当然建築の施工に携わっている人たちもいるわけです。皆さんが将来、どのような道に進むかは、人それぞれだと思いますが、皆で力を合わせて良い建築ができあがっていくということを感じてもらえればいいかなと思います。

さて、メディアコスモスの設計について、今日は環境デザインという、光や風をデザインする視点にフォーカスして皆さんにご紹介します。まず、僕が環境デザインをするときに、なんといってもその敷地がどのような気候なのか、どのような風土をもっているのかという気候風土を読み解くところから始めます。敷地は岐阜県岐阜市で、長良川という一級河川が近くに流れていて、大変大らかな気候を持っている場所です（図16）。過去の気象データや年間の外気温の変化を分析したりします。この場所だと四季の変化が明瞭で、一年の夏と冬の格差は約40℃を超えるという、夏はめっぽう暑く、冬は非常に寒いという気候です（図17）。ところが、一年のうち30％は冷暖房を使わず、窓を開けて自然換気だけで過ごせるという穏や

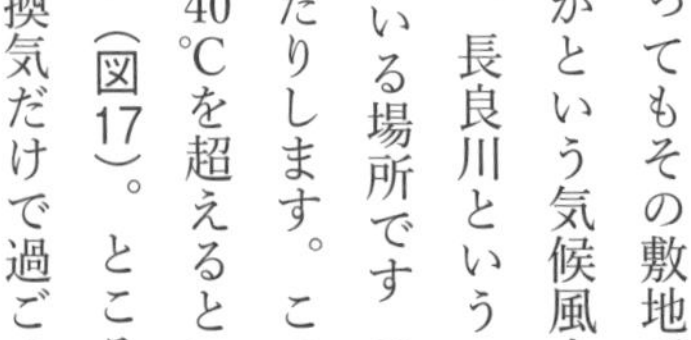

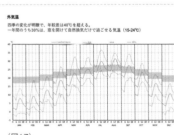


（図17）

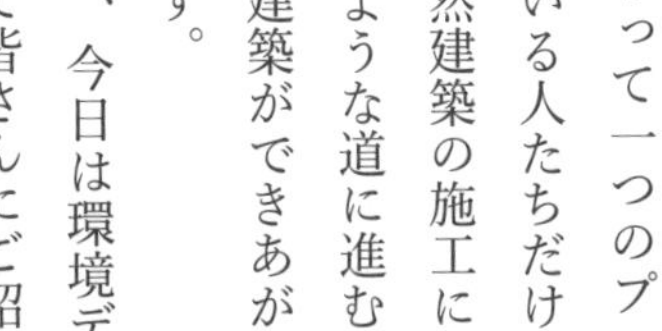

（図16）

かな側面も持っています。ということは、窓を開けて自然換気をすることがとても有効な方法であることが分かります。

次は太陽ですが、年間の日照時間が全国でも有数に高い場所です（図18）。このポテンシャルを使わない手はないと思います。そして、長良川が近くに流れているので、伏流水が流れていて、とても豊富な地下水があります。このようなポテンシャルを踏まえていよいよ設計がスタートします。

伊東豊雄さんが最初に描かれたファーストスケッチ、つまりコンセプトスケッチをご覧ください（図19）。コンセプトの名前は「大きな家と小さな家」。これだけを見てもなかなか理解しにくいと思いますので、もう少し図解したものを掲示します（図20）。上半分を見ると、大きな屋根がかけられた空間、その中に「小さな家」と書かれた、紫であったり赤であったり、小さな空間が入れ子状に存在しています。これが伊東豊雄さんの最初につくられたコンセプトです。オレンジで塗ってあるところが、我々が普段馴染みのある建物の中になります。冷暖房で温度や湿度を、照明で明るさをコントロールして、均質で一定な空間がつくられます。一方、その外で大きな屋根に囲まれた青い部分、水色の空間は半分屋外のような空間

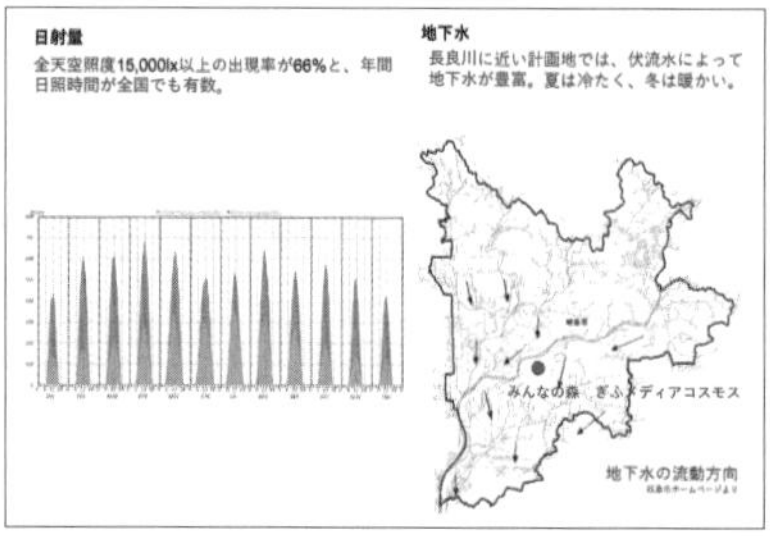


（図18）

（図19）大きな家と小さな家

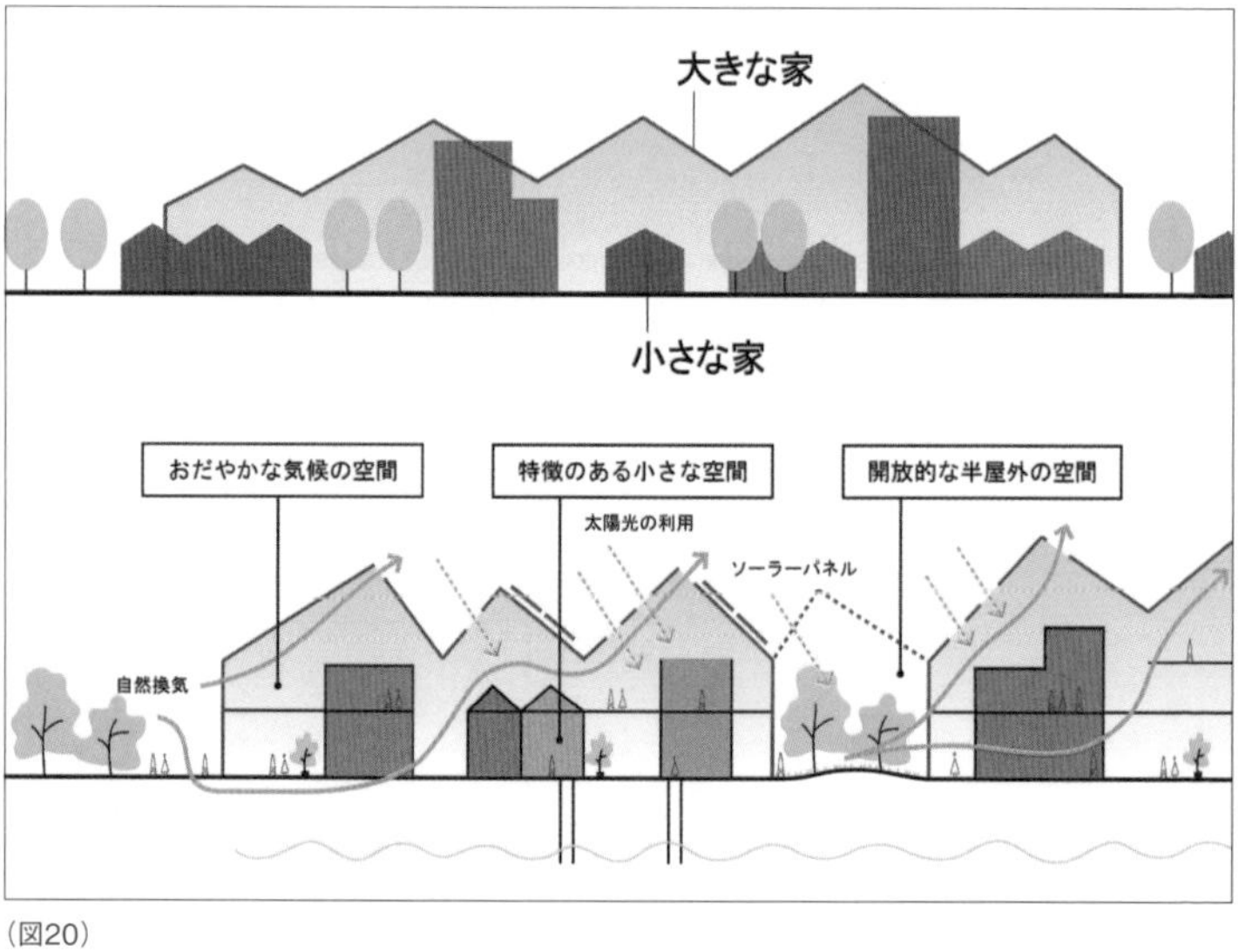


（図20）

にすると伊東さんは考えたわけです。むしろ、本当の屋外と半屋外と、そして屋内という、この三つの関係性をつくることで、古く日本の建築、日本の家屋が馴染んできたような関係性、自然との関わり方を再現しようと考えたわけです。伊東さんは、必要になる面積のうち大部分を大きな屋根に囲まれた半屋外の空間にしようという提案と並行して、僕にこういう問いを投げかけてきました。「大きな家の下は屋外のような空間でいい。その代わり、この建物全体で必要とするエネルギーは50％減らしたいのだけれど、できるかな」と。昨今は、ZEB（ゼロエネルギービルディング）という概念が登場して、エネルギー50％減というのは珍しくなくなりましたが、ぎふメディアコスモスを設計したのは今から10年少し前で、当時、一次エネルギー消費量を50％減らすというのは、とても大きなチャレンジでした。前例のない試みですが、「大きな家と小さな家」というコンセプトとともに、エネルギー50％減という目標を掲げ、環境の時代に何かアプローチができるような、そんな建築にしたいということを最初におっしゃったのです。私はその問いをかけられて、このコンセプトとよくよくにらめっこした後、自信をもって「いけます」と答えました。しっかりコントロールするのはオレンジの中だけですから、あとは半分屋外のような空間で、夏は団扇で仰いで、冬はコートを着て、そのように過ごす空間でよいということですので、だったら可能なのではないかと思ったのです。

## 一体的な空間にしながら、区切りたい

伊東事務所のスタッフの方々とやりとりしていた当時、2010年11月に描いていたスケッチです（図21）。全体は大きな家という、大きな屋根に囲まれた空間、そして小さな家というしっかりと壁に囲まれた空間が入れ子状に入っています。大きな家の下は半屋外の空間というコンセプトがそのまま設計に生かされようとしています。ところが、打ち合わせをしていると、ある日突然模型が運ばれ、「ちょっと考え方変えたんだよね」と伊東豊雄さんがニコニコしながらやってきたのです。運ばれてきた模型を見て、僕は愕然としました。今、映っているようなパースに近い模型だったのです（図22）。伊東豊雄さんは、90m×80mもある、この大きな一つながりの空間を壁で区切るのはもったいない。壁は心理的なバリアを生み出すので、たとえそれがガラスであったとしても、やっぱりそこに入ろうと

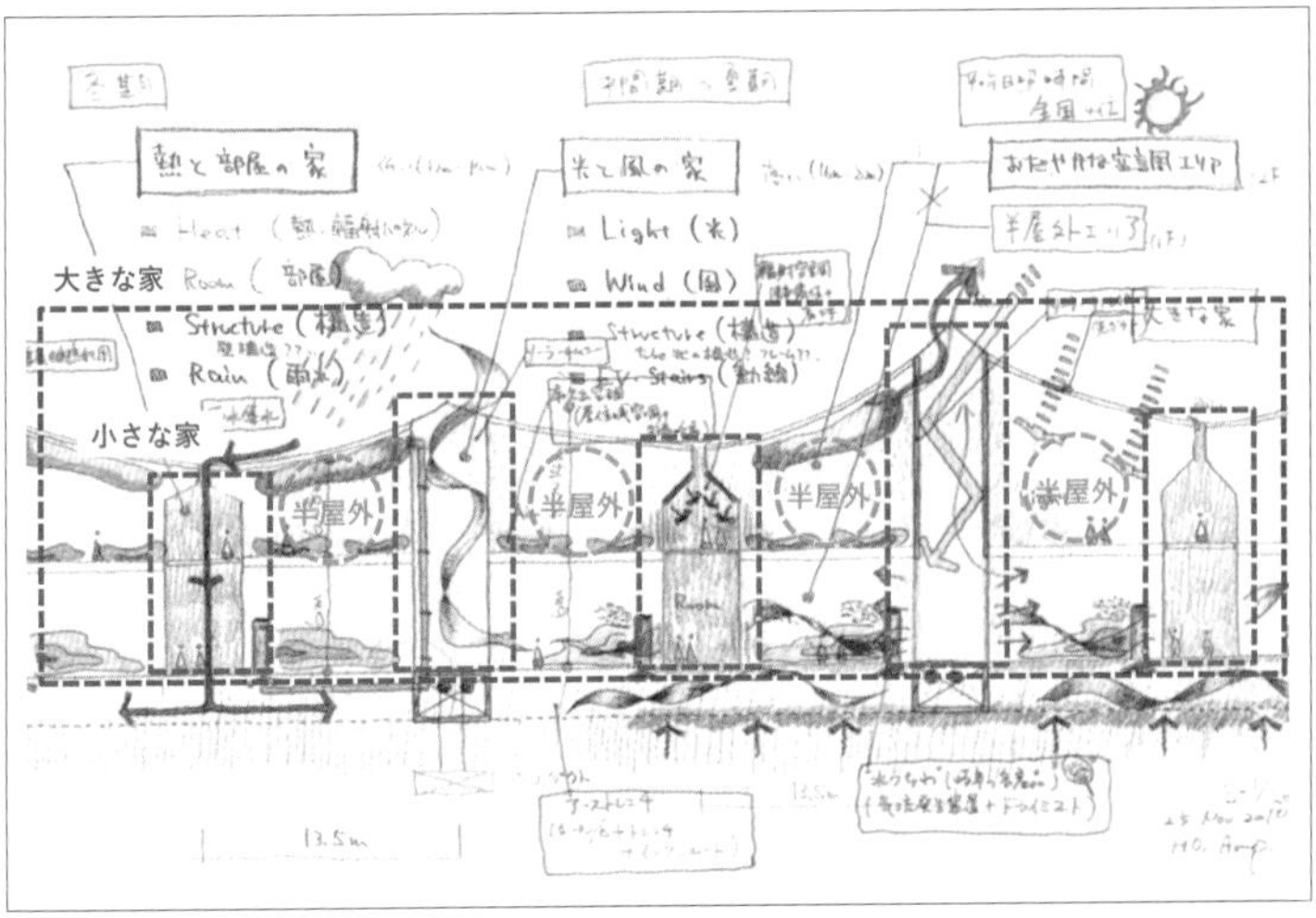


（図21）

（図22）小さな家=＞クラゲ?

するには、心理的なバリアがどうしてもある。せっかく一つながりの大空間なのだから、全部つなげたいとおっしゃったのです。しかし、その一方で「大きな家と小さな家」というコンセプトですから、その小さな家が持つ領域性は残したいと。頓智（とんち）のようですよね。そこを仕切りたいと言っている一方で、一体にしたいというようなことを目指す。どうしたかというと、床から2mちょっとのところでじょきじょきと壁を切ってしまったのです。わかりやすいですね。僕は正直言って感動しました。すごいなと。相矛盾するような問いに対して、こういう答えを出していくのか、これが伊東豊雄という建築家なのかとすごく感動したのを今でもはっきりと覚えています。けれど、その感動も束の間で、一瞬で僕は目の前が真っ暗になるわけです。なぜなら、当初はこの小さな家以外（半屋外）は窓が開いていて、外のような空間にしてエネルギーも使わない。半屋外が暑かったり暗かったりと感じたら小さな屋内に逃げてくれればよい。そのような形で問題ないなと思っていたのが、壁がなくなってしまったので、当然のことながら空気がつながってしまった。空気がつながるということは環境工学的には当然のことながら環境も同じになる。当初のコンセプトに対しては絶望的な状況ですが、なんとか実現するような建築、空間、環境をつくれないかということで、3週間くらい眠れない日が続きました。全体がつながってしまえば、グローブがあろうがなかろうが、普通の大空間ですから、エネルギー50％減は無理だよと頭を抱えたわけですね。

## 光と風を制御するグローブ

それで、このクラゲのような屋根、実際当時はクラゲと呼んでいましたが、このクラゲ（グローブ）が、小さな家と呼ばれている空間の環境を操るための装置にならないかと考えたわけです。断面図ですが、まず光についてです（図23）。グローブの上にガラスのトップライトをつけることにしました。そうすると、太陽からの直射光がグローブに当たります。グローブの素材を工夫することで、光の一部は透過して、その下に明るさを届けてくれるし、さらには拡散させることで、眩しい光ではなく包まれるような柔らかい光に変わってくれる。さらに一部の光は反射をして周囲を明るくしてくれる。そのような役割をこのグローブに期待したわけです。グローブの素材として、当初は岐阜市の近くに美濃市がありますが、そこでつく

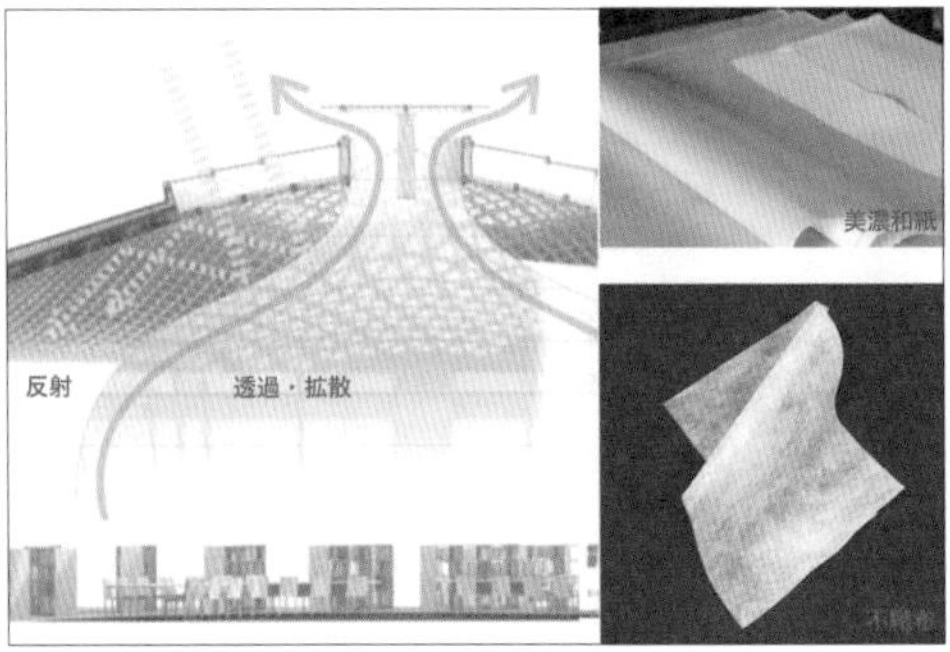


（図23）光を操るグローブ

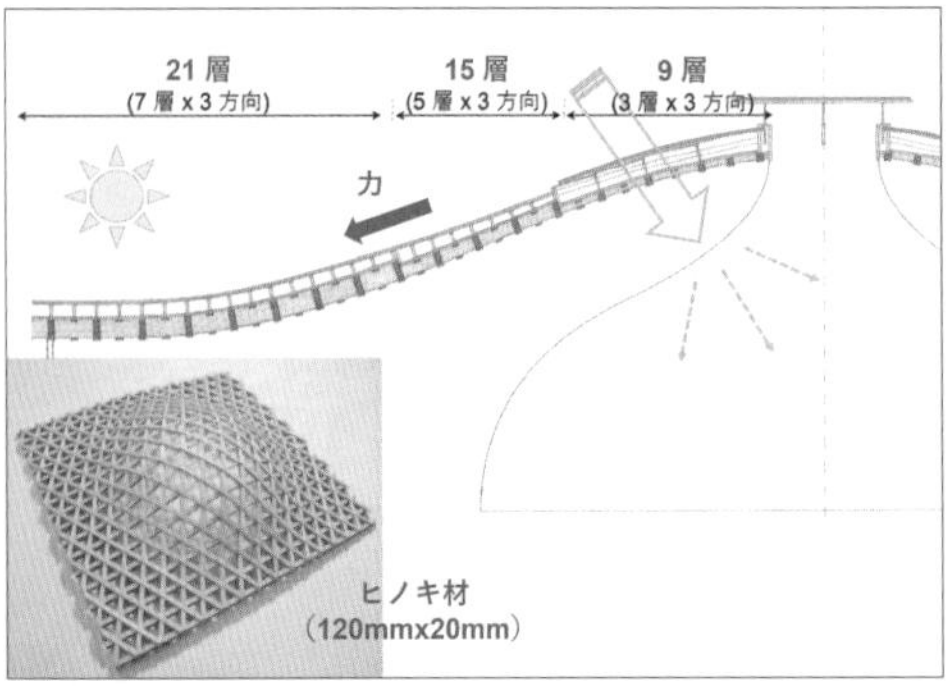


（図24）光を取り込むための屋根

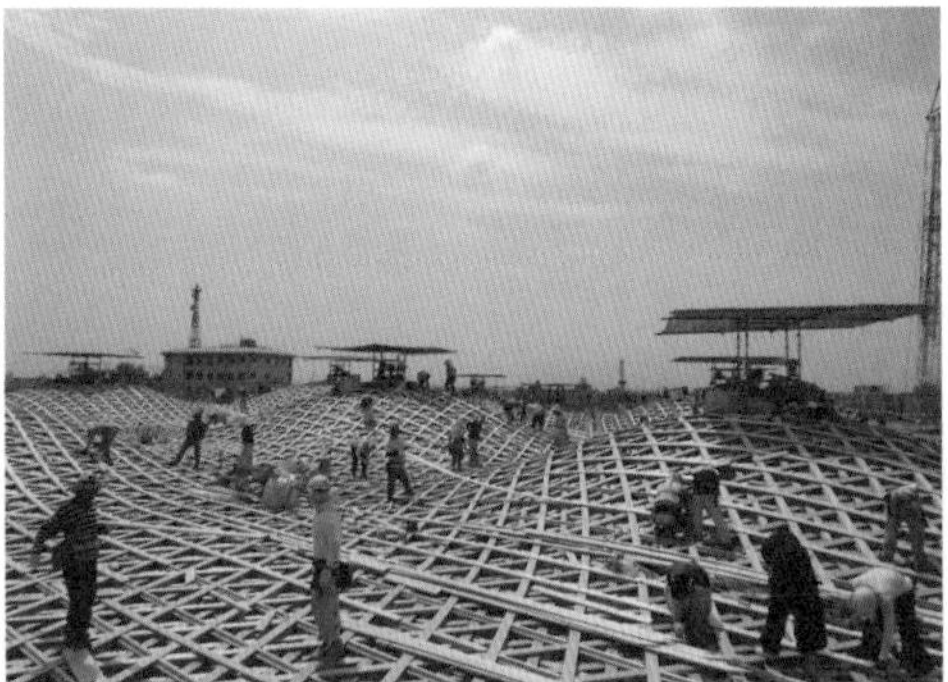

（図25）地元の大工が“編んだ”屋根

られている美濃和紙という、障子などで使われる和紙を検討しました。光を上手に透過、拡散、反射させるという役割を担ってきた和紙でトップライトから光をとるアイディアを実現しようとしたわけです。しかし、当然のことながら和紙だと障子のように貼り替えをしなくてはならない。和紙は自然の素材なので劣化し、貼り替えが必要なのですが、この十数メートルもある巨大なグローブを貼り替えるのは不可能です。そこで化学的な素材に変えることになりました。コロナ禍ですっかり有名になりましたが、マスクの素材である不織布です。化学的な素材なので、透過率、拡散率、反射率も自由に変えることができます。劣化しにくい素材として不織布を使い、グローブを形作ることにしました。

さらに建築そのものも工夫をしてあります。構造面での工夫です。断面があって屋根がついていますが、屋根はむくり上がるようなダイナミックなカーブを描いています。これは単なる造形的な操作ではなく、光を取り入れるための形なのです。この屋根は１２０㎜×20㎜のヒノキ材を組み合わせて、三軸織と言いますが、３方向に編み込んでいます。それをむくり上がらせることによって、上の方の力を重力に沿ってどんどん下の方に伝えていくようにしています。このダイナミックなカーブがその役割を担っているわけです。そうすると上の方はそれ程力を支えなくてよくなる。ですので、編み込んであるヒノキ材を薄くすることができる。3方向に編み込んであるものを3層組み合わせて合計9層の編み込み方をしてある。それが真ん中にいくと15層、そして力が一番かかる下は21層となっていて、一番薄くできる9層の場所から光を取り込むようにしているわけです（図24）。ですので、このダイナミックな、うねるような屋根は単なる造形ではなく、光を取り込むための形でもあるわけです。ちなみに地元の大工さんに町の図書館をぜひつくってほしいと伊東さんが声をかけて、地元の大工さんを中心にこの編み込む屋根をつくってもらいました（図25）。

さて、実際に明るさについてコンピュータ解析をしています。トップライトだけ屋根について、グローブがないという状態でシミュレーションした床面の明るさです（図26）。上から真下を見下ろした床面の明るさになります。青色だと暗く、黄色・赤色に近づくと明るくなることを示しています。トップライトだけがついていると直射光が真っすぐズーンと落ちてきますので、非常に明るい場所と非常に暗い場所がはっきり分かれます。

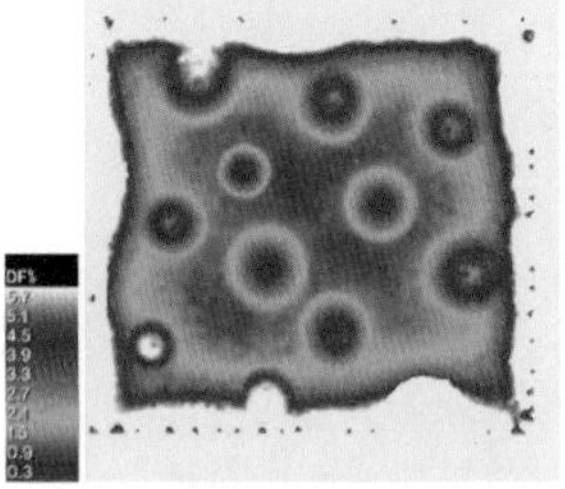

（図27）

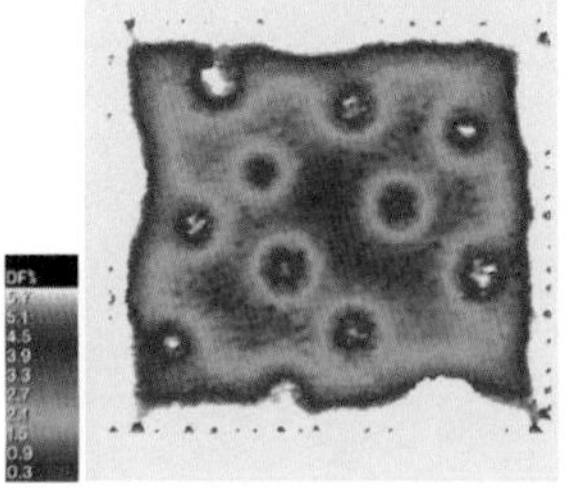

（図26）

ところが、グローブを使って障子のようにやわらかく光を透過、拡散、反射させると、床面の明るさがすごくマイルドになるのです（図27）。全体が柔らかいグラデーションで構成されるような、明るさの変化に変わりました。トップライト下の黄色い部分が少なくなっている様子がわかると思います。グローブを光が透過するときに拡散していますので、その効果によって床に落ちる光が柔らかく、やや抑えめな明るさになっていった。その一方でグローブによって反射した光が周囲に広がっていますので、円の直径が伸びました。つまり、周囲に光が広がっているわけです。このようにコンピューターシミュレーションをしながら、グローブの透過率、反射率、拡散率を定義し、それに合うような不織布をつくったということになります。

次は風の話です。グローブは光をコントロールしてくれるだけではなく、風を操る装置でもあります。装置といっても機械がついているわけではありません。この形自身が風を促します。これもコンピューターシミュレーションですが、断面です（図28）。屋根にトップライトだけがあって、その窓が開くとします。そうすると周囲の窓を開けたときに入ってきた空気

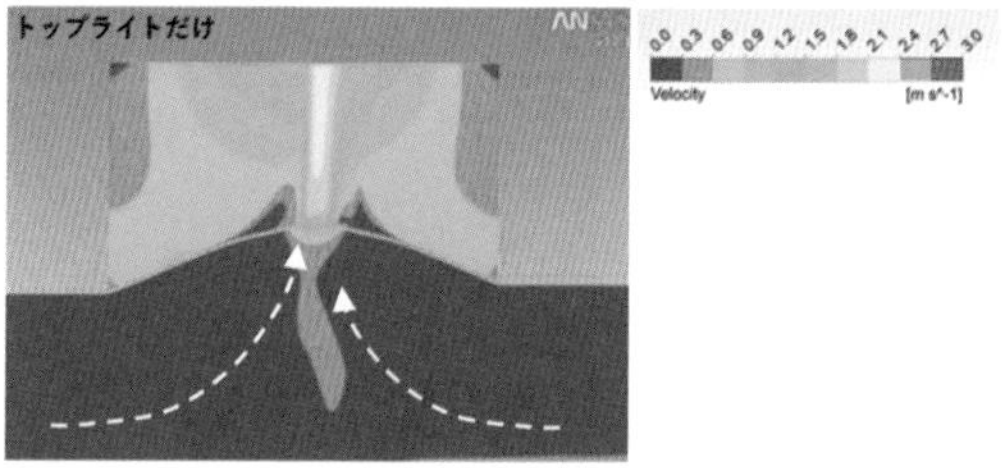


（図28）

が、この屋根の頂点の窓から抜けていきます。そういった自然換気の流れができるのですが、さらにここにグローブがあるとどうなるかというと、周囲から入ってきた風が、グローブの中を沿うようにして屋外へと抜けていきます（図29）。この場合、実は換気量が30％もアップするのです。何が起こっているかというと、グローブがない場合は、下から上に空気が上がる際に、窓の端っこのところで空気が渦を巻くようにして、空気の蓋をつくってしまうという動きが見られたのです。ところがグローブがあることによって、グローブに沿うようにして、空気が滑らかに下から上へと流れていくので、この窓の端っこのところで渦を巻くような、悪さをするような空気の流れがなくなります。これは「ベルマウス」という形ですが、それを応用することによって、空気を上へと流していく際の抵抗をできるだけ少なくして、30％も空気が流れる量が増えたのです。

このように空気の流れや床面の明るさをグローブ自身がコントロールしているわけですが、実際に空気の流れ方をコンピュータでシミュレーションしながらその形を検討しています。上が空気の流れのシミュレーション、断面、下はその形によって現れる床面の明るさの違いです（図30）。形が

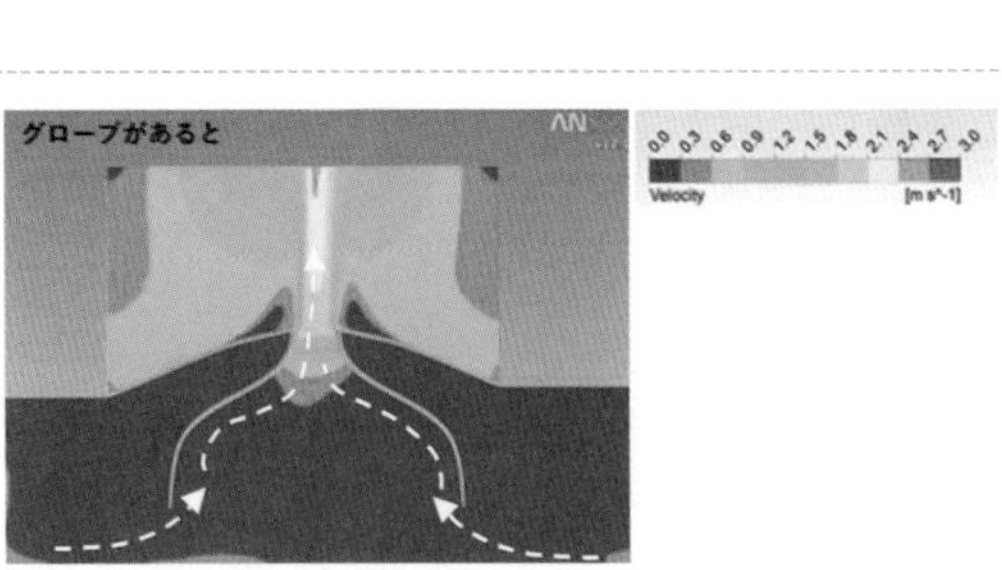


（図29）

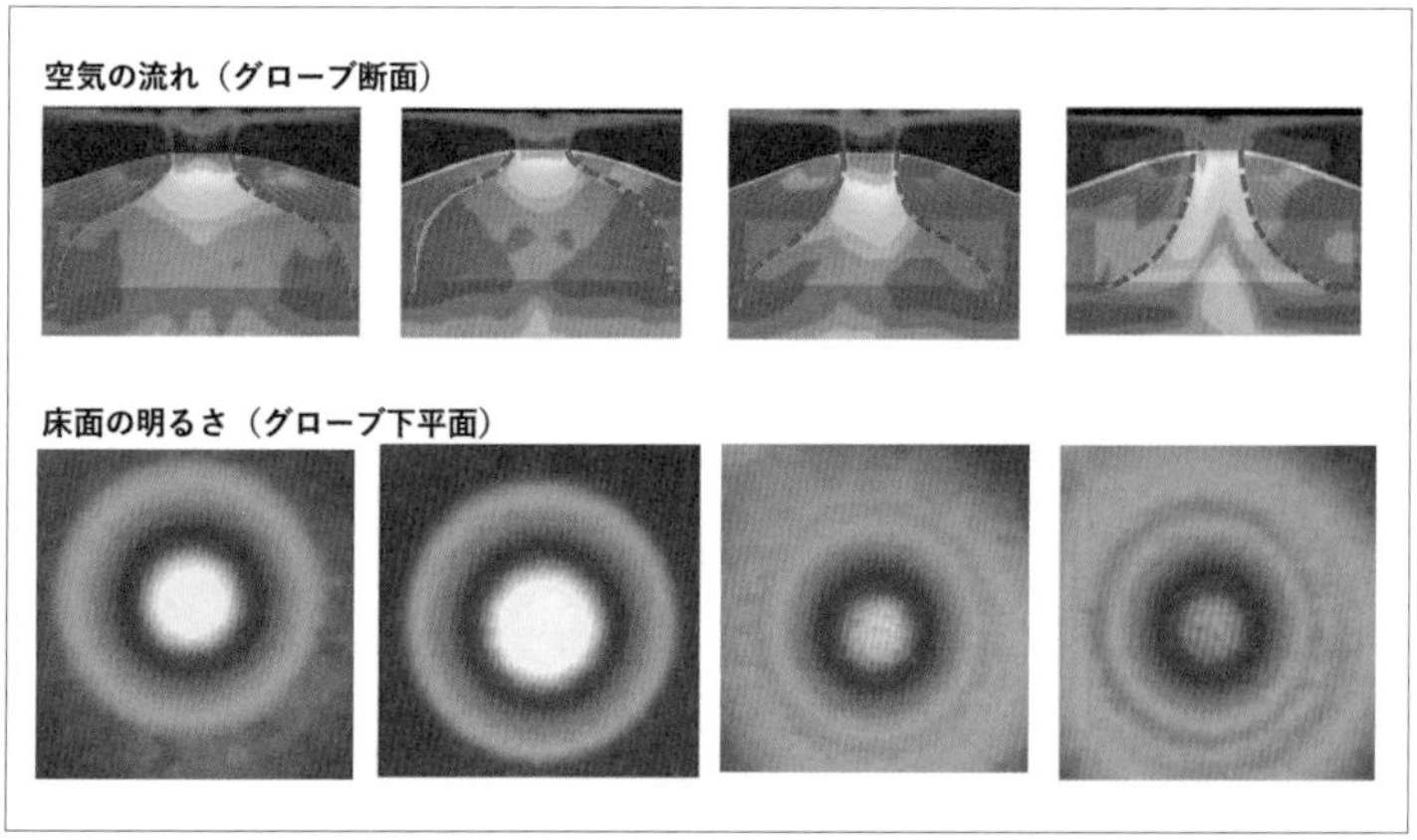

（図30）光と風を最適化するグローブ

変わると全然違うことがわかります。一番右の富士山のように反った形にすると二重リングのような明るさが出てきます。とても面白い変化ですが、こういったことを何十通りも繰り返し、何度も議論を重ねながら、空気の流れと明るさを最適にする形を探りました。最近であれば、先ほどお話ししたパラメトリックデザインの手法で、Grasshopperなどを使いながら、割とスマートにできるのですが、10年少し前はまだそういった技術を我々は持っていなくて、一つひとつ形を変えては解析、形を変えては解析を繰り返してつくっていました。

## 長良川の伏流水を活用した冷暖房装置

話は変わります。風が流れるといっても岐阜の夏は暑いし、冬は寒い。そこで冷暖房を作動しなくてはいけない季節も当然出てきますが、メディアコスモスでは床の下にパイプを埋め込んで、床輻射冷暖房という仕組みで、床の下を温めたり冷やしたりして冷暖房を行っています（図31）。実際に赤外線温度画像で見てみると、夏に床をひんやりと冷たくしている際の画像ですが、床が青く涼しくなっていますね（図32）。大きな空間ですが、

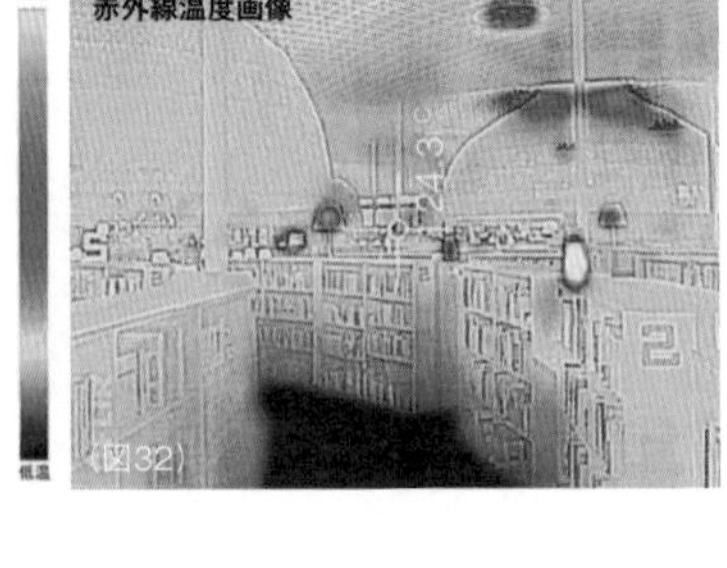

（図32）

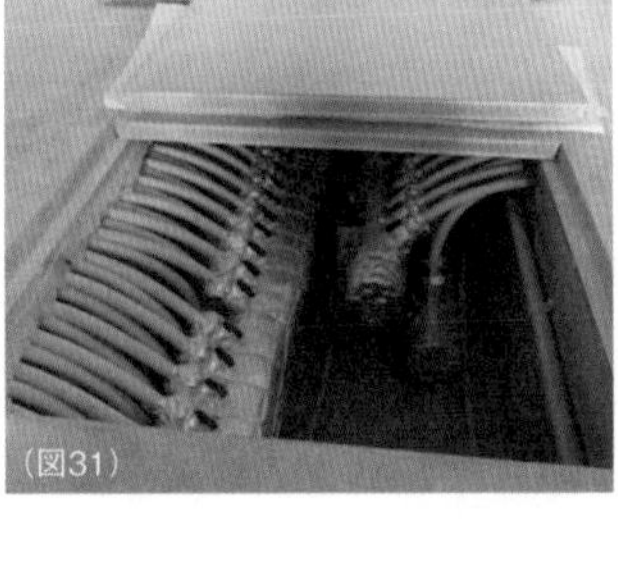
（図31）

床を冷やして人間へ直接熱を伝えて冷暖房をするという仕組みです。この冷暖房をつくるための熱源は、長良川の伏流水、つまり地下水をくみ上げて、相対的ではありますが、夏は冷たい水、冬は温かい水が出てきますので、その熱を利用しているのです。この長良川に流れてくる水は、山の奥の源流のところから、半年くらいかけて流れてくると言われています。ですので、夏に長良川を流れている敷地付近の水は半年前の冬に降った水、一方で、冬に流れている水は半年前の夏に降った雨になるわけで、相対的に外の空気よりも、夏は冷たくて、冬は温かい。これを上手に利用しながら冷暖房をしているわけですが、どこでどう話が曲がったのか、市民の方にはですね、この床の下に長良川の水が流れているという説明にいつの間にか変わってしまいました。本当の水は直接流れないのですが、長良川という豊かな水源を有した岐阜市だからこそできる仕組みでもあるわけですので、我々もそこはあえて否定せずに喜んでいただいています。

## ムラのある空間を統合して消費エネルギーを抑える

グローブによって光や風を操ることを考えたわけですが、そうはいってもグローブは相変わらず建物の中で浮いています。グローブの下はなんとなく、グローブによって周囲とは違った環境が出来上がりそうだということは分かったわけですが、建物全体としてそういった考え方をどう整理していくのか。それを整理したときの図解になります（図33）。一般的な建物は、温度をある軸にして、明るさ、照度というものをある軸にして、それにかかるエネルギーというのをある軸にもっていったと仮にすれば、普通の建物であれば24℃にしないといけないとか、750luxでないといけないとか、いわゆるクライテリア（注4）と呼ばれる設計の目標値があるわけです。そこにしておけば安心、誰からもクレームが来ない、みんなが快適に過ごせると言われているクライテリアですが、エアコンや照明など機械の力を使って、クライテリアに合わせにいくわけです。外の環境がどうなろうともクライテリアに近づけ屋内を一定にするために、そこに対してエネルギーがかかっていく。図の矢印の大きさがエネルギーに関係しているというイメージを描いています。それによって高さ方向、三軸目ですけれども、エネルギーの大きさが決まるわけです。それを今回の建物で、グローブの下だろうが、他の場所だろうが、どの場所でも24℃、750

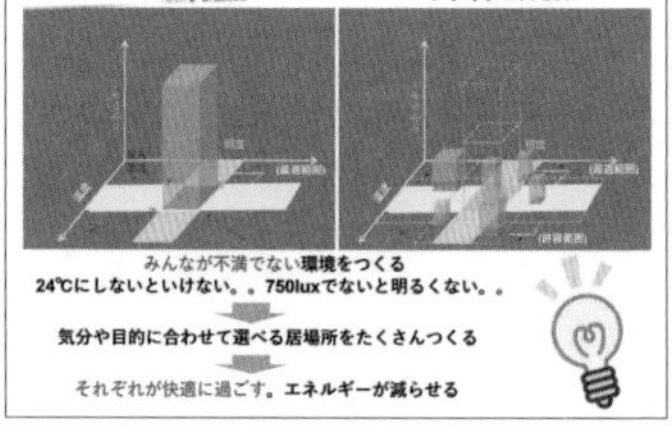

（図33）常識にとらわれない発想

（注4）
クライテリア
一般的に評価基準などを意味する。設計においても、設計する際の判断基準を示す。構造や環境、コスト等、さまざまな面で基準値がないと、どれを優先するべきか判断ができない。構造設計などでは建築基準法や各基準書で示された数値がクライテリアになる。

luxにしなくてはならないとしてしまうと、エネルギー50％削減なんて夢のまた夢になるわけです。そこで、今回は考え方をガラッと変えて、あえていろいろなムラのある場所をつくろうと。グローブの下、グローブの周囲、テラスなど、いろいろな場所をつくり、温度や明るさにムラがある空間を、個性のある空間を意図的に建物の中にたくさんつくっていこうと考えたわけです。そうすることによって、不完全な環境なので、そこにかかるエネルギーは少ない、だけれども、それぞれは違った個性を持っていますから、気分や目的に合わせて使うことができる。例えば、今日は友達とおしゃべりがしたいから、少々暑くてもいいから明るい空間で開放的に過ごしたいという人もいるかもしれないし、一方で、今日は一日集中して読書をしたいから、明るさは暗めでいいけれども、温冷感としては少し適度な状態を保ちたいというような人もいるかもしれない。気分や目的に合わせて選べる居場所をたくさんつくることで、利用者の方自らその場所へ足を運んでもらって、好きな場所で過ごしてもらえるというような作り方をしたらどうかと考えたのです。その一つひとつは環境的に言えば全部不完全な場所ですので、エネルギーのかかる量は少なくてすむ。それをギューっと一つに合わせたときに、こうやって立ち上げてみるとエネルギーが半分に済んだというようにならないかなと。つまり、結果としてそれぞれが豊かに快適に過ごして、エネルギーが減らせるというような、何かとんちのような悩み事を解決するような、そういったロジックというものを想像してみて、そしてメディアコスモスの中でいろいろな場所をつくってみようというふうに考えました。

それでグローブも使いながら、建物の中に多種多様な場所をつくろうと考えましたが、実際、設計の中ではマトリクスをつくりました（図34）。縦軸が温冷感、温度です。横軸が明るさ、照度です。それに合わせて、A、B、C、D、E、さらには体感温度の違うA、B、C、D、Eという、10種類の異なる環境をつくろうと定義しました。そこでムラのある、しかし個性のある、とても明るくてやや暑い場所というような個性が違う空間を、マトリクス状にまとめてみたのです。このマトリクスに基づいて、建築の空間の中に、どれをどこに配置していこうかというワークショップをしながら伊東事務所と僕らで議論をして、さまざまなムラのある場所を検討しました（図35）。

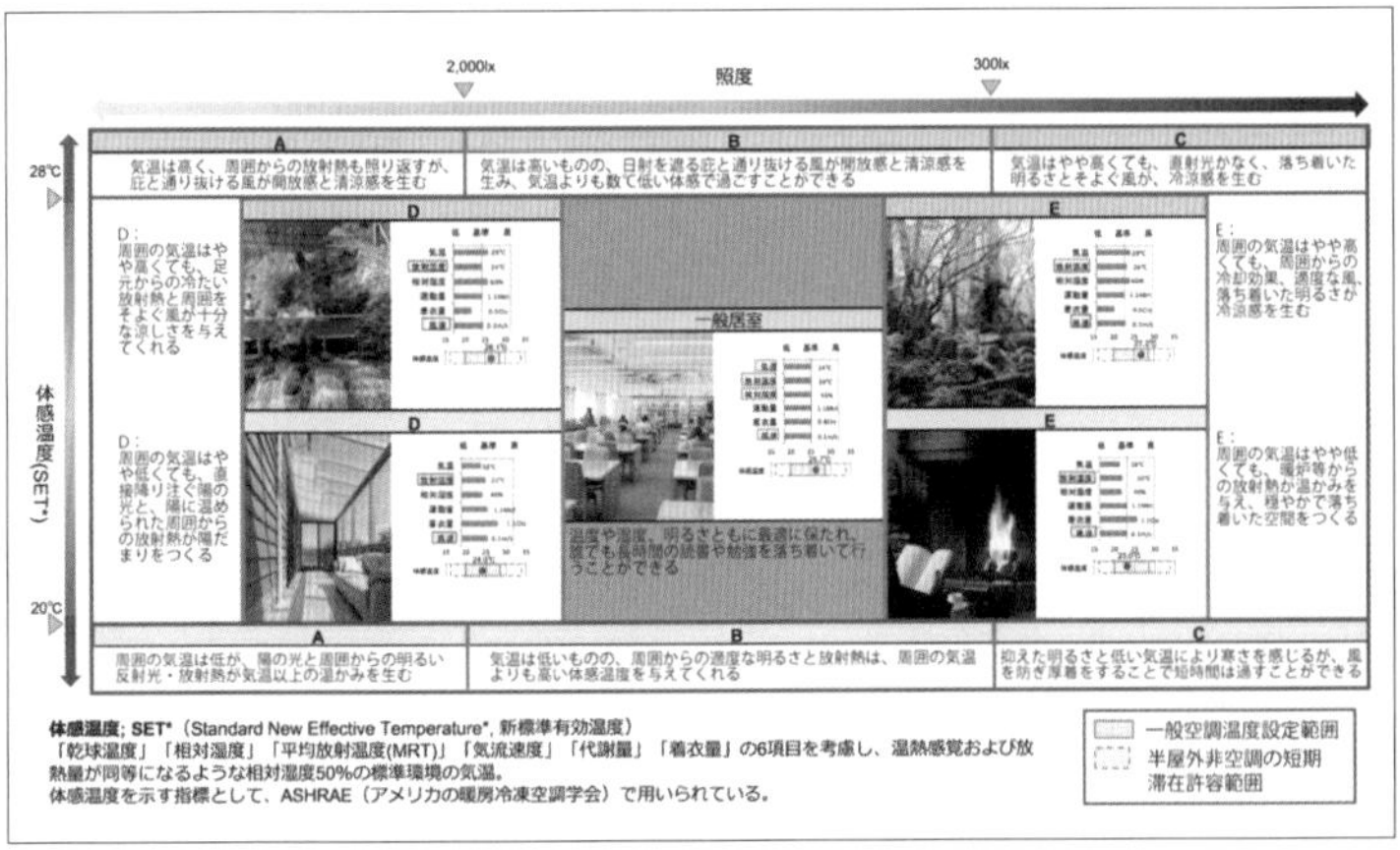


(図34)明るさと温冷感のマトリクス

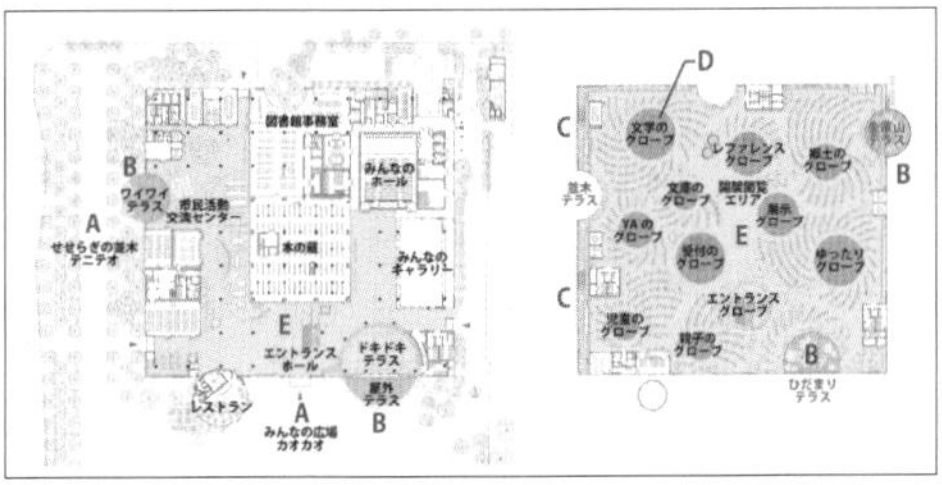


(図35)明るさと温冷感のマッピング

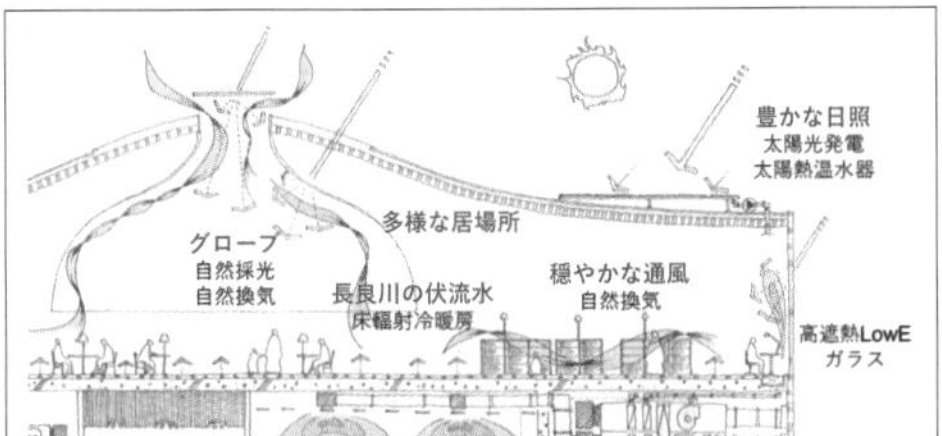

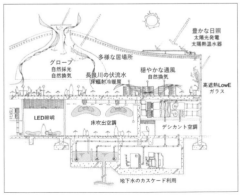


(図36)コンセプト・ダイアグラム

このように空気はつながっていますが、あえてムラのある屋内の居場所をつくり、そして屋内の快適性、満足度を上げていきつつ、エネルギーを減らしていく、自然の力を上手に使いながら減らしていく。豊かな日照、穏やかな通風、グローブ、そして伏流水、そして多様な居場所をつくるという設計思想を組み合わせて、このメディアコスモスが出来上がりました（図36）。実際に竣工してからエネルギーの使用量をずっとモニタリングしていますが、約56・4％ダウンしているということを確認しました。アンケート調査では満足度が高くて、そしてエネルギーを減らすことができているということになっています。

## 溜め池に建つ、古墳のような図書館

最後は大阪府の松原市に建設され松原図書館です。松原図書館は、農業用の溜め池の中に建つ、約3000㎡の小さな図書館ですが、なんとも見たことがないような風貌です（図37）。内観写真の左手に溜め池が見えます（図38）。水面より低いところに床レベルが設定してありますので目線に非常に近いところに見えます。全体はこのような感じです（図39）。な

（図37）

（図40）

（図38）

（図41）

（図39）

ぜか本棚がランダムに計画されています。3階に上がると子供図書館になっています（図40）。外にテラスもあります（図41）。松原図書館の場合も多分に漏れず、まず気候風土を読み解きました。松原市の外気温を分析してみると、基本的には穏やかな気候ですが、2018年には39・7℃を記録した、非常に暑い夏を経験しています。そこで、我々は将来の気候変動への適応を考えました。つまり、この建物の寿命を考えると、将来は気候変動によってもっと外気温が上がっていくだろう。その将来の外気温をベースに設計するべきではないか。ということで、ARUPで開発をした「Weather Shift」というソフトがありますが、それを使い将来の気候を予測したうえで、建築の設備設計に活かすことにしました（図42）。

もう一つ特徴的だったのが風向きです。松原市は、5月、6月、そして10月、11月を見ると、東西を結ぶ風の軸があることがわかりました。西から東へ流れてくる、他の方位からはあまり流れない、すごく特徴的な風の流れがあります（図43）。

そして建築です。MARU。architectureという若い建築家のお二人が設計をしたのですが、この建築家が最初に場所性を読み解くときに、松原市

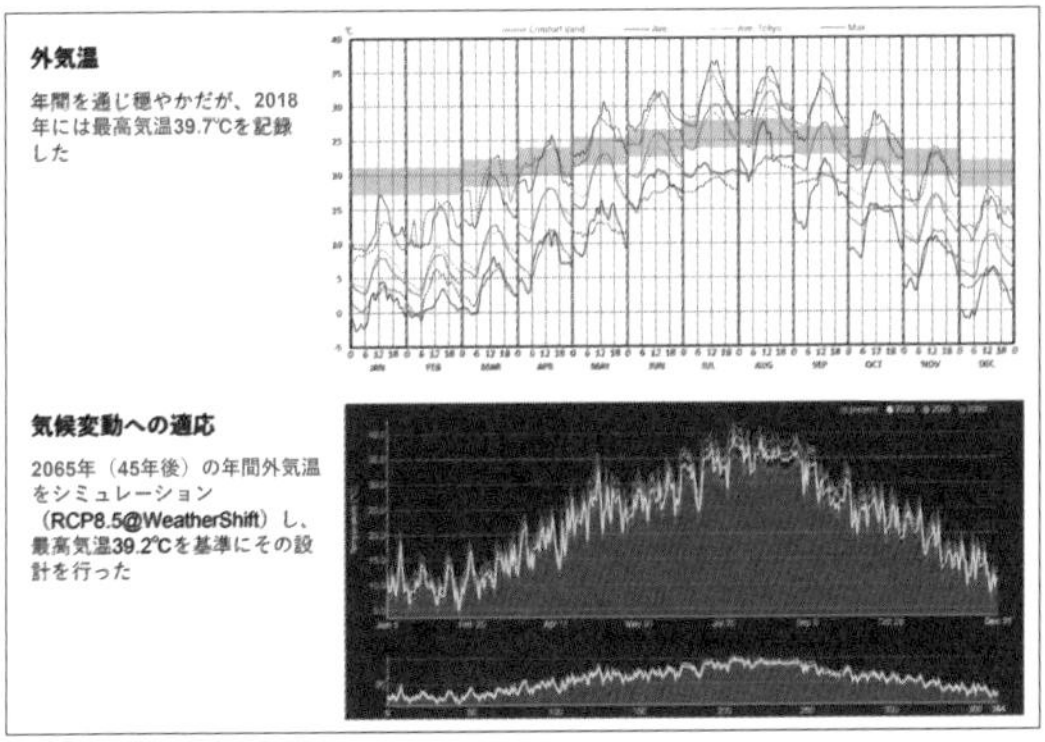
外気温
年間を通じ穏やかだが、2018年には最高気温39.7℃を記録した
気候変動への適応
2065年（45年後）の年間外気温をシミュレーション（RCP8.5@WeatherShift）し、最高気温39.2℃を基準にその設計を行った

（図42）

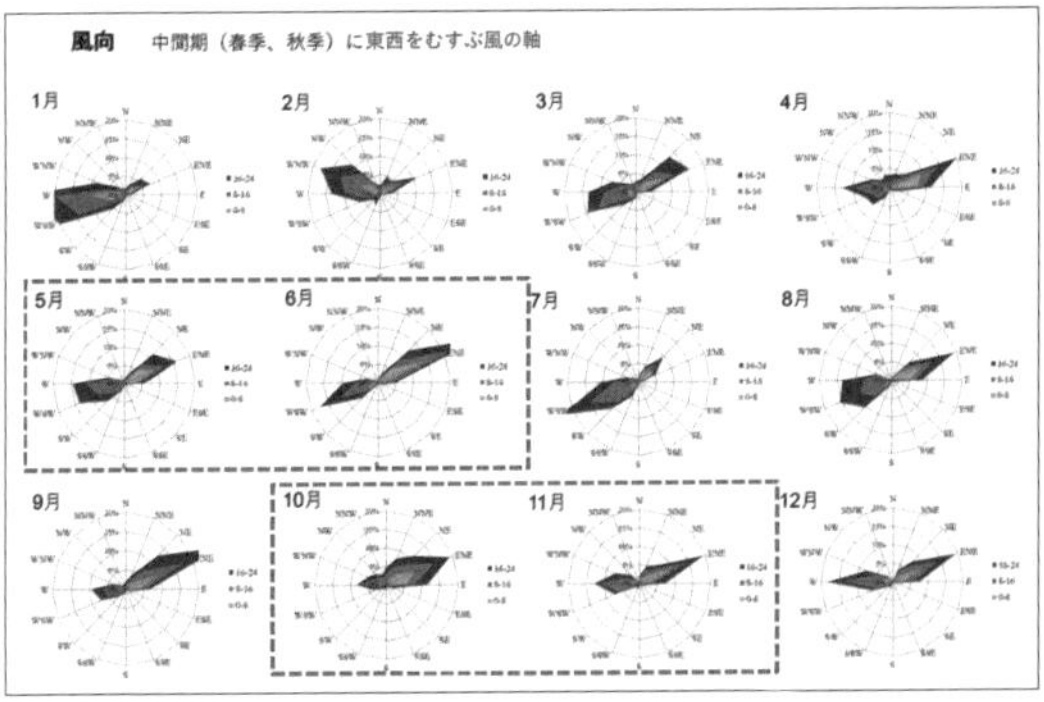
風向　中間期（春季、秋季）に東西をむすぶ風の軸
1月
2月
3月
4月
5月
6月
7月
8月
9月
10月
11月
12月

（図43）

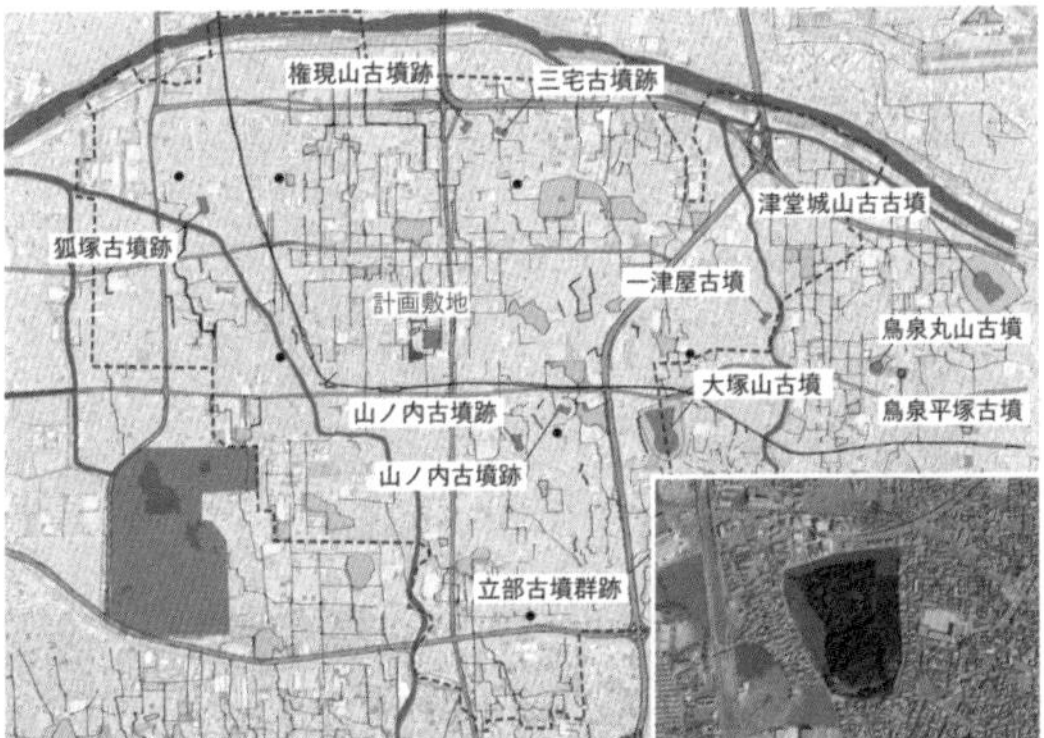
権現山古墳跡
三宅古墳跡
津堂城山古古墳
狐塚古墳跡
一津屋古墳
計画敷地
鳥泉丸山古墳
大塚山古墳
山ノ内古墳跡
鳥泉平塚古墳
山ノ内古墳跡
立部古墳群跡

（図44）

は大阪の南端にありますが、近くに古墳がたくさんあることに注目したのです（図44）。右下に前方後円墳がありますが、このような風景が街の中に広がっています。今回敷地に設定されたのが、溜め池の中でした。当然のことながら、溜め池の中に建てることを希望するお施主さんはいないわけで、そこを埋め立てて、新しい図書館を建てなさいというのが設計の条件でした。ところが歴史をたどってみると、もともと1974年、敷地一帯が農業用溜め池だったわけです。それが次第に減っていって、建物が建てられて、現在の形になっている。その一方で溜め池は、既に地域にとっては水景施設であったり、親水空間であったりするわけです。そこのほとりで本を読んだり、おしゃべりをしたり、時間を過ごすというのも、立派な生活の一部になっている。農業の衰退に関わらず、地域に必要な景観であったわけです。それを、簡単に埋め立てるという発想は違うのではないかということで、我々は踏みとどまったのですね。

MARU。architecture のお二人が描いたファーストスケッチです（図45）。溜め池を埋め立てないで残したらどうかということで、前方後円墳があたかもあるかのように、建築というよりは土木的な様相も持っているような、

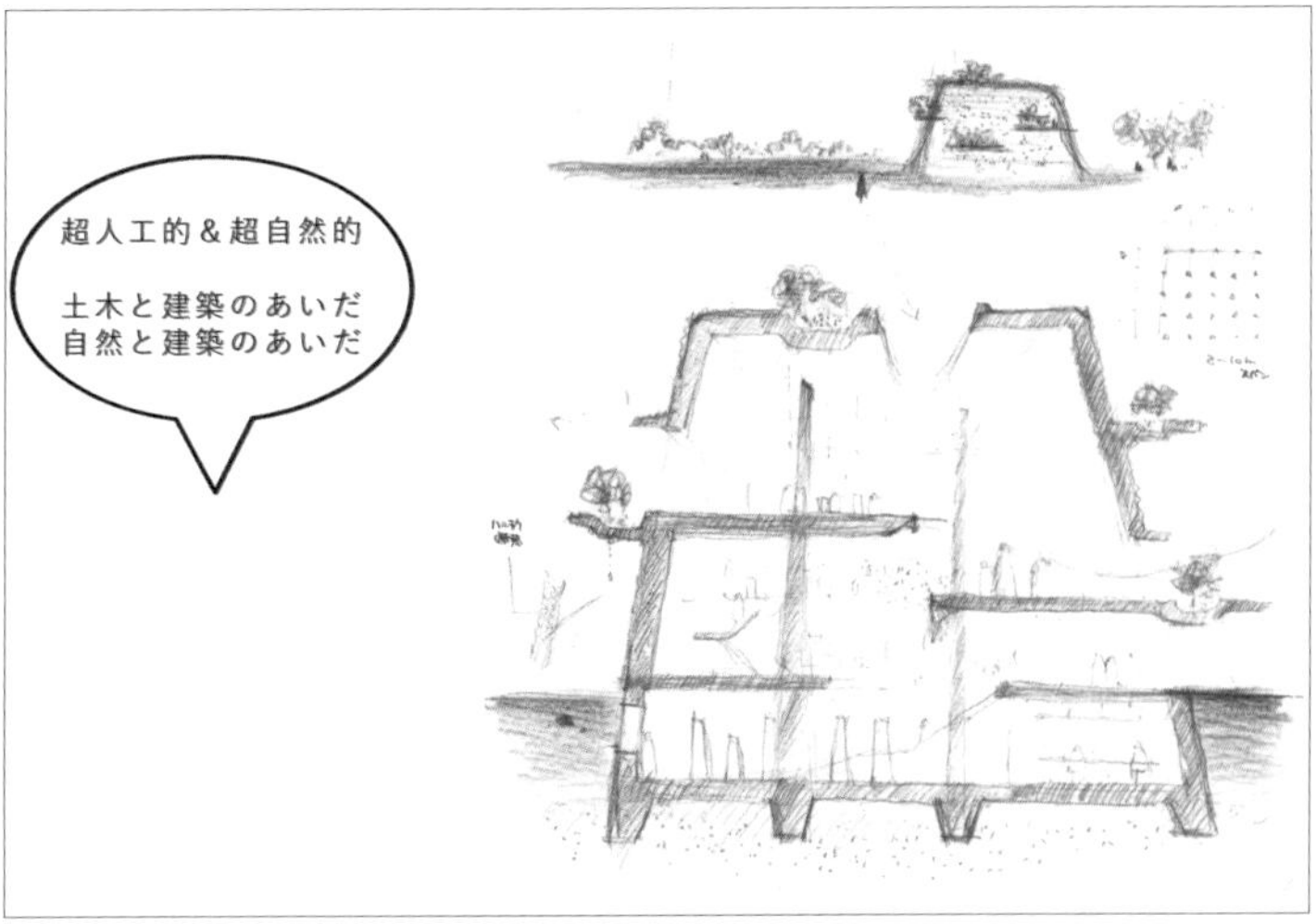


（図45）時代を超えていく、古墳のような建築

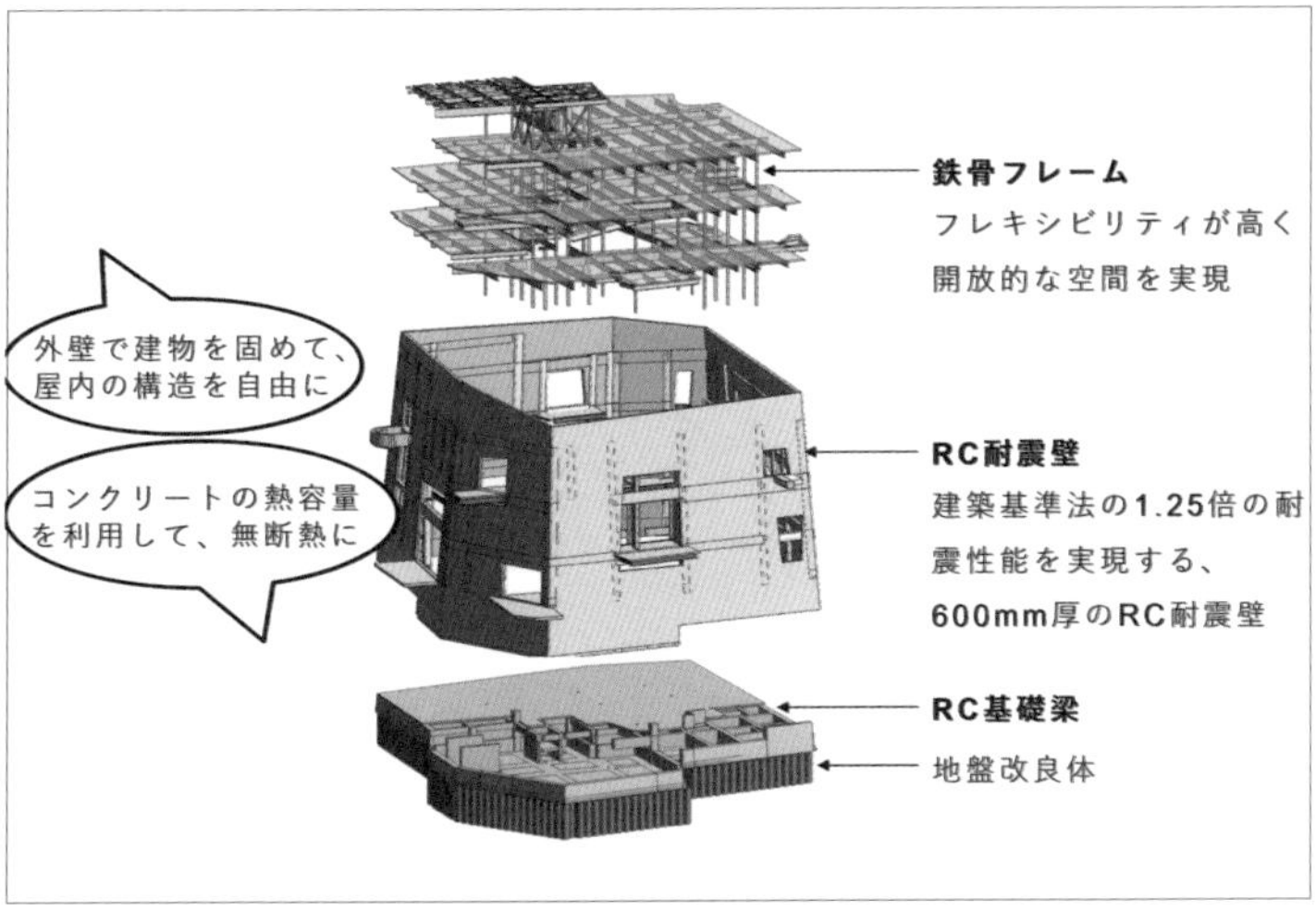


（図46）建築コンセプトに呼応するエンジニアリング

分厚い壁で囲まれた古墳のような建築を描いています。時代を超えていくような景観を新たにつくれないかと考えたわけです。超人工的、超自然的、土木と建築のあいだ、自然と建築のあいだ、そんな役割を新しい図書館に持たせられないかと考えて描いたスケッチです。

先ほどのメディアコスモスではないですが、我々エンジニアが最初の打ち合わせでスケッチを見せられて、図書館を水の中に建てるなんてありえないという反応も当然ありますが、一方でそのコンセプトに我々自身も納得したし、感動したし、ぜひそれを実現してみたいと思うわけです。そうすると我々エンジニアは、そのコンセプトを加速させるような構造計画であったり、環境計画であったりを付加していきたくなる。

構造は金田充弘さんが担当でしたが、その分厚い古墳のような外観の建築をつくるために外壁を分厚くして、建物を固めてしまおうと、せっかく分厚い表情の外壁をつくるのであれば、本当に600㎜厚のRCの耐震壁をつくって分厚くして、一方で中の耐震要素がいらなくなるので、中を軽快な鉄骨フレームでつくることができる（図46）。中をかなりフリーに空間をつくることができることもメリットではないかと考えたわけです。

一方で、私は600㎜のRC耐震壁であれば、コンクリート自身の熱を蓄えてくれるという特性を利用して、断熱しないで現していこう。そうすることで、コンクリートの風合いも時間とともに変化していくし、化粧しないということにで、内外観の表情も時間とともに変わり、味が出てくるのではないか。そう考えて無断熱を提案したのです。このように建築のコンセプトがもとになって、構造、環境と五月雨にいろいろなアイディアが響きわたりました。そうすると今度は建物内をフリーにできるということで、中はもうスキップフロアにしてしまって、立体的に1階から3階までつないでいくことによって、たくさんの視線が混じり合うし、どこで何をやっているのかということをお互い感じることができる。立体的な大きな一つながりの空間をつくれるのではないかと(図47)。構造、環境のアイディアから建築のアイディアが生まれてディスカッションが展開されていく。これが建築の醍醐味でとても面白い部分です。

### 水のポテンシャルを最大限に生かす

少し環境にフォーカスしますが、これが当時コンペの時に描いていた僕

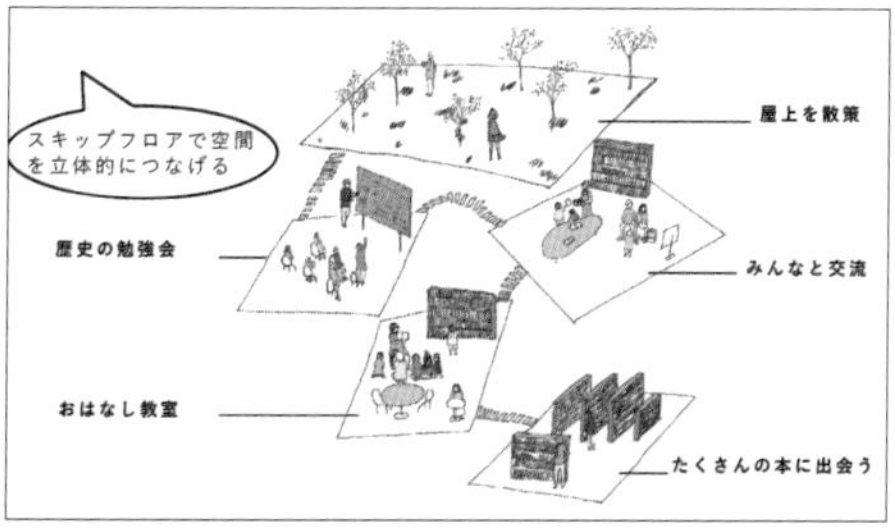


(図47)響き合うアイデアが生んだスキップフロア

のスケッチです（図48）。この分厚い壁を持った建築を水の中に建てるとしたときに、水の持つポテンシャル、そしてこの分厚い壁の持つポテンシャルを最大限に利用しようと考えました。一つ目は、水に囲まれるということで、周囲を流れる風がこの農業用溜め池の表面で冷やされて、冷やされた風が窓から入ってきて中を換気してくれるのではないか。しかもスキップフロアであれば風の流れ方を起点にして吹き抜けの位置を決めていったら、全館がまんべんなく循環するような空気の流れができるのではないかと提案をしたわけです。さらに、この600㎜厚のコンクリートは、それ自体が大きな熱容量によって熱を蓄え保温してくれるような効果が期待できる。そして、水面が鏡面のように反射するので、光が水面に反射して、その反射した光が建物の中に入ってくるという、まさに鏡に囲まれているようなものだと理解して、光を屋内へ促すための溜め池の役割というものを期待した。そして、この水というポテンシャル自身は当然のことながら、建物の中で循環させて生活用水へと使っていく。さらには水が揺らいでいる風景は人を癒すということも含めて、水の持っているポテンシャルと、この建築自身が持っているポテンシャルを、空気、熱、光、そして水とし

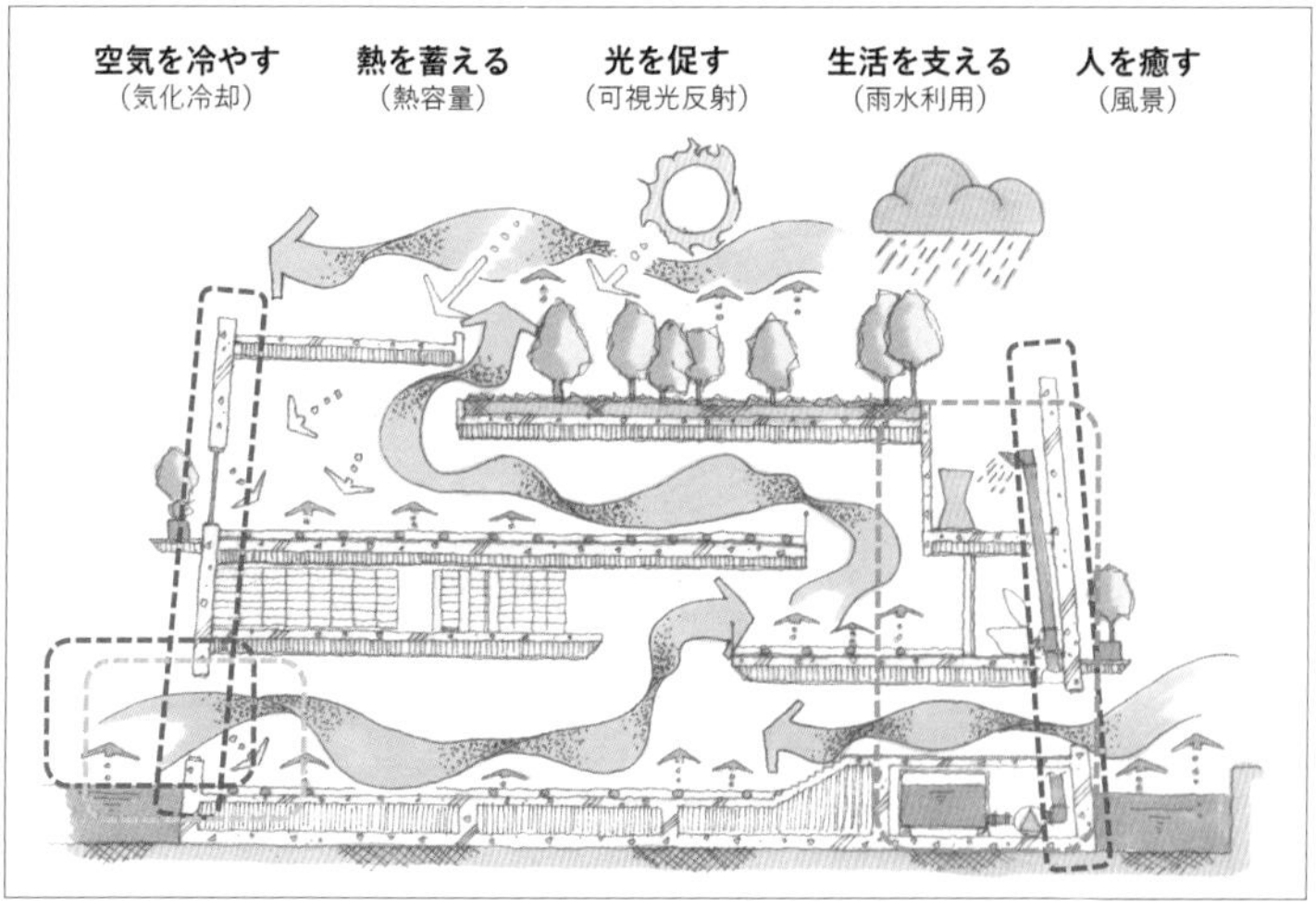


（図48）環境を操る建築

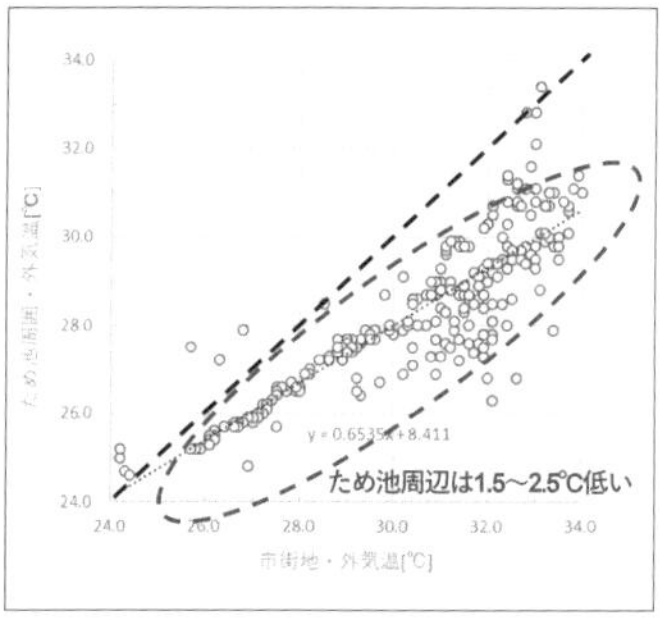


（図50）竣工後実測（外気温）

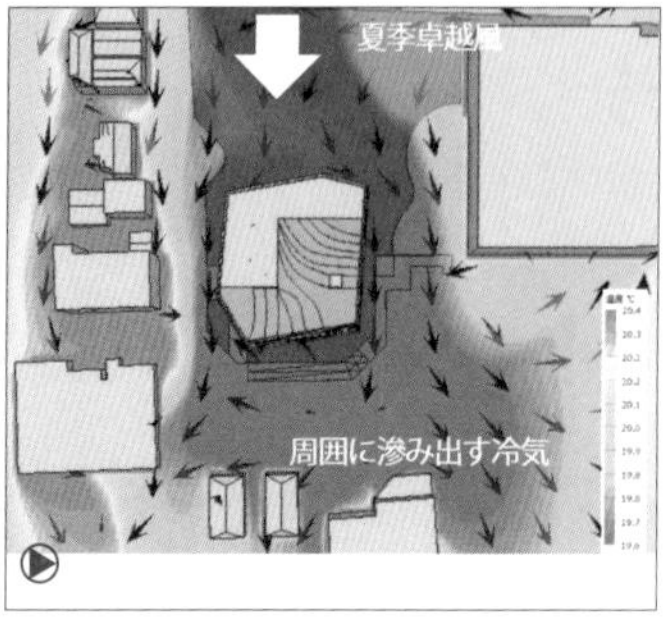


（図49）熱解析CFD図

（図51）冷えた風とスキップフロアが促す自然換気

ての利用、さらには人を癒すという効果、視覚的な効果も含めて、ベネフィットがあるのではないかと考えて、この建築の環境コンセプトをまとめていったのです。

実際にコンピューターシミュレーションで解析をしたところ、西側から風が流れてくると最初お話ししましたが、流れてくると溜め池を通じて風が冷やされます（図49）。そうすると周囲に青いところがにじみ出ていますよね。冷気がにじみ出すことが、シミュレーションをしてわかったので、やはり埋め立てないという選択肢が、とても意味があることだと自信を持ったわけです。実際に建物が竣工した後に測定をしました。溜め池周辺は、街中の外気温と比べて1・5℃〜2・5℃くらい低いということが分かったわけです（図50）。つまり、親水空間としての役割をしっかりと残すことができ、そしてこの周辺環境も保つことができたわけです。

今度は、その恩恵を周囲だけではなく、建物の中にも当然のことながら活かしていこうということで、溜め池で冷やされた、気化冷却によって冷やされた風が入ってくる窓を付けます（図51）。この窓から風が入り、屋内を巡り、屋上から出ていくという計画です。左下は、それを平面で表現してあって、窓の位置が示してあります。右が北側で、上の方で示してあるのが給気窓です。そこから空気が入ってくると、中の吹き抜けに向かって空気を流したいわけです。そこで、最初に皆さんに写真で見ていただいた本棚がキーポイントになります。ランダムに配置されているように見えますが、実は扇のように、風の流れを阻害しないように配置してあります（図52）。つまり、この給気窓から吹き抜けに向かって風の流れを邪魔しないように、むしろガイドになって、風の向きを整え促してくれるための本棚になるように、扇形のような配置にしました。そして、スキップフロアによって、あちこちに吹き抜けがありますが、その吹き抜けの位置もシミュレーションしながら決めました。風が全体に巡るようにするにはどうしたら良いかということで、右側にコンピューターシミュレーションの断面がありますが、循環するように、吹き抜けの位置が最適化してあるのです（図53）。

## 窓から天井へ水のゆらぎを引き込む

メディアコスモスと同じですが、中間期の春や秋は自然の風を取り込ん

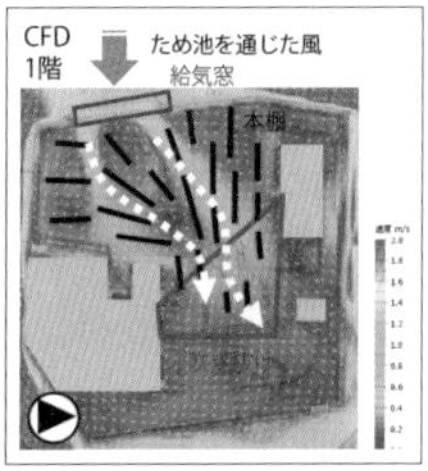


（図52）

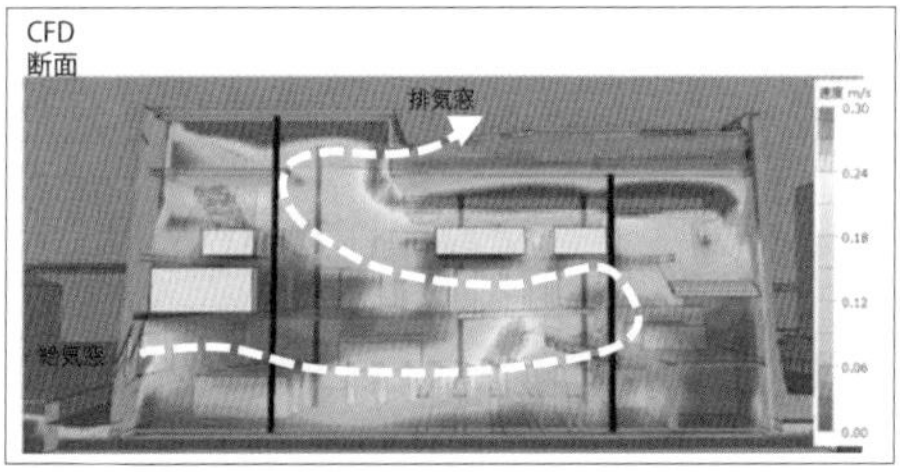


（図53）

でいけば快適ですが、夏や冬は冷暖房が必要です。スキップフロアにしているので、全体が大きな空間になっています。そこに空気をフーっと吹いてやると、温かい空気は全部上に上がり、冷たい空気は全部下に降りる。上階は常に暑くて、下階は足元が寒い、となるわけです。ですので、そうならないように放射を利用するため床下にパイプが埋め込んであって、冷房時は、左側の赤外線画像を見ると床を冷やしているのがわかります（図54）。右側の暖房時は床を温めてあげる、床暖房になります。どの時期でも快適な環境がつくってあります。ちなみに閲覧用の机がありますが、その足もコンクリートでつくってあって、その中に実はパイプが埋め込んであります。こうすることで、足元も床の机の立ち上がりからジワジワと放射熱がきて、温かくて気持ちがよいという仕組みです。

この分厚い壁は600㎜もの厚みがあります（図55）。見たことのない厚みですよね。断熱していません。実際どうなったか、建物が完成してから測定をしました。赤い線が一日の屋外側の壁の表面温度になります（図56・57）。秋に測定したところ、朝方は15℃まで下がったものが、太陽の熱を吸収して昼は34℃まで上がりました。屋内側はピンクの線です。20℃

（図55）

（図54）床輻射冷暖房

で一日中一定ということになります。一方、夏を見てみると、今度は上のグラフですね、最高46℃まで上がりましたが、600㎜の厚みを通じた屋内側の表面温度は30℃で一日中一定です。冬は、外側の壁は10℃くらいまで冷えましたが、屋内側は18℃で一定というように、一年を通じて季節ごとに、屋内側の環境を安定させる効果があることがわかりました。この厚い外壁が温熱環境を保つためにも効果的であることを証明できました。

一方で外壁を固めていくという設計コンセプトですから、窓はあまり多く設けられません。耐震性能を全部屋外側の壁で担わないといけないので、ガラスのカーテンウォールのような建築はなかなか難しい。しかし、それを逆手にとって、適材適所な明るさをつくっていけば良いと考えたわけです。つまり、開口部の位置は必ず閲覧スペースに呼応して配置されています。一方で書架、本棚は、直射光が当たると本が日焼けして色が落ちてしまいます。そういうことが起きないように直射光が入らない場所に配置していくことで、本棚がある場所は光があまり入ってこない。そして閲覧する場所は、開口部と呼応して配置しました（図58）。一つひとつの開口部について解いていって、空間のプログラムと明るさなど環境を次いで設計

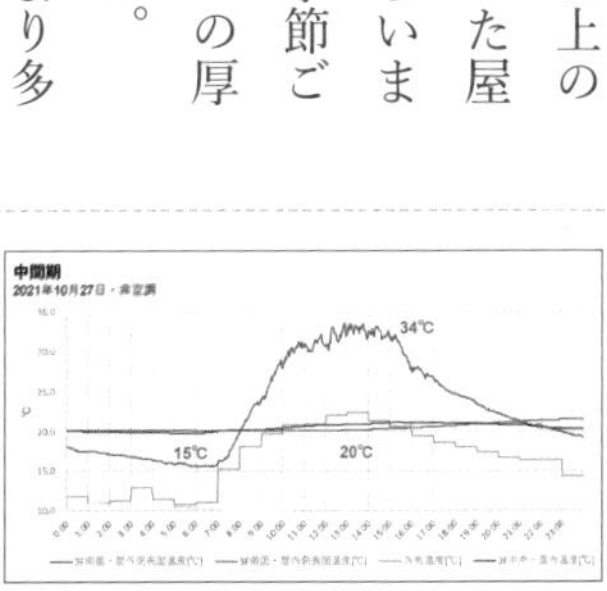


（図56）

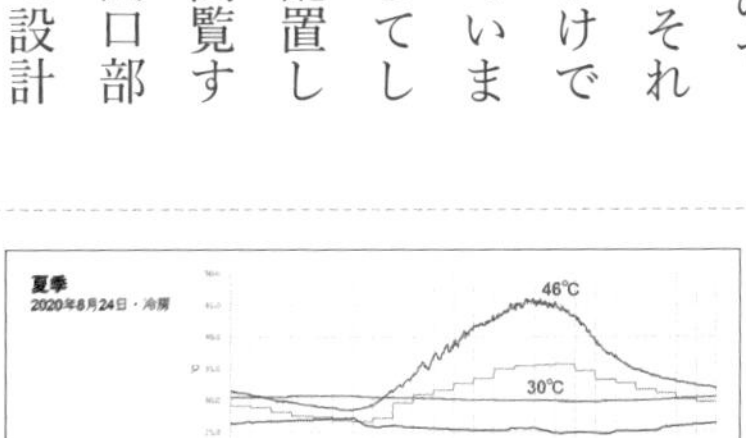


◀（図57）600mm厚の外壁が保つ温熱環境

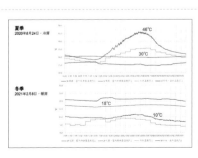

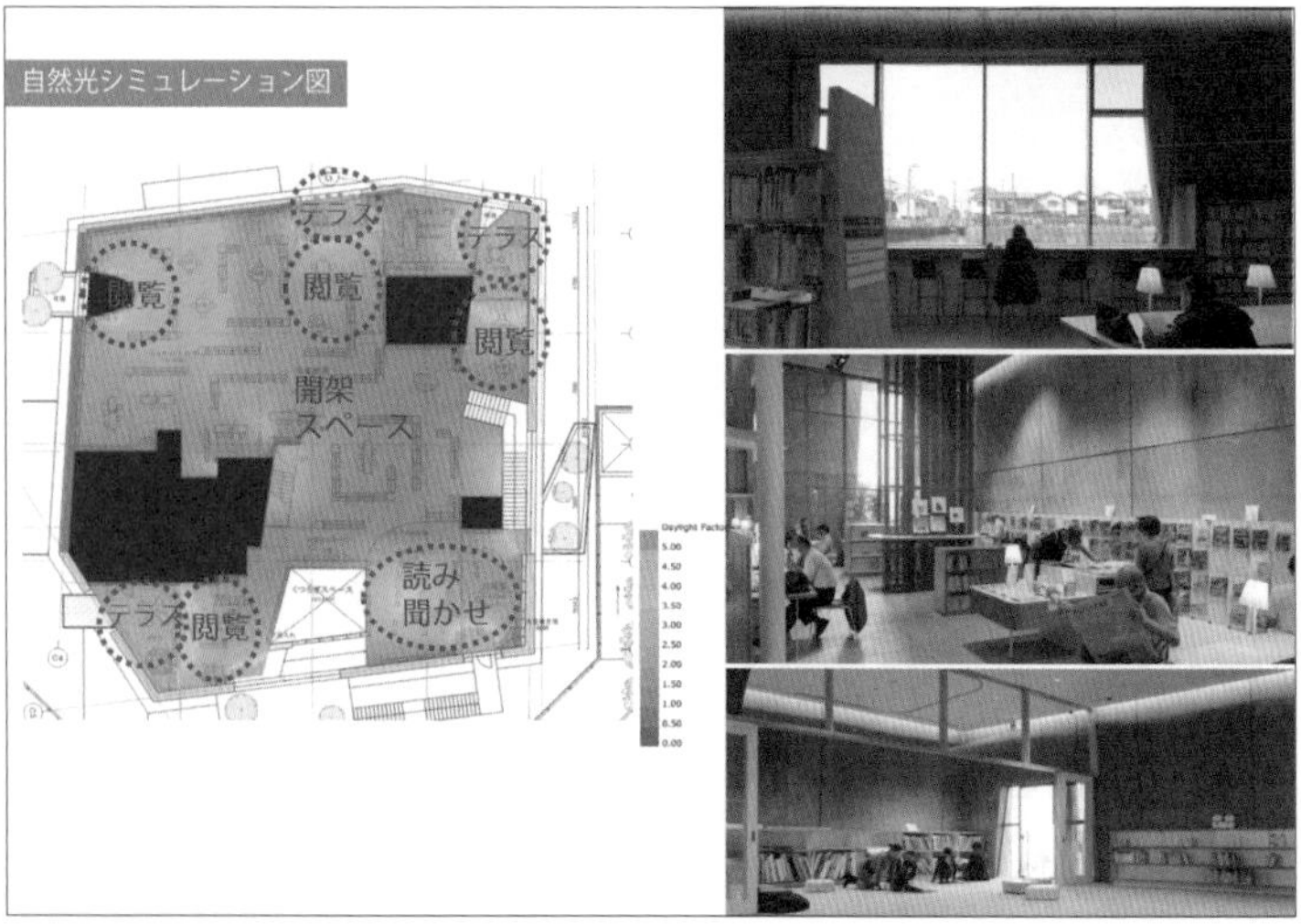

(図58)限定した開口部と適材適所の自然採光

(図59)人々を癒す水面

(図60)自然を映す光

していきました。これによって、むしろ明るさはメリハリがついて、全体が明るい空間ではなく、光の差し込みというものがはっきりと認識できるようになり、すごくメリハリの利いた優しい空間が出来上がりました。

最後に、限られた開口部の窓から見た外は、水の揺らぎを見ることができて、その水面から反射した光が天井に映し出されるというような、非常にユニークな空間が出来上がりました（図59・60）。時間や季節に応じて揺らいでいる天井の明るさの位置も変わったりして、屋内へと光の移ろい、時間の移ろい、季節の移ろいが感じられるという空間になったのです。この建物も結果的に、エネルギーの消費量は非常に少ない、50％ほど減らした建物として運用することが現在もできています。

今日の話を通じて、光や風といった目に見えない、触れることができないものが、建築の中でどのような役割を果たしているのか、そしてそれを作り出すプロセスがどのようなものなのかを、皆さんが感じていただければうれしく思います。

COLUMN 03 環境

# 環境を読み、かたちに翻訳する

中野 淳太（法政大学デザイン工学部教授）

　環境意識の低い建築は建てられない時代になった。2025年の4月以降に新築される建物は、省エネルギー基準を満たすことが義務になる。省エネ基準では、建築外皮（室内外の境界となる屋根・壁・窓など）の熱性能とエネルギー消費量の目標値が定められている。2050年のカーボンニュートラル社会実現に向けて、基準値は段階的に厳しくなっていく。しばらくは建築の「環境性能」が問われる時代が続くだろう。

　省エネの義務化にあたっては、デザインの自由度が奪われるとの反発もあった。壁に比べて薄っぺらな窓は、熱的な弱点になりやすい。小さな窓しか使えなくなるのではないか。吹き抜け空間は熱が拡散しやすい。天井の低くて狭い空間が増えるのではないか。しかし、現在、省エネ基準を超える性能のZEB（ゼロエネルギービル）やZEH（ゼロエネルギーハウス）が数多く建てられているが、そんな単純な建築が増えることはなかった。

　さまざまな制約を乗り越えながら、建築に対する要望を「かたち」にまとめていくのが建築家の職能である。もともと建築基準法では、耐震性能、耐火性能、形態制限（建築面積、容積率、建ぺい率）などのルールがある。制約が一つ増えたところで、建築家の想像力や発想力がくじけることはない。この過渡期に必要なのは、参考となる良い建築が増えていくことである。こんなやり方があったのかという発見は、新たなアイデアへとつながっていく。

照明や空調に頼れない時代、太陽の光や熱、風などの自然エネルギーを利用したパッシブデザインが建築設計の基本だった。建築設備がなくては成り立たない現代建築でも、パッシブデザインの重要性は変わらない。設備を使わずに過ごせる期間が長いほど、省エネになる。先進的な環境への取り組みは、建築のアピールポイントにもなる。

建築は、敷地と切り離すことができない。気候、地形、植生などの自然は、その敷地の個性である。また、敷地には長い歴史の中で社会的、そして文化的に刻まれていく固有の性格がある。敷地の持つ物語性、ゲニウス・ロキ（地霊）を読み込んで設計された建築には、その地に建つ必然性が宿る。

荻原さんは、五つの事例を通して環境デザインの流れを解説している。まずは敷地の地理、歴史、気象データをもとに気候風土を読み解くことから始まる。一年を通した温湿度の変動、太陽の動き、地域の風、河川や地下水の状況などから、敷地の持つポテンシャルを探る。無数にある風や光の利用方法の中から、建築家の思い描く建築のコンセプト、機能、構造に適したパッシブ手法を提案し、スケッチにまとめる。

アイデアを具体化して建築にフィードバックしていくステップでは、環境シミュレーションが力を発揮する。講演の中でも、特に熱のこもっていたのが、ぎふメディアコスモスの環境デザインであった。光と空気の観点からシミュレーションによる試行錯誤を重ね、明確な根拠を持ってグローブのかたちができあがっていく。そのかたちが建築のコンセプト、構造、そして長良川沿いという敷地に対する必然性とも見事に一致し、建築のシンボルとなっていく。まさにエンジニア冥利に尽きるプロジェクトである。このような丁寧なデザインのプロセスが、建築の魅力につながっていくのだろう。
　環境性能が重視されるこれからの建築にこそ、数値では測れない、人を惹きつける魅力が重要になってくると考えている。

建築家は、一人ですべてを解決できるわけではない。プロジェクトが大きくなるほど、多くの専門家とチームを組む必要がある。敷地の環境を読み取り、自然エネルギーの流れを建築のかたちに翻訳しなおすことのできる環境デザイン・エンジニアリングの役割は、今後ますます重要になっていく。

環境デザインで操る光、風、そして?

カップラーメン↓
ズズー・・
計算中↓
餃子にビール!↓
プハー・・
計算中↓
カレー↓
ハフハフ・・
重力換気
よしっ解けた!
自然給気口
気流
半屋外
先生、卒論のテーマは製図室内の同一空間で夜食くってる連中の横でもコーヒーがおいしく飲めるパラメトリックデザインの提案です!
そうか・・・

# 04

# ［ランドスケープ］

## Landscape

景観を設計するランドスケープアーキテクト。庭園から町並みまで手掛ける範囲は広く、
近年は都市の開発においてもランドスケープが重視される。講演者の平賀達也氏が、
池袋や青山といった都心におけるランドスケープの事例を通して、
「自然資本を社会基盤に据えて社会の未来像」を探る試みを解説する。

［2022年4月16日講演（オンライン）］

平賀 達也
Tatsuya Hiraga
ランドスケープ・プラス

# Without Borders／境界を越えて——ランドスケープが描く境界なき未来地図

## 地域の自然資本をもとに、社会をつくっていく

ランドスケープ・プラスの平賀です。講演のタイトルに「境界なき未来地図」とありますが、昨今のロシアのウクライナへの侵攻を受けて、ランドスケープにできることは一体何だろうと考えています。「境界なき未来地図」をテーマに三つの視点と三つの事例をお話しいたします。

最初に問題意識の共有をしたいと思います。ウクライナへの侵攻の話も含めてですが、現代の国家制度は民主主義であれ専制政治であれ、人間が支配している土地というものは、特定の組織や個人が所有していることを前提に、あらゆる法制度の下にあります。その一方で地球の人口は産業革命後に急激な増加に転じて、2050年にはおよそ100億人に達すると言われています。今まさに地球上の限りある資源を巡って、国家や地域間で争いが起きているわけです。国境や地域の境界線は人の手で引かれたものですが、我々ランドスケープアーキテクトは、自然資本を社会基盤に据

04

えて、社会の未来像を考えていければと思っています。

ランドスケープアーキテクトは、産業革命後に都市公害によって引き起こされた、コロナのような感染症や呼吸疾患などの健康被害を自然の力で調停する役割として生まれた比較的若い職能であり、学問なのです。我々は人の力で壊してしまった自然をどのように資本として取り戻していくか、そしてその快適性や安全性が両立した環境をどうやってつくりだしていくかを命題とし、地域に残っている自然の力から土地の価値を考えて、その持続性に取り組んでいます。これから建築や都市計画を考えていく上で、ランドスケープの視点を持つということが非常に大事になってくるのではないかと思っています。

私の事務所は「ランドスケープ・プラス」と言いますが、この社名には地域の自然資本をベースに、そこに経済や教育、人々の生活などを含めた社会をつくっていきたいという思いを込めています。

日本人の経済学者で一番ノーベル賞に近かったと言われている宇沢弘文さん（注1）が社会的共通資本という言葉を残されています。この言葉は、昨今盛んに議論されているＳＤＧｓ（注2）や持続性のある社会を実現す

（注1）
宇沢弘文（1928年-2014年）
日本を代表する経済学者。東京大学名誉教授。東京大学の数学科を卒業したが、経済学へ転身し1963年に渡米。スタンフォード大学、シカゴ大学で研究を行い、経済成長に関する先駆的な研究を行った。また、日本に帰国後、高度経済成長期の公害問題に衝撃を受け、利益追求の社会が引き起こす矛盾に着目し、人間を重視する経済学理論の確立を目指した。「自然資本」、「設備資本」、「制度資本」の三つを核とした「社会的共通資本」の概念を提唱したが、社会的にサステナビリティが叫ばれている今日においても注目を集めている。

（注2）
SDGs
国連で策定されたミレニアム開発目標の後継として、2015年の国連サミットで採択された。「持続可能な開発目標」(SDGs:Sustainable Development Goals)として、「貧困」や「飢餓」、「気候変動」や「海洋資源」などの17のゴールと、それを達成するための具体的な169のターゲットから構成されている。地球上の「誰一人取り残さない」ことを理念としており、日本においても国を挙げて推進している。

るために、限りある自然を生かしてどのような社会をつくっていけるかということなのではないかと個人的には考えています（図1）。

コロナ禍は、本来であれば自然の中にいるウイルスが人間社会に出てきた結果起こりました。他方でコロナ禍が経済活動を止めて、インドから今まで見えなかったヒマラヤの眺望が臨めるようになりました（図2）。これは何を意味しているかというと、人間が犯してきた地球環境の負荷を改めて我々人間が感じることができたタイミングだったのではないかということです。

その一方で確実に温暖化に向かっています。北極の氷が溶けると冷気は一様ではなく、ひだのように降りてくるのです。暖かい日が急に寒くなるということが起きやすくなっています。我々が住んでいる東京でも、中間期と言われる春や秋の一番我々にとって過ごしやすい気候がどんどん短くなっているのを、皆さんも肌で感じているのではないでしょうか。こういった変動リスクあるいは温暖化による海面上昇や河川氾濫が起きることによって、国境が変わってしまうことがある。日本の尖閣諸島の問題やロシアによるウクライナへの侵攻しかり、限りある資源をいかに自分たちの手

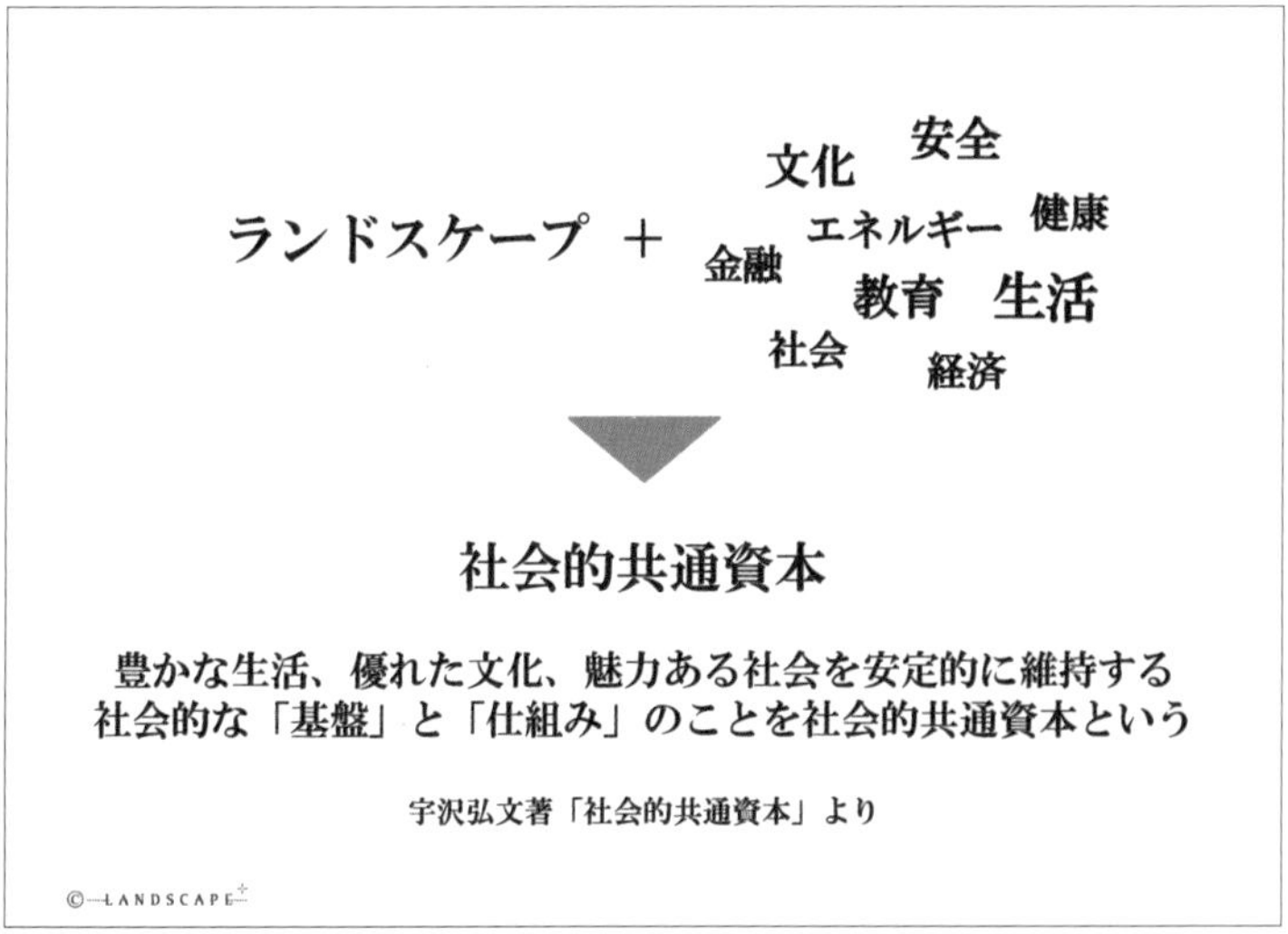
ランドスケープ ＋
文化 安全
エネルギー 健康
金融
教育 生活
社会 経済
社会的共通資本
豊かな生活、優れた文化、魅力ある社会を安定的に維持する
社会的な「基盤」と「仕組み」のことを社会的共通資本という
宇沢弘文著「社会的共通資本」より
©LANDSCAPE+

（図1）

他方、コロナ禍が地球環境にやさしいという皮肉
インド北部の都市から30年ぶりに見えたヒマラヤの眺望　出典：CNN.co.jp
©LANDSCAPE+

（図2）

に入れていくかというような争いが、まさに目の前で起きているということだと思います。

議論を国内に転じると、我々は世界の先進国に先駆けて超少子高齢化社会に向かっています。これをリスクと捉えるか、限りある資源をより再分配しやすい状況がつくれると捉えるか、そういった視点の持ち方で随分描かれていく社会像が変わっていくはずなのです。

高度成長期に日本は橋やダムなど非常に多種多様な社会基盤をつくってきました。少子高齢化の社会では税金の収入が減るわけですから、新しいものはこれから極力つくらずに、既にある基盤をどのように維持していくかを考えていかないといけないわけです。ここで着目していただきたいのが、災害復旧投資という国が考えている社会資本を維持する額であり、ずっと横ばいなのです。温暖化の影響で気象災害が増えていく可能性があるなかで、気象災害リスクに備えた社会構造はどのようなものかを、これから皆さんが建築を学ぶ中でリアルな課題として向き合わなければならないのです。

## Society5.0は、自然と共生するためにテクノロジーを上手く活用する社会

三つの視点の一つ目として、自然災害や健康被害が多発する時代の社会資本とはどういうものかということを、私が携わったプロジェクトを通じてご紹介したいと思います。特に地誌学や地理学の視点から気候変動社会の未来像を皆さんと一緒に考えたいと思います。

忘れもしない東日本大震災などの災害リスクを減らすために、我々が地誌学から学ぶことは非常にたくさんあります。また、コロナ後の社会で、例えば二拠点生活も実現しやすいのではないかと議論されています。こういった新しい社会の暮らし方についても地誌学の視点から読み解いていけるのではないかと考えています。

地誌学は、20世紀初頭にドイツで生まれました。特定地域における環境と社会との相互関係を総合的に考察して、地域的性質を究明する学問です。日本の国立大学では筑波大学ぐらいしか扱っておらず、あまり馴染みのない学問だと思いますが、ランドスケープに携わっている私としては非常に興味のある学問です。実務のデザインプロセスの中でもよく活用している

考え方です。

今申し上げた視点を持ち、携わった事例の一つとして、2025年の大阪・関西万博があります。コンセプトの策定委員を務めましたので、私が考えた内容を共有したいと思います。

大阪・関西万博の開催にあたり、日本政府が二つの大きな目標を掲げています。一つは「SDGsビヨンド」という2030年以降の社会を、今、国連がSDGsを掲げて温暖化を加速させないためにさまざまなルールのもとアクションを続けていますが、その次の社会を皆で考えていこうというのが一つ目の目標です。

二つ目は日本独自の国家戦略としてSociety5.0の実現を大きなテーマとして掲げています。これからの国際競争の中で日本が勝ち残っていくための、非常に大きな戦略になります。私が委員で参加した時にSociety5.0って何？　と当然考えるわけです。この委員会は経済産業省が主体者として開いたものですが、彼らもよくわかっていない。内閣府では、サイバー空間とフィジカル空間を高度に融合させたシステムとしています。それによって経済発展と社会的課題の解決を両立する人間中心の社会と言っているのですね。しかし、いまひとつよく分かりません。Society1.0は狩猟社会、2.0が農耕社会、3.0が工業社会です。今、我々は4.0の情報社会を生きているといわれていますが、Society5.0はその次に続く新たな社会ということです。ランドスケープアーキテクトとしての委員の立場からSociety5.0は何かということを深掘りして考えてみたのが、今からご説明する絵になります。

これは僕らが住んでいる関東平野ですが、この関東平野には生物学的に見ると三つのエコトーンがあります（図3）。一つは海岸域、次に東京都心部の東側と西側を大きく隔てている段丘域、それと関東平野の縁（ふち）といわれている里山域。山と平地が交わるところになります。これらを私が今プロジェクトで携わっている場所と照らし合わせてみます。そうすると、今非常に元気な場所が、エコトーンと言われている里山域や段丘域に近いことがわかります。エコトーンとは生物学において、陸と水域あるいは山林と平野など異なる環境が連続的に推移して接している場所のことをいいます。エコトーンでは多数な生きものが生息できる環境であるため、種の多様性や個体数も増えるのです。人間が新しい文化の進化を遂げるの

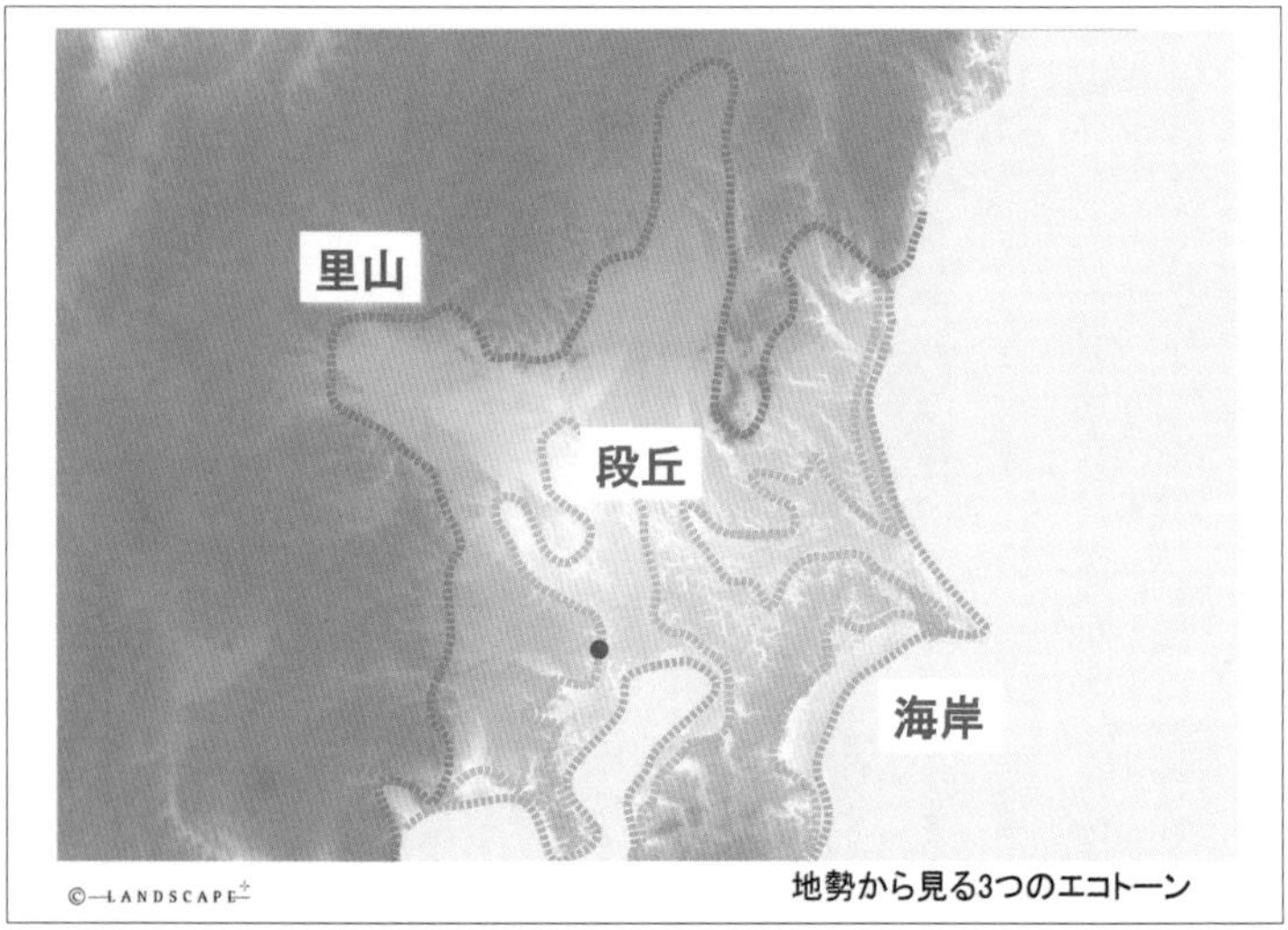
里山
段丘
海岸
©—LANDSCAPE+
地勢から見る3つのエコトーン

（図3）

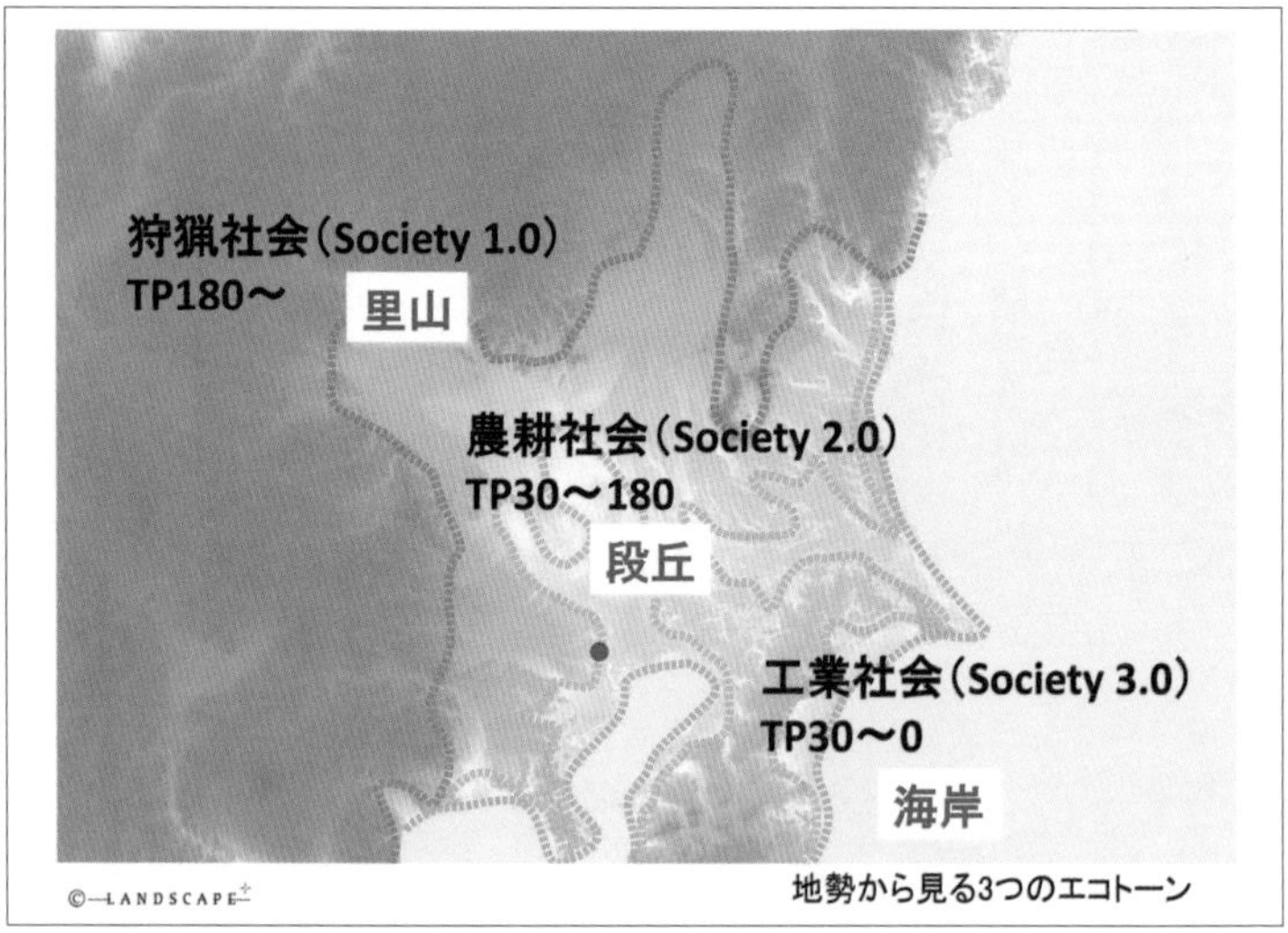
狩猟社会（Society 1.0）
TP180〜
里山
農耕社会（Society 2.0）
TP30〜180
段丘
工業社会（Society 3.0）
TP30〜0
海岸
©—LANDSCAPE+
地勢から見る3つのエコトーン

（図4）

は常にこういう場所であり、一方で、文明の終焉はエコトーンという環境を失ってしまう時だと言われています。

先ほどのSociety1.0から3.0を里山域、段丘域、海岸域に当てはめると、農耕社会が栄えていくのが水の湧き出るような段丘域であったり、工業社会で船がエンジンを持つことで大量の物資を運べるようになったのが海岸域であったりと、時代的背景が見えてくるわけです（図4）。

これらの社会基盤となった地形を地誌学的背景から、Society1.0から3.0を説明しましたが、地理学的に見た時に、関東平野がどのようにできたかということを説明します。図5は12万年前の日本地図になりますが、今より2回前の温暖化の時の海面の位置がこの場所だったのです。次の2万年前の氷期は、日本の国土が今より一回り大きかった（図6）。次が6000年前の地図です（図7）。地球温暖化時の海面の場所を表わしています。最後に現在の地図です（図8）。これをグラフにして見てみると面白いことがわかります（図9）。2回前の12万年前の間氷期から最近の6000年前の間氷期まで、氷が一気に溶ける時期の推移を見るとすぐにグラフが上がっていきますが、間氷期から氷期に向かう、海水が氷になるプロセスは

6000年前
6000年前(縄文前期)の海水位

（図7）

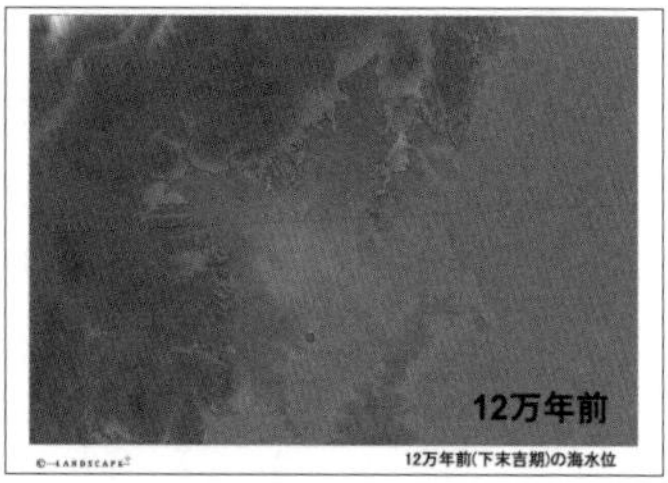
12万年前
12万年前(下末吉期)の海水位

（図5）

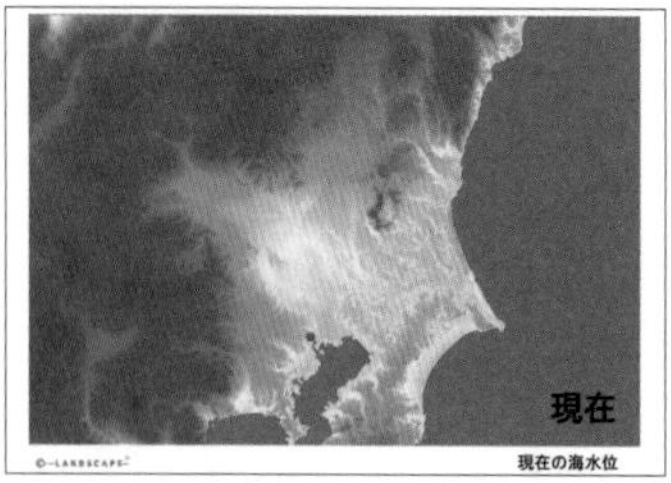
現在
現在の海水位

（図8）

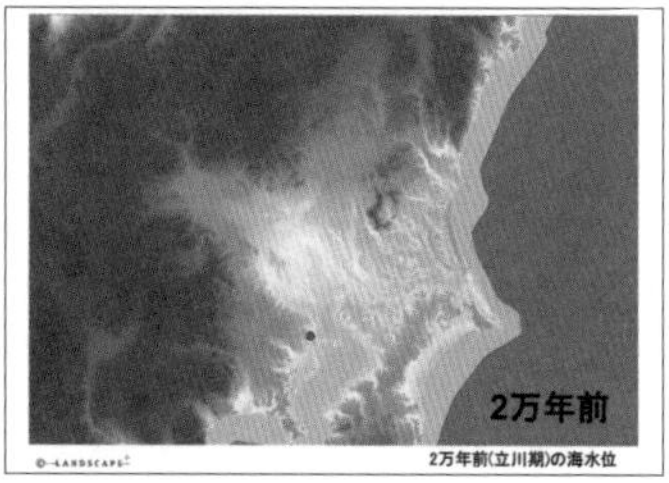
2万年前
2万年前(立川期)の海水位

（図6）

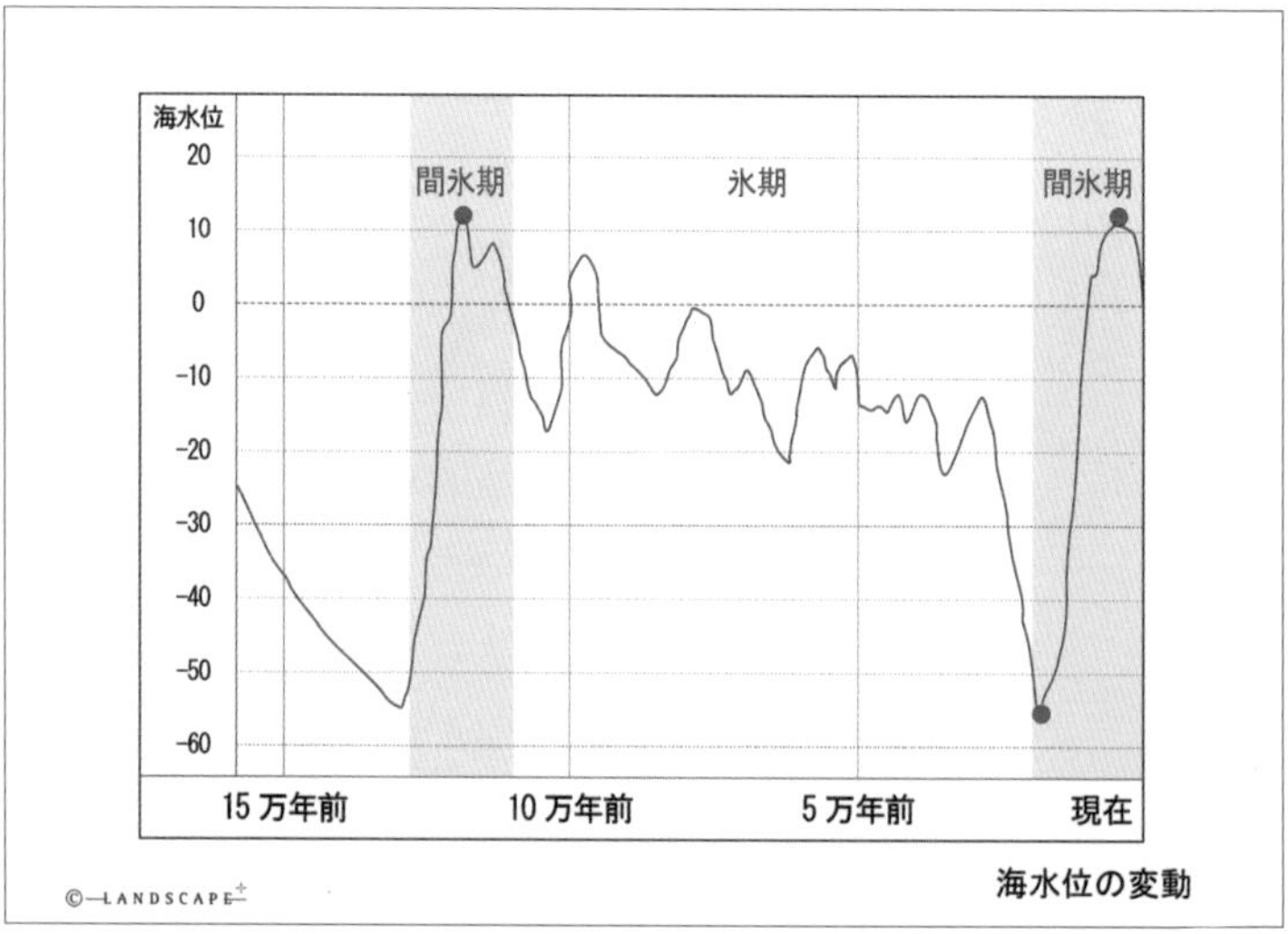
海水位
20
10
0
-10
-20
-30
-40
-50
-60
間氷期
氷期
間氷期
15 万年前
10 万年前
5 万年前
現在
海水位の変動

（図9）

非常に複雑なリズムを繰り返しながら徐々に氷期に進んでいっています。

そして、今がどういう状況かというと、本来であれば氷期に向かっているはずですが、それを覆すだけのC$O_2$による温室効果ガスの増加によって、地球温暖化に向かっている状態なのです。

最近地震が増えたり、温暖化による気候変動が非常に激しくなったりしていて、冒頭にお話しした1週間の気温の変化でも非常に振れ幅があります。それはマクロで見た時の地球環境の変動が、ミクロで見た時の我々の日常に当てはまるからだと言われています。こういった地球のリズムから、今後の未来予測をどう考えていくか、そういった視点が今、我々技術者に求められているのではないかと思うのですね。

図10と11は国土交通省が出している土石流や急斜面の崩壊のリスクを示した図です。次は大雨が降った時に河川氾濫を起こすリスクを示した図（図12）。そして高潮のリスクの図です（図13）。こういった一時的な情報が国から示されていますが、現在の災害リスク評価は土石流、河川氾濫といった専門分野ごとに過去の実績データにもとづいたパラメーターを用いて評価するので、根拠となる数値が更新され続ける気候変動期においては、信

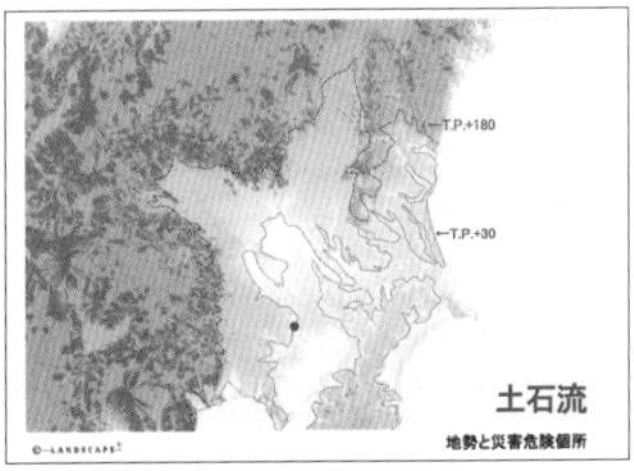

（図10）

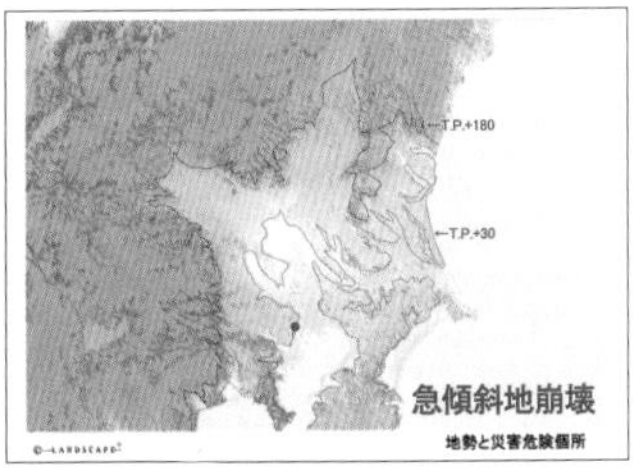

（図11）

憑性の高い答えを導くことが難しいのですね。１００年に1回と言っていた雨が1年に2回降ってしまう。何万年前のデータを取り入れて評価しづらいということですね。

一方で、ビッグデータを取り扱えるスーパーコンピューターの実装によって、複合的かつ客観的な視点で近未来の災害リスク評価が可能になりつつあります。温暖化の影響もコンピュータシミュレーションで見えてくるようになっており、それはそれで便利でよいですが、一方で我々がどのような社会を目指したいのかというビジョンがないと、その評価に対する判断が下せないわけです。そこで重要になるのが、どの場所から何を始めていくかということです。そういった視点で見た際に、里山域、段丘域、海岸域という土地の特性を踏まえ、どの地域が新しいイノベーションを起こしやすいかという特性を見出せるのではないかと思っています。

一方で設計者というのは、ある特定の技術を持って社会に貢献する職能でもあるわけです。前学術会議の会長をされていた山極寿一さん(注3)が、「科学技術の根幹は人間の文化にある」とおっしゃっています。そして、東日本大震災において技術者が何を成したかということに触れて、例えば

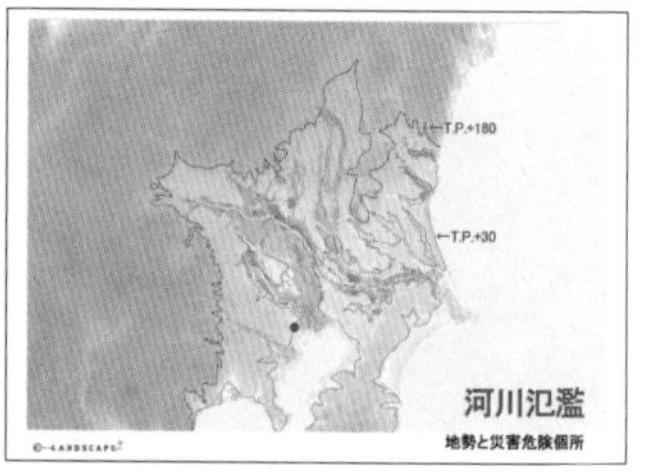

(図12)

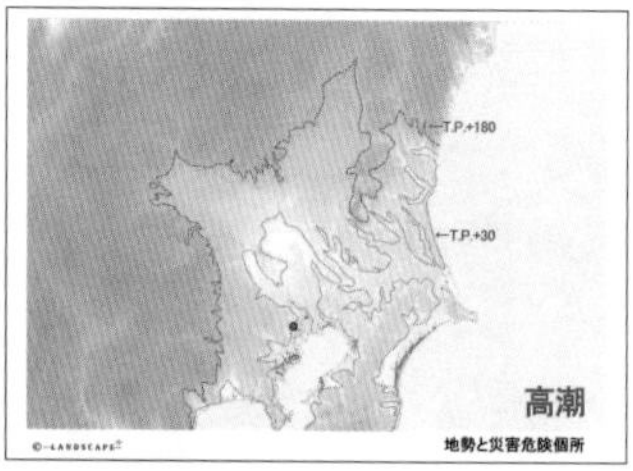

(図13)

高い堤防をつくったり、松林を埋めて高台移転を促すような都市計画をやったり、それはそれで今の技術を使えば正しいアプローチですが、もう少し長い時間軸、広い空間軸でその場所を考えるという文化を目指すべきではないか—。延いては高度成長期で技術者によって文明が発展してきたことにおごりが無かったか、ということに触れられているのです。

Society4.0についても定義をしておかないといけませんが、私は、情報社会は人新世という概念で明確に定義づけられるのではないかと思います。人新世は皆さんも最近よくお聞きになる言葉だと思いますが、要は人間が出してしまったゴミや汚染された空気で地球全体が覆われてしまったという、地質学的な新しい層なのです。そういうことが情報として全人類に共有されたことが、情報社会の一番のトピックなのではないかと思っています。

今まで申し上げたSociety1.0からSociety4.0という世界観をふまえて、Society5.0とは何かと考えるわけですが、これは内閣府が言っているような人間中心の社会ではなく、我々の身近にある自然と共に幸せに暮らせる社会実現のために、この時代に人間が獲得したテクノロジーを賢く利用す

(注3)
山極寿一
人類学者、そして霊長類学者であり、ゴリラ研究の第一人者として知られる。京都大学霊長類研究所などを経て、同大学教授に就任。2014年から2020年まで京都大学総長を務める。2021年より総合地球環境学研究所の所長を務める。

るという文化を、我々が根幹に持つ社会ではないかと考えるわけです。

変動期は地球史的な時間軸と流域的な空間軸の視点を持つことがすごく重要です。その上でバーチャルな空間や時間を自分の体感としてリアルな社会に落とし込めるか、ということが大事だと思います。なぜなら、グローバルなルールは時代の文明や技術によって変わってくるはずですが、当然インターネット社会での新たなルールもこれからは出てくるでしょう。一方、我々が設計者として向き合うリアルな空間は、そこにローカルな地形構造があって、地域の文化があって人の営みがあるわけです。その二軸をしっかり理解して生きていくことが必要ではないか。その上で快適性と安全性を備えた社会基盤を見極めていくべきだと思います。自然共生が文化の根源にある日本独自の思想を世界に発信していくというのが、やはり大阪・関西万博では大事なのではないかということを考えた、そういうプロジェクトでした。

## 表参道で地域の人と100年の計で森をつくった「ののあおやま」

次に視点その2ということで、冒頭に岩﨑先生からも私どもの設計事務所の考え方で、グローバルに支持されるローカルな価値づくりをしていきたいということを説明してくださいましたが、その視点から、今グローバルルールと言われているＳＤＧｓと、まさに地域の目標となるローカルルールを掛け合わせて、持続可能な社会基盤をつくれないかということを考えてみたいと思います。今回の講演のテーマである「境界なき未来地図」は、まさにグローバルにも説けるし、そのグローバルルールがローカルルールに適用された時にも説ける。ローカルなルールが世界のどこかの国を救えるような相互関係をつくっていくことではないかと思っています。

限られた地球資源を賢く再分配するための持続可能な発展目標としてのＳＤＧｓ（図14）。最近私もＳＤＧｓについてランドスケープアーキテクトの立場から行政に提言したり、プロジェクトにおいてランドスケープでつくられる環境を、どのようにＳＤＧｓの17の目標と関連づけるかといったことをお話しする際に、このウェディングケーキモデルという考え方で説明をする機会が増えてきています（図15）。17の目標を環境、社会、経済と整理したものです。これはストックホルムのレジリエンス研究所が、ＳＤＧｓの目標が出た一年後の２０１６年に提唱された考え方ですが、つ

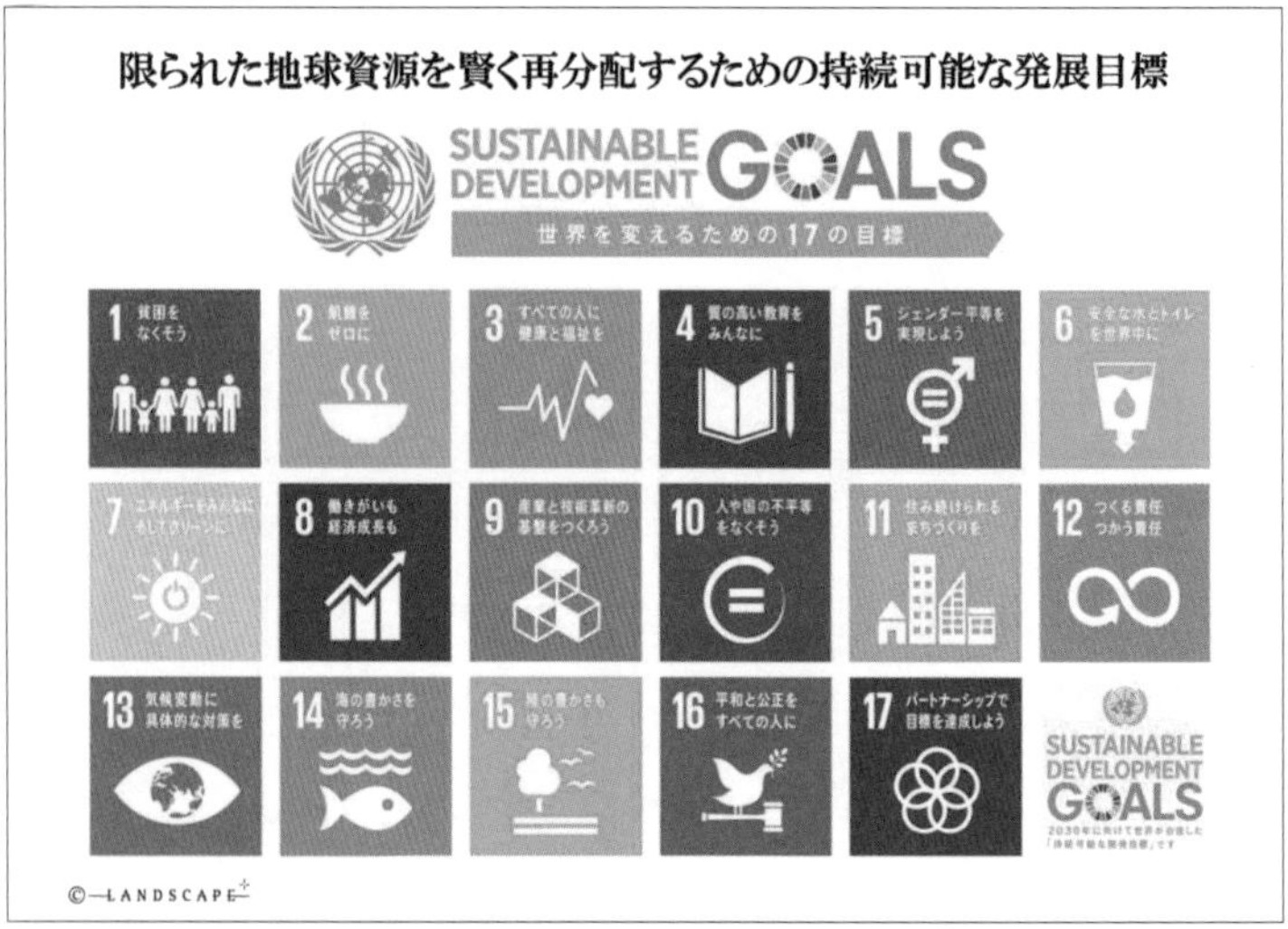
限られた地球資源を賢く再分配するための持続可能な発展目標
SUSTAINABLE DEVELOPMENT GOALS
世界を変えるための17の目標
1 貧困をなくそう
2 飢餓をゼロに
3 すべての人に健康と福祉を
4 質の高い教育をみんなに
5 ジェンダー平等を実現しよう
6 安全な水とトイレを世界中に
7 エネルギーをみんなにそしてクリーンに
8 働きがいも経済成長も
9 産業と技術革新の基盤をつくろう
10 人や国の不平等をなくそう
11 住み続けられるまちづくりを
12 つくる責任つかう責任
13 気候変動に具体的な対策を
14 海の豊かさを守ろう
15 陸の豊かさも守ろう
16 平和と公正をすべての人に
17 パートナーシップで目標を達成しよう
SUSTAINABLE DEVELOPMENT GOALS
©LANDSCAPE

（図14）

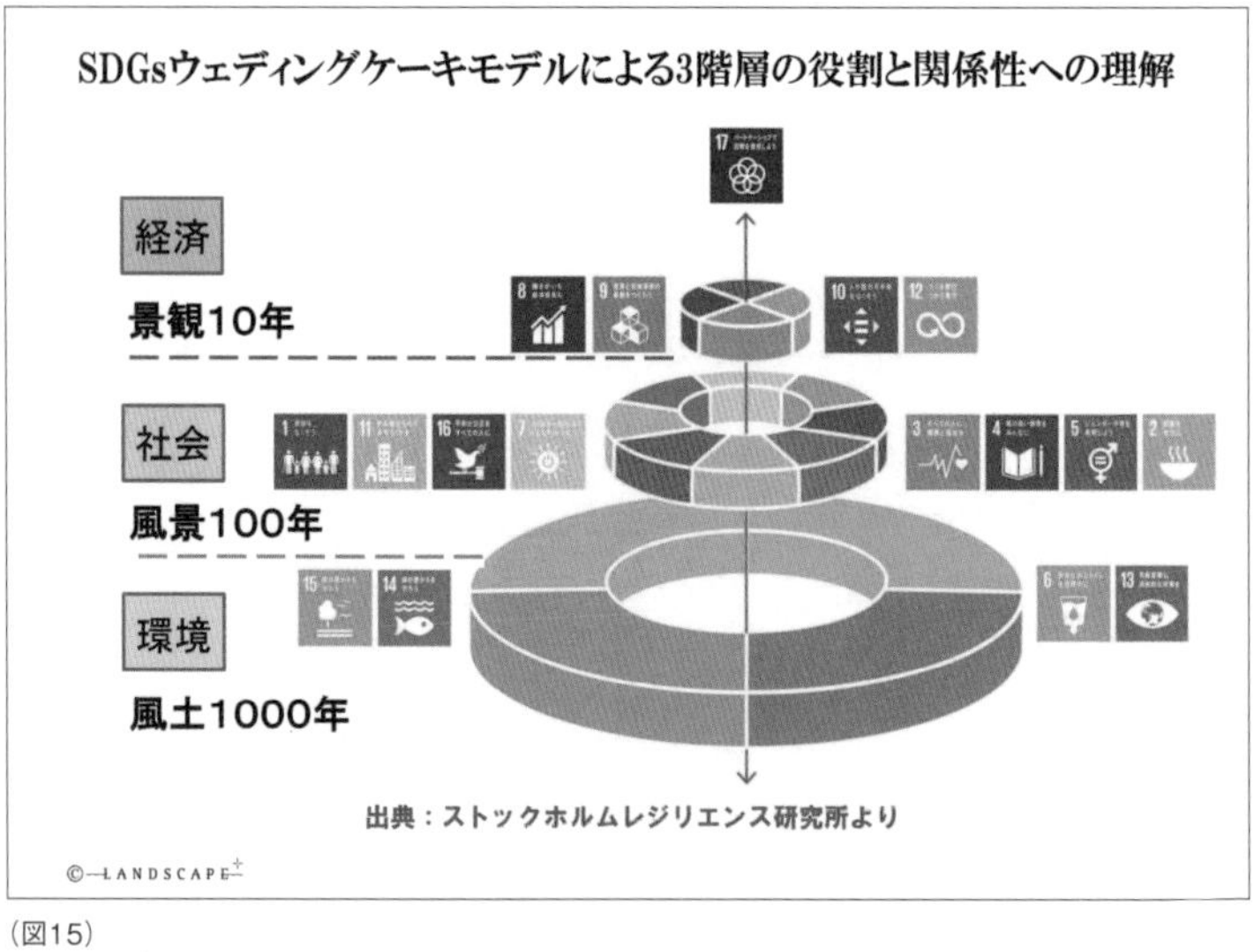
SDGsウェディングケーキモデルによる3階層の役割と関係性への理解
経済
景観10年
社会
風景100年
環境
風土1000年
出典：ストックホルムレジリエンス研究所より
©LANDSCAPE

（図15）

まり豊かな環境があって初めて多様性のある社会が維持される、多様性のある社会があって初めて持続性のある経済がつくられる、そういう考え方なのです。産業革命以降の世界は経済を大きくするために社会の仕組みをつくり、社会の仕組みを維持するために環境を搾取してきたわけです。ウェディングケーキモデルと全く逆の構造で社会がつくられ、運営されてきました。それで、僕らが携わるランドスケープ的にこの三つのバランスを解いてみると、景観10年、風景100年、風土1000年という、時間軸が見えてくると思います。経済は流行り廃りの中で物事を決めるので、我々がつくるデザインや設計、商業のファサードがあれば大体10年目標ぐらいでつくられ壊されてしまう。社会というのは子供、親、おじいちゃんおばあちゃんの3世代だとすれば、その社会や風景がつくられるのが100年くらいかかる。風土1000年というのは壊してしまうと元に戻すまでの時間と認識していただければと思います。先ほど来、私が自然資本と言っているのは、この風土のことです。グッド・アンセスター、良き祖先になれというか、僕らが行う活動を、次の1000年を見据えてできるかということが、今問われているのではないかと思います。

海外のＧＡＦＡと言われている巨大企業が、自分たちの経済活動の中で優秀な人材をどのように確保するかというのが命題なので、経済成長を前提とした環境をつくっていく一方で、日本の良さは、そもそもアジアモンスーン気候の東端にあって、豊かな自然の中で共に暮らしてきた歴史があるわけですよね。東京で言えば明治神宮の森、人の手でつくられた森というものがあり、自然循環を前提とした日本社会ならではのＳＤＧｓ的な捉え方があるのではないかと思うのです。

今、申し上げた考え方をベースに都市開発を行った事例を紹介したいと思います。都市開発を手段にして、森づくりを目的に据えた地域再生事業とタイトルを付けていますが、「ののあおやま」というプロジェクトになります（図16）。２０２０年の春に竣工しましたが、その時の写真になります。２０２０年の春というと、コロナ禍で第一波がはやり始めた頃で、人も誰も居ない。お子さんが遊びに来てくれていますが、商業施設はテナントが一切入っていない状況でのオープンでした。こういう小さな森をつくりましたが、どうしてこのような森づくりを行ったかということを説明しながら、グローバルルールとローカルルールをどのように掛け合わせて

（図16）

いったかということをお話しします。

この計画地周辺には明治神宮や御苑、赤坂御用地など大規模緑地と言われる豊かな自然環境があります。これらの環境を新たな開発を契機につなぐことができないかと考えたのです。我々は設計にあたってクライアントから、こういった大規模緑地の環境調査業務をいただいて、そこにある植生や生態系を調べながら、森の緑の環境がどのようにすれば、生態系のコリドー、ネットワークに寄与できるかを丹念に調べていきました。

今回の開発は地区計画の区域で括られています（図17）。そもそも都市計画法の考え方では、地権者合意にもとづいて、この地域にふさわしいまちづくりを誘導する計画なのです。法律を知っているということは、設計を行う人間にとってすごく大事で、もともと法律には高い思想があるのです。それにもかかわらず、それが置いてけぼりにされて、経済優先の開発が、合理性の中で定型化していくのですが、ここはまさに地元の方々が開発という行為を手段として地域のために森をつくりたいという、そういうスキームの開発なのです。そういうことにご縁をいただいた私は、非常に幸せですし、非常に緊張感を持って関わることになりました。

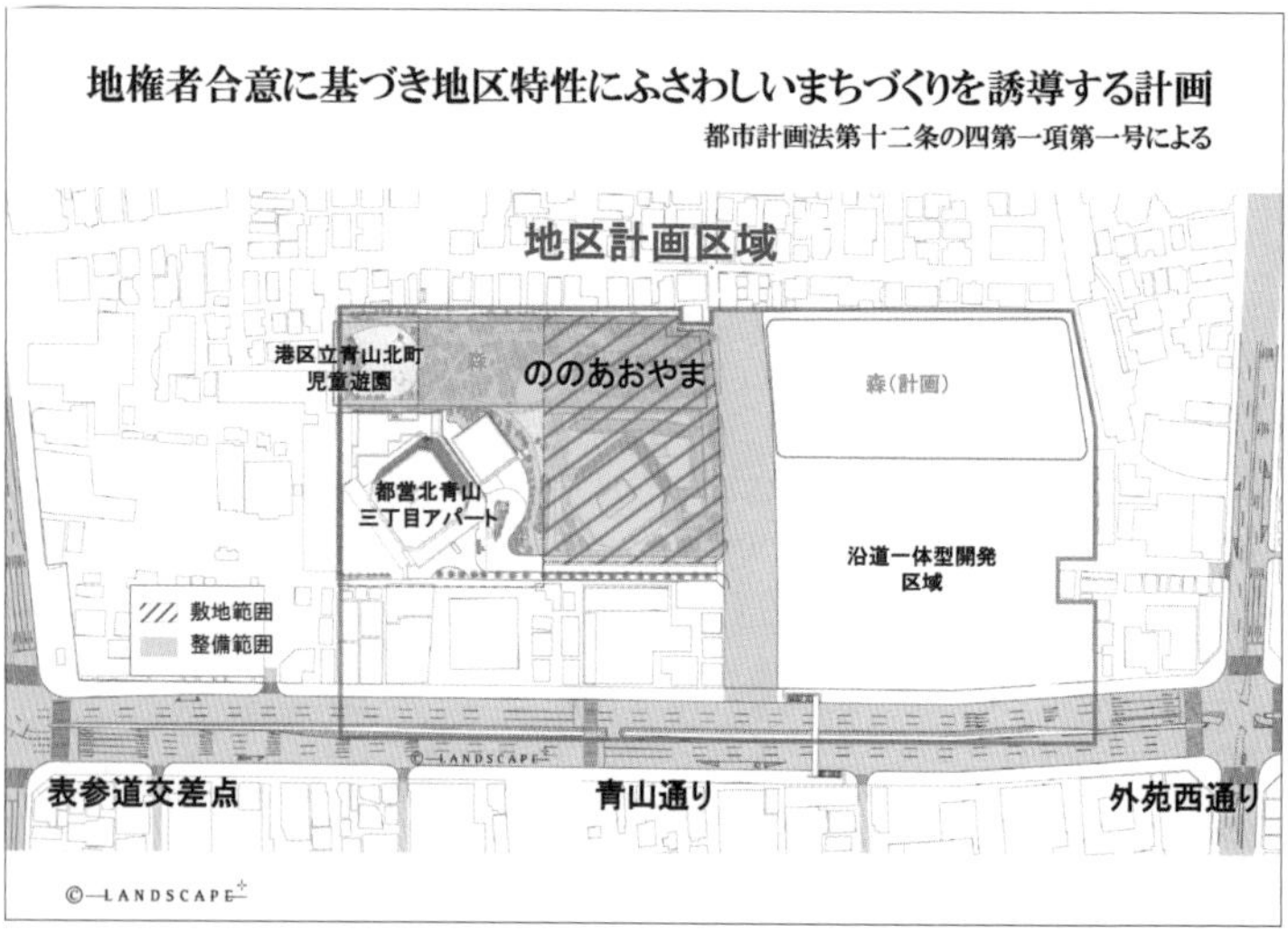

地権者合意に基づき地区特性にふさわしいまちづくりを誘導する計画
都市計画法第十二条の四第一項第一号による
地区計画区域
港区立青山北町
児童遊園
森
ののあおやま
森(計画)
都営北青山
三丁目アパート
沿道一体型開発
区域
敷地範囲
整備範囲
表参道交差点
青山通り
外苑西通り
©—LANDSCAPE


(図17)

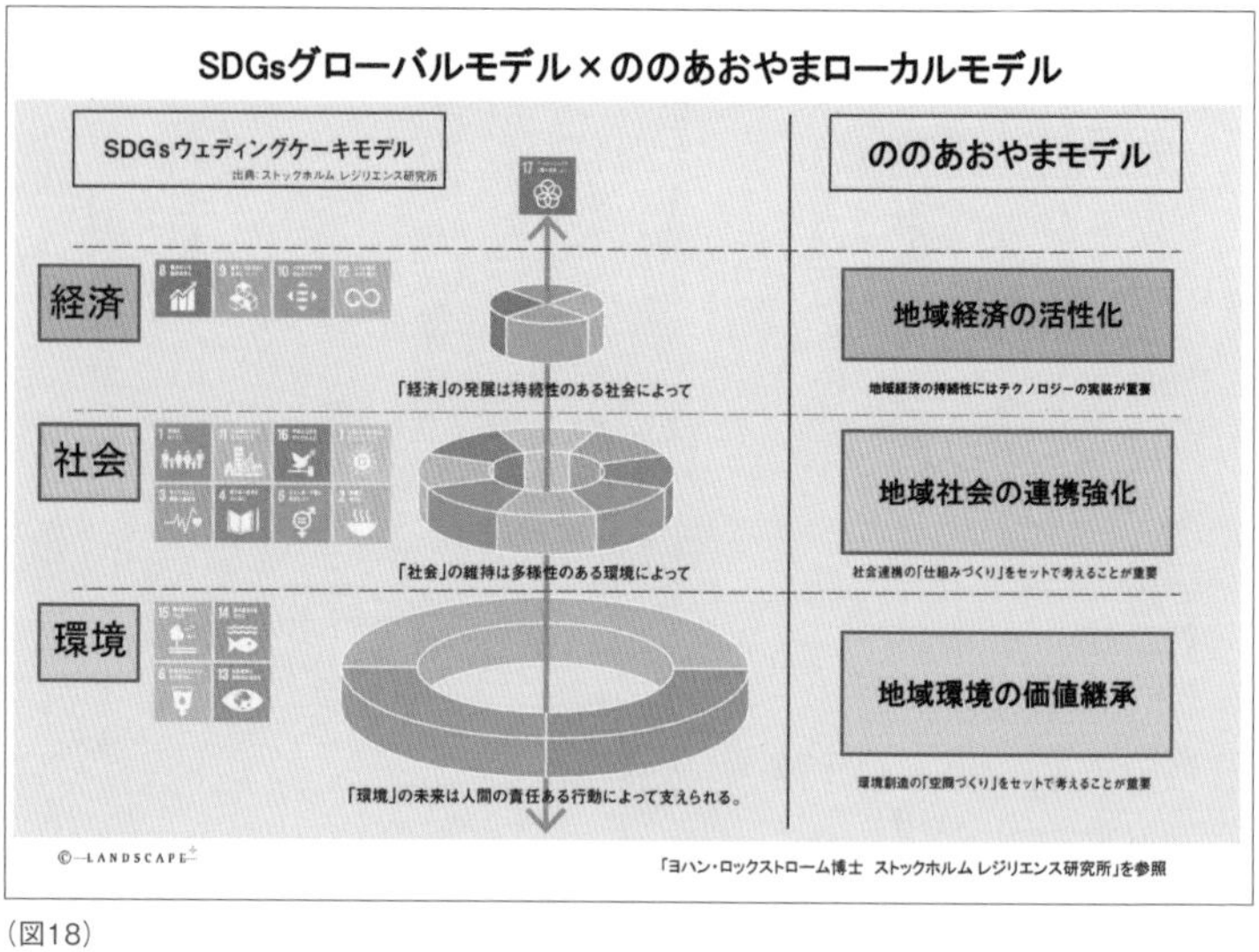

SDGsグローバルモデル×ののあおやまローカルモデル
SDGsウェディングケーキモデル
出典:ストックホルム レジリエンス研究所
ののあおやまモデル
経済
地域経済の活性化
「経済」の発展は持続性のある社会によって
地域経済の持続性にはテクノロジーの実装が重要
社会
地域社会の連携強化
「社会」の維持は多様性のある環境によって
社会連携の「仕組みづくり」をセットで考えることが重要
環境
地域環境の価値継承
「環境」の未来は人間の責任ある行動によって支えられる。
環境創造の「空間づくり」をセットで考えることが重要
©—LANDSCAPE
「ヨハン・ロックストローム博士 ストックホルム レジリエンス研究所」を参照


(図18)

もともと都営アパートがあった場所に「ののあおやま民活棟」で森をつくるのですが、東京都から70年の定期借地で民間の事業者が借り上げて行った計画になります。奥の方にはこれから再開発が行われますが、今回つくった森の2倍ぐらいの森ができる予定です。

SDGsのグローバルモデルに「ののあおやま」の地域のローカルモデルを掛け合わせて（図18）、目指すべき社会像、そして「ののあおやまモデル」とはいったい何だろうということを地域の皆さん、そして民間のデベロッパーも一緒に議論しながら、プロジェクトを進めました。こういった指標があると議論がブレずに、一定の方向性を皆で共有しながら議論することが可能になります。これは価値観が変容しやすい今の時代にあっては非常に大事なデザインプロセス、事業プロセスなのではないかなと思っています。

まず、経済ということであれば、地域経済の活性化、社会ということであれば地域社会の連携強化、環境ということであれば地域環境の価値継承ということをテーマに議論します。環境については周りにある大規模緑地の環境を継承していこうということですね。地域社会の連携強化ということであれば、この低層部の森に近い場所に高齢者向けの住宅や児童館、あるいは保育所、地域交流拠点、みんなが集えるカフェなどを設けて多世代が集まる環境をつくっています。環境の豊かな場所に地域のいろいろな方が集まりやすい地域交流施設を配置して、できたあとの地域の連携強化を支援していくというスキームです。経済という意味からすると、高い賃料を払って賃貸住宅を借りてくださるお金を、こういった社会連携や環境創造の維持に回していくという事業スキームをつくれたことは、非常に大きいことだと思っています。一方で、これから温暖化に向かう都心部において、森という環境がしっかり持続的な価値を提供することが大事なので、地面の中に浸透管というものを人間の血流のように埋め込み、降った雨をまんべんなく森に浸透させるようにしました。あるいは、森では、木が陽を求めて競争するように成長します。その過程で光合成エネルギーが最大化し、土中にある水分を大気に蒸散することで冷却効果が生まれます。そういう植物の競争を促すような要因として、建物の影が使えます。シミュレーションをしながら、一番日射の必要な場所に芝生広場を設けたり、木の成長を促すところに森をつくったりしています（図19）。建物を建てるというこ

（図20）代々木公園での事例調査

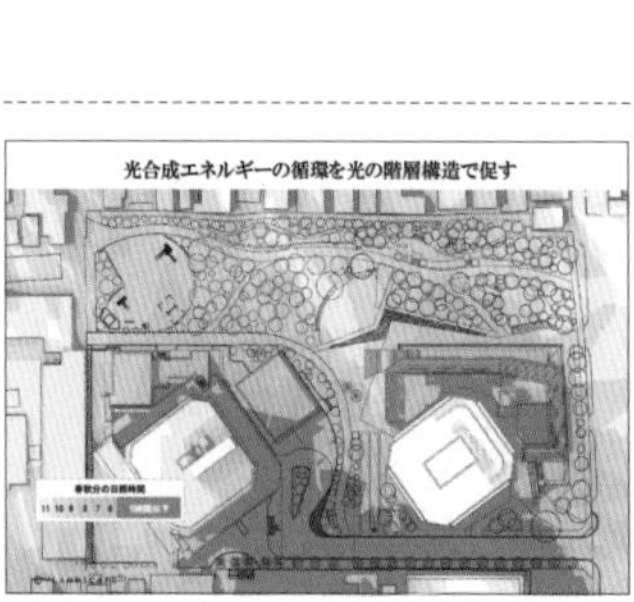


（図19）

とが環境に対して悪ではなく、良い作用に働いている。結果として夏場でも外気温が非常に低い状況をつくり出しています。これらの森が施設と一体となって、特にコロナ禍でなかなか人と交流しづらい時期においても、児童館や保育園の子どもたちがここでは本当に野生児のように走り回ったりしています。これらの設計を行うプロセスにおいては、事業関係者と大規模緑地を見学して、100年の計で森をつくるとはどういうことかということを、2年間かけて毎月1回事例調査をしたのです（図20）。図21は三富今昔村といって廃棄処理施設を抱えた会社さんが、放置された雑木林を再生して子どもたちの環境教育の場にしている事例です。そういった事例を見に行って、「ののあおやま」ができた後の森の運営を関係者全員で考えました。使っている木については250本くらいありますが、全て私が関東平野の圃場（注4）に出向いて、1本1本パズルを組み合わせるような形で組み上げています（図22・23）。きれいな木を植えても森にはならなく、それぞれの木が競争し合うように光を追い求められる状況を1本1本の木を見ながら、向きや配置を決めています。また、日本は森林資源が非常に豊かな国で、国土の7割くらいが森ですが、都市の中で国産材の

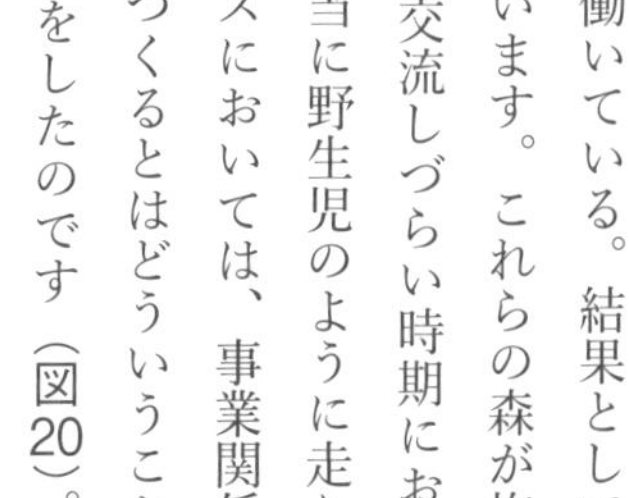

（図21）三富今昔村での環境教育

（注4）
圃場
「ほじょう」と読む。農作物を栽培するための場所のこと。農作物を限定せず、水田や畑、牧草地などを包括する広い意味を持つ。

地域に残る大規模緑地にならった樹林構成で緑をつなげる
ケヤキ
タブノキ
アカガシ
シラカシ
アカマツ
©—LANDSCAPE+

（図22）

（図23）

木をなるべくたくさん使い、都市の森を奥山の森の見本市にして流域連携を図っていくことを目指しています。建築の場合、建材は海外からの輸入に頼らざるを得ない。ただ、我々の設計するランドスケープのプロジェクトでは必ず国産材で、かつなるべく地域に近い場所の材料を使うようにしています。この木質アスファルト舗装は次の時代を担う素材ですが、こういったものを使っている。みなさん時間があったらぜひ見に行っていただけるとありがたいなと思います。これはでき上がった時の風景です(図23)。

「ののあおやま」では、地権者の水野さんという方がエリアマネジメントのイベントをエリアマネジメント組織に代わって行うために「たりたり」という子会社をつくり、地元の人を巻き込みながら、さまざまな文化イベントを行っています。これは星灯篭といって、左側の絵は北斎が描いた浮世絵ですが、青山でお盆の時期に亡くなった方を偲んで、昔は高い灯篭を掲げていたそうですが、それを復活しようと試みました(図24)。また、別のイベントでは水野さんが子供たちを本気でビビらせたいと、帰ったら寝小便するような怖い体験をさせたいということで、去年の中秋の名月に合わせて、講談師の方に来ていただき、大人向けの四谷怪談の前に耳なし

(図24)

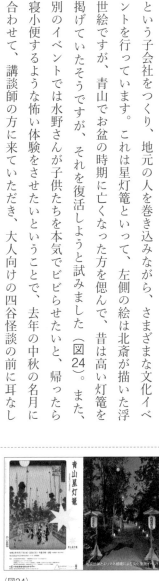

芳一を子供たち限定で聞かせたりしました（図25）。私たちも子どもの頃、神社の深い森に行くと怖かったですよね。子供たちの未来を思い描いていろいろなイベントを開催する中で、表参道のすぐ近くでこういった森をつくることの意味を見出されている。素晴らしいことだと思います。

日本の国産ヒノキを使った舞台を用意していますが、そこでは尺八でモダンダンスを踊っていただきました（図26）。このイベントを通じて、ダンサーの青木さんと非常に仲良くなって、ランドスケープとダンスで何かできないかと議論したりしています。下の絵はおひな祭りにリアル五人囃子を、青山に銕仙会という能の団体がありますが、その方々が来てくれて子供たちのために能を舞ってくれました。その他、音楽イベントを開きましたが、木管楽器と鳥の声がシンクロするのです。さまざまなイベントが行われていますので、インターネットで「ののあおやま」と入れて調べていただければと思います。

我々は設計者として携わるだけでなく、終わったあとも生態系維持アドバイザリー業務という形でお仕事をいただいて、大きく三つの業務を担っています。一つは春夏秋冬、管理していただいている方と一緒に森を巡っ

（図25）

（図26）

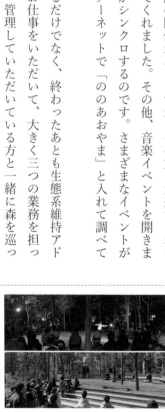

て、我々の意図通り森が成長しているかを確認し、議論する機会を設けています。二つ目は写真のような環境教育イベントを、我々が主催になって開いていています。図27は青山小学校の3年生が総合学習という時間を使って、生きものを放流した時の写真になります。三つ目はこういった活動を外に出していくということです。文字にしたり、ＨＰに載せてもらったり、そういった活動を行っています。

ここでまとめてみます。地元発信による森づくりを開発目的に捉えた都市再生事業であり、広い空間と長い時間を見据えた計画によって、関係者と将来像を共有し、活動の場となる森を目指したモノづくりとコトづくりを実践していく。すると、ここが大事だと思いますが、日本の風土が培った歴史や文化を青山の森から世界へと発信していく。そういうプロジェクトでした。

## 四つの公園という都市の資本をもとに、再生を果たした豊島区のプロジェクト

最後に視点その3ということで、ランドスケープと文化的イベントを掛

（図27）

け合わせることの親和性についてご紹介したいと思います。結局、「境界なき未来地図」ということは、それぞれの国や地域が持っている固有の文化を、どのようにリスペクトし合えるかということに尽きると思うのです。それは先ほどの「ののあおやま」でも実践していますが、もう少し大きな規模で展開している事例を紹介したいと思います。

まず私のランドスケープ・プラスという会社がどういう思想でデザインを考えているかというと、自然の中にある形態原理、樹状パターンといいますが、それをもとにしています。樹状パターンは英語でdendriteという医学用語ですが、生きとし生けるものが持っている形なのです（図28）。木が効率よく葉っぱ1枚1枚が光合成できるように成長する、枝分かれのパターンになります。この形は我々の体の中にも見られるし、東京の都市の中にもあります。それを見極めていくと、自分が携わる場所と何をつなげていけばいいのか、そこで何が分断されているかが見えてくるのです。東京の航空写真です（図29）。見るからにアスファルトとコンクリートに覆われていて、絶望的な状況になりますが、一皮めくれば東京にも豊かな地形構造が残っています（図30）。東側は沖積層で、もともと縄文時代に

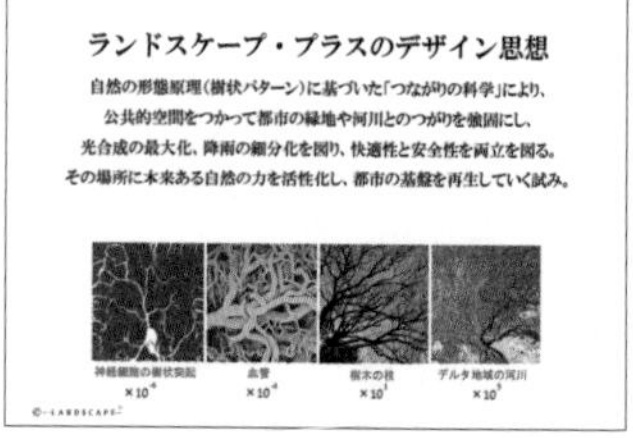

（図28）

（図29）

海だった場所です。西側は富士山や箱根山の噴火した灰が積もってできた洪積層ですね。そこにはヒダのような水の流れのパターンが今も見られます。翻って東側は水を動かさないといけないので、人間の力で開削をして用水路を通していきました。そのような土地に江戸時代、家康が幕府を構えて参勤交代制度を敷くわけですが、大名たちの広域交通は尾根地を走っていくのです。近距離の地域間交通というのは、東京の西側でいえば尾根地と谷戸地をつなぐような道ができている（図31）。こういった地形構造は、先ほどお話ししたように我々の脳内の血流のようなパターンとして見られたりするのです（図32）。図33は東京オリンピック用につくった8㎞圏内で東京が描くべき未来像になります。こういった地域の地形構造を、今後の社会の基盤としてどのように捉えていくかという考え方が、これから非常に大事になると我々は考えています。今までの都市構造は効率性や経済性を最優先してインフラをつくってきましたが、これからは地域の地形構造を基盤に据えて、持続性のある環境をいかに維持していくかということが、大事になってくると思います（図34）。

具体的な事例になりますが、地域の地形構造を軸に据えた社会基盤、そ

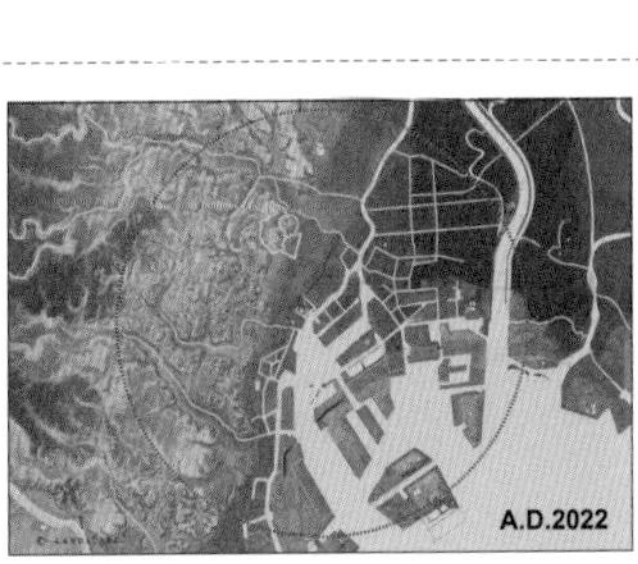

（図30）

（図31）

れを実践した豊島区の池袋副都心マスタープラン計画をご紹介します。これが豊島区の区域です（図35）。さっき見ていただいた洪積層と沖積層のちょうど境目の台地上にある区です。一番低いのが神田川、一番高いのが長崎という地域です。我々が豊島区と最初に関わることになったのは「としまエコミューゼタウン」という、豊島区の庁舎と民間のマンションが一体となっている施設です。庁舎の上にマンションを載せるという無茶な計画ですが、この計画時、豊島区はひどい財政難でした。この計画地の半分に区の所有している小学校跡地があったのですが、そこを担保にして再開発事業で地権者にも合意を得ながら計画を進めていきました。限られた敷地の中に住宅と庁舎を分けてつくると非常にフットプリントの小さい効率性の悪い庁舎になってしまうので、将来の建て替えをどういうふうに合意形成を取っていくかということは一旦横に置いて、豊島区がこれから発展するための官民連携の事業をしていかないかという、なかなか難しい事業計画を実現したのがこの計画になります。

最初は日本設計が単独で進めていましたが、なかなか区議の合議が取れなくて、将来の建て替えに遺恨を残すような計画はどうかということで、

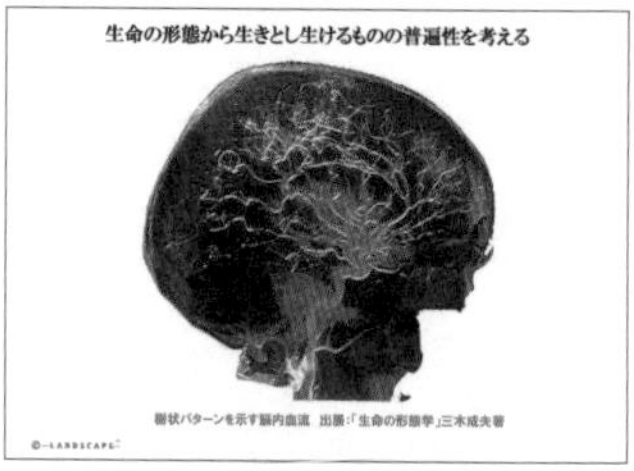

樹状パターンを示す脳内血流　出展：「生命の形態学」三木成夫著

（図32）

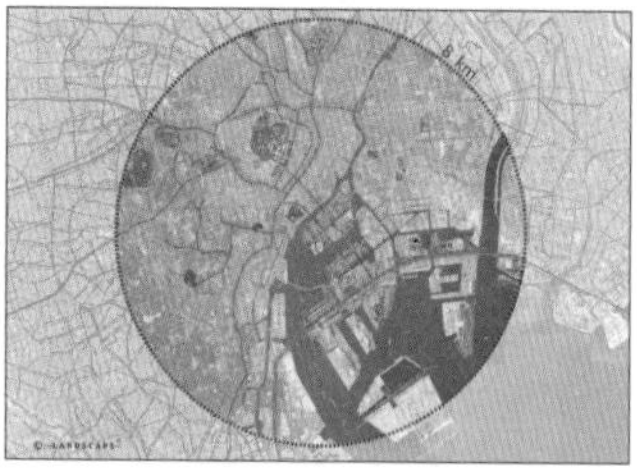
（図33）

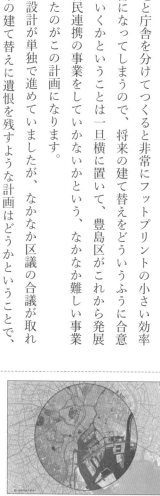

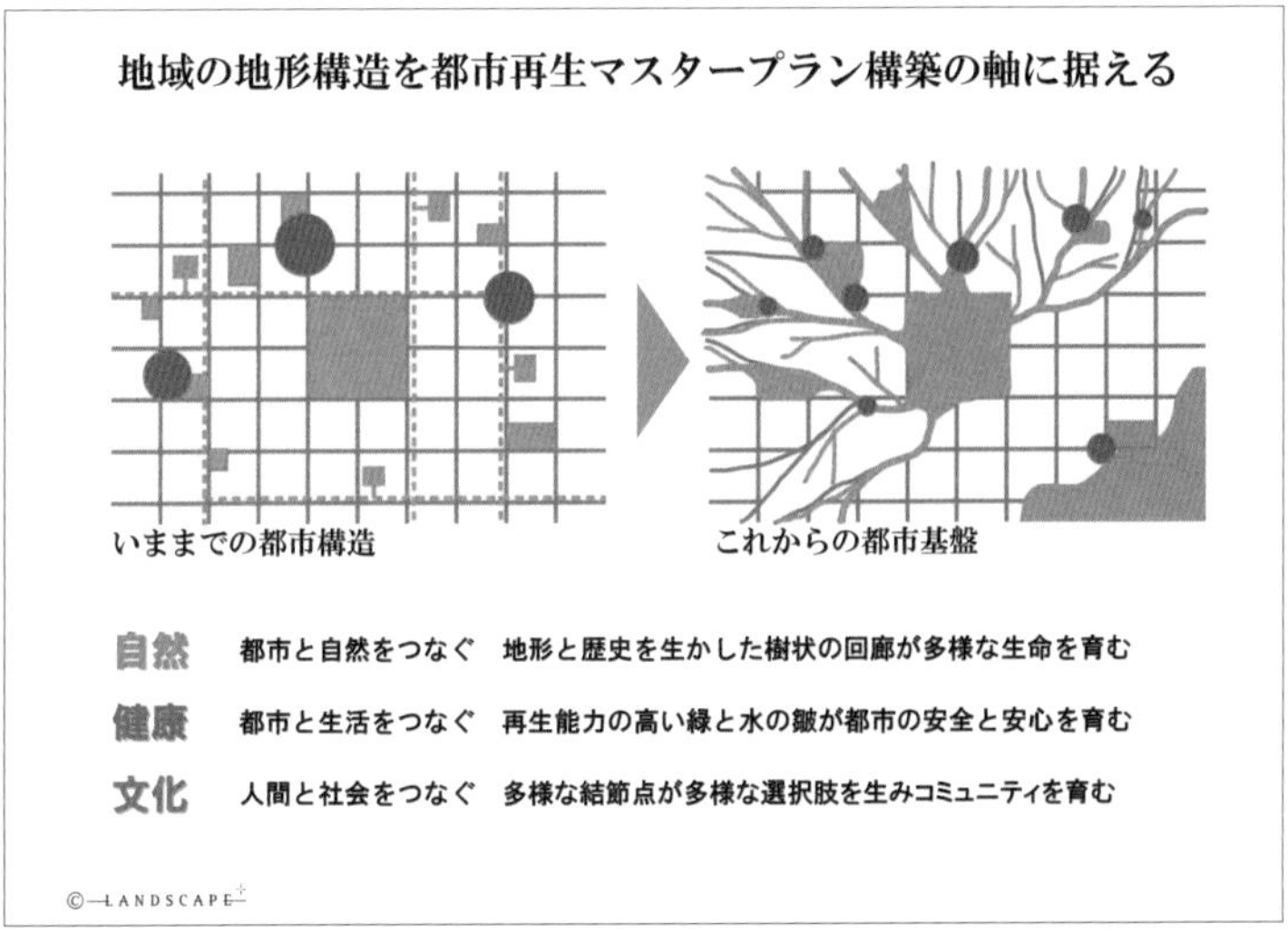
地域の地形構造を都市再生マスタープラン構築の軸に据える
いままでの都市構造
これからの都市基盤
自然　都市と自然をつなぐ　地形と歴史を生かした樹状の回廊が多様な生命を育む
健康　都市と生活をつなぐ　再生能力の高い緑と水の皺が都市の安全と安心を育む
文化　人間と社会をつなぐ　多様な結節点が多様な選択肢を生みコミュニティを育む
©—LANDSCAPE

（図34）

豊島区の地形構造から庁舎デザインのコンセプトを導く
石神井川
1000m
池袋駅
妙正寺川
神田川
©—LANDSCAPE

（図35）

建築のデザイナーとして隈研吾さんが登用されて、我々はランドスケープデザイナーとして参画することになったのです。

ただ、敷地の外部がほとんど無い状況で、一体何をすれば良いのかというところからのスタートでした。豊島区の地形構造を調べると、だいたい豊島区の標高差と、庁舎の高低差がほぼ同じだということを発見しました(図36)。豊島区は日本で一番の高密都市といわれていて、人口密度が非常に高い。江戸時代には江戸の成れの果てといわれていたほど緑の茂った場所で、小川もたくさん流れていた。それが関東大震災の直後に一気に人口が増えて、下水を流すので臭くなって全ての小川に蓋をしてしまったのです。庁舎の環境をもともと豊島区にあった台地の屋敷林や雑司ヶ谷など谷戸地形の植生や環境を再生して、かつ地歴をはじめ豊島区の良さを庁舎に凝縮させることで、新しい豊島区の未来像をけん引するような施設にしていきませんかということを、その後の都市の計画も見据えて提案しました。

また、新庁舎、旧庁舎の跡の公園、南池袋公園や池袋公園を使って、人が歩いて楽しい環境をつくっていったらどうかと提案しました。それぞれの公園にテーマを決めて、庁舎の計画に合わせて事業を推進していく大き

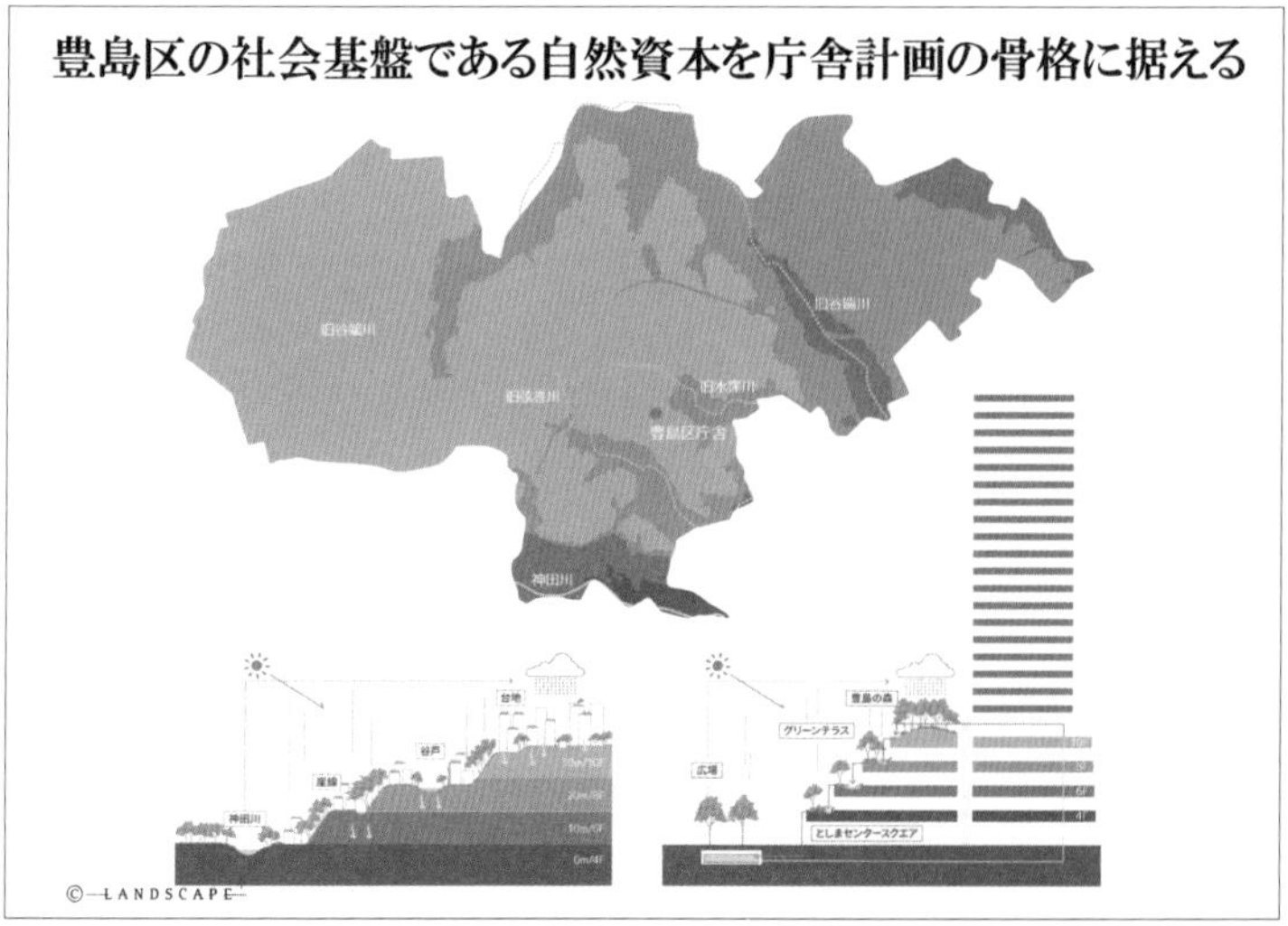
豊島区の社会基盤である自然資本を庁舎計画の骨格に据える
旧谷端川
旧水窪川
豊島区庁舎
神田川
台地
谷戸
崖線
神田川
豊島の森
グリーンテラス
広場
としまセンタースクエア
©—LANDSCAPE—
（図36）

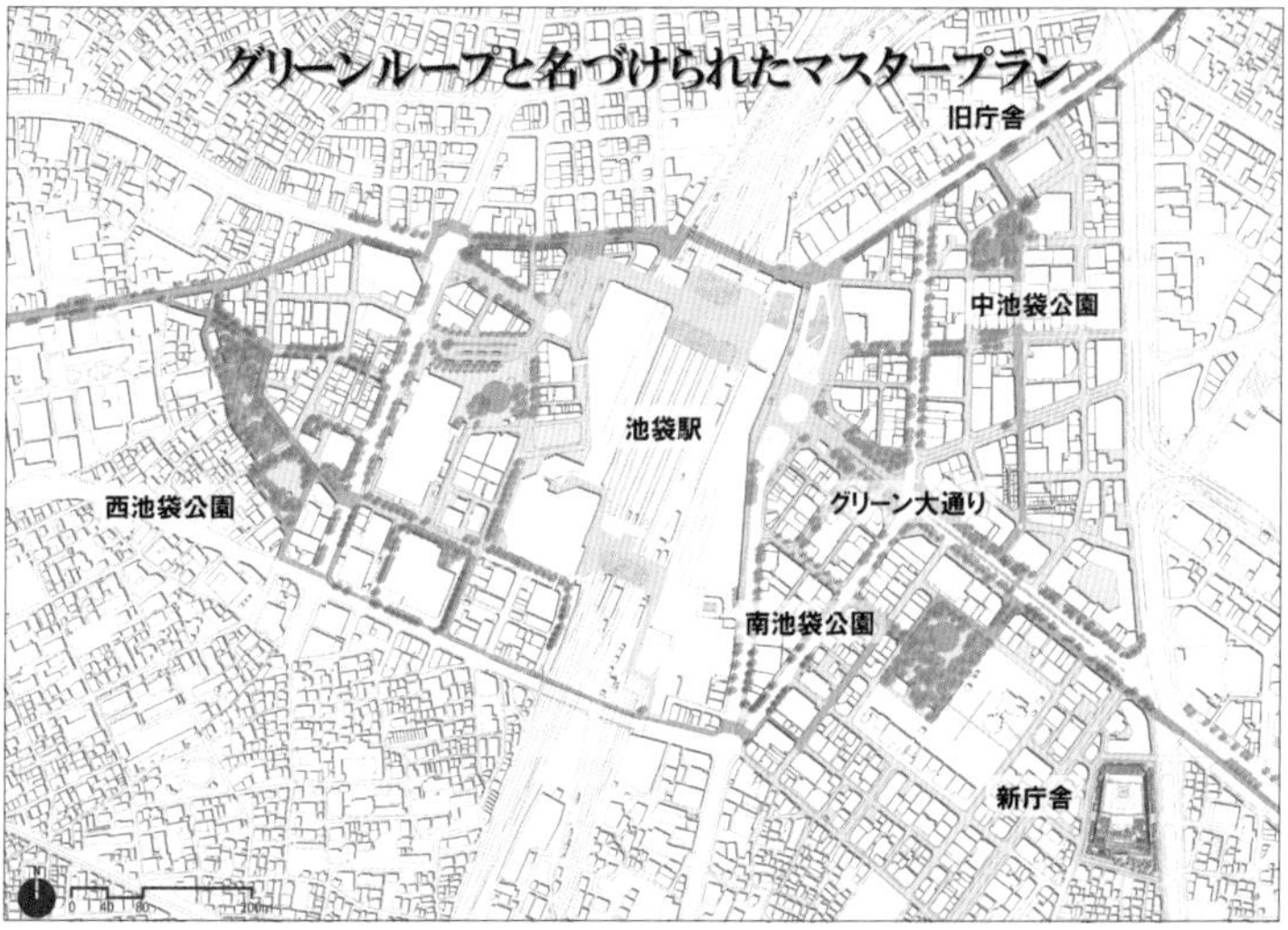
グリーンループと名づけられたマスタープラン
旧庁舎
中池袋公園
池袋駅
西池袋公園
グリーン大通り
南池袋公園
新庁舎
（図37）

なエンジンにしたということがあります（図37）。結果として、できたのが南池袋公園で、非常に人気の公園になっていて、都市公園法の改正にも寄与しました（図38）。庁舎も区民の方々に喜ばれていて、庁舎のすぐ近くでこの南池袋公園が再生されたことで、街の中に回遊性が生まれつつあるのです。南池袋公園の仕組みを使って、隣接する豊かな並木のある大通りに対して、その波及効果を狙って、今、社会実験をいろいろ展開しています。

もともと2013年くらいに我々の提案した、三つの公園をつなぐ「グリーンループ」と名付けたマスタープランが、具体の政策として四つの公園という形で区の都市再生の大きな背骨として展開されることになり、南池袋公園が2016年にリニューアルオープンしたあと、中池袋公園、池袋西口公園、造幣局跡地新公園が整備される流れができました（図39）。

この背景にあった考え方が、「豊島国際アート・カルチャー都市構想」で、先ほど来お話ししている、世界の人たちに支持されるようなローカルな価値づくりをしていこうという大きな考え方があったのです。中池袋公園や造幣局跡地の公園は、すでにオープンしてにぎわっています。西口公園に

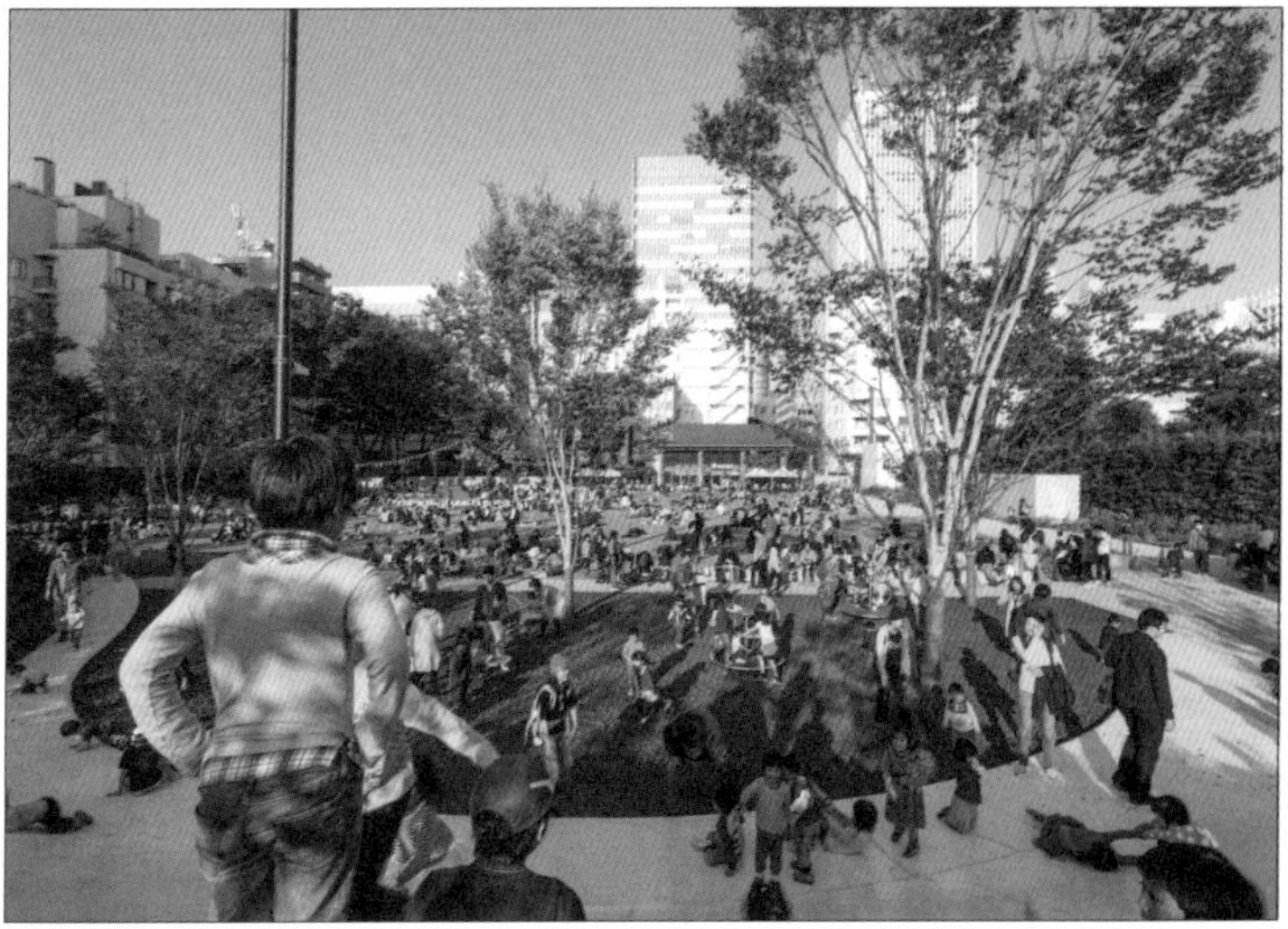

（図38）

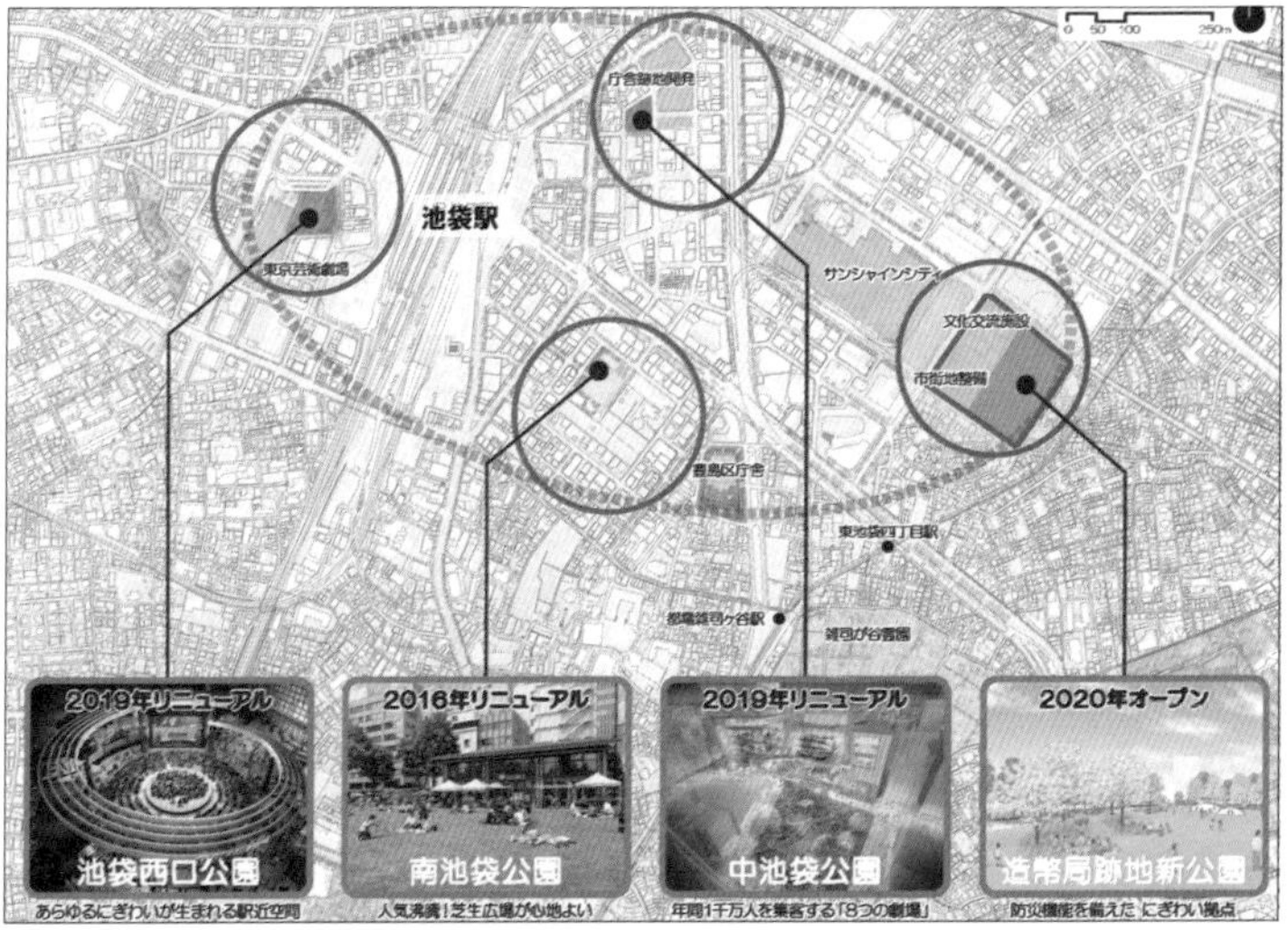
池袋駅
東京芸術劇場
庁舎跡地開発
サンシャインシティ
文化交流施設
市街地整備
豊島区庁舎
東池袋四丁目駅
都電雑司ヶ谷駅
雑司が谷霊園
2019年リニューアル
池袋西口公園
あらゆるにぎわいが生まれる駅近空間
2016年リニューアル
南池袋公園
人気沸騰！芝生広場が心地よい
2019年リニューアル
中池袋公園
年間1千万人を集客する「8つの劇場」
2020年オープン
造幣局跡地新公園
防災機能を備えた にぎわい拠点

（図39）

ついては、我々も設計者として携わらせていただいて、ここで隣接する東京芸術劇場とセットになって、屋外で舞台、コンサートを楽しめるような場所をつくらせていただきました（図40）。これはコンペの時に我々が描いた絵です（図41）。設計は私たちランドスケープ・プラスと三菱地所設計さんのＪＶでしたが、非常に短期で工事を完成させないといけないということで、非常に難しい案件でした。この時も最初に西口公園のある場所に対して歴史的な背景などを丁寧に調べながら、ここを再生していく意味を地域の方に納得していただきやすい状況をしっかりつくりました。

この秩父盆地に降った雨が、長い時間をかけて西口公園のところに沸いていたのですね（図42）。このような歴史的背景を読み解き、既にある芸術劇場や池袋駅のメトロポリタンプラザが柱でガラスの屋根を持ち上げてつくられていますが、都市のコンテクストをグローバルリングにも踏襲して、都市の一体性、人の流れを生み出すような起点になるよう計画を提案しています（図43）。

周辺に劇場があるので、その内部を補完するようなステージの提案や、リングも非常に複雑な形をしていて、トラスやパネルを制作していただい

（図41）

（図40）

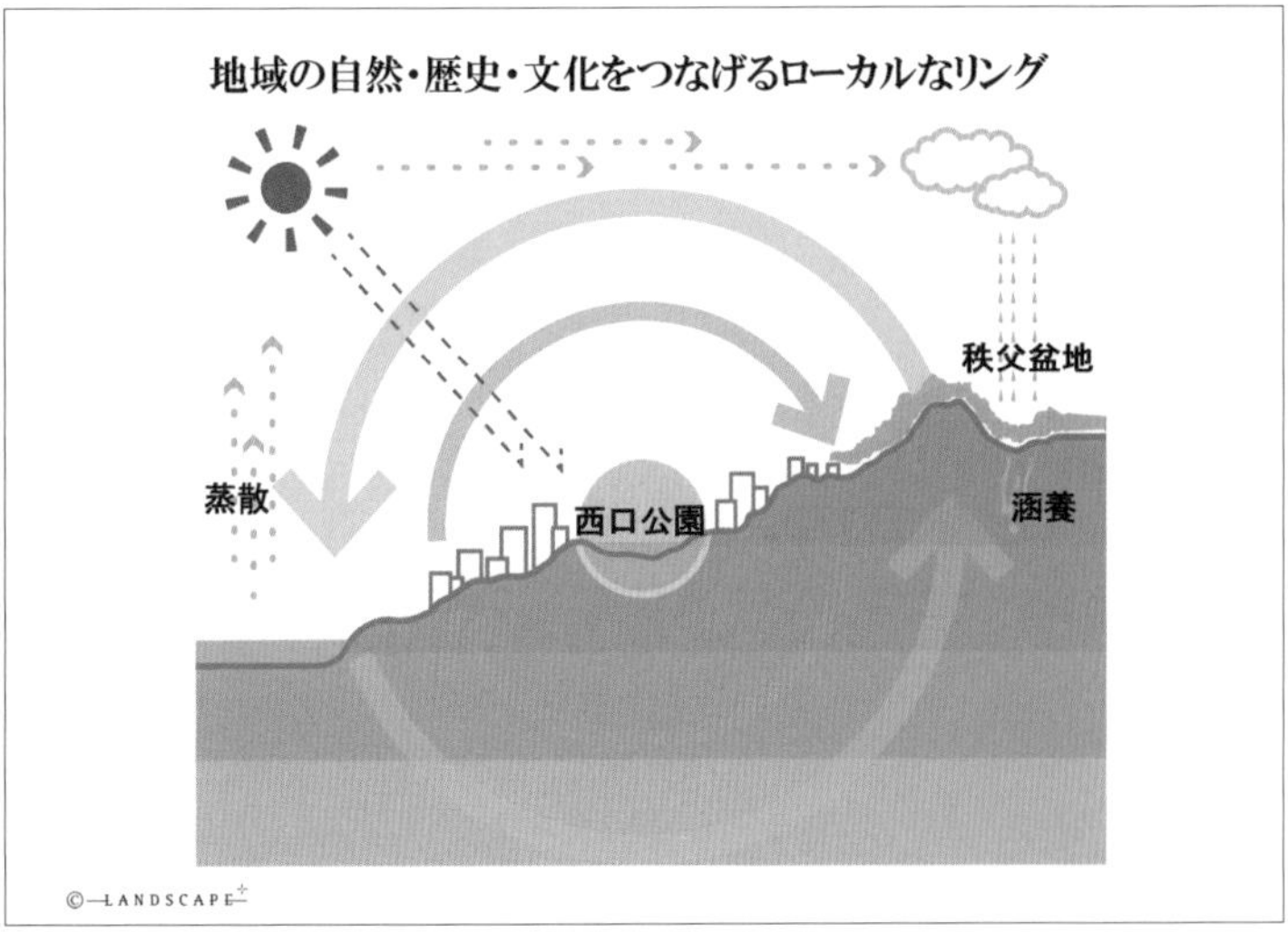
地域の自然・歴史・文化をつなげるローカルなリング
秩父盆地
蒸散
西口公園
涵養
©—LANDSCAPE+

（図42）

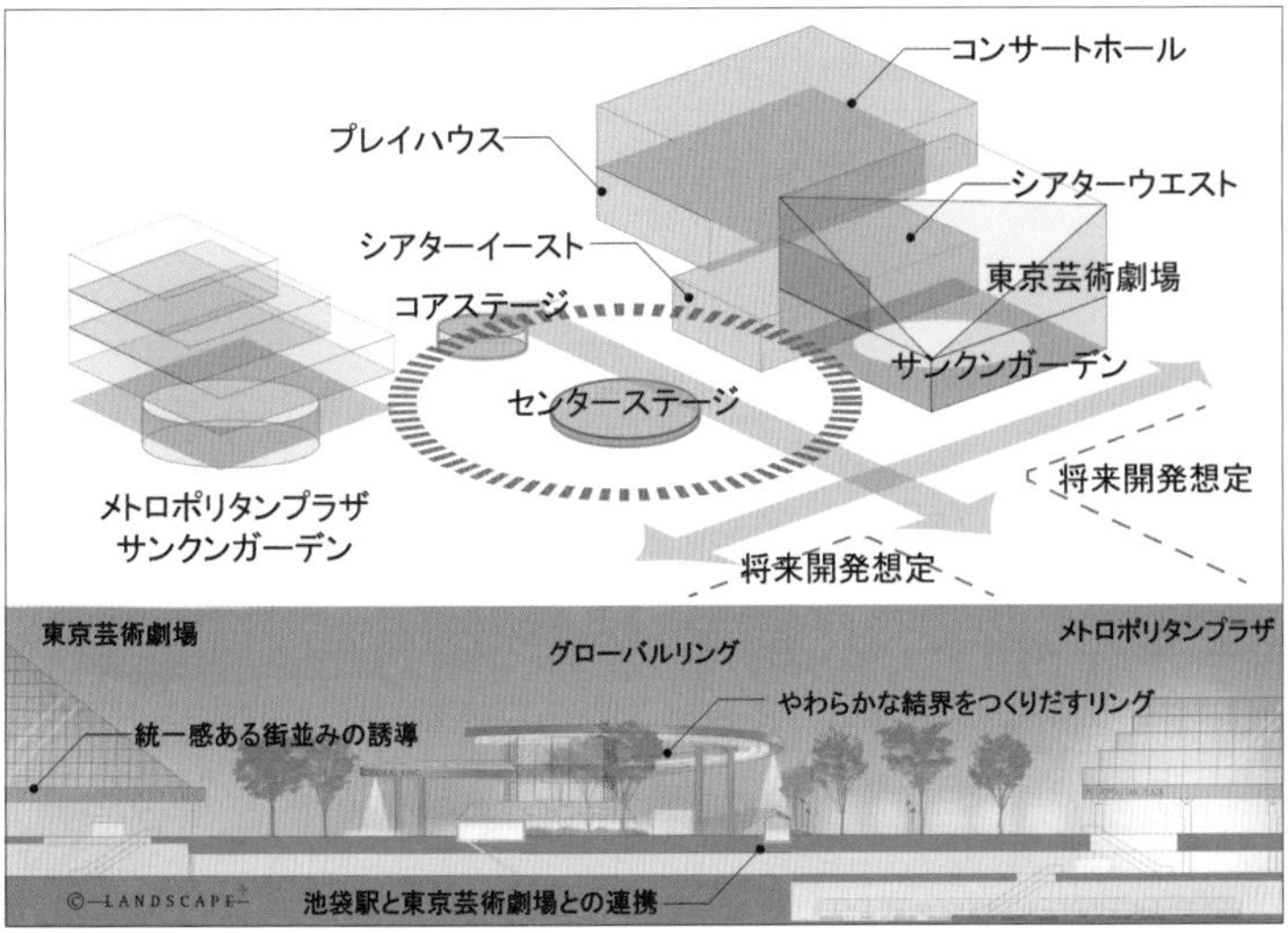
コンサートホール
プレイハウス
シアターウエスト
シアターイースト
東京芸術劇場
コアステージ
サンクンガーデン
センターステージ
将来開発想定
メトロポリタンプラザ
サンクンガーデン
将来開発想定
東京芸術劇場
グローバルリング
メトロポリタンプラザ
やわらかな結界をつくりだすリング
統一感ある街並みの誘導
©—LANDSCAPE+
池袋駅と東京芸術劇場との連携

（図43）

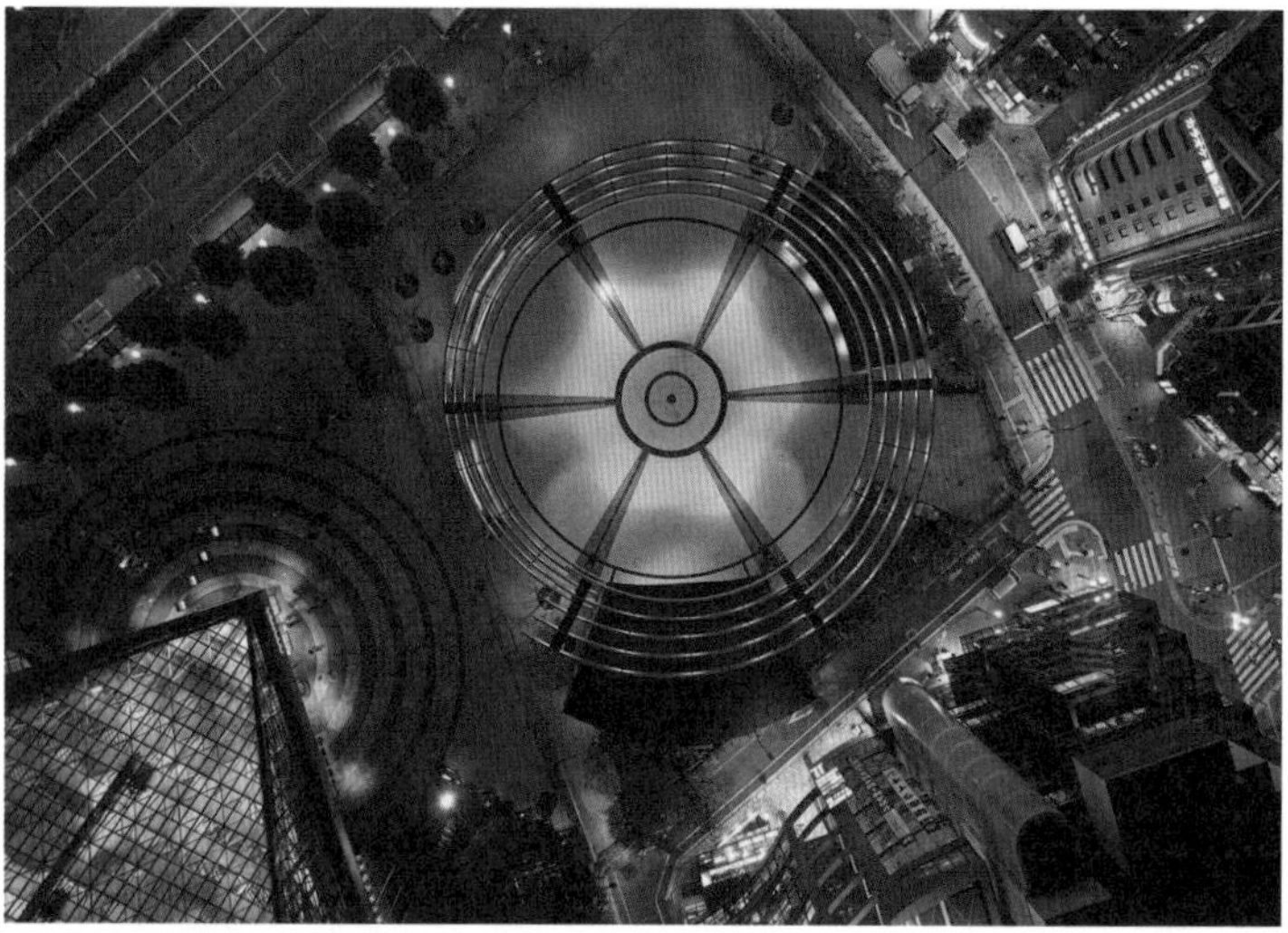

(図44)

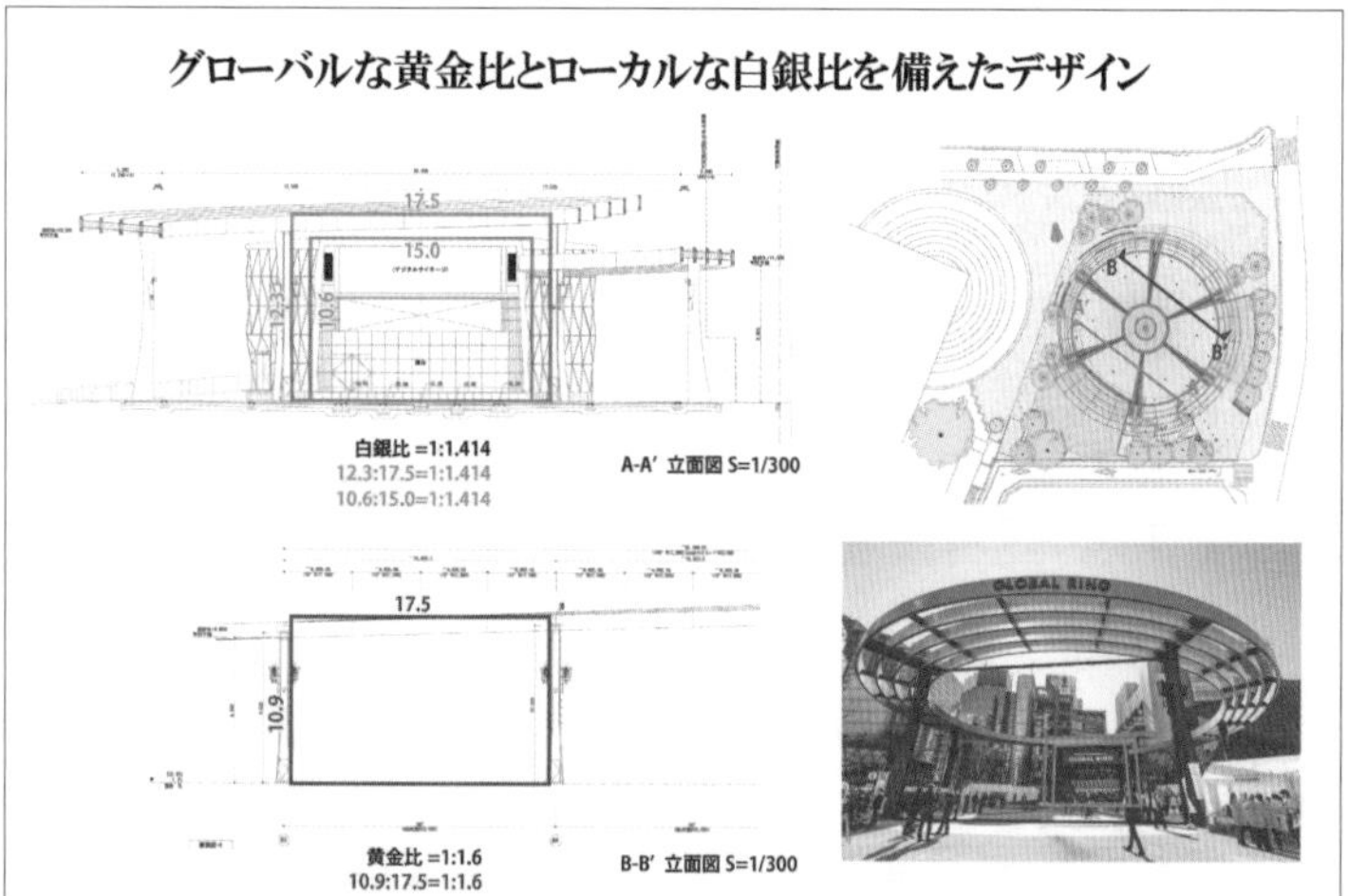
グローバルな黄金比とローカルな白銀比を備えたデザイン
17.5
15.0
12.3
10.6
白銀比 =1:1.414
12.3:17.5=1:1.414
10.6:15.0=1:1.414
A-A' 立面図 S=1/300
B
A'
B'
GLOBAL RING
17.5
10.9
黄金比 =1:1.6
10.9:17.5=1:1.6
B-B' 立面図 S=1/300
©—LANDSCAPE

(図45)

た皆さんには本当にご尽力いただきましたが（図44）、グローバルリングという名のもと、この入口の部分は西洋の美しい比率と言われている黄金比でつくっていて、実際の文化の発信になる舞台のところは白銀比という、日本の伝統建築で使われる比率です（図45）。それを組み合わせることで、グローバルにもいいものとして見ていただけるし、日本人としても何か懐かしい気持ちを持って、使っていただけるような環境を生み出しています。

私もよくイベントがあると見に行っていますが、屋外で観劇できるということで、コロナ禍でもいろいろなイベントが開催されてきました（図46）。今まさに四つの公園が上手く機能して、そこに新たな一手として電気バス・池バスが走っています（図47）。コロナが落ち着いて観光客が増えれば、より一層価値が出てくるのではないかと思います。結果として豊島区は、このような政策がうまくいって人口が伸びています。23区の税収は、企業税は入ってこなくて住民税なのですよね。なので、財政難であえいでいた豊島区もどんどん元気になっています。

まとめになります。豊島区の社会的共通資本を再発見する拠点として、最初に新庁舎ができました。行政主導の公的空間活用を軸に据えたマス

（図46）

（図47）

タープランを策定したのが、次のステップとして大きかった。官民に加え地元との連携を促す活動を、公園を核にして実践されていたということです。こういった公共空間が文化イベントを担い持続可能な都市経営を実現できているのではないかと思っています。

今は新たな「パブリック」の在り方を模索する時代に来ているのではないかと思っています。特にランドスケープは、建築と違いプライベート空間ではなくて、パブリックな場所を設計の対象領域にしています。もともと日本の社会にあった結や講、組という、西洋社会ではコモンですが、そういった相互扶助の空間や仕組みにこれからの社会が、より境界を越えて共同していく可能性があるのではないかと思います。

我々ランドスケープアーキテクトは、土地そのものを国土とか流域とか大きな空間で捉えて、土地の行く末を地球史や地誌学といった長い時間で捉える視点を持ち合わせていますが、人間がその自然との営みの中で作り出す土地の力、そういったものをどう読み解いていくかが大事になっていくでしょう。人間が引いた境界を消し去りたいと願う感情を設計者が持つことが、すごく大事なのではないかという、メッセージですね。そうして生まれたパブリックスペースは、目を凝らして見ると、境界を消そうと試みた設計者の痕跡が感じられるのではないかと思います。誰もが自分の家ではない場所で、自分の場所だと思える土地が増えていくと、そういった場所から社会をよりよくする制度や仕組みが生まれてくるのではないでしょうか。今日聞いてくださっている学生の皆さんも、目指すべき社会像は、皆さんの手の中にあると思いますので、こういったセミナーをきっかけに、皆さんの中で活発に議論が行われることを期待しつつ、私の講演を終わりたいと思います。

COLUMN 04
ランドスケープ

# ランドスケープ・アーキテクチャーとは？

西田　正徳（東京農業大学客員教授、N.L.A.代表）

講演を通じて、皆さんは「ランドスケープ・アーキテクチャーって何か？」を考えていたのではないだろうか？　同じ質問を数十年前に、前職である日建設計への就活の最終面接で、当時副社長の林昌二氏に問われて、答えに窮したことを思い出す。実務を40年続ける中で、自分の中で確立した私なりの答えは、「ランドスケープ・アーキテクチャーとは、風景と環境を造る仕事」というものである。

平賀達也さんの講演を聞いて、「昔の地形が現在の風景にそんなに関係があるの？」と疑問を持つ人もいると思うが、それは都市化が見えなくしているだけであって、現在見る風景の中に古い地形や地質が関係していることを読み解くことがランドスケープ・アーキテクチャーの基本である。

その風景と地形、地質の関係をニューヨークの例で補足説明したい。その中心部、マンハッタン島と聞くと、誰もが高層ビルの林立する摩天楼の風景を思い浮かべる。しかし、実際を見ても、俯瞰した写真でも、高層ビル群は著しく偏在している事がわかる。高層ビルの集中は、ウォール街のある南端のエリアと、エンパイアステートビルがあるミッドタウンと呼ばれるエリアで、その間のエリアに高層ビルは少ない。この偏在の訳は、マンハッタン島の地質にある。高層ビルの建設には硬い岩盤への基礎作りが必須であるが、現在高層ビル群がある上記二つのエリアは、硬い岩盤が地上から基礎をつくるには適度な深さにあり、その間のエリアは岩盤が深く沈み込んでいて高層ビル建設には不向きなエリアである。この地質の差が今のニューヨークの都市の風景を形成している。

この例はランドスケープ・アーキテクチャーの中でも都市スケールのプランニングに関連する話だが、スケールダウンして庭園や公園の設計といったランドスケープ・デザインについても補足する。

ランドスケープ・アーキテクチャーにおけるプランニングとデザインは、そのスケールやプロセスに違いはあるものの、デザインはまさに「風景と環境を造る」仕事である。古い名庭園は、先人たちが作り上げた「風景と環境」であり、それぞれの庭園のデザインの違いは、作庭者の自然観によるところが大きい。フランス式庭園と日本庭園のデザインの違いは、自然でさえもコントロールしようとする西洋の自然観と、自然を受け入れ調和しようとする日本人の自然観から生じたものでもある。古典的な庭園は、作庭者の自然観を示すだけでなく、現代のランドスケープ・デザインにも活かすことのできる多くのヒントを提供してくれる。

ここで古典的な庭園の手法を現代空間に置き換えて使った好例を紹介する。ワシントンD.C.の中心にワシントン・モニュメントという高さ169mのオベリクス状のタワーがあり、その周辺のランドスケープ・デザイン改修が、テロ攻撃の爆発物搭載トラックの侵入を防ぐ目的で行われた。設計者ローリン・オーリンは楕円形の園路をタワー周囲に巡らせ、その園路の片側に腰積み擁壁を設けた。タワーは小高い起伏の丘の頂上にあるので、丘の下からタワーに近づく時は、その腰積みは視線に入らないように設計され、緑の芝の連続はタワーまで連なって見える。風景を壊さずに、腰積み擁壁は危険な侵入を避けるという機能を維持している。オーリンはこのアイデアを、18世紀の英国造園家ブリッジマンの発案したハハー（Ｈａ－ｈａ）と呼ばれる空堀の英国庭園の手法からヒントを得たと語る。

現代はインターネットを通じて、美しい風景や庭園の写真を瞬時に見ることができる。しかし、実際に庭園や風景の現地を訪れ、そこで動き回りシークエンスの景観を実際に体感して、そして考えることを勧めたい。「どうしてこの風景は生まれたか？　作庭者の意図は？　ここは現代のデザインに活かせるのでは？」と設計者の目線で考えることで、ランドスケープ・アーキテクトとしての一歩を歩み出せると考える。

ランドスケープアーキテクトが描く夢！

先輩、考古学者に転向したんすか・・
エコトーン考えて地勢・風土を読んでんの！
農家になったんすか畑を見廻ってるんですね・・
エコループ作ってんの！
今日は、みんなで農作業なんですね・・
だから、ワークショップ！
こうして都市の風景を育ててるんだよ・・・
ランドスケープアーキテクトって素敵です！

# 05

# ［スマートシティモビリティ］

Smart City

自動運転やMaaSという交通に関する新しい技術を背景に、モビリティという言葉が
使われ始めている。モビリティは単に利便性・効率性を追求するだけでなく、
都市や環境問題など我々の社会の在り方に大きな影響を及ぼす。
モビリティについて研究やコンサルティングを行ってきた安藤章氏が
モビリティの概念から最新の事例までを解説する。

［2022年6月4日講演（オンライン）］

安藤 章
Akira Ando
日建設計総合研究所

# 新しいモビリティと新しいまちづくり

## モビリティという言葉の定義は

私は日建設計総合研究所という企業で、都市と交通政策や、スマートシティ（注1）の研究とコンサルティング業務を行っております。今日は私が日ごろ携わっているモビリティとまちづくりについて、お話をさせていただきたいと思います。まず、今日の講演のポイントをまとめさせていただきました（図1）。このレクチャーは学部1年生から大学院の方まで幅広い方が聴講されているとお聞きしましたが、レクチャーのタイトル「新しいモビリティと新しいまちづくり」の中のモビリティという言葉についてイメージしづらい人もいるのではないかということで、言葉の定義をさせていただきます。モビリティと言っておりますが、例えば土木の勉強をされている方や、交通政策あるいは交通計画の授業を聴講されている方もいるかと思います。このモビリティという言葉は、今日の私の話の中では基本的に「交通」を指している、そう理解をしていただければと思います。

（注1）スマートシティ
都市内に巡らされた通信網で集めた情報を分析・活用し、設備機器などを制御することで、市民に寄り添ったサービスの提供やマネジメントを取り入れた都市の姿。ICTの技術を活用して生活の質の向上や経済の発展を目指すわけだが、セキュリティ、レジリエンシーやプライバシーの確保といった原則を掲げている。

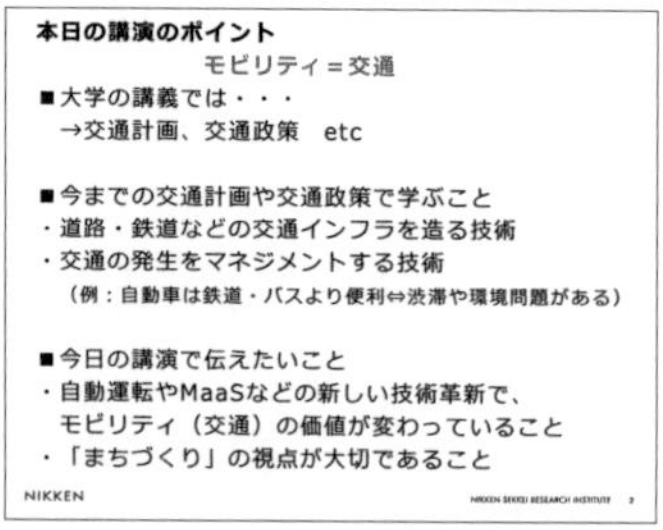
本日の講演のポイント
モビリティ＝交通
■大学の講義では・・・
→交通計画、交通政策　etc
■今までの交通計画や交通政策で学ぶこと
・道路・鉄道などの交通インフラを造る技術
・交通の発生をマネジメントする技術
（例：自動車は鉄道・バスより便利⇔渋滞や環境問題がある）
■今日の講演で伝えたいこと
・自動運転やMaaSなどの新しい技術革新で、
モビリティ（交通）の価値が変わっていること
・「まちづくり」の視点が大切であること
NIKKEN
（図1）

ただし、交通といっても幅広く、例えば皆さんも大学やアルバイトに行くという時に必ず移動を伴います。その移動はバスや鉄道などの公共交通で移動することもあるでしょうし、歩いていくこともあるでしょう。または車を運転していくということもあると思います。こういった移動全般を我々は交通と呼んでいますが、実はこの交通という概念が非常に大きく変わろうとしています。自動運転や「ＭａａＳ」という新しいＩＴを使った技術が出現し、交通の価値観が大きく変わろうとしている。そういった背景があり、モビリティと呼ぶようになっています。また、交通と言うと、非常に堅苦しくてつまらないイメージを持たれることもあり、最近ビジネスの世界ではモビリティと言う場面が多くなっています。モビリティと呼ぶことで、少し身近に感じてもらえ、何か先進性を感じてもらえる。そういった点で最近はモビリティという言葉をよく使っています。

一方で、皆さんが大学で学んでいる交通計画や交通政策は、どちらかというと道路や鉄道などのインフラ、都市インフラや社会インフラと言ったりしますが、そういったインフラをしっかりつくる、そのための技術を学んでいるかと思います。さらには、モノをつくるだけではなく、交通をマネジメントするということも出てきます。例えば、皆さんも車と公共交通を考えたときに、やはり車で移動する方が便利ですが、車は渋滞の原因になるし、$CO^2$も排出し環境によくない。そうすると車だけではなく、鉄道やバスも上手く使っていくという使い方の工夫を、我々は交通をマネジメントすると言います。そういったマネジメントの技術についても最近は大学で教えているかと思います。そういったことを踏まえて、自動運転やMaaSといった最近の技術によって、今までの交通計画や交通政策の概念が大きく変わってきていることをご紹介したいと思っています。

それともう一つ、非常に大事な話として、まちづくりの視点が、実は交通モビリティを考える上では重要だということを理解していただきたい。例えばスライドにあるように（図2）、古典的な交通計画というと、道路や鉄道をどのようにつくるか、歩行者空間はどのように設けるかを考えることでした。この時のキーワードとしては、道路を渋滞させてはいけない、だから道路をたくさんつくろう、鉄道は混雑してはいけない、だから運行本数を増やそうなど、そういった概念で今までの交通計画がありましたし、それが今の交通計画のベースになっています。一方で、まちづくりという

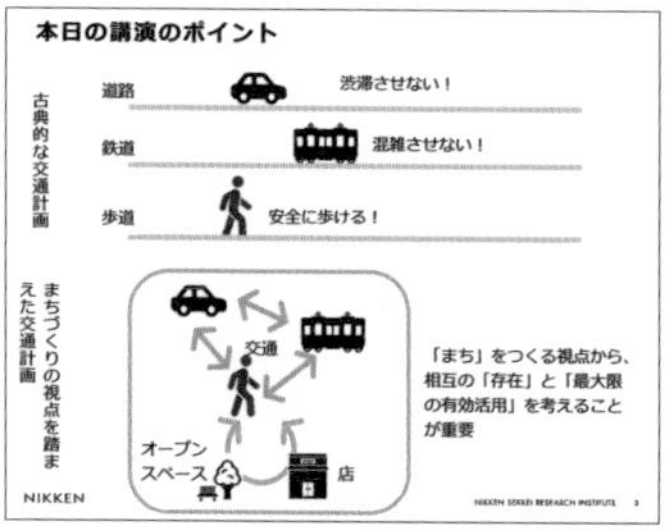

（図2）

視点で考えると、例えば交通は車を使うだけではなくて、公共交通を上手く使うこともできます。この交通手段、車や公共交通、徒歩などの交通手段は、お互いに連携させながら考える必要があります。例えばどこかのお店に移動する際は、そのお店と上手く連携して交通を便利にしていくという発想が大事になります。さらに歩く空間は、街の中にあるオープンスペースや公園などの空間とも連携してきます。ですので、そういったものと交通を関係づけて考えるのがまちづくりであり、そのように交通を考える視点が近年は非常に重要視されているということを皆さんに知っていただきたいと思っています。

## モビリティの歴史と変わる価値観

次に、このモビリティの歴史を振り返ってみたいと思います（図3）。日本だと明治時代になりますが、まさに自動車が現れる。ある海外の文献によると、産業革命が起こり、車や蒸気機関車ができて、人の移動や暮らしが大きく変わりました。産業革命が起きる前、蒸気機関車や自動車が現れる前は、人々は1日1・1回程度しか移動していなかったといいます。

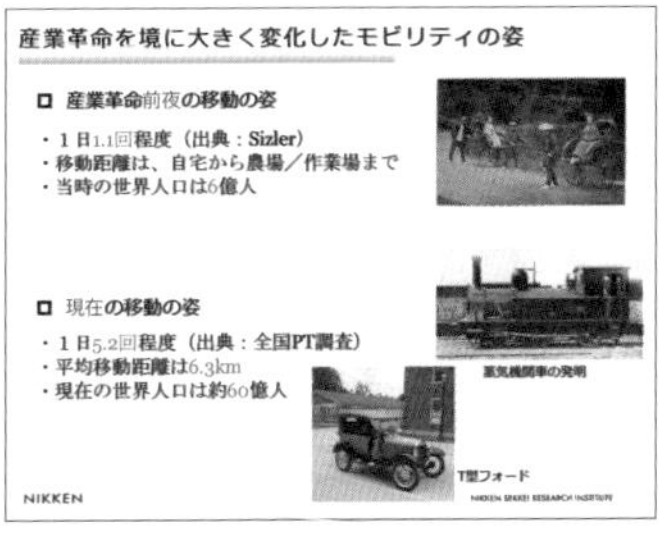

（図3）

これは大体家から作業場の往復くらい、その程度の移動であったということです。それが現在、日本の平均的な移動は、1日5・2回と言われています。例えば、仕事場に行く以外に、その後でお客さんと会うとか、または仕事が終わったあと友人と飲みに行くとか、または主婦の方であればお子さんを塾まで送るとか、交通機関ができたことによって移動が大幅に増えたのです。移動距離も6・3㎞と人間が一般的に快適に歩く距離を大幅に超えて移動するようになっている。これは電車や自動車ができたことによって、人の暮らしが大きく変わった、移動の形が変わったと言えますし、さらに都市の形も大きく変わったと言えるでしょう。移動が人の暮らしや街の形を大きく変えてきたという点を認識していただくことが大事かと思っております。

モビリティ革命によって街の形が大きく変わりましたが、住む場所と働く場所が明確に分かれたり、ロードサイドショップが出現したり、商売の形も大きく変わってきました。一方で自動車が生活に浸透することによって、交通渋滞や自動車に起因する交通事故、あるいは地球温暖化問題や騒音問題、排気ガスによる健康被害などの問題も出てきて、便利な点もありますが、不便な点もあったというのが今までの世の中の交通に関係する問題であったと私たちは認識しています（図４）。

また、東京の日本橋を見ても分かるように、歴史的建造物である日本橋の上空に高速道路が通った。要するに自動車を中心にしたまちづくりであったために、醜い街に変えてしまった。京都においても、多くの人が車で観光に来るものだから、美しい京都の街が自動車で溢れるようになり、さらに地方都市でよく見かける光景ですが、ショッピングモールが郊外にできて、街中のお店がどんどん閉店し、そこがコインパーキングに変わり、駐車場しかないような街になってしまう。さらには、大都市の名古屋駅の一等地でも、やはり車で溢れかえってしまう。実は街の形も交通が変わることによって、大きく変わってきている。それでは、これが本当にいいのだろうか、実はもう少し街の魅力を高めるような方向に、交通とセットで変えなくてはならないのではないかというのが、まちづくりの現場で働いている私たちが今考えていることであり、直面している課題であります。

このように都市の構造と交通は非常に密接な関係があるということについて、今までも多くの研究者が研究をしています。例えばトムソンという

## モビリティ革命がもたらした功罪

モビリティ革命による便益

- 移動時間の短縮とストレス軽減
- 土地利用の純化による衛生的な都市の実現（土地利用の純化）
- 自動車産業がもたらす国富論
- ロードサイドビジネスという新たなビジネスチャンス　等

対立のなか都市の姿を模索してきた

モビリティ革命による不便益

- 交通渋滞、交通混雑問題
- 交通事故による人命と経済機会の損失
- SPM、NOX、騒音による健康被害
- 地球温暖化問題
- 移動ストレスの増大
- 都市のスプロール化　等

NIKKEN　　NIKKEN SEKKEI RESEARCH INSTITUTE

（図4）

## 都市のモビリティ戦略例①

### ロ トムソンの交通基本戦略における大都市類型仮説（1970年頃）

都市構造戦略でモビリティの功罪をマネジメント

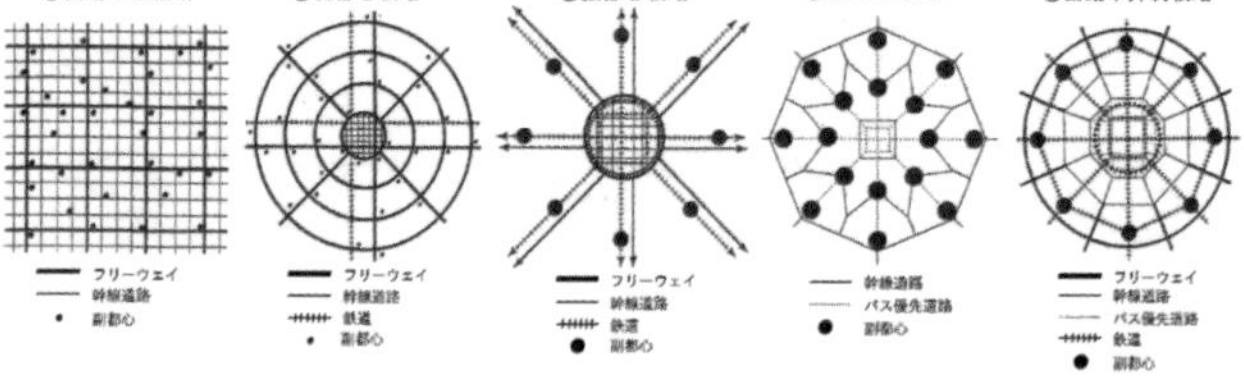


| ①自動車化戦略 | ②弱都心戦略 | ③強都心戦略 | ④低コスト戦略 | ⑤自動車抑制戦略 |
|---|---|---|---|---|
| ロサンゼルス<br>デトロイト | サンフランシスコ<br>ボストン<br>コペンハーゲン | 東京<br>ニューヨーク<br>パリ | ボゴタ<br>ラゴス<br>コルカタ | ロンドン<br>シンガポール<br>ストックホルム |

NIKKEN　　NIKKEN SEKKEI RESEARCH INSTITUTE

（図5）出典:「自動運転時代の都市と交通を考える」（太田勝敏、『IBS研究報告書』、2017年、P.9）

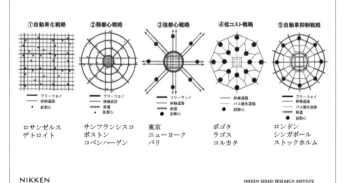

人が1970年頃に、自動車を中心とした街は、碁盤型のまちづくりがいいよねとか、公共交通中心だと、都心をしっかりつくっていくようなまちづくりがいいよねとか、さまざまな都市の構造と交通の最適な配置を研究しています（図5）。さらに今から60年ぐらい前に発表されたブキャナンレポートがあります。レポートでは、当時からやはり自動車が街に溢れかえることによって、都市がどんどん人間の住みにくい場所になってきているると言っています。要するに、最近話題になる、お年寄りの運転による事故や、子供たちの通学時の事故などについて、実は60年前から懸念されていたのです。だから街の中は、居住エリアと交通エリアを分ける配置計画にしようという、そのような考え方が十分あったのです。ただ、どうしても車は人間が操作するもので、中には居住エリアに入り込んできてしまう車があって、そこが正確に制御できないという点が、今までのまちづくりと交通の課題であったと主張されていました。一方でこれから自動運転などの技術ができてくると、交通のコントロールがやりやすくなるのではないかという意見もあります。例えば、住宅エリアに車が入ってくることは、今までは人間が車を運転していたわけですから、ルールを無視する人がいたり、あるいは住民の方から車全体を制御されては困るという意見も出てきたりするわけですね。どうしても人間が車を運転するという前提条件のもとで物事が成立しているから、車の出入りの制御が明確にできなかったというのが、今までの弱点でありました。しかし、自動運転になってくると、例えば、登録された車しか、特定のエリアに入れないということも可能になります。ということで、これまで不可能だったことが自動運転により可能になるということで、まちづくりと交通に関わっている人間は、これからの自動運転社会に期待を持っています。

それとモビリティを考える上で非常に重要なこととして、モビリティは派生需要であって、本源需要ではないということがあります。派生需要というのは、交通そのものが目的ではなかったということです。例えば、リモートの授業で大学に行く必要が無いとなると、交通が要らなくなるわけですね。だから、今までは交通はあくまで何かをするための派生需要であって、本源的な需要ではないとみなされていたわけですから、極端に言うと移動は価値のないものだということが言われてきた。ですから、移動は極力時間が短い方がいい、早くて安くて混んでない方がいい。これが今までの移動の価値観だったと言われています。しかし、実はこういった考え方が少し変わってきています。全く移動が無い社会を、皆さんに想像していただきたいと思います。移動がない社会だと、多くの人が街中に出ていく必要がなくなるわけですよね。そうすると街に人がいなくなる。これが本当に楽しい社会なのでしょうか。我々としてはある程度人が移動する社会が重要なのではないかと捉えています。移動があることによって、街に人が来て地域が活性化したり、観光が活性化したりするわけです。そういった中で最近モビリティの価値観が変わってきたなと私が思うのが、「ななつ星in九州」（注2）です。これは1回の乗車で数十万円の料金がかかりますが、ゆっくりゆっくりと走るのです。各街に停車し、そこの街を見てもらって、街の魅力に気付いてもらい、再訪につなげるという、モビリティにより地域が活性化するという仕組みになっています。さらに東北新幹線のグランクラスは、ファーストクラスの新幹線と言われていて、ワインなどのお酒が飲み放題になっていて、本来であれば飛行機で移動するところを、移動時間を楽しむという価値観を創出する乗り物となっています。あとは豊島区の池袋で運行しているグリーンスローモビリティといったス

（注2）
ななつ星in九州
九州の7つの県を巡り、自然・食・温泉・歴史等を楽しむ観光寝台列車。2013年に運行をスタートした。1泊2日で15万円、3泊4日で38万円～95万円と、国内観光客やアジアの富裕層の利用を見込んでいる。

ローだけれども環境に優しい乗り物（図6）。こういった乗り物を街中に走らせることによって、スローで走りながら街の景色を見てもらい、その街の魅力を高められる。モビリティが街を紹介して、街を知ってもらう手段や道具になっている。それを我々は上手くまちづくりの中に組み合わせていって、街の活性化につなげていくという試みを行っています。モビリティは速い、安いだけでなく、街を知って地域の活性化につなげたり、唯一無二の体験が得られたりするという、新しい価値観を探っているところです。

## “モビリティ政策”に期待される新たな要素

もう少しそのことを掘り下げて、モビリティに期待されていることをご紹介したいと思います。皆さんもご存知のＳＤＧｓにおいて、持続的に発展できる街をつくるうえでは、公共交通、自動車だけに頼るのは限界があると明確に言われています。公共交通が使える街、またはどんな人でも移動する権利が認められている街、そういった街をこれからはつくっていこうということが、国連の中でも言われています。またヤン・ゲール（注3）

（注3）ヤン・ゲール
デンマークの建築家であり、都市コンサルタント。著書「Life between Buildings」において、公共空間における公共生活の研究を記し、都市計画と建築が公共の生活にどのように影響するか論じる。デンマーク王立芸術大学の都市計画教授、米国やヨーロッパ各国での客員教授を務めた。

モビリティに対する価値観の変化
まちおこしのため、自動運転実証の誘致合戦が進む
池袋では自動運転によるグリーンスローモビリティ実証
大分市では自動運転の中心街循環バス
NIKKEN
NIKKEN SEKKEI RESEARCH INSTITUTE
（図6）

という都市プランナーが言っていますが、街を単に車が走る空間ではなくて、人間が中心となった空間にもう一度リノベーションしていく。日本の国土交通省でも、今までは道路を拡幅することによって、車や公共交通が便利に走れることが主な目的だったのですが、最近は道路空間を「ウォーカブル」まさに歩ける空間にしていこうといったこと、または「ウェルネス」という視点で、健康的に歩ける街をつくっていこうと言っています。先ほどのヤン・ゲールの街を人間中心の空間に変えるということと同様の価値観に大きく変わってきています。事例を少しご紹介します。最近の研究では「ウォーカブル」と街を元気にするということは関係があると言われています。これはある商業施設の売上高と歩行者交通量の関係を落とした図（図7）ですが、やはり歩行者交通量が多い街は、店舗の売上額も多くなるという傾向が示されています。そういった点から、街を人々が車で通過するだけではなく、歩いて楽しんでもらえる、ウォーカブルな空間に変えていく。ヤン・ゲールが示したような人で溢れかえるような街に変えていくということが必要だと言われていて、モビリティもそれに合わせた取り組みが重要だということになります。次の図8は、交通手段と街の滞

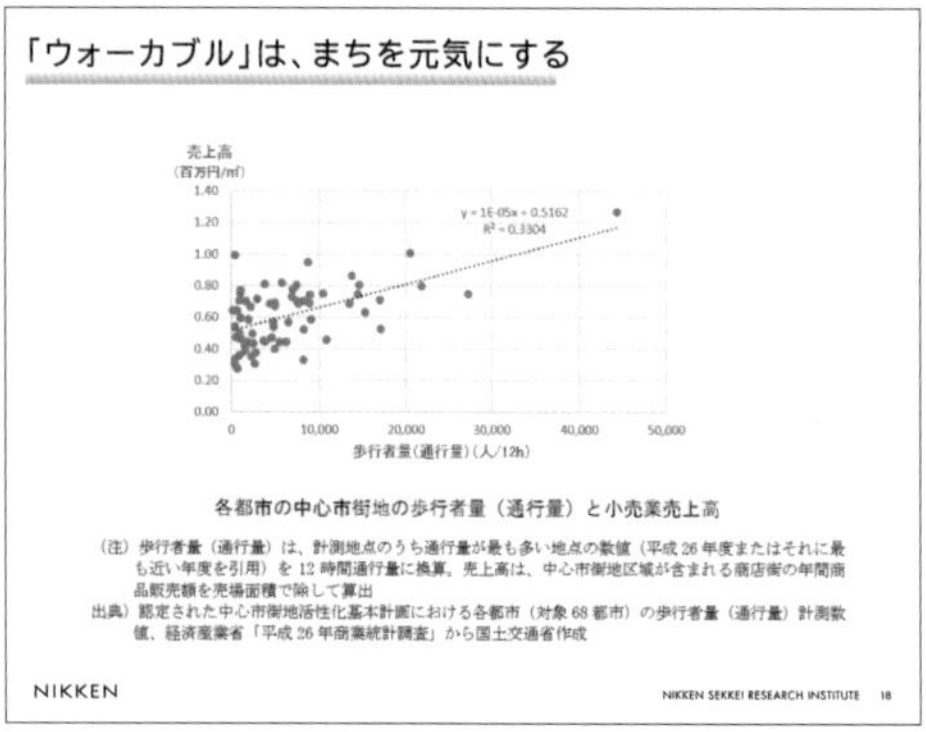


(図7)

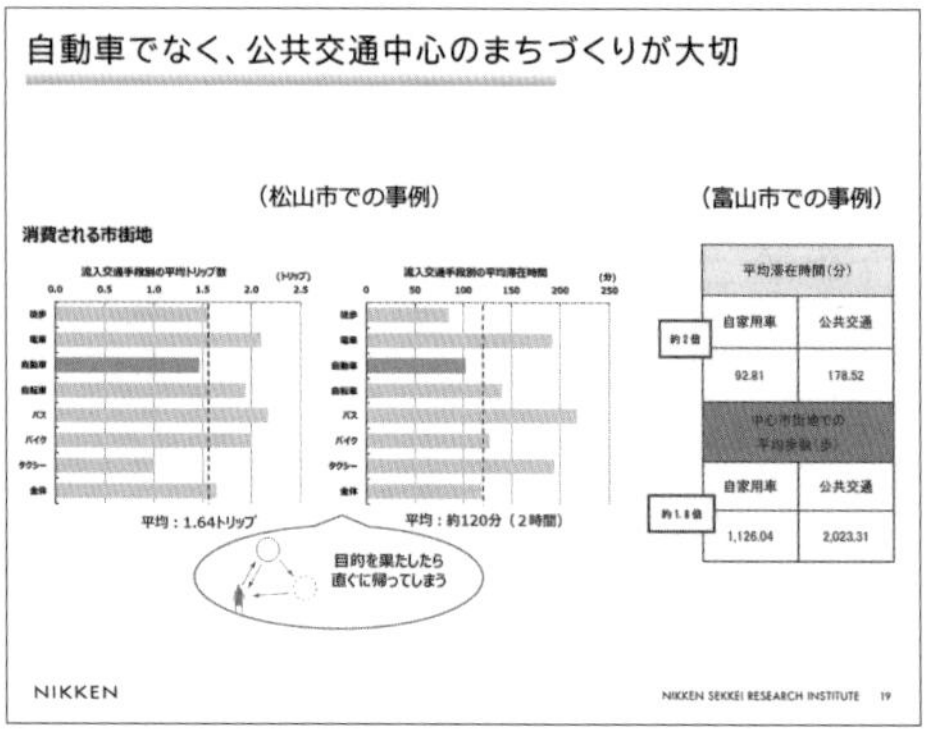


(図8)
出典:国土交通省の資料より

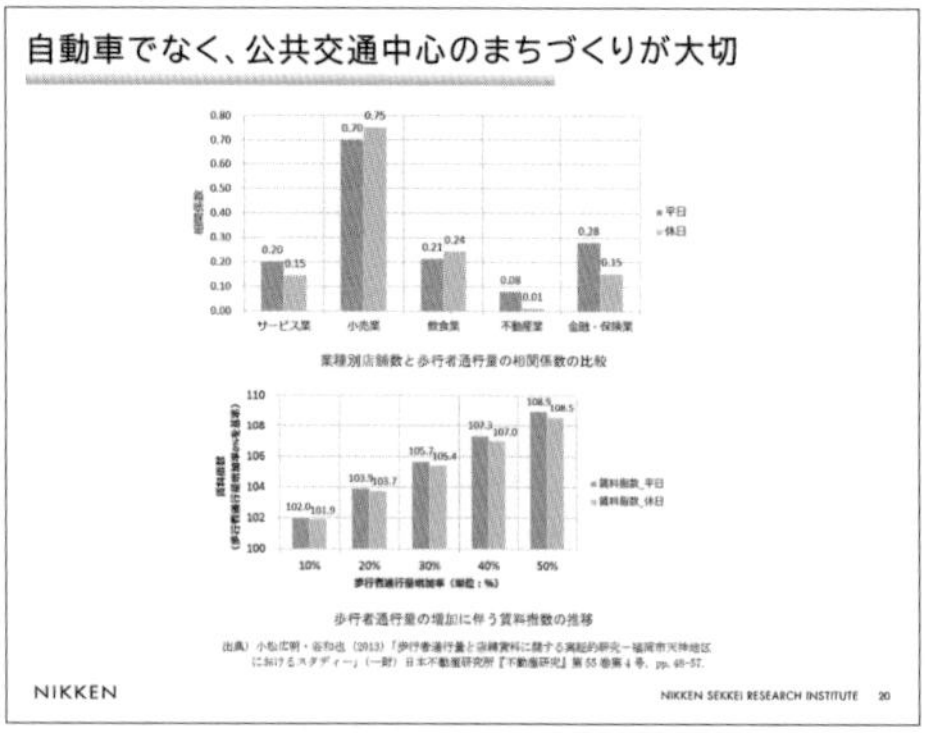


(図9)

在時間を示したものです。これも実際の松山市での事例ですが、見ていただいて分かる通り、鉄道やバス、タクシーといった公共交通で街に来ている人の方が、自動車で来る人より滞在時間が長くなるといった傾向があります。言い変えると、滞在時間が長くなるわけですから、その街の賑わいにも貢献している。または売上への貢献も期待できる。そういったことから自動車ではなく、公共交通を中心としたまちづくりが重要だという認識でいます。次の図9は歩行者交通量とオフィスや店舗の賃料の関係を示したものです。これも歩行者交通量が多くなると賃料が上がる傾向にあります。いずれにせよ車に依存するのではなくて、公共交通や歩行者を中心としたまちづくりが、街を元気にするといったことのエビデンスが増えてきているといった状況です。

しかし一方で、課題もあります（図10）。一つに公共交通はどうしてもコストがかかる。運転手の確保や車両の維持管理もあります。さらには車の方が便利なので、多くの人が公共交通ではなくて、車にシフトしてしまう。そういうことがあって、現状公共交通はどんどん利用者が減り、経営も非常に苦しい状況になっています。ここを何か今日お話するような自動運転やＭａａＳなどの技術によって、公共交通や歩行中心の街に変えられないかということが、課題です。

それともう一つ、世の中全体が引き籠り社会になっているということがあります。皆が外に出ない社会になってきている。中京都市圏のパーソナル調査で外出頻度が減っているといった傾向が出ており、東京でも同様の傾向があります（図11・12）。Ａｍａｚｏｎなどのネットショップで買い物ができてしまうから、あえて街に行かなくてよくなったという原因もあるかもしれません。便利ではありますが、街を元気にするという点からはマイナスに働きます。極力人が街に出ていくような社会をつくっていきたいと考えると、外出機会を如何につくるのか、さらにそれを自動車ではなくて歩行や公共交通によって街に出てもらうか、そのようなことを我々まちづくりや交通を研究している人間は注視しています。

自動車の利便性に負けて、公共交通は衰退の道を辿り、さらに人口減少と引き籠り社会も進行し、街の魅力がどんどん失われていく。そういった中で、公共交通中心でウォーカブルな街をどのように実現するかが、まちづくりと交通政策の課題であって、次の世代を担う皆さんに考えていただ

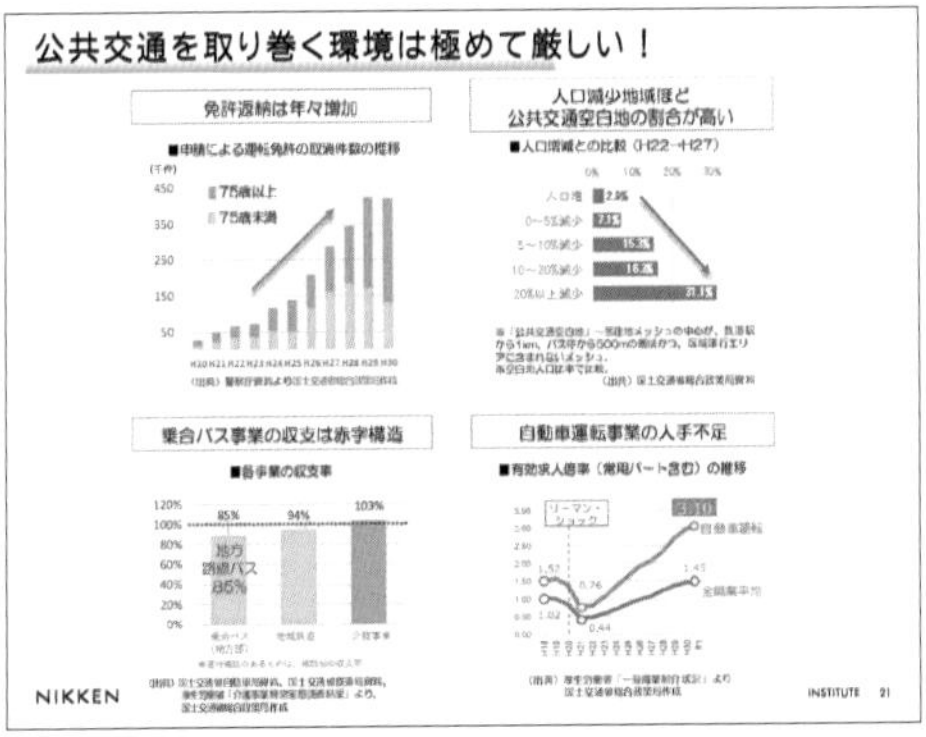


（図10）

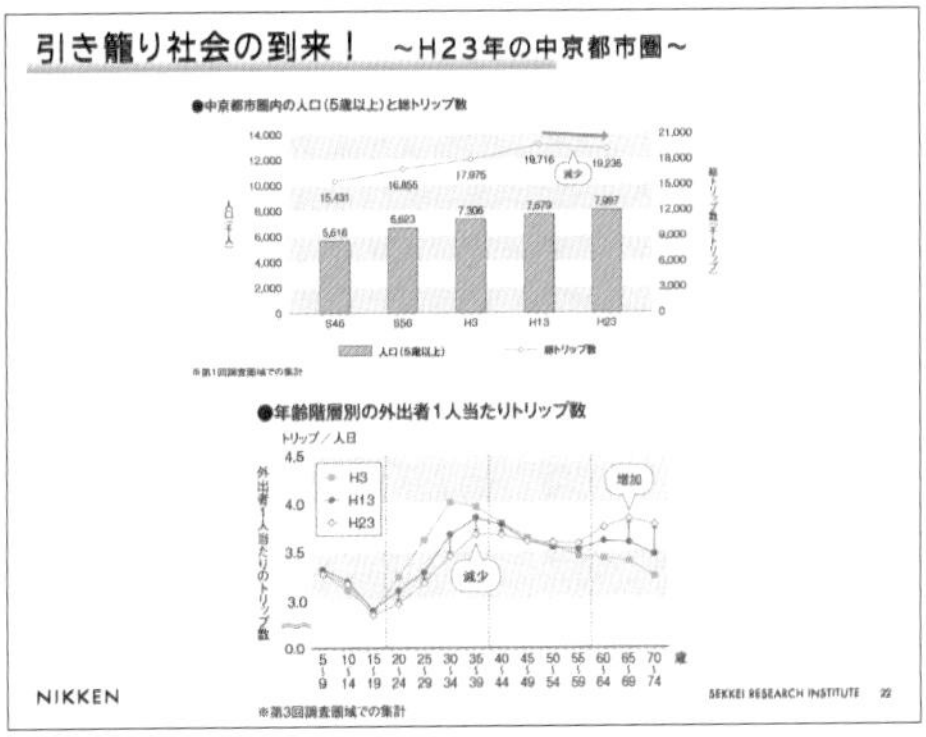


（図11）
出典：「中京都市圏パーソントリップ調査」（中京都市圏総合都市交通計画協議会）

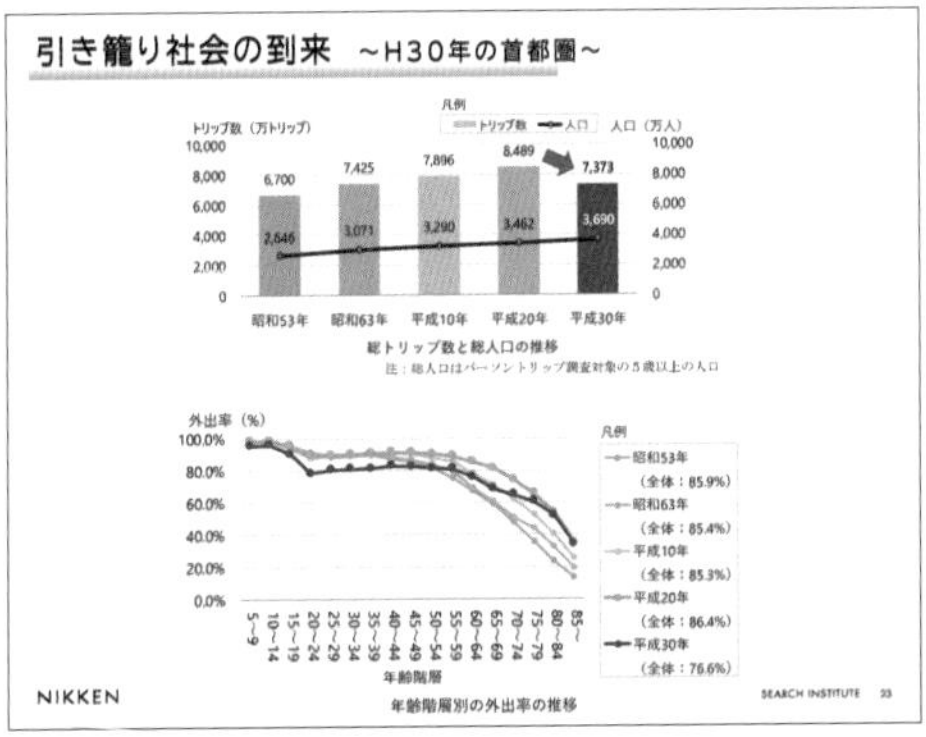


（図12）
出典：「東京都市圏パーソントリップ調査」（東京都市圏交通計画協議会）

きたいことです。

## モビリティ技術の新たな潮流 ～CASE、MaaS、自動運転～

そのような中、私たちの取り組みの一部をご紹介します。まずモビリティの新しい技術を考えていきたいと思います。ここでは「CASE」「MaaS」「自動運転」をご紹介します。「CASE」というのは、今から7、8年前に自動車業界から出てきた言葉です。車と街がIoTでつながるConnected、自動運転のAutonomous、車を所有するのではなくカーシェアするというSharing、ガソリン車ではなく電動の自動車Electricという、この頭文字を取って「CASE」と呼ばれています。CASEによって、実は今までの自動車業界の勢力地図が大きく変わる可能性があり、日本のトヨタや日産、ホンダなどの自動車メーカーもCASEに対応しようと一生懸命車両の開発を進めています。

次はMaaSです。MaaSは、Mobility as a Serviceの略で、モビリティを単に移動手段と見るのではなく、モビリティをサービスとして捉えましょう、モビリティのサービスをつくりましょう。そういったことを狙っているのがこのMaaSです。このMaaSが話題になったのは、今から6年ほど前です。ヘルシンキという街でスマートフォンを使って電車の予約や決済ができる。これがMaaSのスタートだと言われています。電車の運行状況からチケットの予約・購入まで全て1台のスマートフォンで完結し、モビリティがすごく便利になるということで、MaaSが普及したわけです。日本は海外と違い、もともと公共交通の遅れは少ないし、遅延情報がスマートフォンで見られる状況だったため、日本のMaaSの特徴としては、単に公共交通の予約・購入機能ではなくて、目的地である施設にいかに連携してモビリティの需要をつくっていくのかという点が注目されています。例えば、シンガポールでは車が要らないような住居やオフィスでもMaaSを使って、車がなくても移動できるような取り組みが進んでいます。そういった取り組みが、不動産の価値を高めることにもつながるので、おそらくMaaSは公共交通の予約や決済だけではなくて、移動先の施設やお店の予約や決済とも上手く連携づけることによって、新しいサービスやビジネスをつくっていく、そこがポイントになるのではないかと思います。

## 街のような店舗づくり：ウォルマート

街（town center）のような店舗づくりをコンセプトとして店舗改革を検討している。店舗改革を実施する店舗では、レンタサイクルや、相乗りタクシーなどを呼べるモビリティハブを設け実際の街のように周辺の街とつながっていくことが目論まれている。顧客経験を良いものにし、滞在時間を長くすることが狙いである。

NIKKEN　　NIKKEN SEKKEI RESEARCH INSTITUTE　31

（図13）

また、ＭａａＳにより、公共交通のビジネスモデルが随分変わると言われています。今までは公共交通は運賃を貰う仕組みでしたが、実はそれではもう採算がとれないのですね。今から4年ほど前の話ですが、ＤｅＮＡというＩＴ企業が0円タクシーということで、車両そのものを広告にして、食品メーカーからお金をもらって車両を運行するということを試みたり、金沢市の食品物流会社が、周辺の商業施設からお金をもらい無料でバスを走らせたりしています。バスの利用者からお金を取るわけではなく、バスが走ることによってメリットを受ける企業や人からお金を貰うという、そういったビジネスモデルを模索している段階です。

さらに、ウォルマートというアメリカの大きな商業施設ですが、駐車場だったところをモビリティの乗降拠点に置き換えてしまって、この商業施設の来客者を増やしていこうという取り組みもあります（図13）。このように、モビリティと建物や街の関係が大きく変わろうとしているということです。

次にモビリティ革命の一番の立役者と言われている「自動運転」があります。この写真は愛知県豊橋市の公園で自動運転の車両が走っている写真です（図14）。ご覧の通り、人が居ると車はしっかり停まっています。今の自動運転は、これくらいのレベルのことはできるということです。次は東京の新橋で4、5年ほど前に行った自動運転の実験ですが、新橋は先ほどの公園とは違い、比較的人が多いです（図15）。そういった中、このように車が来ると自動運転が検知して停止して待ち、譲り合いながら走る。これは完全にハンドルが無い車で行っています。自動運転が実社会で実現するのは、先はまだまだ長いと言われていますが、ある程度エリアを限定して、スピードを落としてであれば遠い未来では無い。国の方も2025年には国内で自動運転が走れるエリアをつくると言っていますので、自動運転社会も、場所によってはそれほど遠いものではないであろうと我々は考えています。

それでは自動運転が何を解決するかというと、やはり一つは冒頭にお話しした交通問題が減るのではないかと考えています。田舎の方に行くとバスは赤字になってしまう。利用者も少ないしコストもかかるからですが、そのコストの大半は運転手の人件費なのですね。そういったものが自動運転によって解決できる。併せて地方区での移動の快適性が高まることも期

（図14）

（図15）

待できます。

## モビリティ革命で〝まちづくり〟が変わる

この自動運転やMaaSをはじめとしたモビリティ革命によって街がどのように変わるのでしょうか。私も決して自動運転を開発している人間ではなく、街の交通システムについて実務で取り組んだり、研究していたりする人間ですので、そういった視点でモビリティ革命が起こると、街がどう変化するのかという点について、一番知りたいと思っています。これは今から6年ほど前にアメリカのフォードという大きな自動車会社が描いた自動運転社会の絵です(図16)。今はこのように渋滞をしている道路が、渋滞しなくなりますよといった絵を出したのですね。この絵はこの絵で確かにある意味インパクトはありましたが、じゃあ、皆さんにお聞きしたいのは、この絵を見た時に、これが本当に魅力的な街ですか? ということです。確かに渋滞は解消して、少し緑が増えていますが、なんか面白くないなというのが私の正直な感想でした。これは自動車メーカーの方が、渋滞がなくなる絵を描いたからこうなったのだろうと、これをもう少し都市

自動運転の都市空間はどうなるのか？
Before
After
MORE ACCESS TO TRANSPORTATION
NIKKEN

（図16）

自動運転で都市の姿は変わるのか？
NACTOが提言する自動運転社会の都市、1stedition（2017年）
NACTO：米国都市交通担当官協議会
出典：Blue Print for Autonomous Frbanism
NIKKEN
NIKKEN SEKKEI RESEARCH INSTITUTE

（図17）

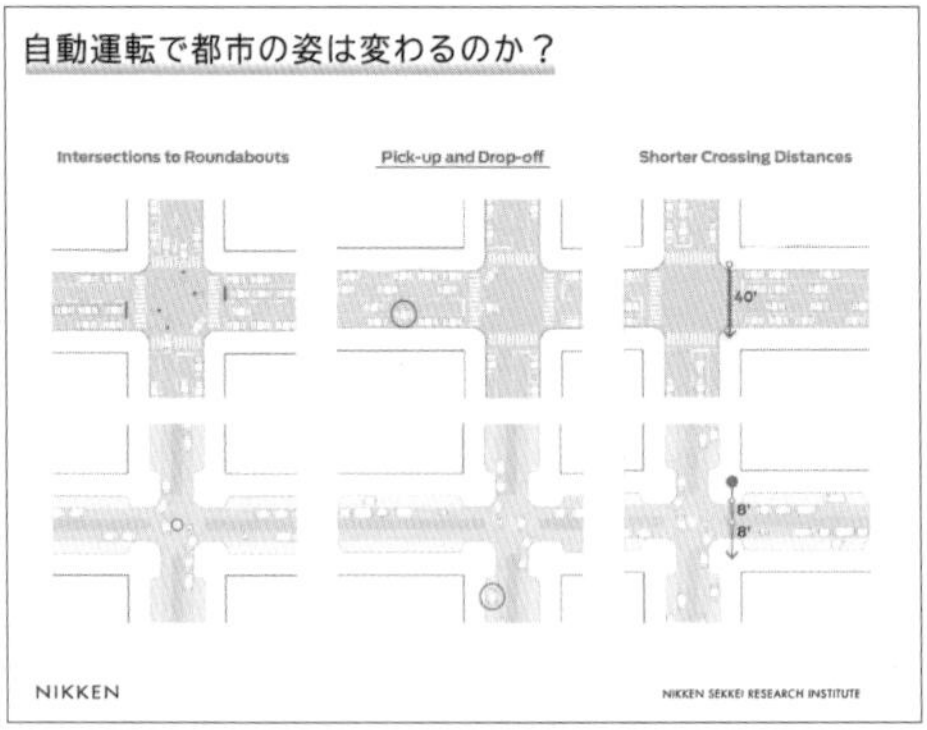
自動運転で都市の姿は変わるのか？
Intersections to Roundabouts
Pick-up and Drop-off
Shorter Crossing Distances
40'
8'
8'
NIKKEN
NIKKEN SEKKEI RESEARCH INSTITUTE

（図18）

や建築が分かる人間が、本当に移動空間がどうなるのだっていうことを、その本質を見極めて描いたら違う絵になるのではないかというのが、私の思ったことです。次はＮＡＣＴＯというアメリカのシンクタンクが描いた絵で、車が走行するレーンが少なくなって、バスや鉄道のレーンが多くつくれるといいよね、そのようなことが描かれています（図17）。この絵は先ほどのフォードの絵よりは一歩進んでいると思いますが、やはりこれも道路空間の中だけの議論であって、建物と上手くセットになっていないというのが私の感じた所です。

一方でいろいろ知見があって（図18）、上段が今の道路空間、下段が自動運転社会の道路空間ですが、ポイントは何かというと、まずは信号がなくなっているということです。自動運転だから信号は要らない。さらには自動運転になると車両が近接して走れるため、車等間隔が短くできるので、一つのレーンで処理できる車両台数が多くなる。そうするとぎっちり走れるので、レーンを絞ることも可能になります。また自動運転になると降りたい所で降り、乗りたい所で乗るという社会になるから、停車場を設けることが大事になる。ここが停車場になるのであれば、例えば横断歩道の所は飛び出した形にして、この横断歩道の歩行距離を短くできるのではないかなど、嘘か本当かわからないような絵を描くこともできる。いずれにしても私が言いたかったことは、多分今まで僕たちが見てきた都市のインフラの形が、自動運転社会になると変わってくることは間違いない。多分皆さんが一番想像しやすいのは駐車場ですよね。駐車場は、運転する人が目的地に着いたら何か用を済ませるために車を停める場所です。それが自動運転社会になると、車は停めたらそこにいる必要はないのです。どこかに行ってくれてよい。そうすると、駐車場そのものが必要なくなり、駐車場のスペースをこれからどうするかというような議論も多分出てくると思います。自動運転社会になると、今の社会に必要な車のスペースが変わってくると思いますので、そういったことを想像しながら都市や建築を設計すると面白いことが起きるのではないのかと思います。これは実際に私のグループで行ったもので、国土交通省でもこれから自動運転社会になると、都市の形はどうなるのかということについて、3年ほど前に描いた絵です（図19・20）。興味のある方はGoogleで〝国土交通省 自動運転〟と入力していただくと、この辺の絵が出てくると思いますので、ゆっくり見ていただきたいと思います。いずれにせよ、自動運転社会はＡＩやＩｏＴなど情報通信が必須になってきますので、そのインフラも必要になってくるし、それを自動運転のためだけでなく、他のものにも転用していくという、そういった視点が重要なのだろうと思っています。先ほど名古屋駅前広場が車で溢れかえるような写真をお見せしましたが、自動運転社会では駅前の空間的な価値観も変わってくるだろうということで、国土交通省と議論しながら描いた絵をお見せします（図21・22）。やはり駅前の一等地の空間は人間のための賑わいの空間に戻すべきであって、一方で炎天部のこういった空間に車両系のモビリティを走らせる。一方でマイカーではなく公共交通利用にシフトしてほしいと思いますので、そういった車両に関しては一等地に入ってきてもよいのではないかということで、その辺の自由度を少し高めた未来の駅前広場の姿としています。

これは名古屋の三越のある一等地の場所で、久屋大通公園と三越のある久屋大通りですが（図23・24）、こういった空間でも、公共交通と、小さなパーソナルモビリティがレーンを共用するようなシェアトレインのようなものがあったり、横断歩道でも必ずしもカクカクとした横断歩道ではな

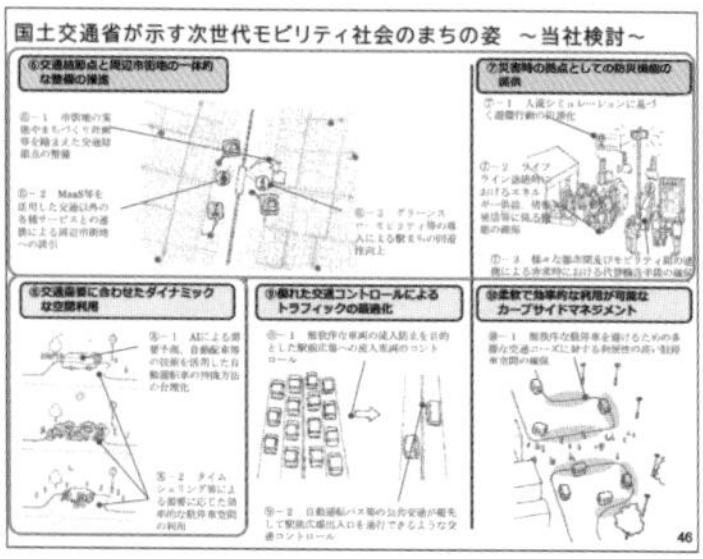


（図20）

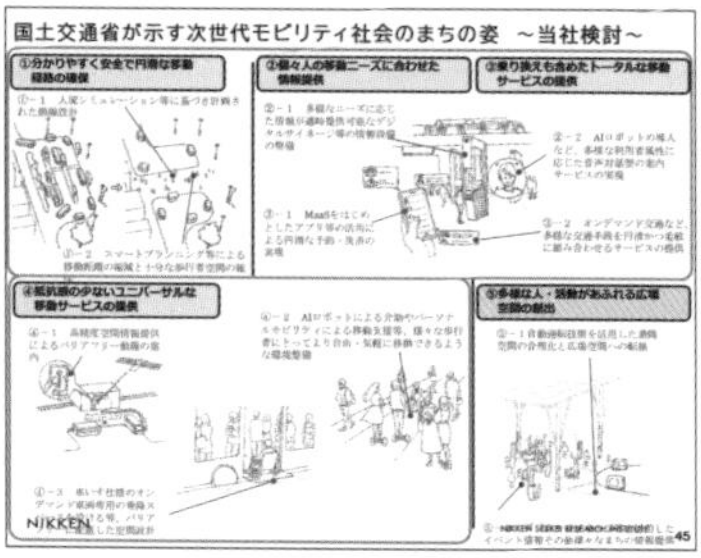


（図19）

（図22）

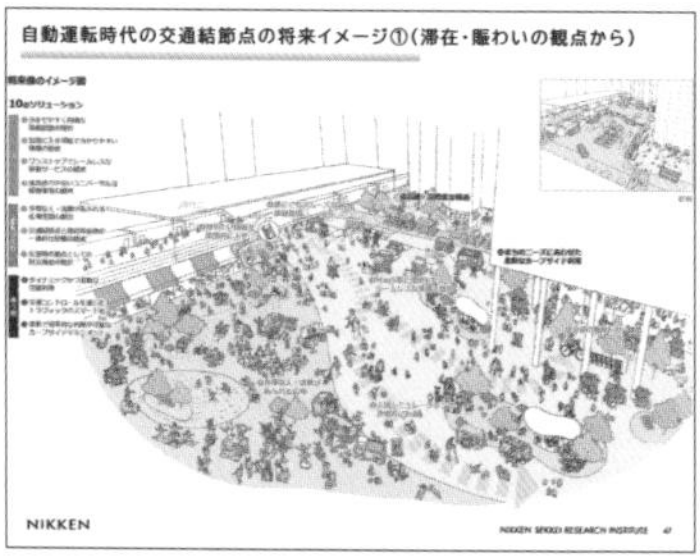


（図21）

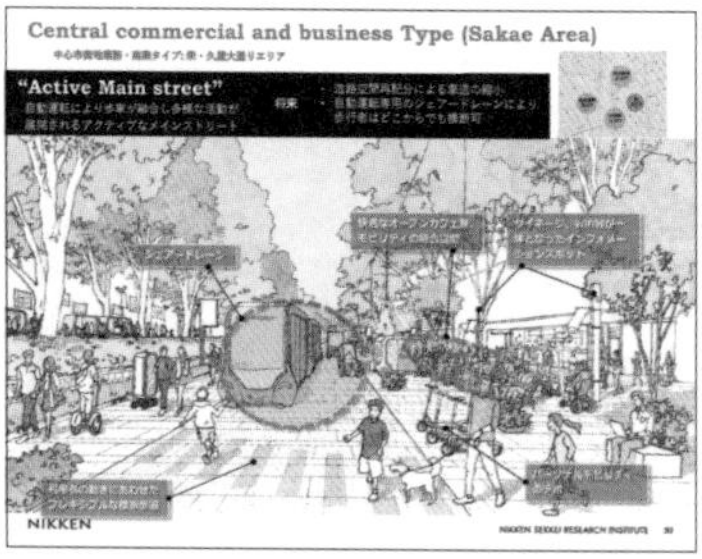


（図24）

（図23）

くて、人間が歩きやすいような動線で少し曲がっているような、そんなフレキシブルな横断歩道を描いたりしています。あとは街中には自動車の車道を狭くして、オープンカフェ的な空間をつくってあげるとか、または情報通信系のインフラが、自動運転ができると非常に発達しますので、サイネージなどを街の賑わいづくりに上手く活用する。あるいはシェアモビリティ、パーソナルモビリティの空間をつくったらどうかなど、そのような空間づくりで街のイメージが大分変ってくるのではないかと思っています。こちらも名古屋の街ですが（図25・26）、駐車場が今はたくさんありますが、この駐車場も、自動運転社会になると車両のスペースが非常にコンパクトにできるので、必要台数以外の所は賑わい空間的な機能を持たせることによって、寂しくて暗いコインパーキングや立体駐車場が賑わいのある空間に変えられるのではないだろうかといろいろと議論しています。また当然、道路空間も、自動車が溢れるような空間ではなくて、シェアモビリティや混在型のレーンで考えています（図27）。高速道路の特に道路下にはいろいろな空間がありますが、道路下空間も今は駐車場としてしか使われていませんが、キッチンカーを置いて賑わいをつくるとか、5Gによっ

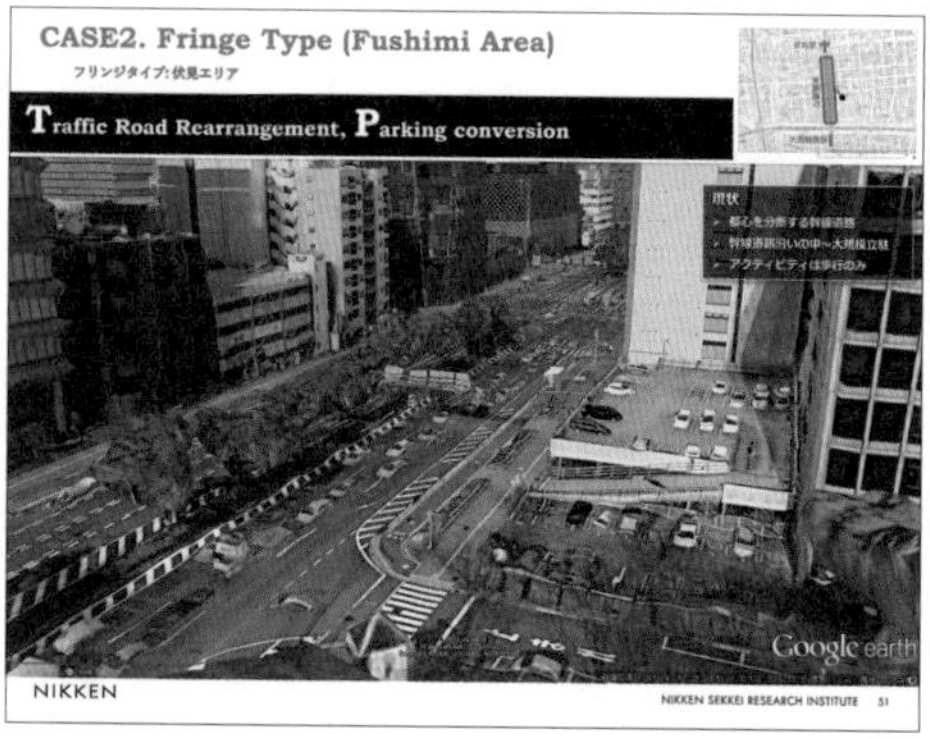
CASE2. Fringe Type (Fushimi Area)
フリンジタイプ：伏見エリア
Traffic Road Rearrangement, Parking conversion
現状
都心を分断する幹線道路
幹線道路沿いの中～大規模立駐
アクティビティは歩行のみ
Google earth
NIKKEN
NIKKEN SEKKEI RESEARCH INSTITUTE 51
（図25）

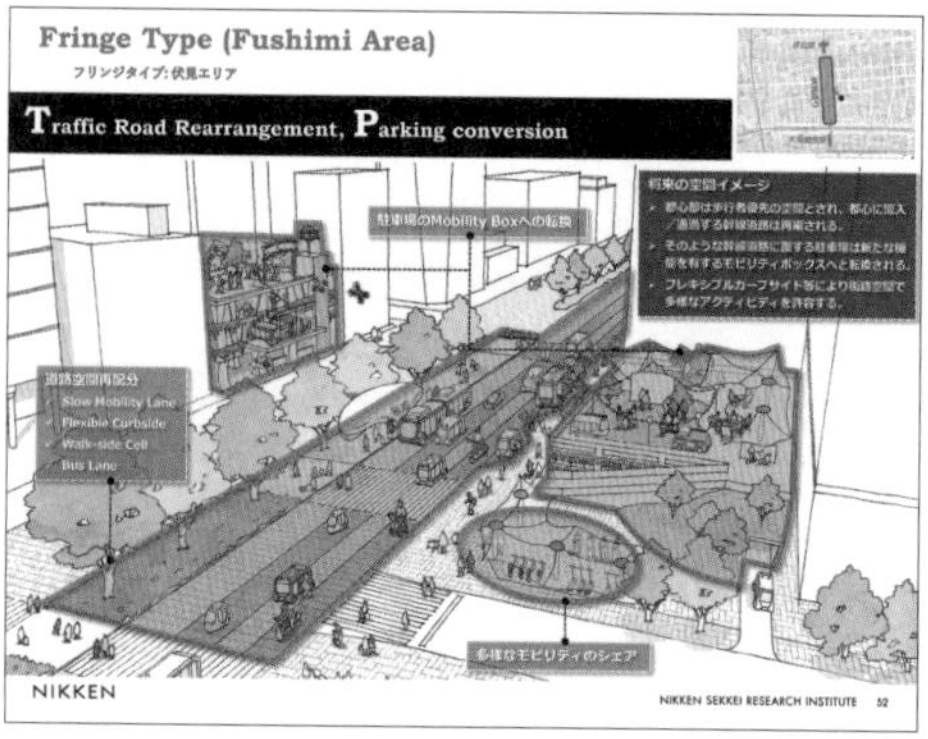
Fringe Type (Fushimi Area)
フリンジタイプ：伏見エリア
Traffic Road Rearrangement, Parking conversion
駐車場のMobility Boxへの転換
将来の空間イメージ
都心部は歩行者優先の空間とされ、都心に流入／通過する幹線道路は再編される。
そのような幹線道路に面する駐車場は新たな機能を有するモビリティボックスへと転換される。
フレキシブルカーブサイト等により街路空間で多様なアクティビティを許容する。
道路空間再配分
Slow Mobility Lane
Flexible Curbside
Walk-side Cell
Bus Lane
多様なモビリティのシェア
NIKKEN
NIKKEN SEKKEI RESEARCH INSTITUTE 52
（図26）

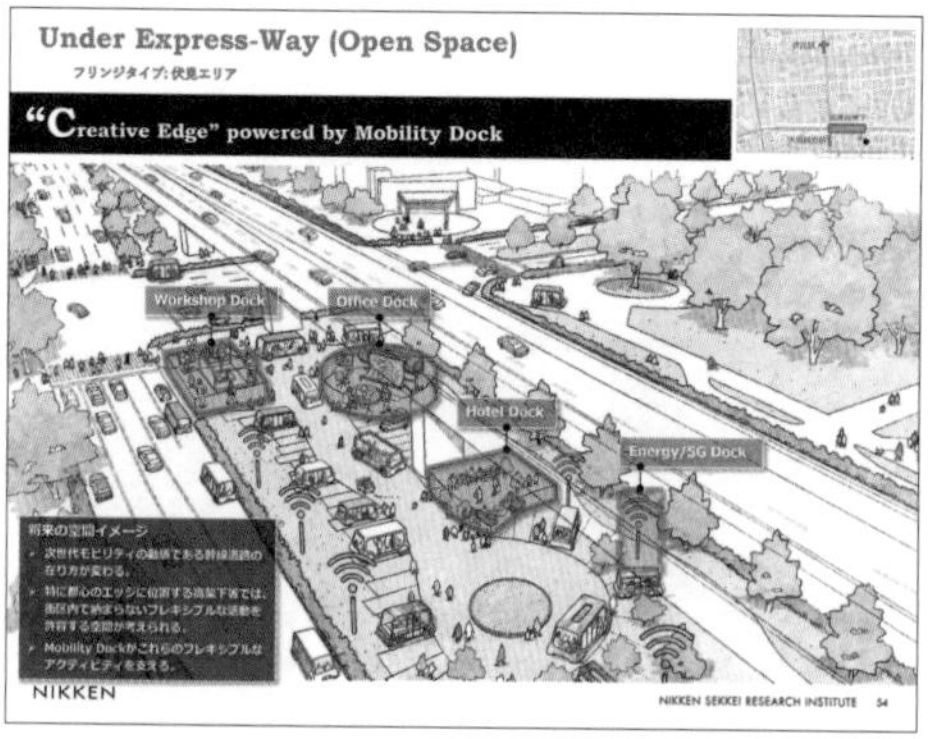
Under Express-Way (Open Space)
フリンジタイプ：伏見エリア
"Creative Edge" powered by Mobility Dock
Workshop Dock
Office Dock
Hotel Dock
Energy/5G Dock
将来の空間イメージ
次世代モビリティの動線である幹線道路の在り方が変わる。
特に都心のエッジに位置する高架下等では、街区内で納まらないフレキシブルな活動を許容する空間が考えられる。
Mobility Dockがこれらのフレキシブルなアクティビティを支える。
NIKKEN
NIKKEN SEKKEI RESEARCH INSTITUTE 54
（図27）

て情報拠点になるとか、そのような街の賑わいをつくったらどうだろうかという提案活動を我々日建設計グループでもさせていただいています。

## “交通結節点（モビリティハブ）”が重要になる

今日、もう一つ皆さんにご紹介したいのが、交通結節点、モビリティハブという概念が重要になるということです。今、日本や世界の交通まちづくりの分野で重視されているのが、TODという概念です。Transit Oriented Development の略ですが、駅を中心に街をつくるということが非常に効率的と言われており、そういった政策が世界的にも進んでいます。これも日建設計が中国で描いた絵ですが（図28）、駅を中心に街を高密にして賑わいをつくっています。そうすると皆さんが自動車で移動するのではなくて、公共交通で移動するから、街の負担も少なくなるというのがTODの概念です。ただ一方で、最近私達が思っているのが、確かに交通と駅周辺はこれでよいのだけれども、駅周辺だけが過度に高密になるのではないかという懸念があるわけです。それでは、街の賑わいをある程度のエリアまで広げることも大事ではないでしょうか。日本は実際に街ができていま

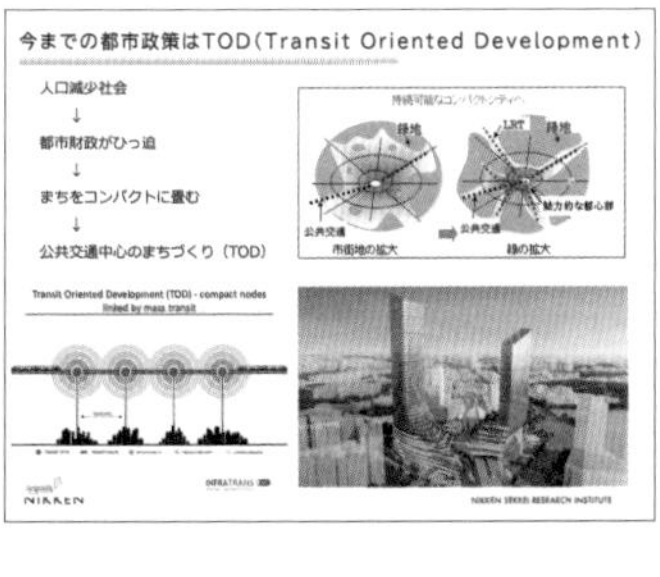

（図28）

すので、駅を高密にする一方でその周辺の街ともつながりを持たせるということが大事だと思います。そのような中で、我々が興味を持っているのが、「リンク」と「ノード」という概念です（図29）。リンクとは交通、道路や鉄道ですよね、人が流れる所。これがリンクですが、そこのノードになる部分、特にTODの高密な所だけではなくて、TODの高密な所を核にしてその周辺の街、周辺のノードにも人をどう流していくのかというところを、うまくつくることが大事ではないかと感じています。例えば現在はシェアモビリティが普及してきている時代ではありますので、このシェアモビリティを活用して、例えば駅に降り立った人が、A地点からB地点に行ってC地点に行ってどこかに行ってまた駅に戻ってくるとか、場合によってはA地点に行ってB地点に行ってそのままどこかに行ってしまうとか、そんないろいろな移動パターンが発生するような、そんな街をつくれないだろうかということを実験的にやっています（図30）。

それでは、このモビリティハブと言ったときに、なんとなくシェアモビリティの拠点がイメージされますが、日本のシェアサイクルやカーシェアの拠点を見てみると、正直言って非常に寂しい侘しい感じのする空間が多

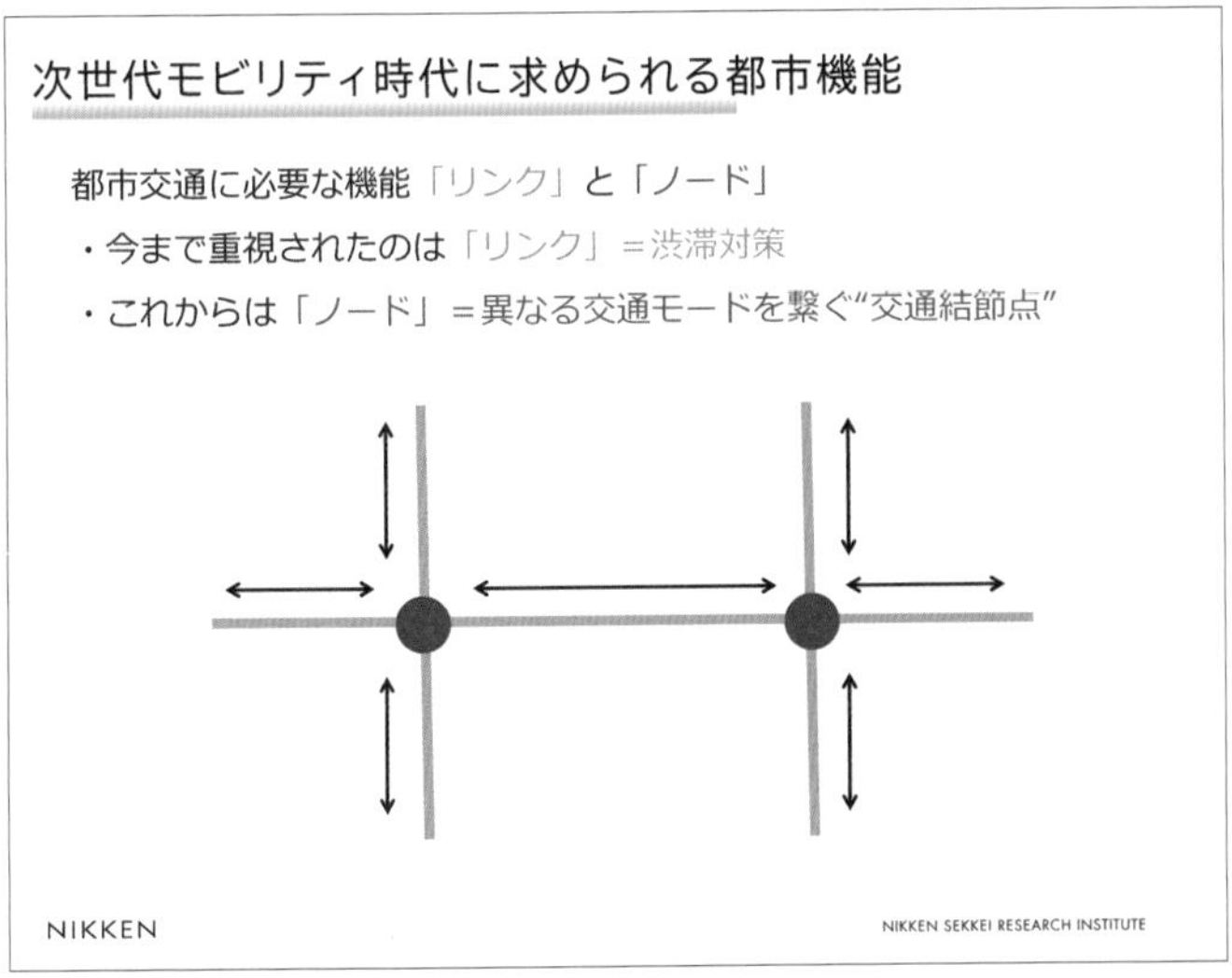
次世代モビリティ時代に求められる都市機能
都市交通に必要な機能「リンク」と「ノード」
・今まで重視されたのは「リンク」＝渋滞対策
・これからは「ノード」＝異なる交通モードを繋ぐ“交通結節点”
NIKKEN
NIKKEN SEKKEI RESEARCH INSTITUTE

（図29）

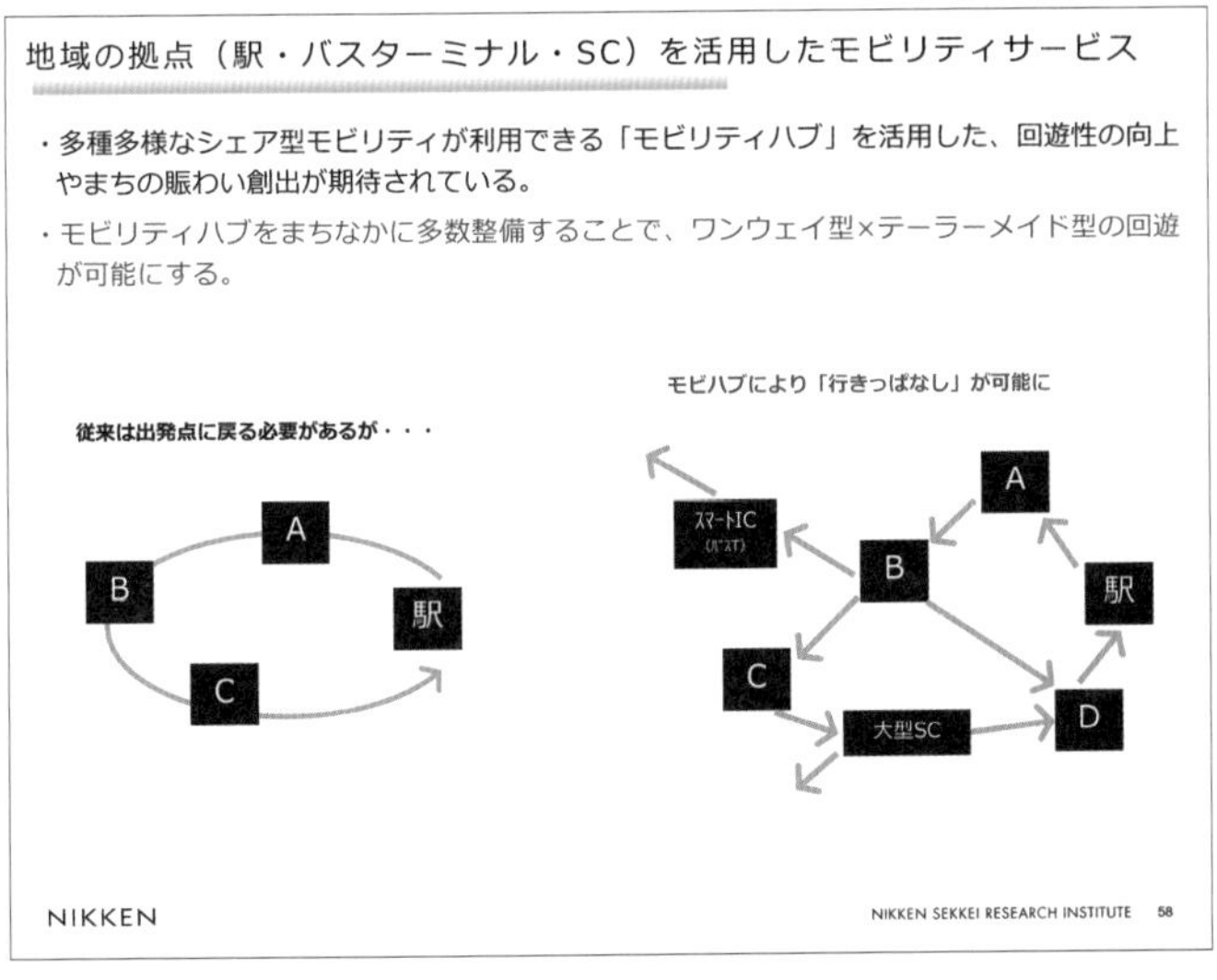
地域の拠点（駅・バスターミナル・SC）を活用したモビリティサービス
・多種多様なシェア型モビリティが利用できる「モビリティハブ」を活用した、回遊性の向上やまちの賑わい創出が期待されている。
・モビリティハブをまちなかに多数整備することで、ワンウェイ型×テーラーメイド型の回遊が可能にする。
従来は出発点に戻る必要があるが・・・
A
B
駅
C
モビハブにより「行きっぱなし」が可能に
スマートIC
A
B
駅
C
大型SC
D
NIKKEN
NIKKEN SEKKEI RESEARCH INSTITUTE 58

（図30）

いのではないかと思っています。中国では、シェアサイクルが路上に山積みされ、まちのゴミと化している社会問題さえ発生しています。我々としてはシェアモビリティやモビリティのハブになる空間を、もう少し賑わいのある、行ってみたいと思う空間にできないかと考えています。そこに行ってみたいと思わないと、このモビリティを使いたいと思わないですね。ですので、そこの空間づくりが非常に重要だと我々は考えています。実際にヨーロッパだと、モビリティハブの空間として、こういった空間をつくったらいいと言われていて、シェアモビリティに加え、既存のバスやEVシェアなどがセットである。場合によってはお店があるなど、このような空間づくりが大事だと思います（図31）。

その一つの取り組みとして、黄金町で日産自動車と一緒に、高架下にこういった空間をつくってみました（図32）。そこでは、日産自動車の自動運転の車両に乗れるし、さらには単なる車両乗り場ではなくて、いろいろなイベントを催したり、情報発信をしたりすることによって、次の移動の創出につながる。そのようなことにチャレンジし、そうすると面白いことが分かりました。横浜の黄金町というと関内や山手の近くで、一般的にこ

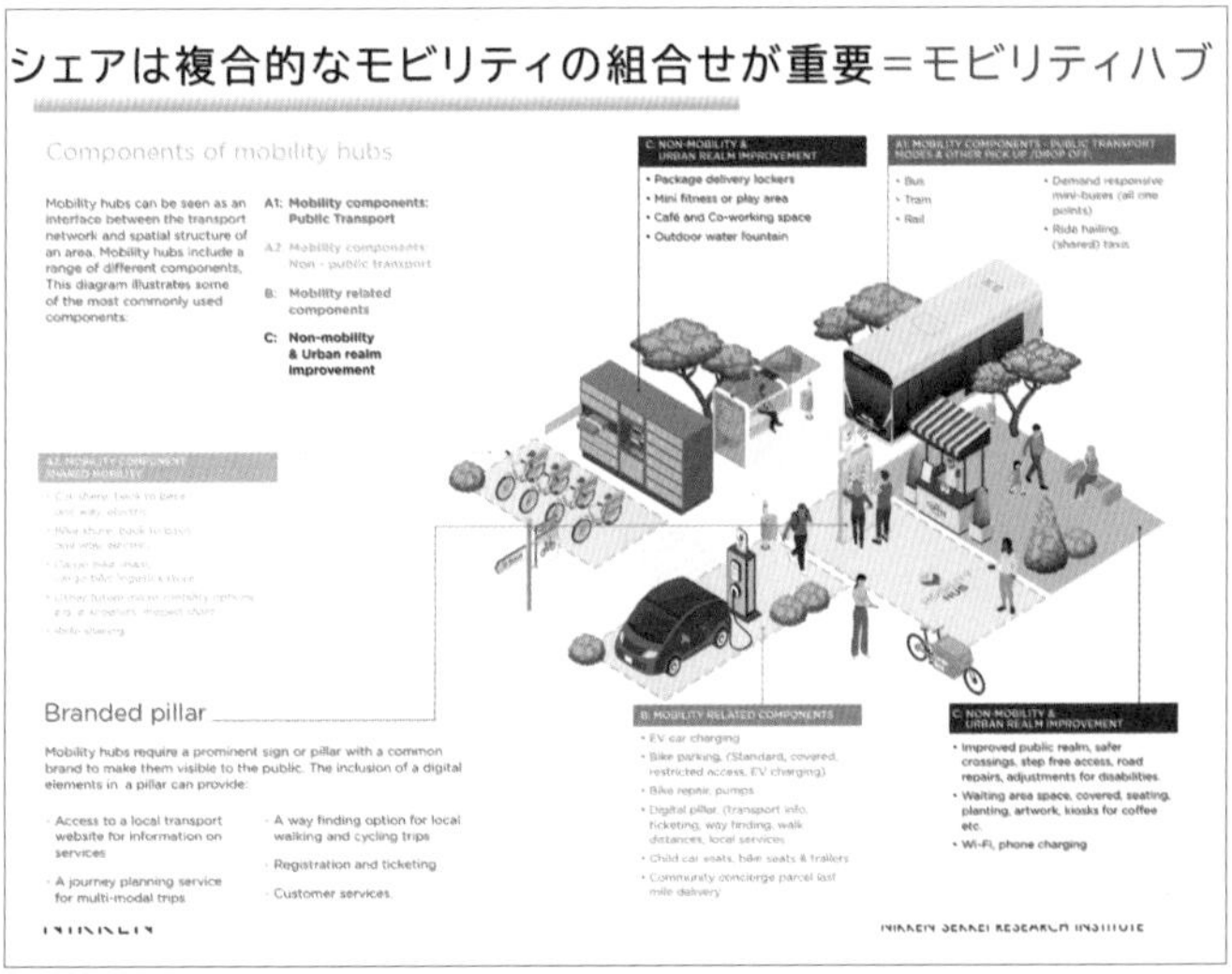
シェアは複合的なモビリティの組合せが重要＝モビリティハブ
Components of mobility hubs
Mobility hubs can be seen as an interface between the transport network and spatial structure of an area. Mobility hubs include a range of different components. This diagram illustrates some of the most commonly used components.
A1: Mobility components: Public Transport
A2: Mobility components: Non - public transport
B: Mobility related components
C: Non-mobility & Urban realm improvement
C: NON-MOBILITY & URBAN REALM IMPROVEMENT
• Package delivery lockers
• Mini fitness or play area
• Café and Co-working space
• Outdoor water fountain
• Bus
• Tram
• Rail
• Demand responsive mini-buses (all one points)
• Ride hailing, (shared) taxis
Branded pillar
Mobility hubs require a prominent sign or pillar with a common brand to make them visible to the public. The inclusion of a digital elements in a pillar can provide:
· Access to a local transport website for information on services
· A journey planning service for multi-modal trips
· A way finding option for local walking and cycling trips
· Registration and ticketing
· Customer services
B: MOBILITY RELATED COMPONENTS
• EV car charging
• Bike parking, (Standard, covered, restricted access, EV charging)
• Bike repair, pumps
• Digital pillar, (Transport info, ticketing, way finding, walk distances, local services
• Child car seats, bike seats & trailers
• Community concierge parcel last mile delivery
C: NON-MOBILITY & URBAN REALM IMPROVEMENT
• Improved public realm, safer crossings, step free access, road repairs, adjustments for disabilities
• Waiting area space, covered, seating, planting, artwork, kiosks for coffee etc.
• Wi-Fi, phone charging
NIKKEN
NIKKEN SEKKEI RESEARCH INSTITUTE

(図31)

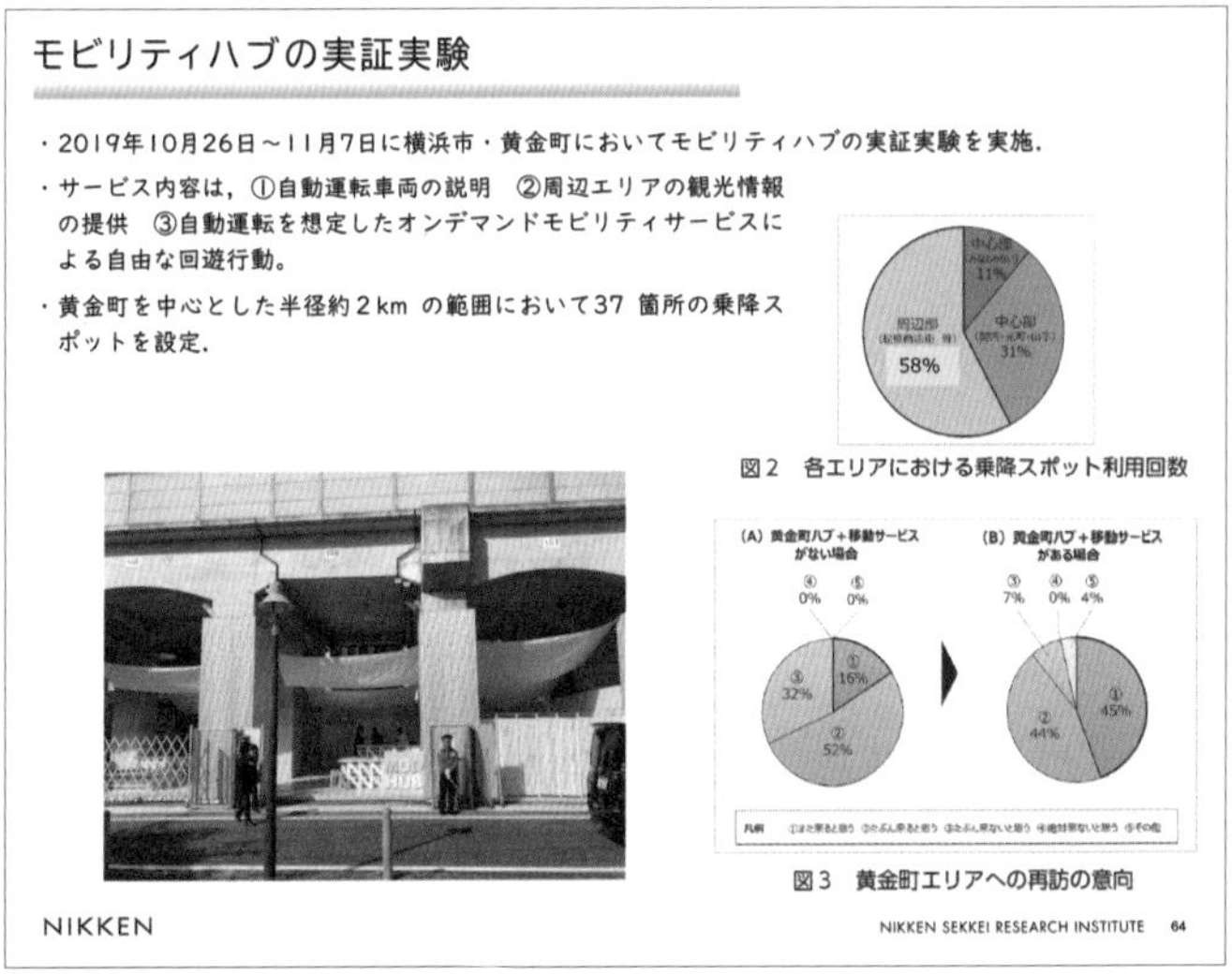
モビリティハブの実証実験
・2019年10月26日～11月7日に横浜市・黄金町においてモビリティハブの実証実験を実施.
・サービス内容は，①自動運転車両の説明 ②周辺エリアの観光情報の提供 ③自動運転を想定したオンデマンドモビリティサービスによる自由な回遊行動.
・黄金町を中心とした半径約2km の範囲において37 箇所の乗降スポットを設定.
中心部 11%
中心部 31%
周辺部 58%
図2 各エリアにおける乗降スポット利用回数
(A) 黄金町ハブ＋移動サービスがない場合
④ 0%
⑤ 0%
① 16%
② 52%
③ 32%
(B) 黄金町ハブ＋移動サービスがある場合
③ 7%
④ 0%
⑤ 4%
① 45%
② 44%
図3 黄金町エリアへの再訪の意向
NIKKEN
NIKKEN SEKKEI RESEARCH INSTITUTE 64

(図32)

の地域からは関内や元町、山手などのメジャーな観光地、またはみなとみらいに行くのがメインだろうなと思っていましたが、実証実験をやってみると、松原商店街などメジャーな観光地でない所に人が流れていることが分かりました。なぜかと言うと、ひとえに情報発信を行うことによって、松原商店街は面白そうだから行ってみようか、という人が出てきたわけですね。そういうことからモビリティハブという単なる交通の拠点ではなくて、街の情報を発信することをセットにすることで、地域の活性化や、新たな人の介入を生み出すことにつながっていくのではないかと、日建設計グループとしても力を入れているところです。

あともう一つ。このモビリティハブの流れとして、２０２１年の11月に渋谷で実験をやっています。我々はＳＭＩＬＥプロジェクトと呼んでいますが、渋谷は人が溢れかえっていますが、実はよく見てみると、奥の方の奥渋と言われる所に行くとあまり人が歩いていない。要するに手前の渋谷の街中でみんな歩き疲れてしまって、それであまり奥には行かないというのが課題になっています。この奥渋と言われるところに如何に人を運ぶのか、運べるのかということで、モビリティハブを使って実験をしています。

これは渋谷なので東急や渋谷区と連携しながらやっていましたが、この時はＬＵＰという立ち乗りの乗り物と、あとは日建設計がやっている「つな木」と呼ばれる木材でつくったもので、この中に奥渋のお店のハガキ大の案内を置いて、それによって人の移動を誘うという、そんな取り組みをやってみました（図33・34・35）。そうすると、ハガキを見てＬＵＰのシェアモビリティを使って奥渋の方に行くという傾向が把握できました。こういった取り組みは非常に大事だろうなと、我々は引き続きこの実証実験は今年度もやる方向で準備をしています。これは参考までにプロモーションビデオですが、我々のＨＰにアップする予定ですので、見ていただけたらと思います。東急百貨店の前につな木の木を設置します。つな木は、仮設ですが、恒久的なものであってもよいと思っています。このように人が歩きながら見たりしますが、それによって視認性が高まり、モビリティの利用促進にもなると思います。こういったサイネージも置いて、このサイネージで情報を得られるといった点もあります。こういったことを広げていくことによって街の回遊性が高まっていくということですね。

最後になりますが、実は自動運転やＭａａＳが発達して何が起きるのか

日建設計グループが進める「SMILEプロジェクト」
簡単に移動や設置ができるパーツを組み合わせて
SMILEをつくります
NIKKEN
NIKKEN SEKKEI RESEARCH INSTITUTE 73

（図33）

日建設計グループが進める「SMILEプロジェクト」
ポストカードから、まちなかの魅力的な場所の情報を発見できます
NIKKEN
NIKKEN SEKKEI RESEARCH INSTITUTE 73

（図34）

日建設計グループが進める「SMILEプロジェクト」
LUUP
サイネージからは、モビリティやまちなかの魅力的な場所の
情報を得ることができます
NIKKEN
NIKKEN SEKKEI RESEARCH INSTITUTE 73

（図35）

というと、モビリティが単なる移動手段ではなくて、データを持っている、データを持ち始めるということなのですね。モビリティのデータが出てくると、どうしてこの交通手段は利用されないのだろうか、どのような利用の仕方をされているのだろうかとか、データにもとづいて分かってくることがあります。我々の次の取り組みとして、このモビリティのデータをどう使っていくのかということが見えてきます。

具体的な取り組みとして、さいたま市が、スマートシティを目指し、その中にモビリティハブを大きな政策の一つにしています。さいたま市ではシェアモビリティのハブとシェアモビリティが実装されていて、シェアサイクルのデータを活用して、デポをどこにつくったらいいだろうかとか、自転車レーンはどうつくったらいいのだろうかといったようなことを実験的にやっていますので、少しご紹介したいと思います。これがさいたま市のモビリティハブですが、シェアサイクル以外にスクーターであったり、電気自動車であったり、数種類のモビリティがトータルで借りられるマルチモビリティハブというものを設けています。さいたま新都心に1カ所設置していますが、今、環境の時代と言われていますので、太陽光や風車の発電を行っていて、この電源でモビリティを走らせるといったようなことも行っています（図36）。我々としては、自転車のデータが手に入ってくると、その自転車を使って市民の人々がどのように行動しているかというのが分かるようになってくる。実際にコロナ禍で人の移動がどのように変化したかを、モビリティハブのビッグデータを使って分析をしたのです。そうすると、大宮の都心に来る人が減って、外側の郊外の需要が増えている、移動が増えているということもこのシェアモビリティのデータから分かりました（図37）。

ということでお伝えしたいこととして、単なる空間をつくるということ以外に、モビリティというものはデータを伴う、移動データが分かるものだということ。そして、そのデータを上手くまちづくりにつなげることが大事だということを、皆さんにも知っていただきたいなと思います。

## 未来のモビリティ社会に期待を添えて

最後に写真を2枚見ていただきたいと思います。これは今から40年ほど前、フランスのストラスブールという所でＬＲＴ、路面電車ですね、路面

（図36）

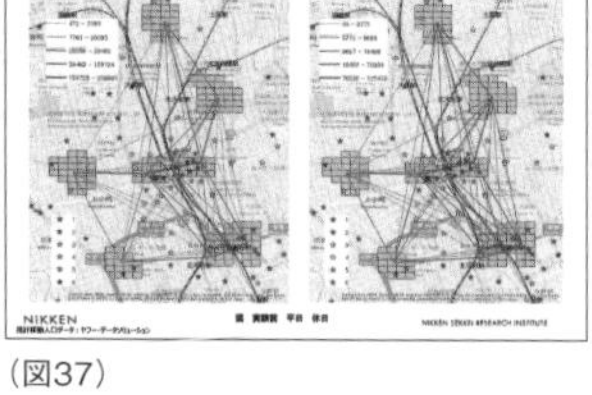

（図37）

電車をつくるために市民の皆さんに、自動車ではダメなのですよ、LRTをつくらないといけないのですということを説得するためのポスターです（図38）。これは200人の人を運ぶために車だとこれだけのスペースが要ります、ただし、バスだったらこのスペースで済みます。でも、LRTだったらこれだけのスペースで済みますということを言っています。この写真で皆さんにと伝えたかったのが、私達は都市や建築といった視点からモビリティを考えなければいけない、そうした時に最も大事なのは都市空間がいかに無駄に使われないかということを考えなくてはならないということです。これから自動運転社会になってくると、交通事故も減っていいのではないかと思うでしょうが、ただし車両に1人が乗っているという形であったら、都市の中における占有スペース、専用面積という点でいうと、自動運転だろうがなんだろうが解消されないのですね。ですからやはり都市は公共交通の優位性が依然残るわけですから、やはりそういった点で街のためにはどのようなモビリティがいいのかということを、学生さんには考えていただきたいなと思います。

そして2枚目の写真です（図39）。これは私が結構好きな空間で、ウィー

## 自動運転であっても忘れてはいけない“古典的概念”

（ストラスブールより資料提供）

NIKKEN　　NIKKEN SEKKEI RESEARCH INSTITUTE

（図38）

## 人もクルマも賑わいもある街並みが望ましい

（ウィーンマリアフィルファー通り）

NIKKEN　　NIKKEN SEKKEI RESEARCH INSTITUTE

（図39）

ンのマリアヒルファーという通りがありますが、ここの空間を見ていただいても分かる通り、人と車が混在しているのですね。日本ではまずこの空間はつくれないですよ。日本でこれをやろうとすると、こんなに人が集まる所に車両が入ってくるとはけしからん、事故の原因になると禁止されますが、海外はある意味自己責任が浸透していますので、このような空間が実際に成立しているのですね。私が一番言いたいことは、今はどうしても車両は交通事故の原因になってしまうので、人と車は離すのが原則になっていますが、多分これから高齢者や障害者の方の移動やお子さんの送迎などを考えると、必ずしも空間を分けないですぐに乗って軒先で降りられるといった、そのような仕組みも必要ではないだろうかと思っています。そういった意味で究極の自動運転社会というのは、乗降場所を選ばずに移動できるという、そのような街がつくれるのであれば、それはとても魅力的なのではないかというのが私が思っているところです。これからの都市建築を設計する学生の皆さんには、少しこの辺のことにも挑戦していただけると面白いのではないのかなと思っています。

COLUMN 05
スマートシティ
モビリティ

# 不確実を包み込むまちづくり

鈴木　美緒（東海大学建築都市学部准教授）

「まちづくり」という言葉を聞いたことがない人はいないのではないかと思うが、「まちづくり」と聞いて思い浮かぶものは人によってさまざまだ。地域の清掃活動や見守り活動、地域猫活動から、電気や水道、道路の工事、役所で決めるあれこれ……、すべてがまちづくりに必要不可欠な要素である。大学でも、さまざまな切り口からまちづくりを学ぶことができるが、その重要な役割を担う学問のひとつが「土木工学」であることにはなかなか思いが至らないのではないだろうか。

まちづくりというと人が集い、やさしそうなクルマと新しいマイクロモビリティが走っている絵がよく描かれる。実際に実社会でさまざまなモビリティが生まれている一方で、最近では多くの人が電動キックボードの危険性を目の当たりにしていて、イメージ図のようにはいかない。これは、電動キックボードという乗り物自体が危険なのか？　走る道路が危険なのか？　ルールが危険なのか？　はたまた、周りにいるクルマのせいで危険なのか？　つい〝ひとりの犯人〟を特定したくなるが、これらの要因は全てが関連し合っていて、それらを俯瞰的に捉え、解決を図るのが土木工学の役割である。

身近な自転車で考えるとわかりやすい。日本には軽快車、いわゆるママチャリが多い。これは、日本では歩道通行が認められ、あまり長距離を走らず、速度を出さなくても安定する自転車の方が乗りやすかったからである。歩道通行が認められたのは、日本では道路より鉄道の発達が早く、歩道と自転車道の双方を整備する余裕がなかったためで、道路環境やルールによって独自の乗り物が普及したといえる。そして、鉄道網が発達し、都市部では駅勢圏（鉄道駅に対して、利用すると期待される人が存在する範囲）が狭く自転車でアクセスしやすい環境であることが、都市部での自転車利用が多い要因ともなっている。同じように、空飛ぶクルマやスタイリッシュなマイクロモビリティが社会に溶け込むためには、やさしくない（高速の）クルマが走れる場所をつくり、路上駐車しないよう駐車場もつくり、安全に、かつ効率良く動けるような場所とルールをつくる必要があり、いくらクルマが空を飛べても、それだけでは社会や生活を変えることはできないのだ。

　土木工学は英語でCivil Engineeringという。市民工学は、軍事工学（Military Engineering）の対として捉えられ、軍事ではない工学全般を指す単語であった。のちに、機械工学や電子工学等、より専門に特化した名称がついて深度化し、その（抜けていった）専門以外がCivil Engineering＝土木工学となっている。つまり、土木とは非常に幅広い分野であり、他の工学分野とも密接に関係する学問なのだ。土木工学分野でいま、「総合的俯瞰力」という概念が謳われている。災害や事故などで考えるとわかりやすいが、物事が〝起きる〟かどうか、いつどこで起きるか、その内容や規模は不確実であり、予測が難しい。起きる前提で準備をしないといけないが、使えるお金にも限界がある。そのような中で、幅広い視点で、現実的で効果的な備えをしていく必要がある。

　筆者はもともと大学で電気電子工学を学んでいたが、ITS（Intelligent Transport Systems：高度道路交通システム）や施設配置を入口に、交通計画やまちづくりが理系であることを知り、すっかりはまってしまっていまでは交通の安全や快適性を追求する研究者となった。シンプルに高校生の頃に土木工学を知らなかっただけだが、興味の入口が何であっても、（たいていは）土木工学につながると言っていい。そして、コロナ禍で図らずも実感したように、社会状況が変わると生活や価値観が変わり、必要とされるインフラの質や量も変わっていくので、その整備に終わりはない。

このような、間口が広くて底も深く、無常で魅力的な学問があることを多くの若い学生たちに気付いてもらいたい。

もっと移動はスマートで楽しくなるよ！
駅に着いたら端末で次の移動手段を呼ぶ！
来たよ！
即ショッピング・・・
これがTODね！
歩いてまわるのも快適でいいわね・・・
これがウォーカブルね！
もっと移動を楽しみましょうよ・・・あんたの卒論研究に協力してるのよ・・・
オリジナルMAAS開発研究考察記入・・・
ふたり実証実験での・・・移動は楽しくなかった・・・

# 06

# [建築]

## Architecture

建築は都市を構成する大きな要素であり、設計者は建築単体だけでなく
都市とのつながりを常に意識している。組織設計事務所の設計者として
教育施設や福祉施設など規模の大きな建築を設計してきて、
現在プロフェッサーアーキテクトでもある岩崎克也氏が、
普段意識している「都市と建築空間の重なりと奥行き」のデザインについて解説する。

[2022年6月25日講演(オンライン)]

岩崎 克也
Katsuya Iwasaki
東海大学 教授／岩崎克也建築設計事務所

# 建築から都市を、都市から建築を考える

## 都市と建築空間の「重なりと奥行き」デザイン

### 都市の空間の重なり ―― 東京理科大学葛飾キャンパス

私は東海大学に着任する前に、日建設計（注1）という組織設計事務所に約30年間所属していました。その半分の期間を、設計チーフ（注2）という立場で従事してきました。今日は、そこで主に担当をした東京都内の6作品を題材にして、「建築から都市を、都市から建築を考える」というテーマに、「建築と都市空間の重なり・奥行きのデザイン」を副題としてお話をさせていただきます。

まず、都市と建築空間の"重なり"そして"奥行き"のデザインということで、四つのキーワードを挙げてみました（図1）。「潜る移動の体験」それから「断面の差異」、「視線の制御」、「境界面の重合」です。まず、「潜る移動の体験」とは、暖簾をくぐる、神社の鳥居をくぐる、そういった体験をしながら、都市空間から建築空間に移動していくということ。「断面

（注1）
日建設計
日本の組織設計事務所の最大手。住友合資会社の工作部に勤めていた長谷部鋭吉と竹腰健造が1933年の工作部の廃止に伴い設立した長谷部竹腰建築事務所が源流。東京タワーやスカイツリー、近年では渋谷駅周辺の再開発を手掛けたが、設計にとどまらず、都市デザインやコンサルティングなど建築に関わる総合的で多様なサービスを提供している。

（注2）
設計チーフ
プロジェクトチームの中心となり推進する役割。施主打合せやプロジェクト運営に始まり、設計チーフが確認申請者となり設計から監理段階までプロジェクトのすべての責任を負う役割を担う。

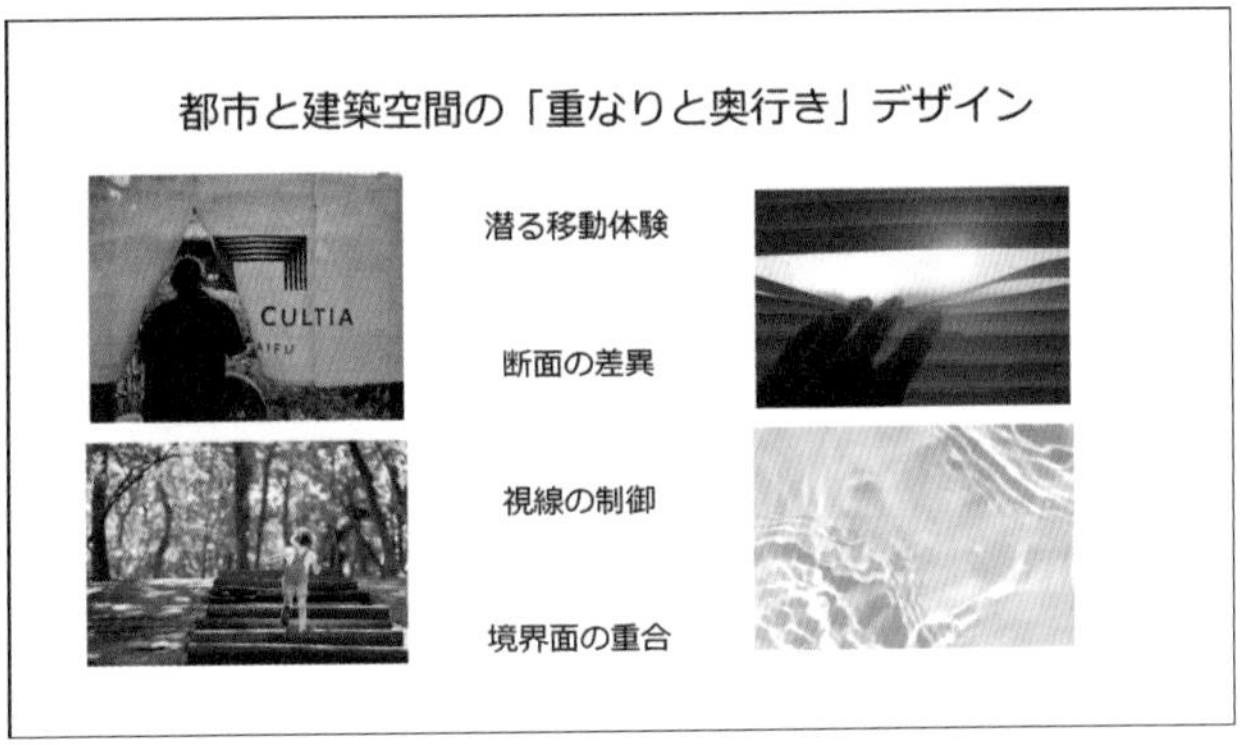
都市と建築空間の「重なりと奥行き」デザイン
CULTIA
潜る移動体験
断面の差異
視線の制御
境界面の重合

（図1）

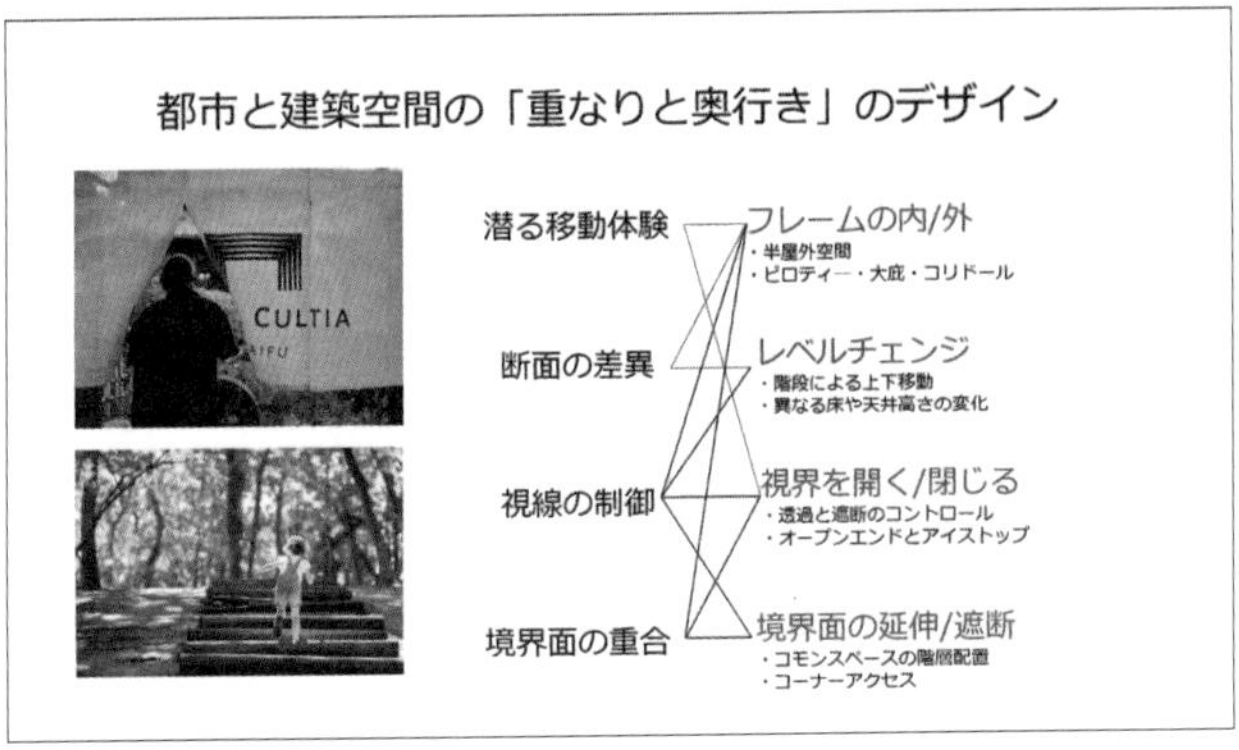
都市と建築空間の「重なりと奥行き」のデザイン
CULTIA
潜る移動体験
断面の差異
視線の制御
境界面の重合
フレームの内/外
・半屋外空間
・ピロティー・大庇・コリドール
レベルチェンジ
・階段による上下移動
・異なる床や天井高さの変化
視界を開く/閉じる
・透過と遮断のコントロール
・オープンエンドとアイストップ
境界面の延伸/遮断
・コモンスペースの階層配置
・コーナーアクセス

（図2）

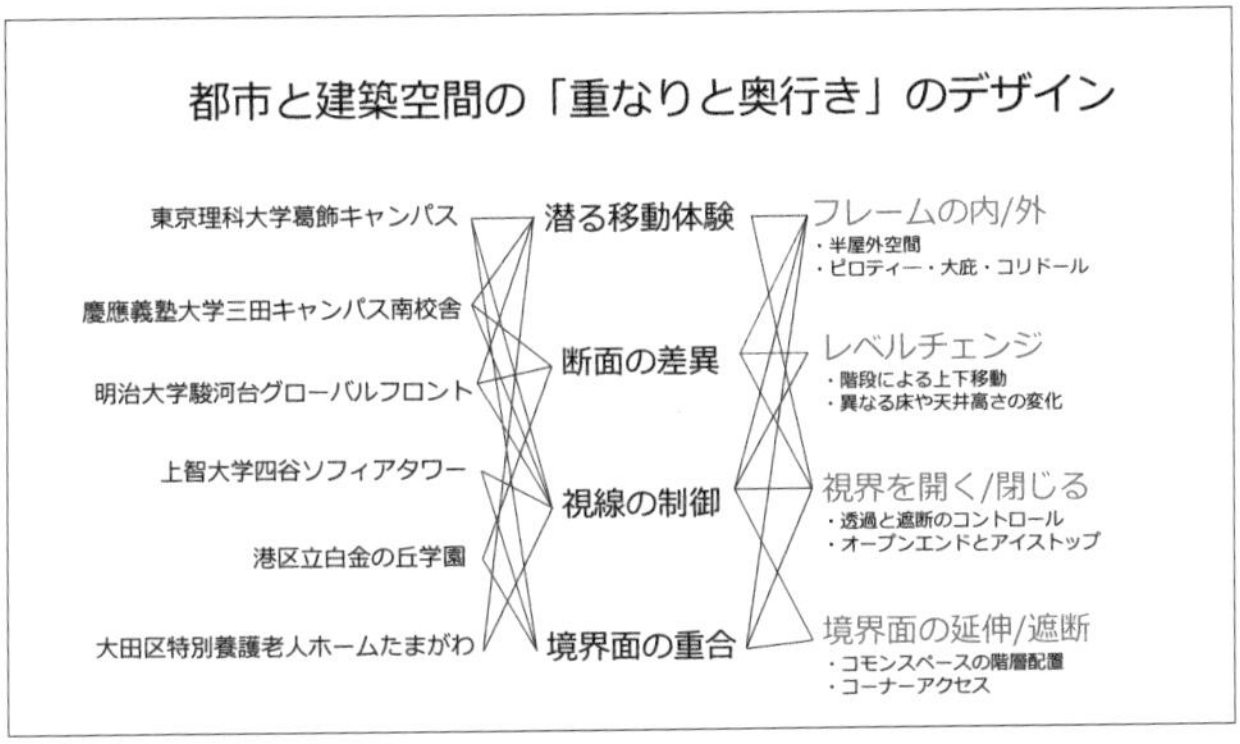
都市と建築空間の「重なりと奥行き」のデザイン
東京理科大学葛飾キャンパス
慶應義塾大学三田キャンパス南校舎
明治大学駿河台グローバルフロント
上智大学四谷ソフィアタワー
港区立白金の丘学園
大田区特別養護老人ホームたまがわ
潜る移動体験
断面の差異
視線の制御
境界面の重合
フレームの内/外
・半屋外空間
・ピロティー・大庇・コリドール
レベルチェンジ
・階段による上下移動
・異なる床や天井高さの変化
視界を開く/閉じる
・透過と遮断のコントロール
・オープンエンドとアイストップ
境界面の延伸/遮断
・コモンスペースの階層配置
・コーナーアクセス

（図3）

の差異」というのは、階段や天井の高さの違いを意図しながら空間をつくっていくということ。「視線の制御」は、視線をさえ切ったり、アイストップをつくったり、何かに導いたりするなどの視線を誘導することを指しています。「少し他の三つとはカテゴリーは違いますが、境界面の重合」は、いくつかの操作を行う中で、建築と都市の境界を、はっきり区切るのではなく折り合う重なりの中で描くことです。

四つのキーワードについてもう少し具体的に説明すると（図2）、例えばフレームで囲われた中と外の関係、これは半屋外空間やピロティでの体験も含まれます。また、「断面の差異」、つまりレベルチェンジは階段や天井の高さの違いが感じられる意識の変化です。先ほどお話をした視線のコントロール、それから一番下段の「境界面の延伸／遮断」ということに関しては、建築と都市の間にコモンスペースを段階的に配列していくこと。例えば入り口を、敷地のコーナーに設けることで、街路に背を向けることなく、都市空間とそれから建築の空間を連続化させることができます。こういったいくつかのキーワードをもとに、私が実際に設計した6作品を見ていきます（図3）。

初めの作品は東京理科大学のキャンパスです。ここは葛飾区と協働しながら設計を進めていきました。敷地の南と北側に「にいじゅく未来公園」という公園があり、その公園の中央に東京理科大学が敷地を取得したのです（図4）。このプロジェクトはプロポーザルの時から、公園にもキャンパスにも塀も守衛もいない建築ですが、南北の敷地をどのようにつないで生かしていくかということが大きなテーマになっています。

図5の黄色の矢印は、「ガーデンパス」という一般区民が通り抜けできる空間です。キャンパス全体としては6棟の建築で構成されています。道路を挟んで後ろ側にも「にいじゅく未来公園」があります。他の関係者との協働も考慮して公園のランドスケープと大学のランドスケープと、それらの境界面をどのようにつくっていくかということを、しっかり議論しながら進めました。

また、図6にあるように、建築の周りは全て緑で囲むこと、それから池による水景をつくること、南北の公園をつなぐガーデンパスを通すというものを最初に考えました。ガーデンパスは6本ありますが、それぞれの通り（ガーデンパス）で、季節ごとに異なる花が咲くように、各通りの趣を

（図5）

（図4）

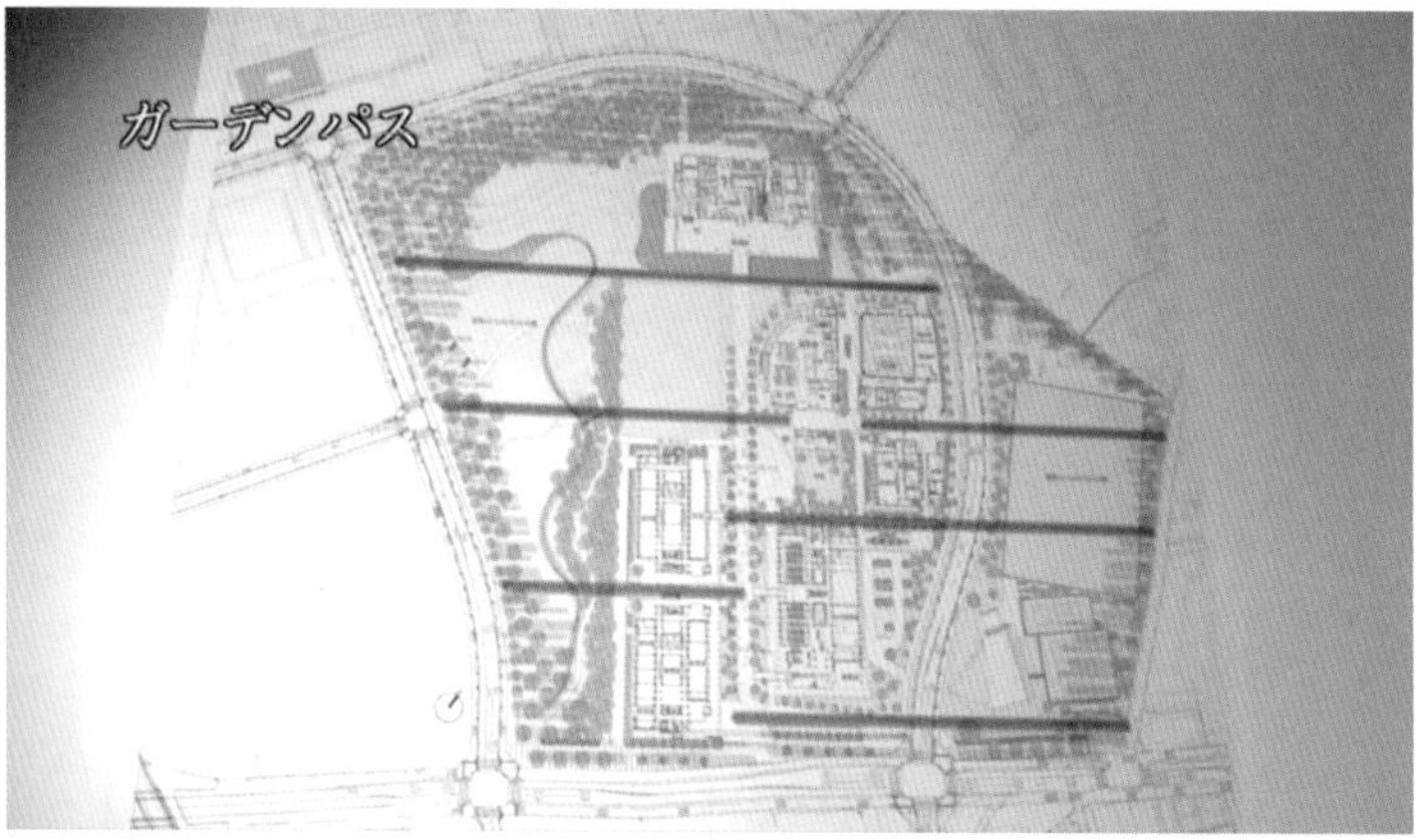

（図6）

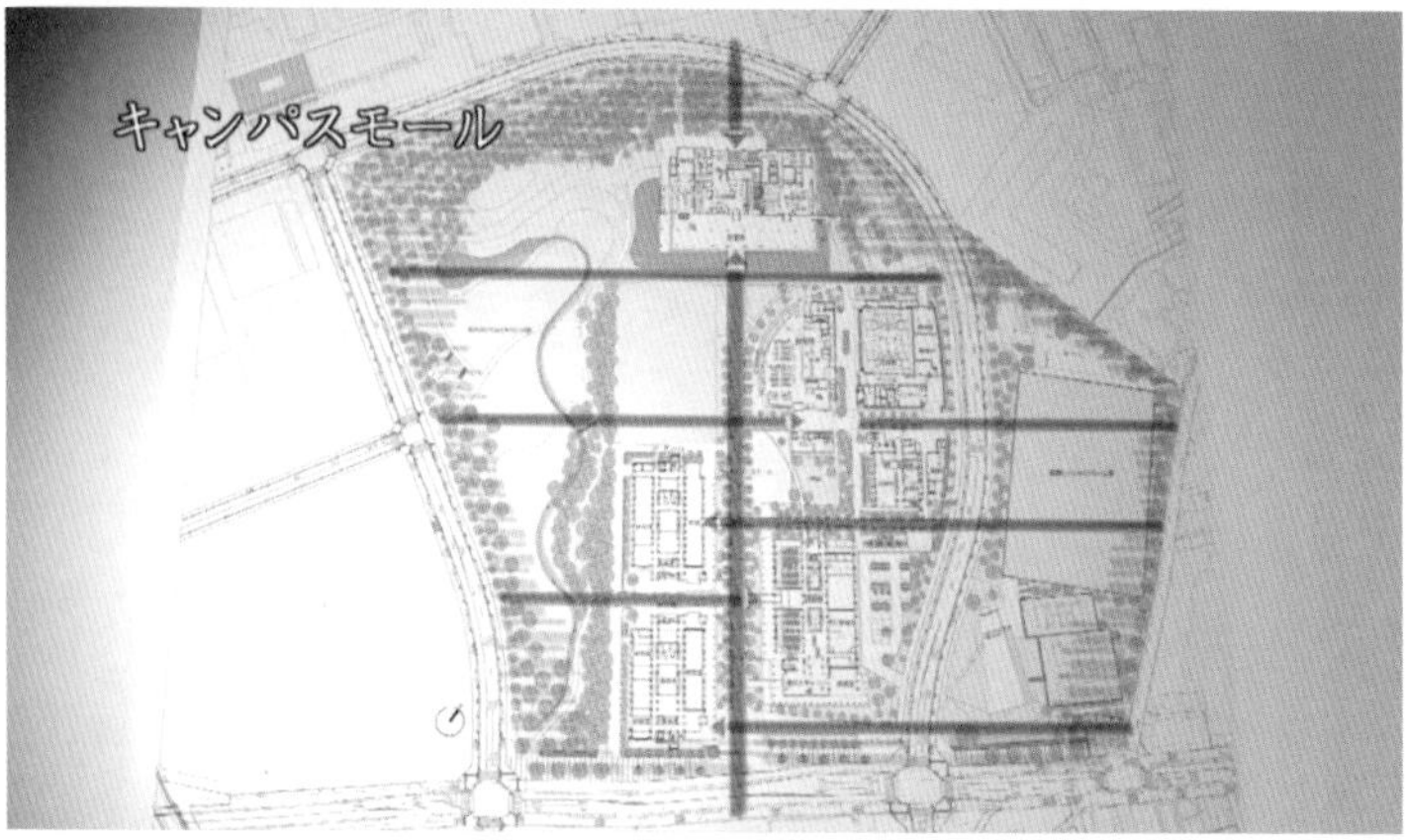

（図7）

（図9）

（図8）

変えています。学生がここを歩く中でも、6本の各通りで季節によって、花の色合いや香りを楽しめる工夫をしています。

一方、ガーデンパスに直行して「キャンパスモール」は、建築の東西をまっすぐつなぐキャンパスの骨格になる空間をつくりました（図7）。奥行き250mくらい、幅30mくらいあります。ちょうど銀座通りの歩行者天国と同程度のスケール感になりますが、いきなり建築の外壁をキャンパスモールに面してつくるのではなく、コリドールいう内外の中間領域を挿入して、建築とランドスケープの間に半屋外の庇的な空間をつくっています（図8）。そこにベンチを置くなどして、さまざまなアクティビティ（注3）が生まれるよういろいろ工夫をしています。また、キャンパスモールには、理工系の大学らしさを出したいという想いを込めて、科学者の名前を108人分彫りました（図9）。1番最後はiPS細胞を発見しノーベル賞を受賞された山中伸弥先生の名前が入っています。

このように公園をつなぐガーデンパス、それに直行するキャンパスモール、それからキャンパスモールに面したコリドール、あるいはピロティや中庭といった空間を挟んだ計画になっています（図10）。そして建築の中

（注3）
アクティビティ
建築においては主にその空間で発生する人間の活動のことを指すが、光や風など自然の動きもアクティビティに含まれる。多様なアクティビティが生まれる空間が豊かな空間だと言えるが、ガラス張りにして、室内のアクティビティを屋外に見せるようにするなど、アクティビティはその空間を印象付ける要素とも言える。

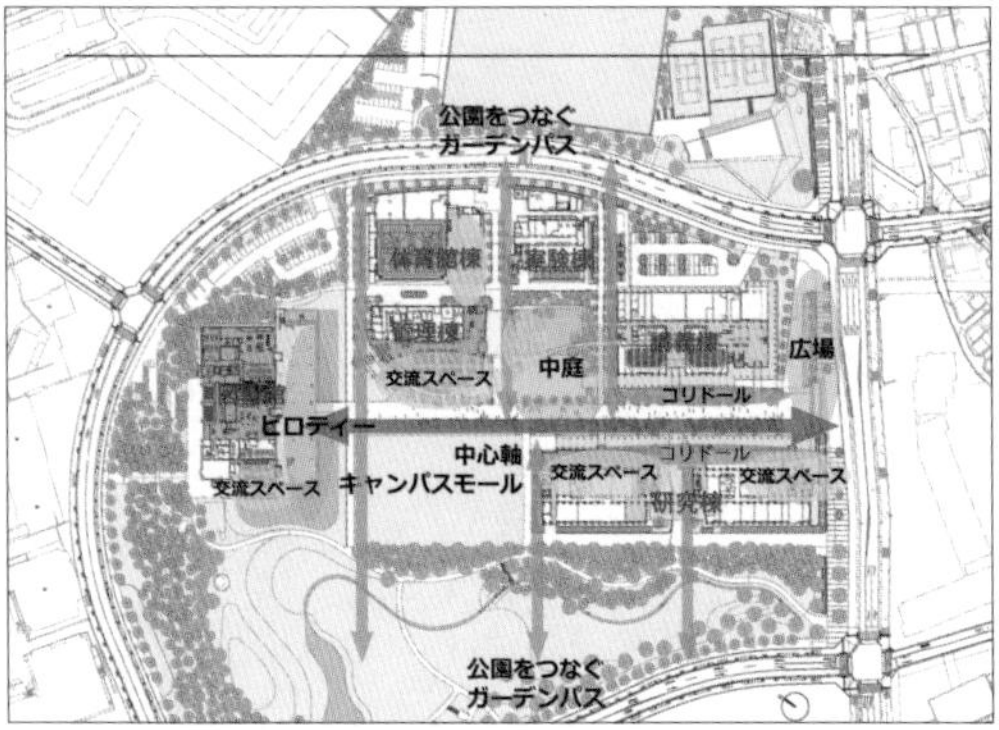
公園をつなぐ
ガーデンパス
体育館棟
実験棟
管理棟
交流スペース
中庭
広場
コリドール
ピロティー
中心軸
キャンパスモール
コリドール
交流スペース
交流スペース
交流スペース
研究棟
公園をつなぐ
ガーデンパス

（図10）

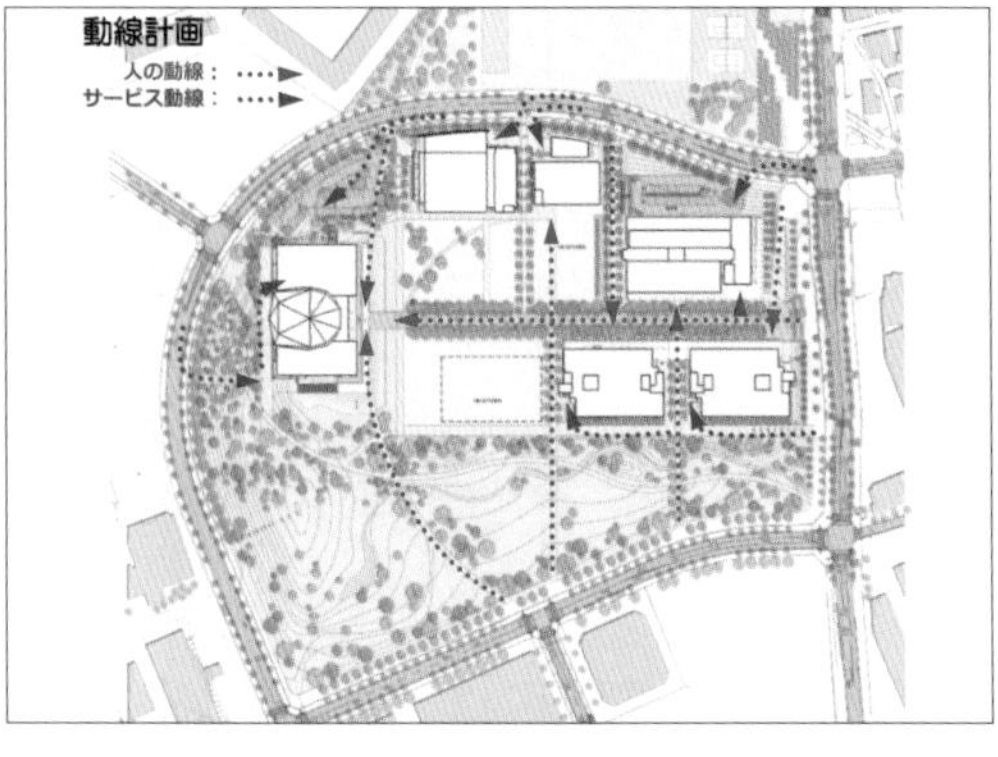
動線計画
人の動線：
サービス動線：

（図11）

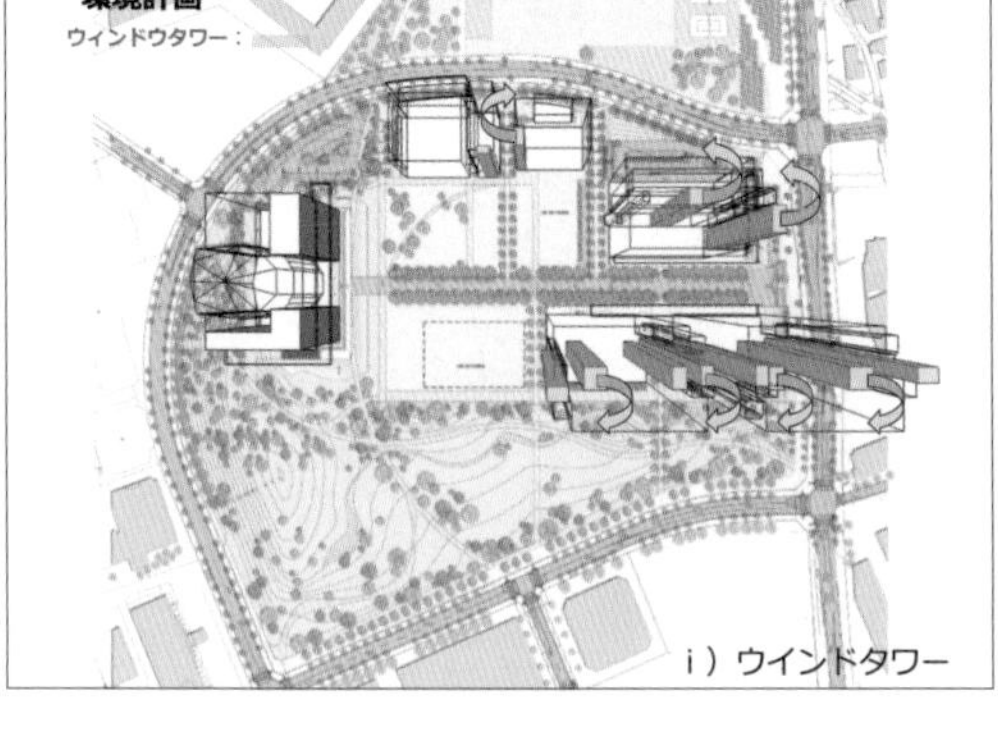
環境計画
ウィンドウタワー：
i）ウインドタワー

（図12）

ですが、図のように黄色く塗った部分が交流スペースです。これらは食堂や売店、カフェやロビーだったりしますが、いきなり教室空間とするのではなくて、交流スペースを段階的に配置しました。屋外空間、屋内空間、半屋外スペースと段階的にスペースをz構成することを考えました。

次に、動線計画（図11）ですが、人中心ということで敷地の中には人を入れていく。道路、車は敷地の外側に動線を設けます。そしてエレベーター・エスカレーターなども建築動線の中心に配置します（図12）。このエレベーター・エスカレーター・階段室は、ウィンドタワーと呼んでいますが、人の流れだけでなく、空気の流れをつくる煙突効果も果たしています。こちらがキャンパスモールになります。このアイストップには図書館を配置しました（図13）。図14はガーデンパスですが、このような門型のゲートをくぐって、次へ進んでいきます。門型のシークエンスが何度もキャンパスの中に現れてくるようにしています。図15は半屋外のコリドールです。キャンパスモールの面した場所には食堂など人が集う場所を用意しています（図16）。それから学園祭などを催すスペースが欲しいという要望がありましたので、少しまとまりのある空間をキャンパス中央につくりました

（図13）

（図14）

（図17）

（図15）

（図18）

（図16）

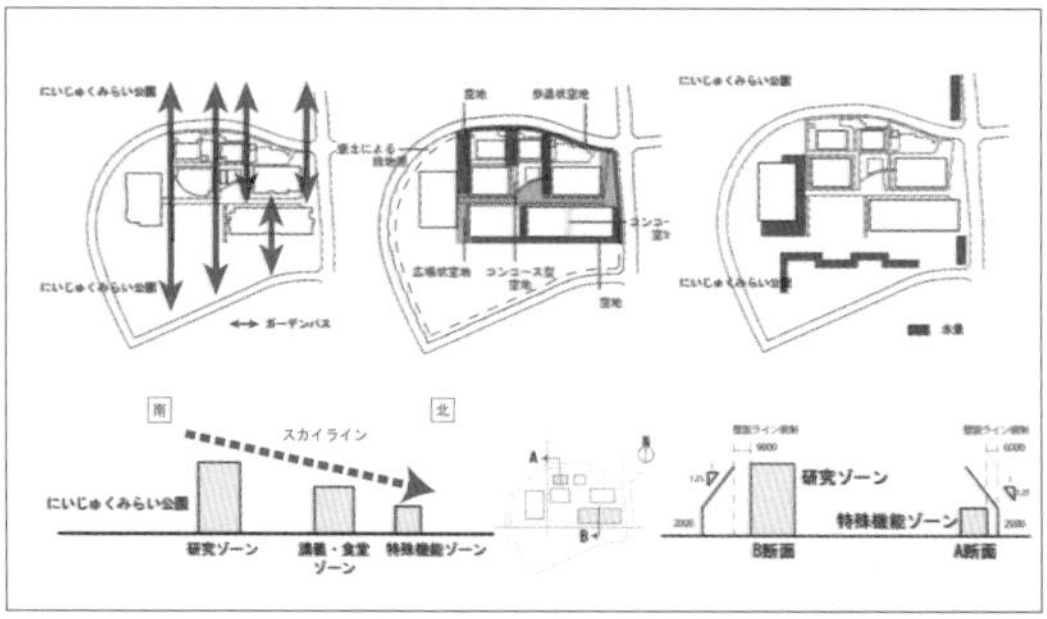


（図19）

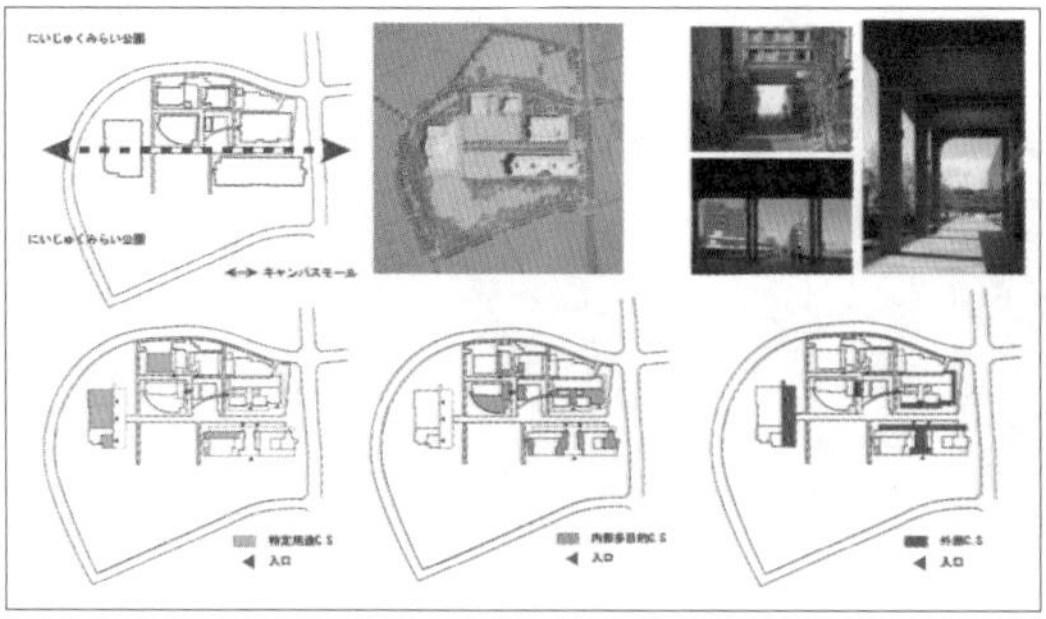


（図20）

（図17）。また、図書館の手前には、雨が降っても濡れないようにアーバンホワイエという名の大きなピロティをつくっています（図18）。

図19で示してあるように都市計画と一緒に設計が進んでいきました。地区計画（注4）といって葛飾区とスカイラインのルールや容積用途を決めながら、この建築が実現していますが、工業地域に本来は、大学用途は建ちませんが、将来、第2種住居地域に変更するという前提で、容積それから建築の高さ、壁面躯体などを決めながら建築の設計と地区計画を同時に行なうという、非常に新しい進め方の事例かと思います（図19）。スライドの下の三つの図は、左が特定用途、つまり体育館や食堂などの決められた用途のボリュームがあって、中央の図のグレーの内部多目的室は、逆に不特定、多目的用途で特定の用途がなくても自由に入れる空間になっています。一番右側の黒の空間は外部コモンスペースと書いてありますが、これは半屋外空間をつくっています。ですから、ピンクとグレーと黒の三つの空間をミルフィーユのように段階的に層をつくって配列しているのが、このキャンパスの特徴になっています（図20）。

このキャンパスは、休みの日も平日も、地域の保育園の散歩ルートになっ

（注4）
地区計画
地区の課題や特徴を踏まえ、自治体と住民が連携しながらまちづくりを進めていく手法。容積率の限度や建物の用途といったルールに則って道路や公園などの具体的なまちづくりの内容を決め、その「地区整備計画」を決めていく。

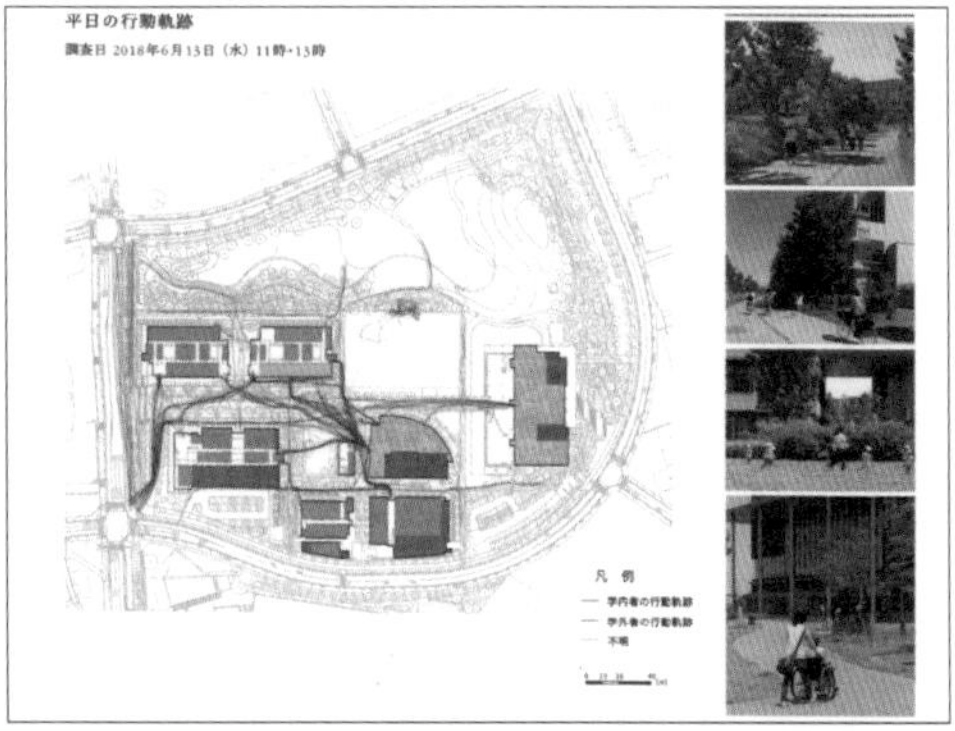
平日の行動軌跡
調査日 2018年6月13日（水）11時-13時
凡 例
学内者の行動軌跡
学外者の行動軌跡
不明

（図21）

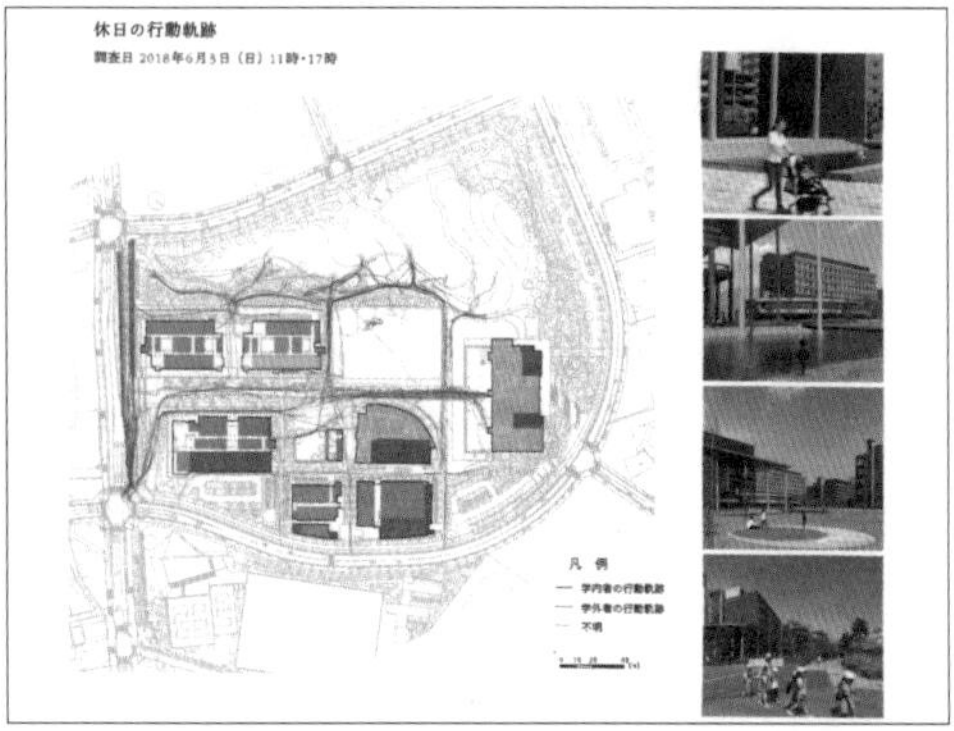
休日の行動軌跡
調査日 2018年6月3日（日）11時-17時
凡 例
学内者の行動軌跡
学外者の行動軌跡
不明

（図22）

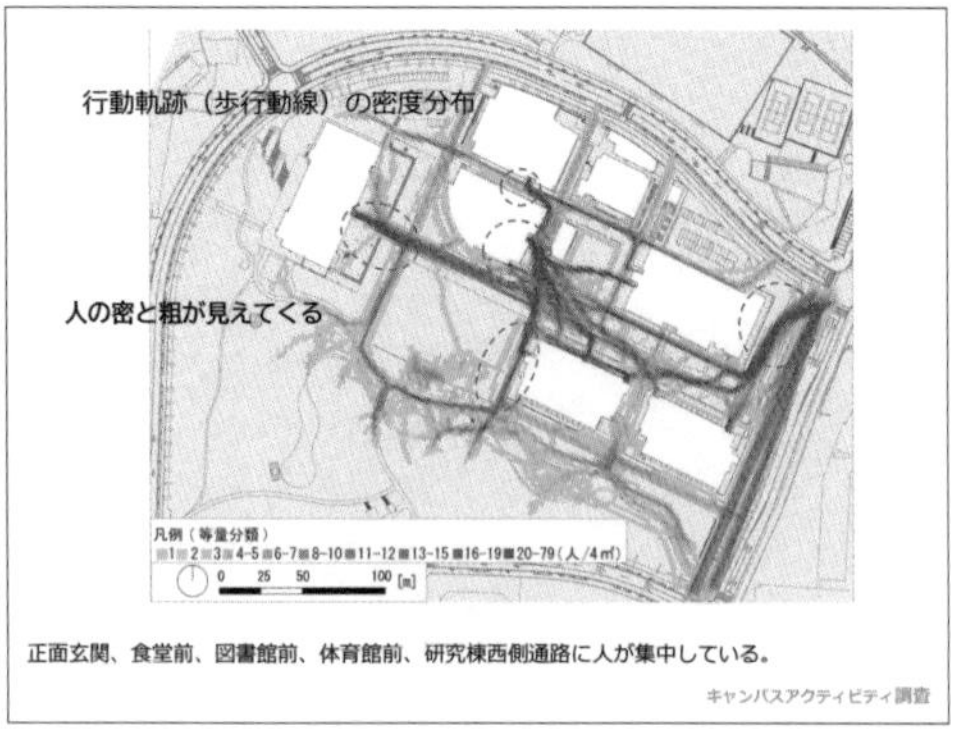
行動軌跡（歩行動線）の密度分布
人の密と粗が見えてくる
凡例（等量分類）
1 2 3 4-5 6-7 8-10 11-12 13-15 16-19 20-79（人/4㎡）
0 25 50 100 [m]
正面玄関、食堂前、図書館前、体育館前、研究棟西側通路に人が集中している。
キャンパスアクティビティ調査

（図23）

ています。図21は東京理科大学の郷田研究室と協働の調査研究をした結果ですが、平日は赤の学生の動きが多い、それも建築を斜めに横断していることが多いというのが分かると思います。もちろん学生だけではなくて地域のご老人も保育園のお子さんたちも来ています。一方休みの日になると青の学外の方が多くなり（図22）、平日がどちらかというと東西に移動していたのに対して、休みの日の青い線は南北に移動しています。二つの公園を結ぶように横断していることがわかるかと思います。図23は、実際にキャンパスの中にどこに人がいるかの単位面積当たりの人の密度を可視化した図になります。中庭空間、食堂の入り口、図書館入り口、それから教室回りの入り口が人の密度が多いということがわかりました。

写真は、公園側から見た図書館棟になります（図24）。図書館棟をもう少し詳しく説明すると、1・2階は図書館で3階には６００人が入るホールを設けています。６００人というのは一つの学部が入るのにちょうど良い大きさになっています。図書館は約10万冊が入り、６００席の座席があります。吹き抜け周りは、一つの階を三つの床にわけたブックギャラリーという階段状の本棚を設けて自分の読みたい本のすぐ傍に集まれるような

（図24）

（図28）

（図25）

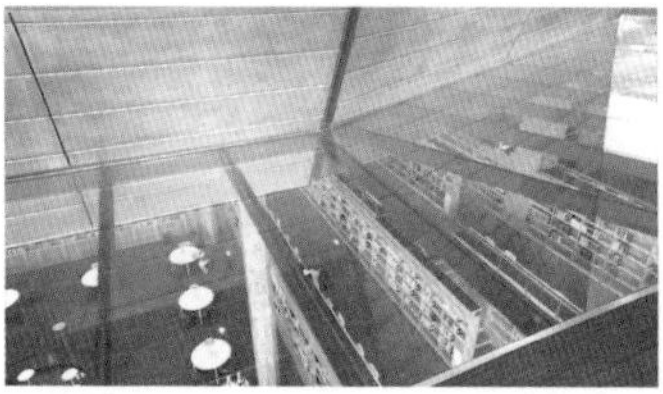
（図29）

（図26）

（図30）

（図27）

場所にしました（図25）。図書館にはガラスの天井があって、ちょうど上階の様子が分かるようになっています（図26）。3・4階に行くにはサイドホワイエという階段を上がっていきます。図27の600人のホールの内部は、2層の2フロアになっていて、アルキャストというアルミの型材を使っています。ホールは主に講義で使用されますが、残響時間は1・2～1・5秒になっており、横の木のルーバーの後ろ側にカーテンが入っていて、そこで音響の残響時間を調節できるようになっています。また、ホワイエを見るとキャストのホールがふわりと浮いたようになっています（図28）。床とこの壁の間のガラスでアーテキュレイト（離接）しており、下階の様子が見えます（図29）。これが図書館の夕景で、少しホールが浮き上がっているのが分かっていただけるかと思います（図30）。アルキャストのホールがふわりと浮いていて、ホワイエとは確実に床面で切れていて、唯一後ろに見える階段で、このホールと床がつながっているということです（図31）。また、図書館の設備的な空気の取り入れ口をこの池に直接配しています（図32・33）。このように環境負荷も考えながら図書館をつくっていますが、空調は、床吹き出しという居住域空調（注5）を実現しています。

（図32）

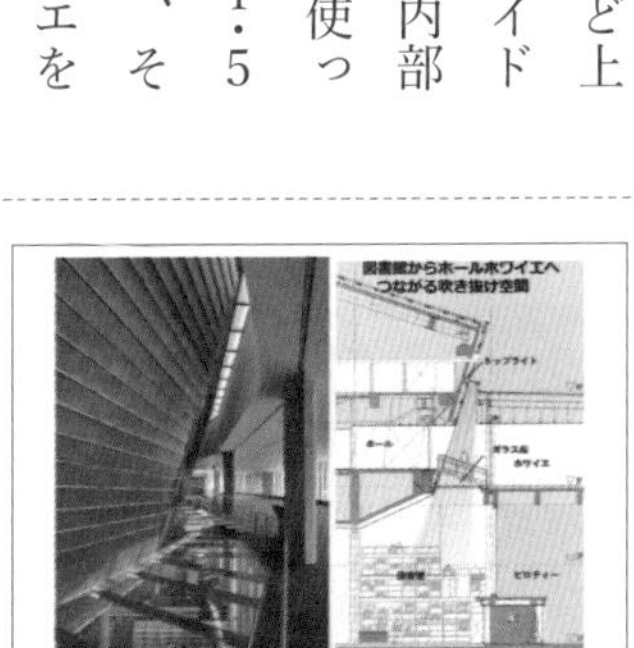

（図31）

それから一般の人も使えるようにカフェも配列しており、池側に出て、お茶をすることもできるようなスペースを設けました。また、池と反対側に「未来わくわく館」があります（図34）。これは葛飾区が運営しています。

もともと東京理科大学の図書館だけが葛飾区の敷地の中に、大学が区から借地をする形で建っていますが、さらにこの「未来わくわく館」の運営を区が行うという入れ子構造のような珍しい事業スキームになっています。

東京理科大学に関しては、キャンパスというまとまった敷地の中に一度に計画ができたということで、キャンパスを一つの都市と見立て空間の重なり方を考えながらつくっていった事例として挙げさせていただきました。

## 透明な建築とレベル差で内と外をつなぐ ── 慶應義塾大学

2番目に紹介するのが慶應義塾大学の三田キャンパスになります。三田キャンパスといえば、槇文彦さん（注6）が設計した図書館棟と大学院校舎があります。その2棟の前に建てるという難しいプロジェクトでした。これもコンペで獲得したプロジェクトになります。私たちの事務所以外にも慶應義塾大学に関わる先生方を含めた錚々たるメンバーがプロポーザル

（図34）

池の一角の地下ピットを利用したクールピット（？）の設備口

（図33）

に参加していました。その中で獲得した仕事です。これがその時の模型写真ですが（図35）、もともと階段で中庭レベルに上がるという6・6ｍのレベル差を使って、都市とキャンパスの間を仕切っていたので、それを踏襲した新しい建築をそっと置いてみたプロジェクトです。もとは図36のようなキャンパスで、校舎は第1回ＢＣＳ賞（注7）を受賞していますが、階段を上って中庭にアプローチするという計画でした。我々の設計はできるだけ最初のイメージを変えないようにしていこうと、透明感を持たせて中庭まで連続させることにしました（図37）。それが、このようなイメージです（図38）。二つのプロポーション、大体7対3のボリュームに分節していますが、その間のストラクチャーの計画も、実はとても難しいことをしています。通常は長方形平面の建築は短手方向にメインフレームを設けますが、今回長手方向にメインフレーム設けて、短手方向は見付け寸法が400㎜という細柱のみで構成しています。

既存の建築が建っている中で、まずこのキャンパスを私たちなりに研究し、教育先導ゾーン、研究先導ゾーン、新実業先導ゾーンに分類しました（図39）。その中で建築を置いて、他の建築との関係がどう見えるかを整理

（注5）
居住域空調
建築物全体ではなく、居住者の直近の局所環境を対象として、効率的な空調を行う方式。空調が必要な室内に限定して空調する個別制御空調システムや、室内の床から1・8ｍ程度を対象とした床吹き出し空調システムなどがある。

（注6）
槇文彦
日本を代表する建築家の一人。建築界のノーベル賞と言われるプリツカー賞をはじめ、UIAゴールドメダルや高松宮殿下記念世界文化賞など数々の受賞歴を持つ。主な作品に代官山ヒルサイドテラスやニューヨークのワールド・トレード・センターなどがある。

（注7）
ＢＣＳ賞
（一社）日本建設業協会により、毎年、優秀な建築作品に対して贈られる賞。「優秀な建築物を作り出すためには、デザインだけでなく施工技術も重要であり、建築主、設計者、施工者の三者による理解と協力が必要である」という理念のもと、デザインだけでなく、施工技術も評価することに特徴がある。

（図36）

（図35）

（図37）

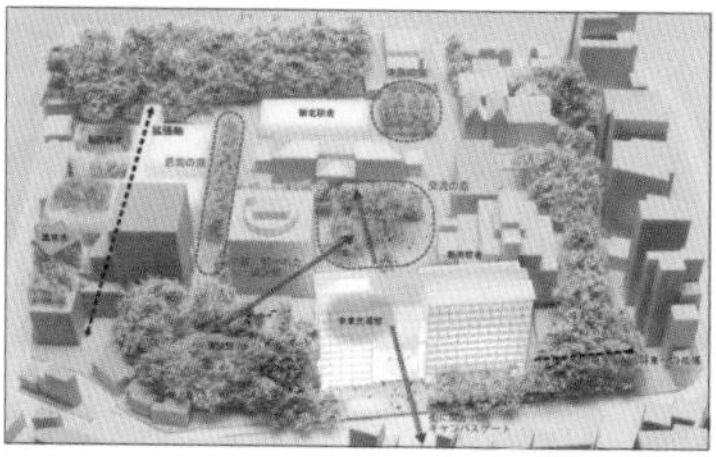

（図40）

（図38）

（図41）

（図39）

したのが図40です。これはコンペの時の案で、設計する新南校舎が、中庭軸に対して、実は角度が振れています。建築を国道1号線に平行に配置計画しているからです。こうすることで演説館と中庭との関係が良くなるなど、いくつかのメリットもあるため、当初はこのような計画をしていました。断面的には教育支援環境ゾーン、教室環境ゾーンそれから交流環境ゾーンの三つのゾーンからなっています（図41）。最終的には協議して、中庭軸と平行にキャンパスを置きました（図42）。ここがプロポーザル案と実際に建った建築との大きな違いです。それ以外は、プロポーザルの案のまま進めることができました。皆ここをくぐって（図43）、シンボルツリーである大きな銀杏を見ながらキャンパスに入っていきます。

先ほどお話ししたようにキャンパスの中の図書館棟と大学院棟は槇文彦さんの設計で、それ以外の塾監局と第一校舎というのは古くからある建築です。まず私たちの提案は、南校舎は槇さんの建築群の31mにスカイラインを合わせました。古い16mの高さには、キャンパスゲートという先ほどくぐり抜けるゲートの上端を合わせました（図44）。このように既存の建築の高さを拾いながら新しい計画に盛り込んでいくということをしまし

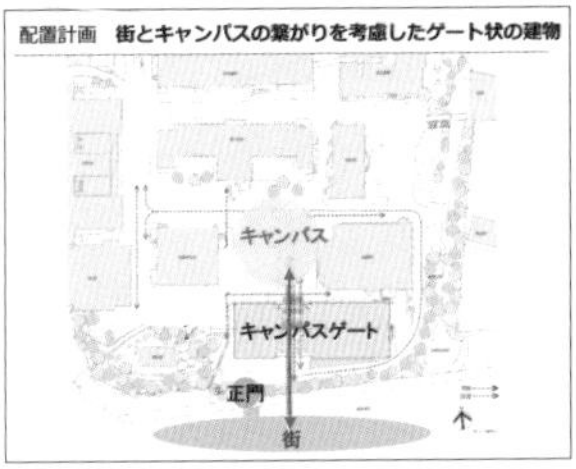

（図42）

（図43）

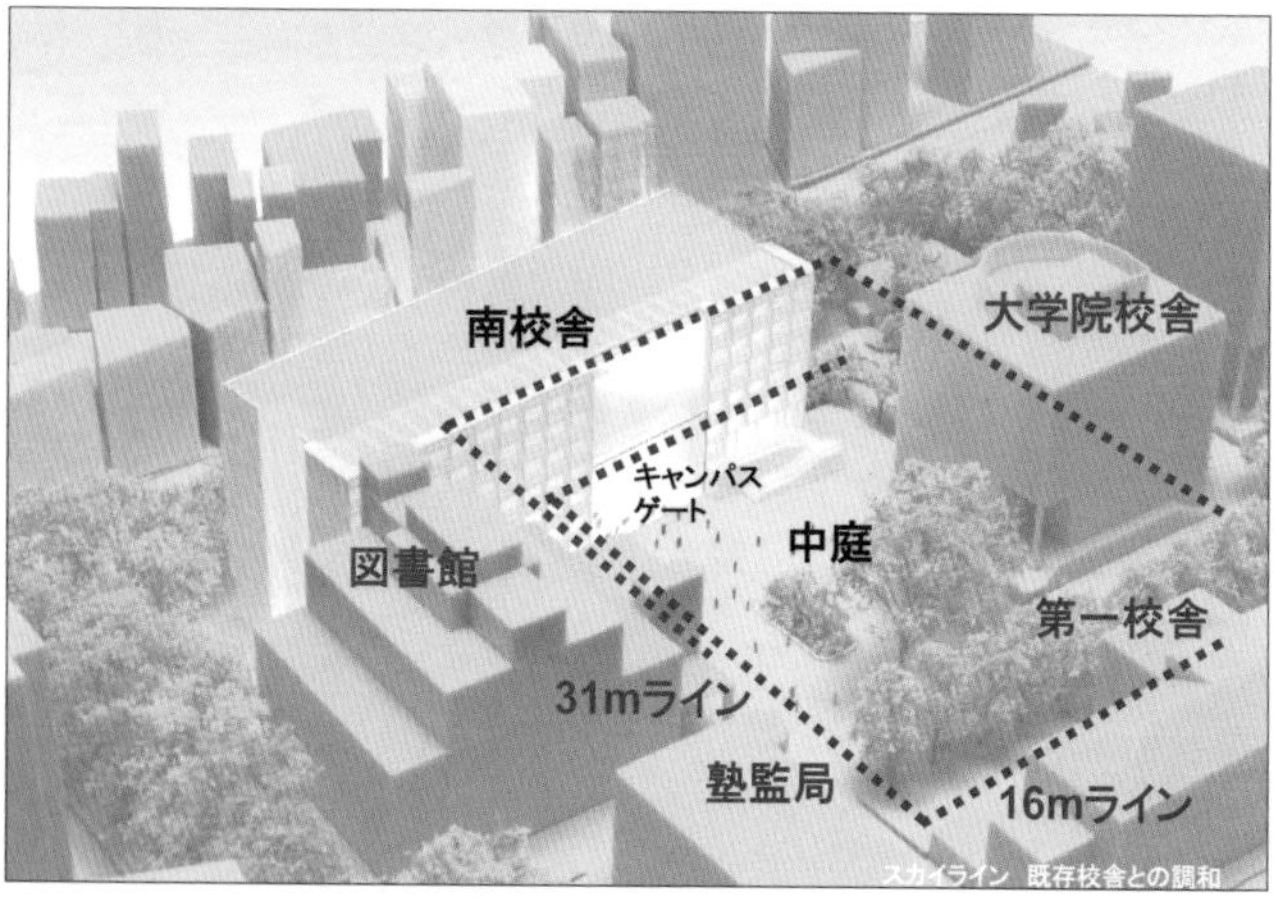
南校舎
大学院校舎
キャンパス
ゲート
中庭
図書館
第一校舎
31mライン
塾監局
16mライン
スカイライン　既存校舎との調和

（図44）

（図45）

た。なるべく、このつなぎの空間は透明性を持たせるという意味で、足元までガラスにしています（図45）。ここでは、大きな梁を掛けずに上から床を吊るなどの工夫をして、なるべく透明に見せるようにしています。このように大学の良さを活かしながら、既存のキャンパスのイメージを継承するというのは、コンペで高く評価された点でした。実は、階段を登った先の中庭空間では、早慶戦の後には、ここで応援団が太鼓を叩いたりするのです。音を街側に出してはいけないということもあり、ガラスを配することで音の対策をしながらも視線は抜けていくという相反するものを両立させる建築的な操作を行っています。

## 求心性と遠心性を兼ね備えたタワー ――明治大学グローバルフロント

3番目にご紹介するのは、明治大学のグローバルフロントという建築です。明治大学は御茶ノ水の街中にあり、周囲にたくさんの建築が建っていますが、大学キャンパスの中でも1番駅に近い建築です。もともと建っていた建築は、堀口捨己さん（注8）が設計したもので、中庭のある求心的なプランでした。それに対して私たちの提案は、低層部は求心的なプラン

（注8）
堀口捨己（ほりぐち すてみ）
1920年に結成された分離派建築会のメンバーの一人。分離派建築会は、当時、建築の実用性や工学面に偏重した東京帝国大学を中心とした流れに反発し、建築の芸術性を主張した。その後、堀口は日本の伝統文化とモダニズム建築の理念との統合を図った。主な作品に大島測候所や名古屋八勝館がある。茶室や数寄屋、庭園の研究者、また歌人としても知られる。

明治大学駿河台キャンパスグローバルフロント

（図46）

リバティタワー
GLOBAL FRONT
グローバルフロント

（図47）

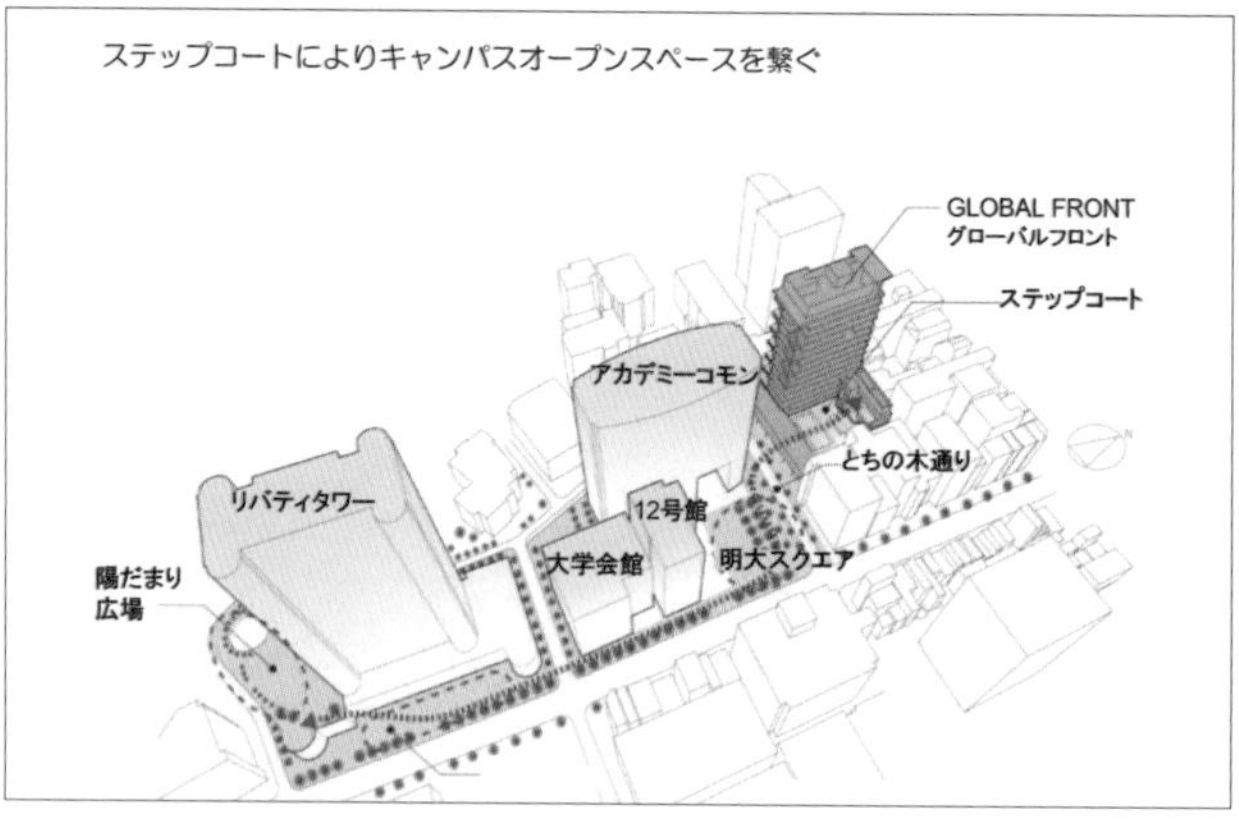
ステップコートによりキャンパスオープンスペースを繋ぐ
GLOBAL FRONT
グローバルフロント
ステップコート
アカデミーコモン
とちの木通り
リバティタワー
12号館
陽だまり
広場
大学会館
明大スクエア

（図48）

をつくり、一方、高層部は逆に外に向かって発信していこうと、駅から降りても明治大学だとわかる特徴的なデザインにしました（図46）。だから上に積んで高さを稼いでいます。ちょうど、リバティタワーとアカデミーコモンとグローバルフロントの3棟のタワーを群造形ととらえ、大きな構えとして見せるということをまずは考えました（図47）。タワーの遠心性とそれから中庭の求心性を兼ね備えた建築です。次に、敷地そのものが御茶ノ水の微地形で、少し緩やかな高低差がある地形です。リバティタワーの3階の屋根の上や、アカデミーコモンの前の公開空地からいろいろなレベルで連続した空地があるので、それを今度はグローバルフロントという新しい建築の中にも幾つものレベルの床をつくっていきました。これがキャンパス全体像を示すアクソメです（図48）。このようにぐるりと赤い線のところを一筆書きで人が歩けるという計画を考えました。図49がアカデミーコモンという建築の前のオープンスペースの公開空地になっていきます。この公開空地と連続するように左上の今回の建築に導いていこうというものです。次に「とちの木通り」というこの通りをまっすぐ行くと、御茶ノ水のニコライ堂に当たりますが、この通り沿いは街並みの景観という

（図49）

ことで、アーチの造形を都市計画の景観条例でつくらなくてはならない場所でした。私たちは、実は普通のアーチではなく、サイクロイド曲線（注9）という曲線を使い、鉄骨造で特徴的なアーチをつくっています（図50）。水道橋の方に少し歩くと文化学院や、吉阪隆正さん（注10）が設計したアテネ・フランセがあります。それらとは少しボキャブラリーが異なるアーチをここでは考えました。このアーチをくぐり抜けて建築の中に入っていきます。アーチから少し見返ると先ほどのアカデミーコモンの公開空地の緑が見えてくるというものです（図51）。さらにくぐった先は、ステップコートという階段状の外部空間をつくりました（図52）。この建築の用途としては、低層部は教室があって高層部は研究室なので、低層部の学生はこの外部空間を使いながら移動ができるようになっています。これが断面の構成になっています（図53）。主に上の方は研究室なので、比較的フットプリント（建築面積）の小さなコンパクトのもので縦に積みましたが、低層周りは教室なので階段状に配列しています。そして、この建築の中には二つのホールが入っています。向かって左側の約５００人入るホールと、右側のもう少し大きな多目的ホールがあって、真ん中はガラス張りの空間で

（注9）
サイクロイド曲線
直線上を円が転がる時に、ある円の一点が描く曲線。曲線上に設定したある2点において、高い点から低い点へ向けて物体を転がした時に最速で辿り着く曲線がサイクロイド曲線の特徴の一つ。

（注10）
吉阪隆正（よしざか　たかまさ）
1950年から2年間、ル・コルビュジエのもとで学び、帰国後は建築家として活躍する傍ら、早稲田大学で教鞭を執った。主な作品に浦邸や大学のセミナーハウスなどがある。御茶ノ水のアテネ・フランセでは、日本建築学会賞を受賞した。

（図50）

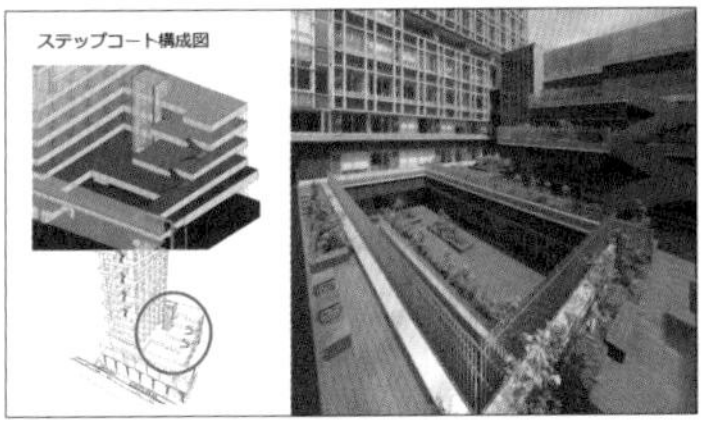


（図52）

（図51）

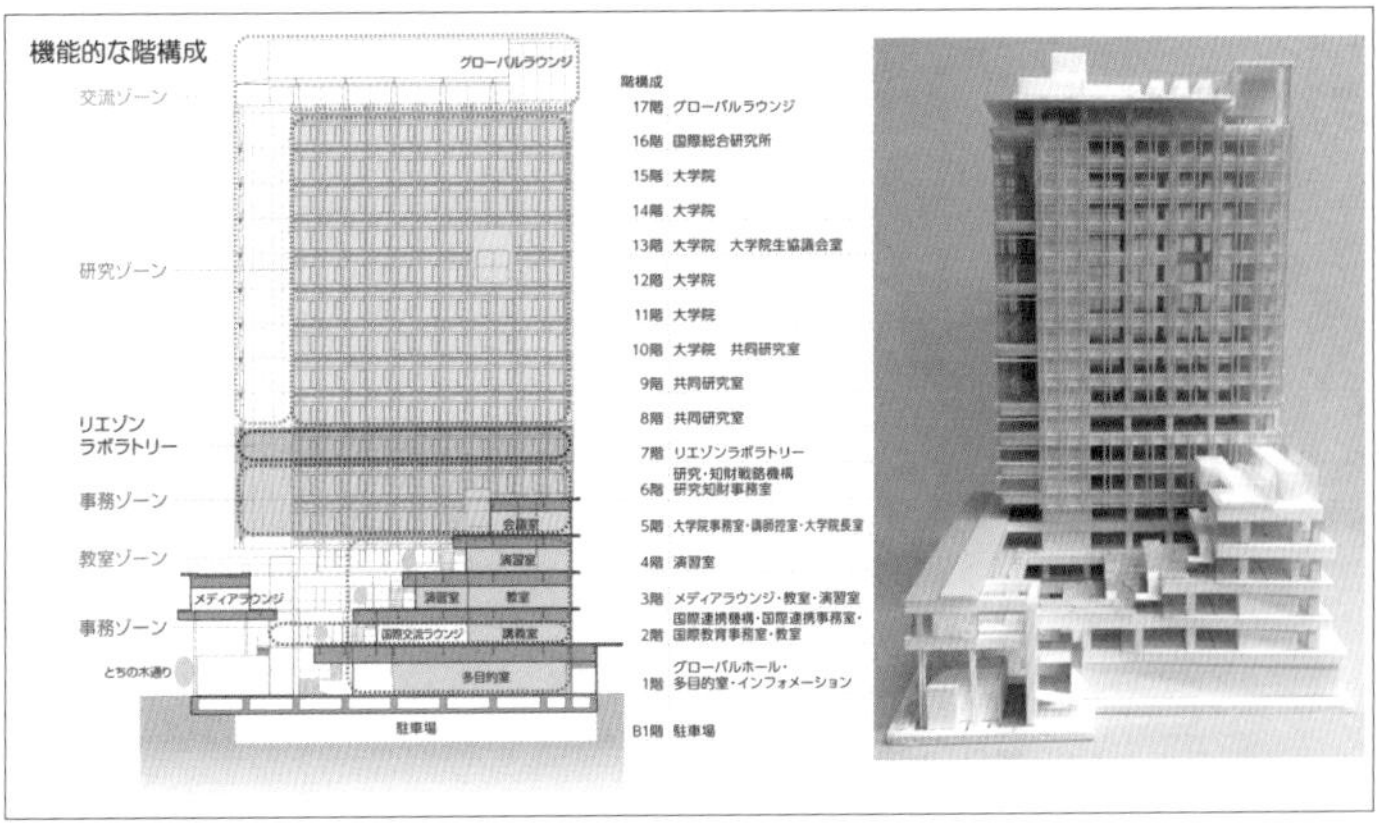


（図53）

（図54）

抜けています（図54）。このエントランスホールは、開放的にしたかったので、エレベーターは、先ほどの慶應義塾大学と同様に、シャフトレスとし、ガラスで囲うことなくシースルーのエレベーターが上から下まで通って、このエレベーターのスペースがちょうどトップライトを兼ねているというものにしました。また、上の階は、2フロアに一つずつラウンジを設けています。研究者や大学院生が集える場所をつくっています。

## キャンパスと街路のずれを活かす ——上智大学ソフィアタワー

ここからは、4番目の四谷の上智大学のソフィアタワーを紹介したいと思います。航空写真（図55）の左側に見えるのが迎賓館ですね。白く塗ったところが今回の敷地で、麹町通りに面していて、四ツ谷駅からもすぐ見え、駅から歩いて2、3分の場所にある都内でも駅近キャンパスになります。このプロジェクトもプロポーザルコンペだったものです。私たちの提案は、キャンパス内に建つ3棟のタワー中央のアントニン・レーモンド（注11）の設計したタワーと、奥の2号館とを並行に建築を配置できないかということを考えました（図56）。本来は、この麹町大通りに沿って配置を

（図55）

（注11）
アントニン・レーモンド
旧帝国ホテルの設計監理のためフランク・ロイド・ライトとともに来日し、そのまま日本で設計事務所を開設。前川國男や吉村順三などがレーモンドの事務所で学び、日本のモダニズム建築の発展に大きな影響を与えた。代表作に東京女子大学礼拝堂（登録有形文化財）や群馬音楽センターなどがある。

する道路斜線などの制約は難しくなく足元からまっすぐに建ちますが、やはり大学キャンパスとして見せたかったので、三つのタワーを同じ方向に見せて、三つで一つの群に見せたかったのです。この群造形の手法は、先ほどの明治大学でも使っていますので、そういった成功体験を含めて、三つで一つのタワーを目指しました。図56のピンク色で示した壁は、キャンパス軸に沿ったタワーで、青色で示した壁面が麴町大通り、新宿町通りとも呼んでいますが、その通りに面した角度の壁面です。駅近くからみると三つのタワーが並んでいるように見えます（図57）。それと右下にはイグナチオ教会があります。これは坂倉順三さん（注12）が設立された坂倉建築研究所が設計した教会です。今は独立されている村上晶子さんが担当されていた素晴らしい教会です。これは上智大学の敷地ではないのですが、同じイエズス会という関連がありますので、私たちはその教会までを一つのキャンパス、敷地として見立てて、計画を進めました。45度、キャンパス軸と麴町大通りがずれているので、この45度のずれをどのように解決するかということが建築の大きな主題になっています。

最初に考えたのは、フェースとして左上のようにキャンパス軸に沿って

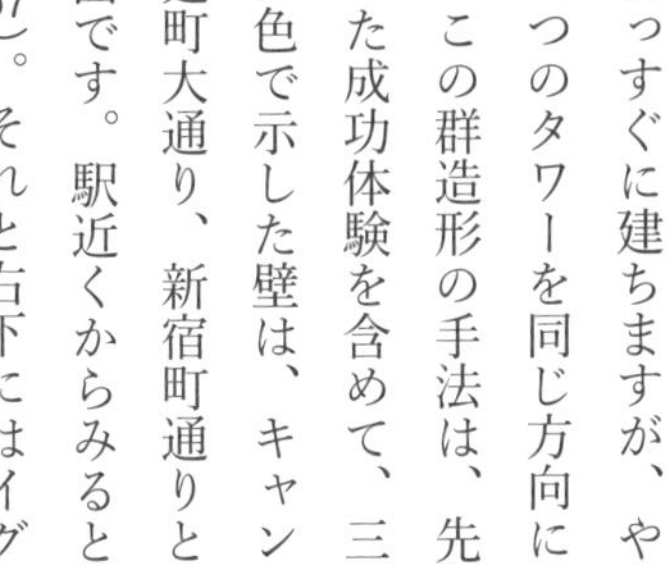

（図56）

（注12）
坂倉準三（さかくら じゅんぞう）
1929年に渡仏し、30代前半にル・コルビュジエのもとで学び、帰国後は日本のモダニズム建築を牽引した。1937年、パリ万国博覧会では日本館の設計を手掛け、世界から高い評価を受ける。主な作品に神奈川県立近代美術館や新宿駅西口広場・西口ビル・小田急百貨店本館などがある。

（図57）

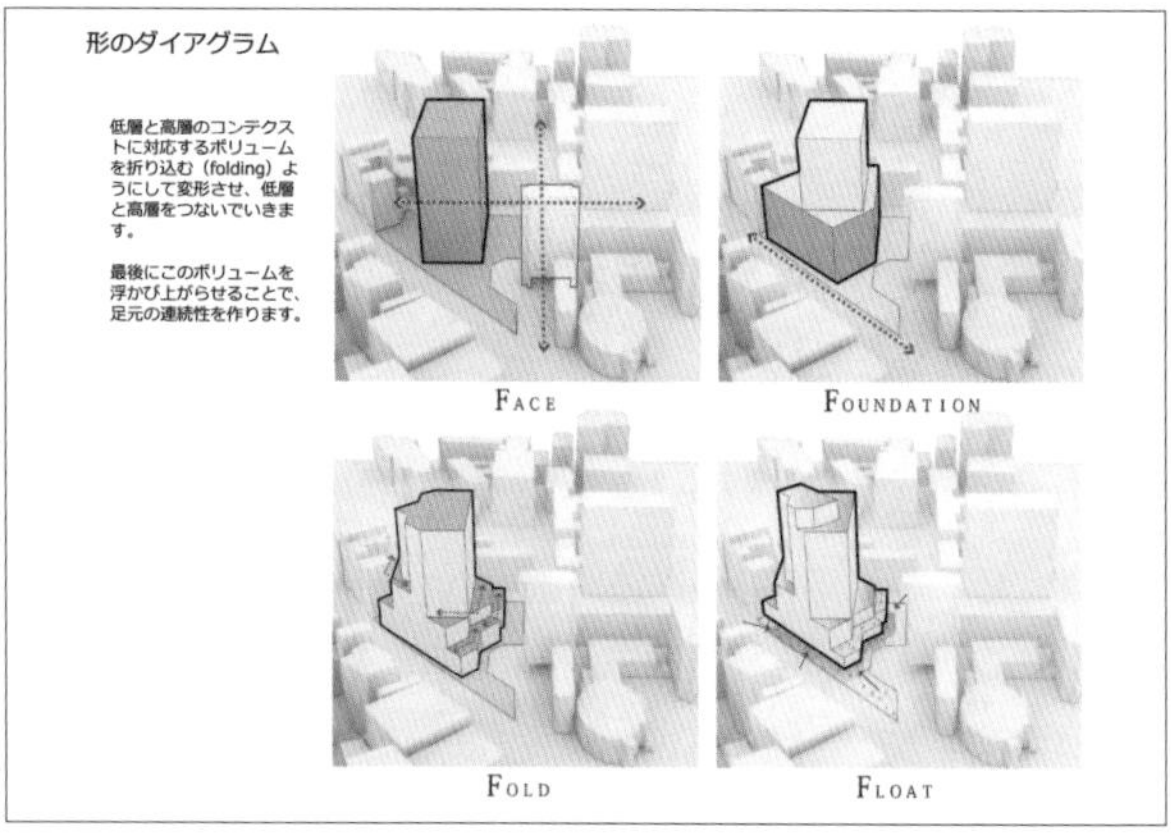

形のダイアグラム
低層と高層のコンテクストに対応するボリュームを折り込む（folding）ようにして変形させ、低層と高層をつないでいきます。
最後にこのボリュームを浮かび上がらせることで、足元の連続性を作ります。
Face
Foundation
Fold
Float


（図58）

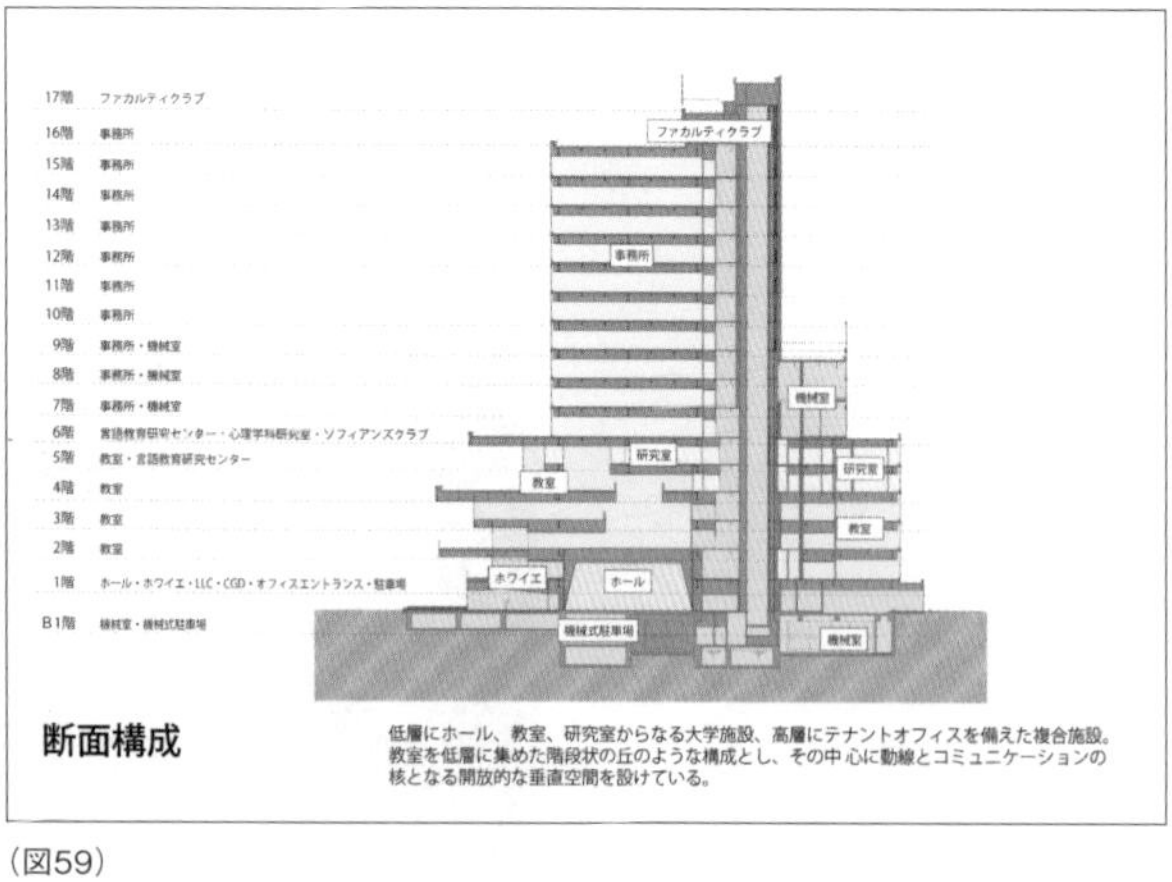

17階　ファカルティクラブ
16階　事務所
15階　事務所
14階　事務所
13階　事務所
12階　事務所
11階　事務所
10階　事務所
9階　事務所・機械室
8階　事務所・機械室
7階　事務所・機械室
6階　言語教育研究センター・心理学科研究室・ソフィアンズクラブ
5階　教室・言語教育研究センター
4階　教室
3階　教室
2階　教室
1階　ホール・ホワイエ・LLC・CGD・オフィスエントランス・駐車場
B1階　機械室・機械式駐車場
ファカルティクラブ
事務所
機械室
研究室
教室
研究室
教室
ホワイエ
ホール
機械式駐車場
機械室
断面構成
低層にホール、教室、研究室からなる大学施設、高層にテナントオフィスを備えた複合施設。教室を低層に集めた階段状の丘のような構成とし、その中 心に動線とコミュニケーションの核となる開放的な垂直空間を設けている。


（図59）

建築を建てました（図58）。一方で、容積をこれでは賄いきれず、要求ボリュームが納まらなかったので、右上のように麹町大通り側に向けた基壇をつくって、その上に高層タワーを載せることにしました。基壇建築だと、墓石のようで、どうしても上に何かが載っているように見えます。大学とオフィスの複合建築としては日本で初めての試みだと思いますが、なるべくこの二つを一体化して見えるようにするにはどうしようかということを考えました。ここでは、フォールディング（注13）といって、壁と天井の面を折り曲げながら、一つのボリュームに見えるように形の操作をしていきました。階の構成は、1階から6階までが大学の機能となっています（図59）。7階から16階までがオフィスです。そして17階にファカルティクラブという大学の機能を入れました。もともとコンペの与条件ではファカルティクラブはなかったのですが、私たちは設計の最初の段階から最上階は大学として使った方がよいと考え、提案をし続けました。その甲斐あって、大学の職員と卒業生のためのスペースで眺めの良い200㎡ほどのカフェを最上階に設けることになりました。先ほど紹介した明治大学のプロジェクトでは、最上階に卒業生や留学生クラブをつくり、その「眺望が留学生

（注13）
フォールディング
「折りたたむこと」ことだが、建築においては天井や壁など曲面を連続して折り曲げて形態を変化させていく操作をいう。フォールディングによりデザインされた建築をフォールディング・アーキテクチャーとも呼び、日本では横浜大桟橋などが代表的な例。

にとって印象深い記憶として残っている」という話があり、上智大学でも同様の提案し、最後まで残ったという稀な事例かと思います。そのようなファカルティクラブからの眺めは17階とはいえ、迎賓館が見え、さらに、溜池の方に向かっていくと地形的にも地面のレベルが下がっているため、階数以上の高さが感じられて、かなりの眺望が期待できます（図60）。17階の屋上には通常、設備機械を置きますが、そういったものは他フロアに分散して一切置かず、屋上は広場としての空間を保ちながら眺望のいいファカルティクラブをつくったということです。

構造形式についても、45度のグリッドの中で柱を上から下までまっすぐ通すというかなり難しい方法をとっています（図61）。これは私たち建築家の美学だと思っていますが、こういった制約の中できちんと筋を通したデザインをしていく。上の方の階はキャンパス軸に直行のグリッドですが、基壇部の下方の階は45度振れて、教室は全部45度振れています。特に教室回りや外周に面して窓の必要な部屋も多かったものですから、低層部は少しはみ出して膨らませています。建築の中央部分はグレーの部分がオフィスのコアとその他が中央に吹き抜けです。この吹き抜け空間を学生のアク

（図60）

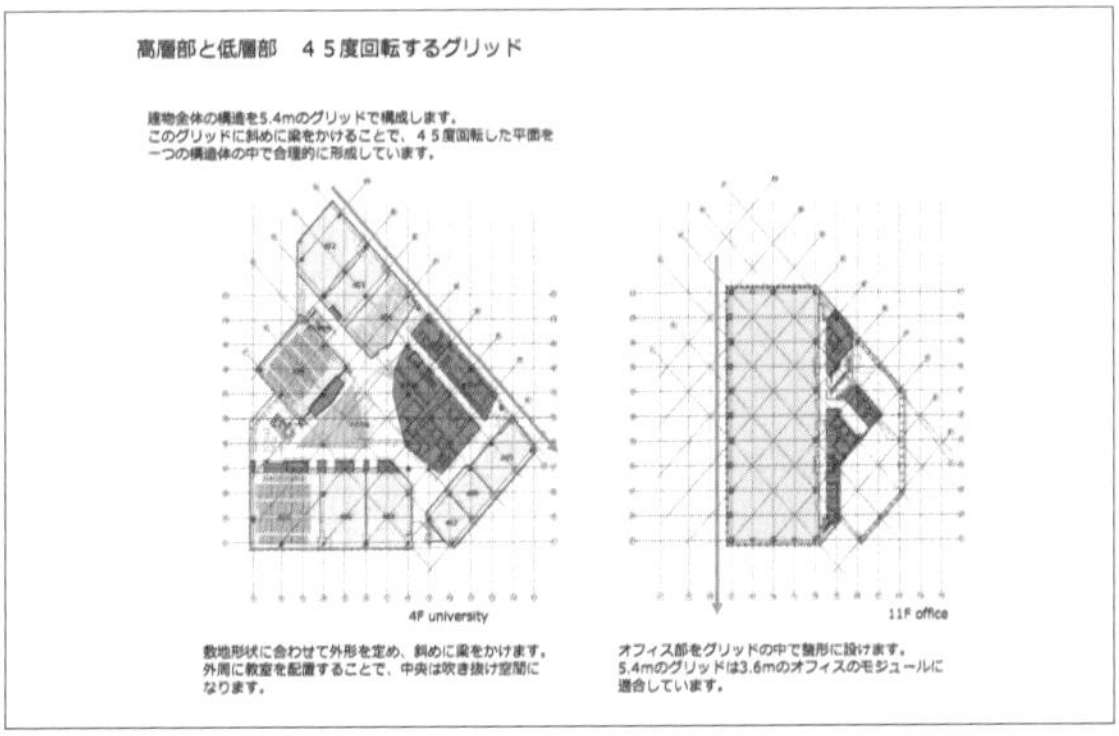
高層部と低層部　４５度回転するグリッド
建物全体の構造を5.4mのグリッドで構成します。
このグリッドに斜めに梁をかけることで、４５度回転した平面を
一つの構造体の中で合理的に形成しています。
4F university
11F office
敷地形状に合わせて外形を定め、斜めに梁をかけます。
外周に教室を配置することで、中央は吹き抜け空間に
なります。
オフィス部をグリッドの中で整形に設けます。
5.4mのグリッドは3.6mのオフィスのモジュールに
適合しています。

（図61）

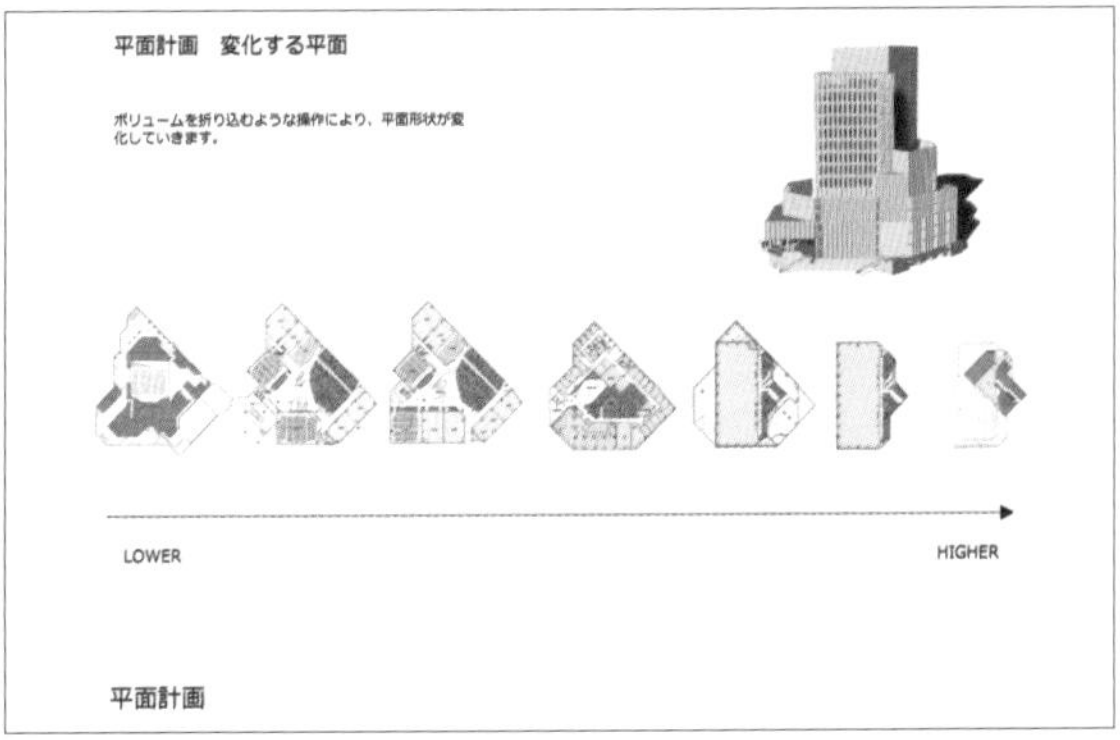
平面計画　変化する平面
ボリュームを折り込むような操作により、平面形状が変
化していきます。
LOWER
HIGHER
平面計画

（図62）

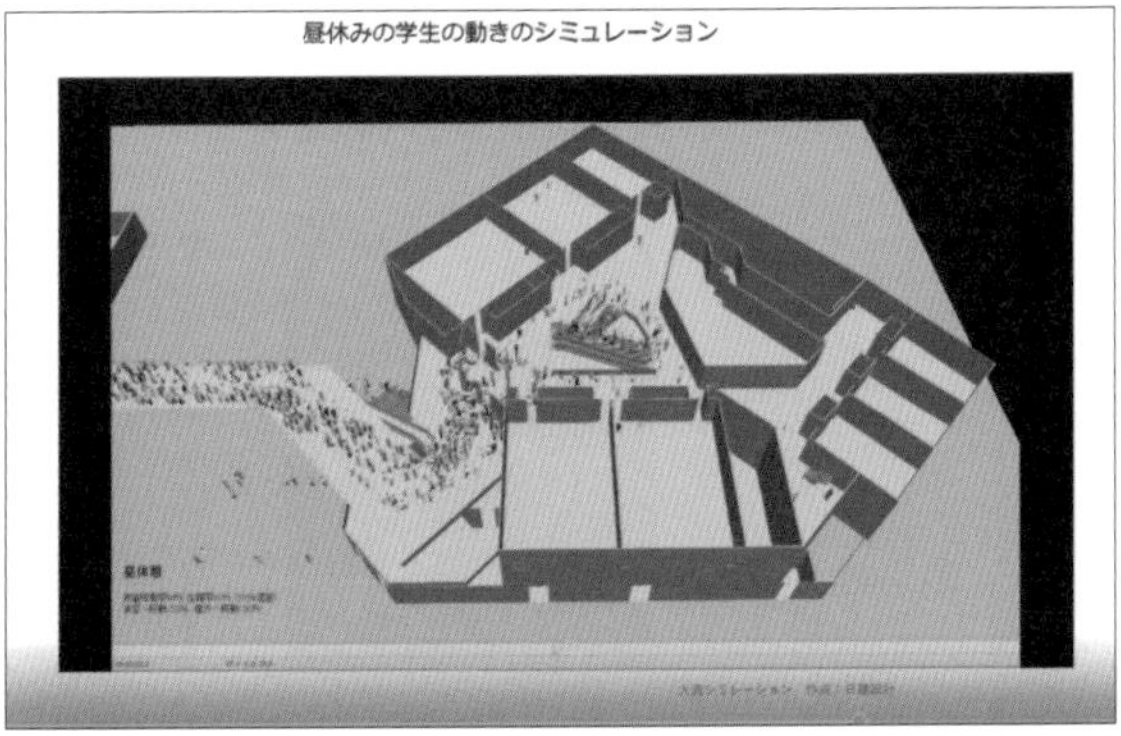
昼休みの学生の動きのシミュレーション

（図63）

ティビティのための空間にしようとしました。このように各階すべてプランが違いますが（図62）、最上階に行くと再び45度振ることで、ファカルティクラブをちょうど迎賓館の方向に向けた眺めの良い空間をつくりました。1階・2階には800人が収容できるホールを設けていますので、授業に関連するセミナーも行われる利用頻度の高いホールが出来上がりました。実際、キャンパスを設計するに当って、アクティビティがどうなっているかと考えながら計画していきますが、昼休みに学生がスムースに移動できるかということを、廊下の幅と扉の幅を少しずつ変えながらシミュレーションしています（図63）。このようにエビデンスをとりながら建築の計画をしていった事例です。

外装はオフィスと大学で分かれているのではなく、建築のすべてが大学に見えるようにプレキャストコンクリート（注14）のカーテンウォールで統一しています（図64）。室内の天井も折れ曲がる「フォールディング」という操作で形状を変化させながら一体化しています（図65）。学生が集う空間を図66のように、3階をプラットホーム階とし、そこから上の階を吹き抜け空間に設け一体化しました。学生はエスカレーターやエレベー

（図64）

（図65）

（注14）
プレキャストコンクリート
専門工場で生産した構造部材を、施工現場に搬入してクレーン等で組み立てる施工方法。品質管理の進んだ専門工場で生産することにより、均一で安定性の高い部材となり、現場作業を均質化し、工期の短縮化が図られる。

ター、階段を使って移動することになりますが、床もタイルカーペット、壁もLVLという家具の下地で使う材料の裏に吸音材を仕込むことで、しっかり音環境を整備した学修空間が実現しました。近くにイグナシオ教会がありますので、その建築の構成要素をソフィアタワーにも取り込んでいます。建築としては、全体としては縦のラインを強調した白い外観の建築ですが、シェービィングといって建築を削り取った切断面のようなところや1、2階のガラス面の内側のホールの壁にイグナシオ教会と一体感を出そうとレンガタイルを使用しました（図67）。

最後に、地域とどう関連付けているかということで、接道する面は、公道との接道面とキャンパス通路との接道面と2種類がありますが、これらをまとめた街路との接道面の空間に、図68でオレンジ色の1番と書いたエントランスホールホワイエというものを設けています。ここはギャラリーやカフェが入っております。中でもLLC（ランゲージ・ラーニング・コモンズ）という場所は、留学生のための場所になっています。このように接道面の透明性をできるだけ広げて、1階回りは人目に触れる空間をたくさんつくるということにしています。図69がその接道面です。この写真は

（図67）

（図66）

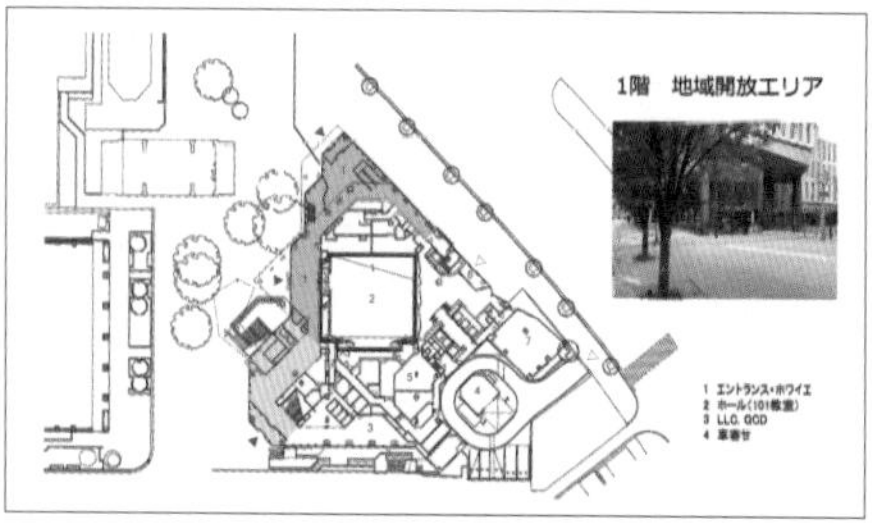


（図68）

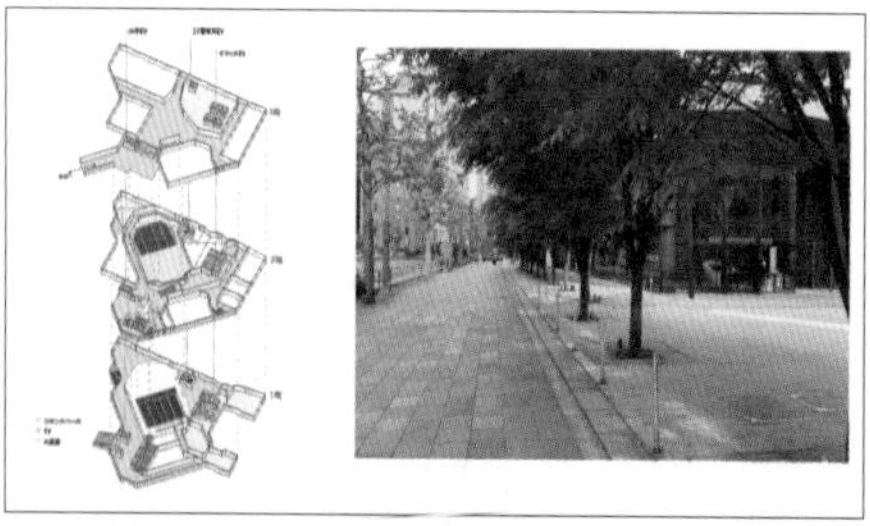

（図69）

（図70）

（図71）

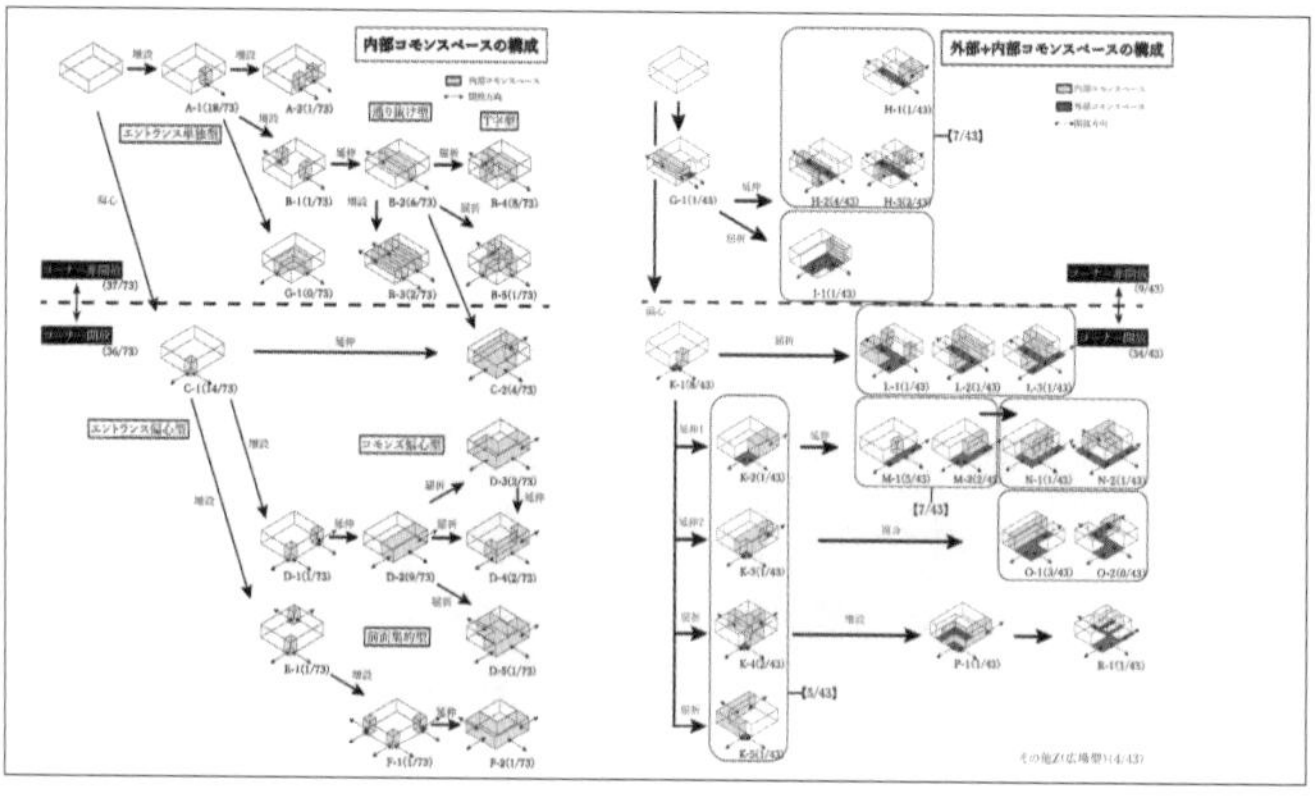


（図72）

オフィスのエントランス側になります。建築の設えとしても、「コーナーアクセス」と言って敷地の角からエントランスに入れるようになっています。図でピンク色に示したコモンスペースが建築の外周を1階回りはぐるり囲むようになっていて、キャンパスの中からもキャンパスの外からも学生の動きが良く見えるという作り込みをしました。図70のような大学の展示スペースや、カフェを配置しています。上の方に誘導サインが設置されていますが、この赤い帯に沿って学生が滞留できるスペースが展開される計画になっています（図71）。図71の右側の写真は、留学生と在校生とがおしゃべりをしたり、語学を教えてあげたりする場所（前出ＬＬＣ）をつくっています。これもキャンパス内の通路に面しています。

昨年、雑誌『新建築』の過去10年分の媒体を調べて分析すると、やはり内部のコモンスペースと外部のコモンスペースなどは、コーナー、つまり建築の角に外部空間や内部空間を開放しているものが多く、43の事例中の約8割がコーナーを展開していました。内部空間だけのコモンスペースを見ても、約半数の建築がコーナーを開放していることがわかりました。この結果から、今まで実務を通して経験的にやってきたことが間違いではないことが、この研究調査で明らかになりました（図72）。

## リボンのように巻き付く階段で内外をつなぐ ―― 白金の丘学園

５番目は、大学ではなく白金の丘学園という小中一貫校を紹介します。敷地の一部しか接道していなくて、建築は奥に引き込んで配置しています（図73）。もともと坂道があった校舎なので、坂道の通学路の記憶を踏襲しながら緩い勾配の階段で３階まで上がってエントランスをつくりました（図74）。３階から入った学生はさらに建築の中の階段をつたってぐるぐると回遊するようになっています。学校は二つの小学校と一つの中学校が合併しています（図75）。朝日坂という坂道のある小学校で、坂の途中でケヤキがグランドの真ん中にある広場でした。このような校舎配置のところに、私たちがピンク色の部分に新しい建築の計画をしました（図76）。断面はこのようになっています（図77）。１階・２階にアリーナがあります。先ほどの上智大学では、フォールディングという折り曲げる操作と縦協調のデザインで建築の一体感をつくりましたが、ここでは「リボン」という横軸の帯をぐるぐると巻き付けたようなもので建築のデザインエレメント

（図73）

（図74）

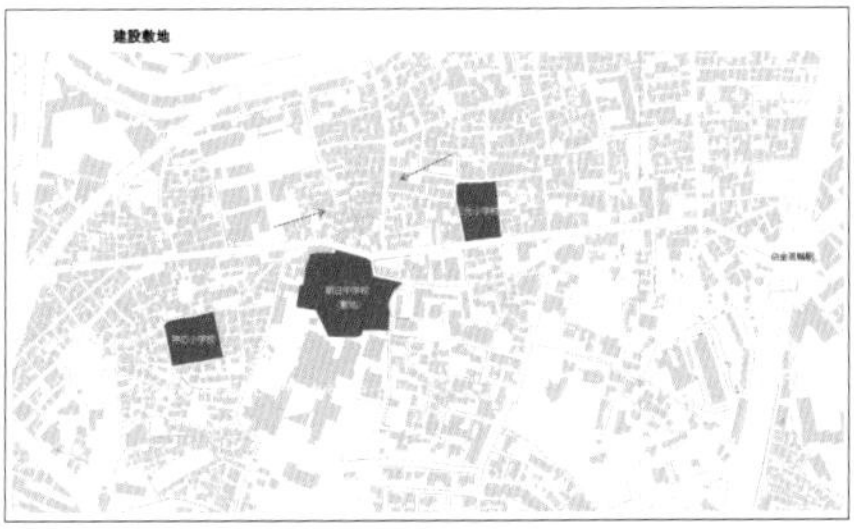
建設敷地
（図75）

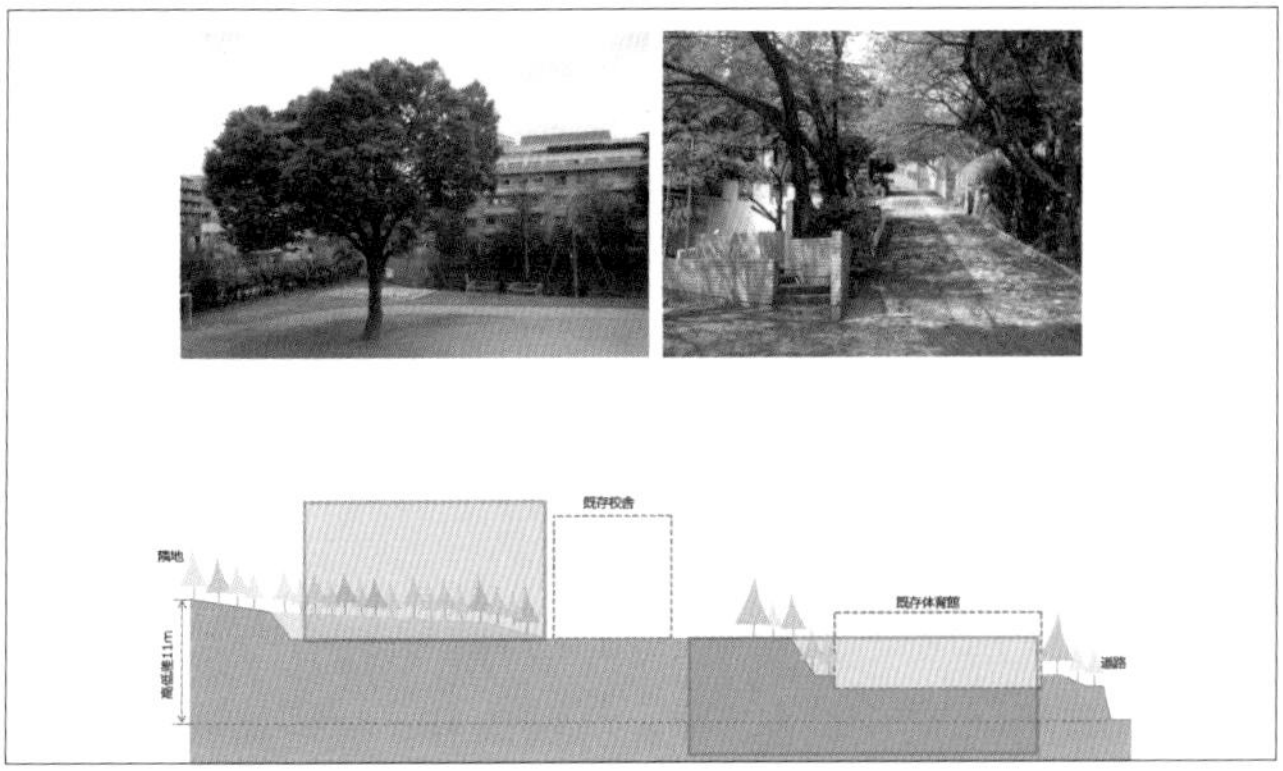
既存校舎
隣地
高低差11m
既存体育館
道路
（図76）

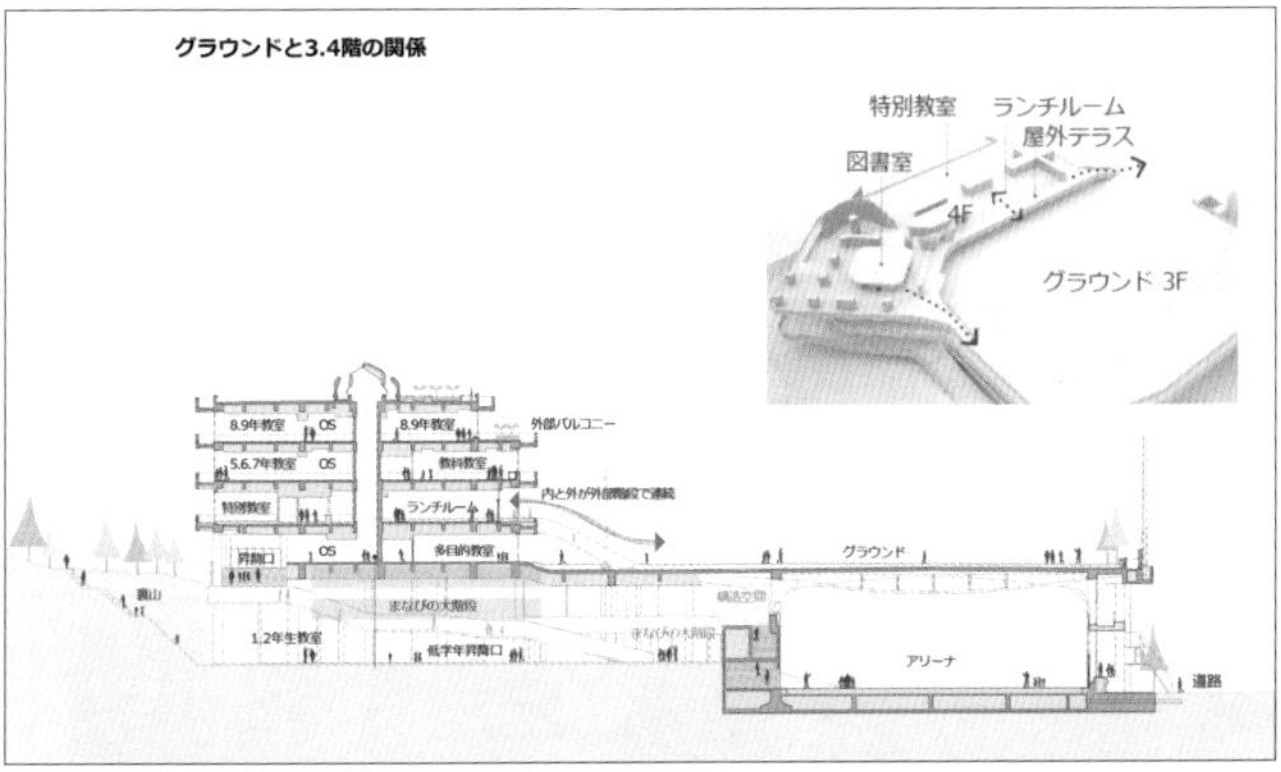
グラウンドと3.4階の関係
特別教室
ランチルーム
屋外テラス
図書室
4F
グラウンド 3F
8.9年教室
OS
8.9年教室
外部バルコニー
5.6.7年教室
OS
教科教室
特別教室
ランチルーム
内と外が外部階段で連続
昇降口
OS
多目的教室
グラウンド
裏山
まなびの大階段
構造空間
1.2年生教室
低学年昇降口
まなびの大階段
アリーナ
道路
（図77）

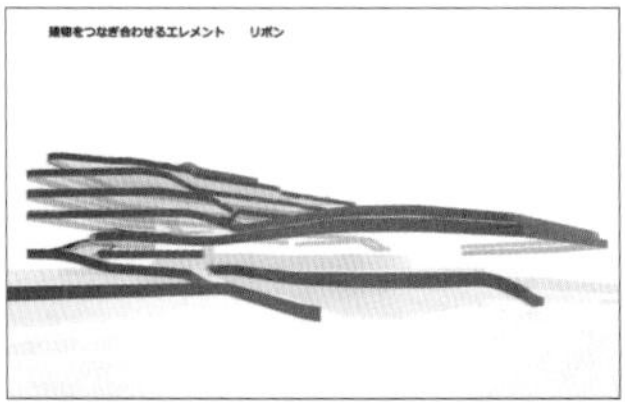


（図78）

（図79）

（図80）

としています（図78）。小中学生は皆この階段を登っていきます。遠目から見るとリボンが巻き付いた形になっています（図79）。室内空間もこのように階段空間で巻き付いています。ゆっくりゆっくりこの階段で上がりますが、教室の前のバルコニーのところにも階段があります。港区の小中学生の特徴の一つは、下足室がなくグランドが人工芝です。だから、子どもたちは靴の履き替えがなく過ごしていますから、この建築に昇降口がないのです。このような与件が重なり、内外が一体となって走り回れるような構成が実現しました。リボンの壁は、フィレット（注15）といって壁のコーナー（出隅部分）は子どもたちのその場所を移動するスピードに合わせた数種類の曲率で面を取って連続させています。また、私が学校建築を設計する際に心がけていることは、必ず三つ以上の階段を計画し、エントランスに近く利用頻度が一番高い階段幅を太くします。階段が2か所だと一つの回遊しか生まれませんが、階段を三つにすると三つの「回遊動線」が生まれ、建築空間がオープンエンドのアクティビティを介して生きてくるからなのです。こちらは、前面の公道から見た夜景です（図80）。緩やかな大階段を設け、都市空間を敷地内に拡張することで接道面を増やし、

（注15）
フィレット
溶接において継手の隙間からはみ出したろうやはんだ部分を指すが、建築においては鉄骨の角で曲面になる部分をいう。一方、機械工学では、角の部分を丸める加工のことをいい、建築のデザインやCADでの操作においても角を円弧によって曲面にする操作もフィレットという。

内外のアクティビティを表出させることを意図しました。さらに、3階に上るとこのような入り口があって、建築の中をこの大きな階段で上がっていきます（図81）。グラウンドが3階レベルにありますので、4階のランチルームや職員室からグラウンドが良く見えるようになっています（図82）。階段を下りながら、休み時間は外に直接出られるようになっています。これがランチルームですが（図83）、ある学年がまとまって食事を一緒に食べられます。また運動会の時は、保護者が観覧する場所をここにつくってみました。

このダイアグラムは1年生から9年生までの各教室の使い方です。この建築は、小学1年生から中学3年生までの9年生が過ごすわけですが、例えば1年生は「家」のような空間にして、5年生から7年生は「広場」のような空間にして、8〜9年生は「まち」のような空間というように、空間の質を分けて計画をしています（図84）。具体的に言うと、1年生から4年生までは、ほとんどの時間を教室で過ごすため、各教室を中心とした設えにし、逆に8年生・9年生は特別教室があるので、廊下周りに展示スペースを設けたりして、移動していて楽しくなるような計画にしています。

（図82）

（図81）

(図83)

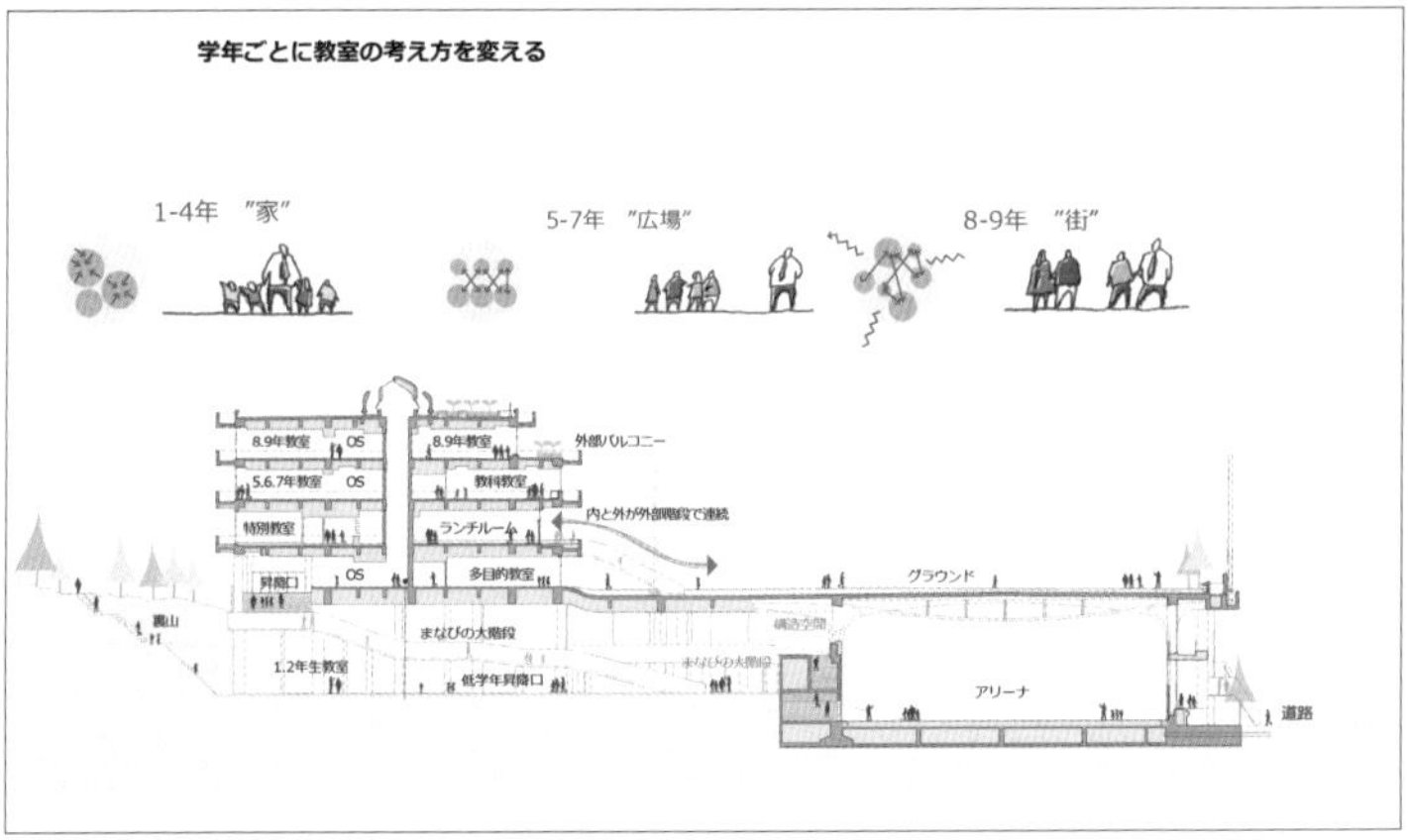


(図84)

(図86)

(図85)

接道面にアクティビティを配置するという意味合いを含めて、1階回りにはこのような視聴覚のホールがあります（図85）。ホールは通常は壁で囲いますが、ここではガラスの引き戸と壁と動式の遮音壁の2枚をセットしています。ガラス張りにすることで外からも見ることができます。写真（図86）の左側が先ほどの坂道の大階段があって、真ん中が建築の中にも路地的な階段があって、さらに右側にホールが見えるというように、外部とそれからこの中間のスペースと、さらに右側の多目的なスペースとで、外から中に向けた三つのヒエラルキーをつくっているのがこの写真からわかると思います。

## 境界を緩やかに重ね、開く建築

最後のプロジェクトになります。これは私が日建設計に入ってまだ2作目の作品でしたが、雑誌『新建築』に掲載してもらいました。大田区の多摩川沿いの下丸子から歩いて10分くらいのところにある老人ホームですが、近くには立派なマンションが建っていたり、敷地の東側には飛行機会社の本社の研修所があります（図87）。このプロジェクトでは何をやった

（図87）

かというと、北側に公園の大きな緑の塊があったので、その緑をうまく建築の中に引き込んであげようと考えて、建築の中に三つの庭を設けました（図88）。これは北側にある公園を中まで連続させていこうというものです。また、敷地の南側には桜並木の緑道があります。この緑道の先には、ある団体の会館があるので、そこへの参道になっています。その二つの緑をつなぐように、三つの庭を建築に内包するというものです（図89）。これが北側のファサードです（図90）。1階回りをピロティで浮かせて、空間の奥側を見せるというものです。手前に大田区の公園があって、そして建築の一部を浮かせて、塀もなく中まで入れるようにしていて、一般の方も中に入れます。また、お休みの日など時々ボランティアの人が夏祭りなどのイベントを開催しています。地域の人がお祭りの日も入ってきますし、ボランティアが何かをつくったり、音楽を演奏したりしています。さらには、三つの中庭はそれぞれ趣を変えて、人が集う庭と緑を鑑賞する庭などと、いくつか特徴付けをしました（図91）。

平面は、廊下の外側にバルコニーを設けています（図92）。高齢者の方は、日常的に部屋の中にいるよりは、廊下回りや食堂回りのコモンスペースに

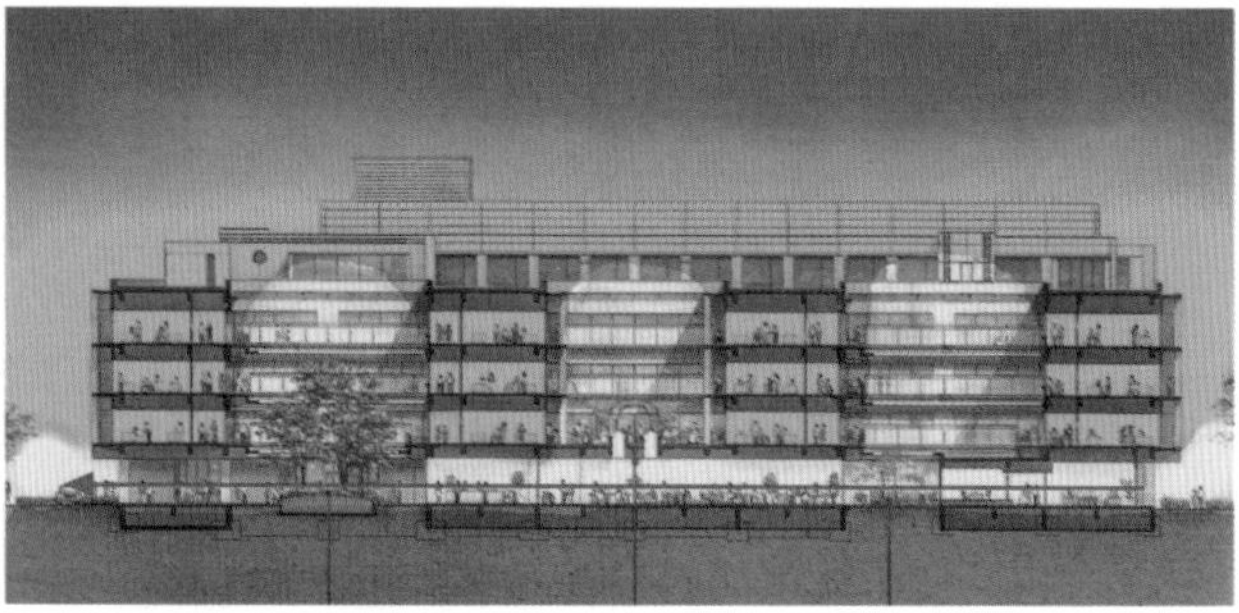

（図88）

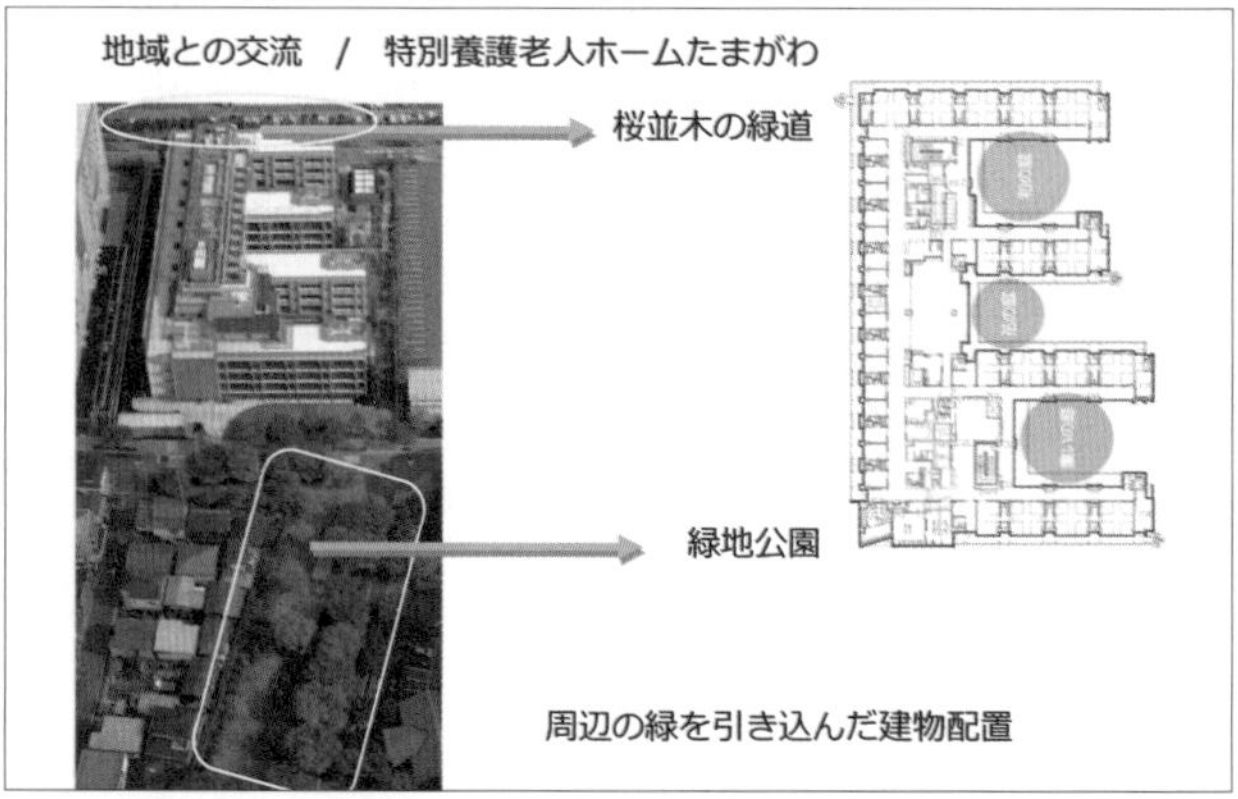


（図89）

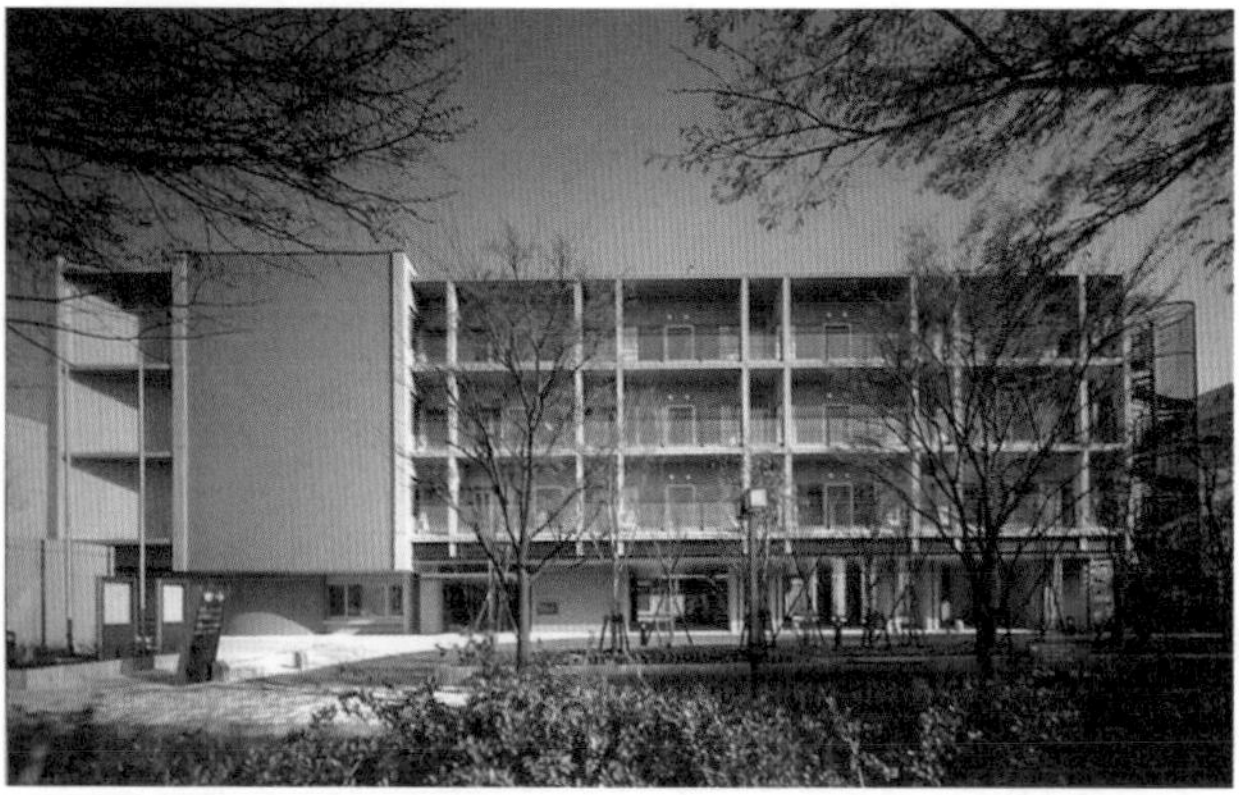

（図90）

集まるということでしたので、こういった場所に積極的に出られるように、ここでは水回りを廊下の居室の間ではなく、バッテリータイプの配置といって、居室と居室の間に挟んで廊下との距離を縮めるという操作をしています。これまで、こういった事例はなかったようですが、ここで初めて提案をしました。通常は居室と廊下の間にトイレや洗面などの水回りを設けますが、今回の、居室と居室の間に挟んで配置をした水回りは、部屋と部屋の間にトイレ便器の向き配置が違った計四つのタイプの水回りを設けて、その水回りを自分の体の症状に合わせて選べるというようなことをしました。体の右が不自由な人・左が不自由な人など、部屋の左右どちらでも水回りを選べるようにしているというのがこの建築の大きな特徴です。

今日紹介した建築は、私が設計してきた建築の中でも、敷地の境界面に明確なエッジがないものや、塀などがあってもあまりバリアのないものとか、どれもが、地域の人と一緒に建築を育てていくような建築です(図93)。

以上、六つの事例を都市と建築空間の重なりと奥行きのデザインということで、四つのキーワードをなぞらえながらお話をしました。

最後に私が、東海大学に着任して2年経ちますが、この2年で何をやっ

(図92)

(図91)

ていたかについて、簡単にご紹介して終わろうと思います。研究のテーマとしては人の行動や動きの軌跡・アクティビティから建築のカタチを考えて行くということに取り組んでいます。はじめに、湘南キャンパスの学生の動き・アクティビティを調査しました。これはGPS（注16）などを使いながら学生がどう動いているかというのを調べ分析・研究をしています（図94）。

次に、私たちがいる建築学科の19号館でも学生の方がどのように動いているのかを調査をしています。図95を見ると分かる通り、目的地を最短で結ぶようにショートカットをしたり、また、「エッジ」といって壁みたいなところを学生が好んで使っているのがわかります。それ以外にもいくつか、プロジェクトXと称して、キャンパス内やその近傍に、図96のようないくつかの建築の基本計画を進めています。これらは、まだまだアイデアの卵のような状態ですが、近いうちに皆さんにもご紹介できるかと思っています。

以上で、都市と建築空間の奥行きと重なりのデザインを通して、私のテーマでもある「建築から都市を、都市から建築を考える」ということについての発表を終わりたいと思います。

（図93）

（注16）
GPS
Global Positioning System（全地球測位システム）の略で、人工衛星から発信される信号をGPS受信機で受け取り、受信者が自身の位置を知るシステム。

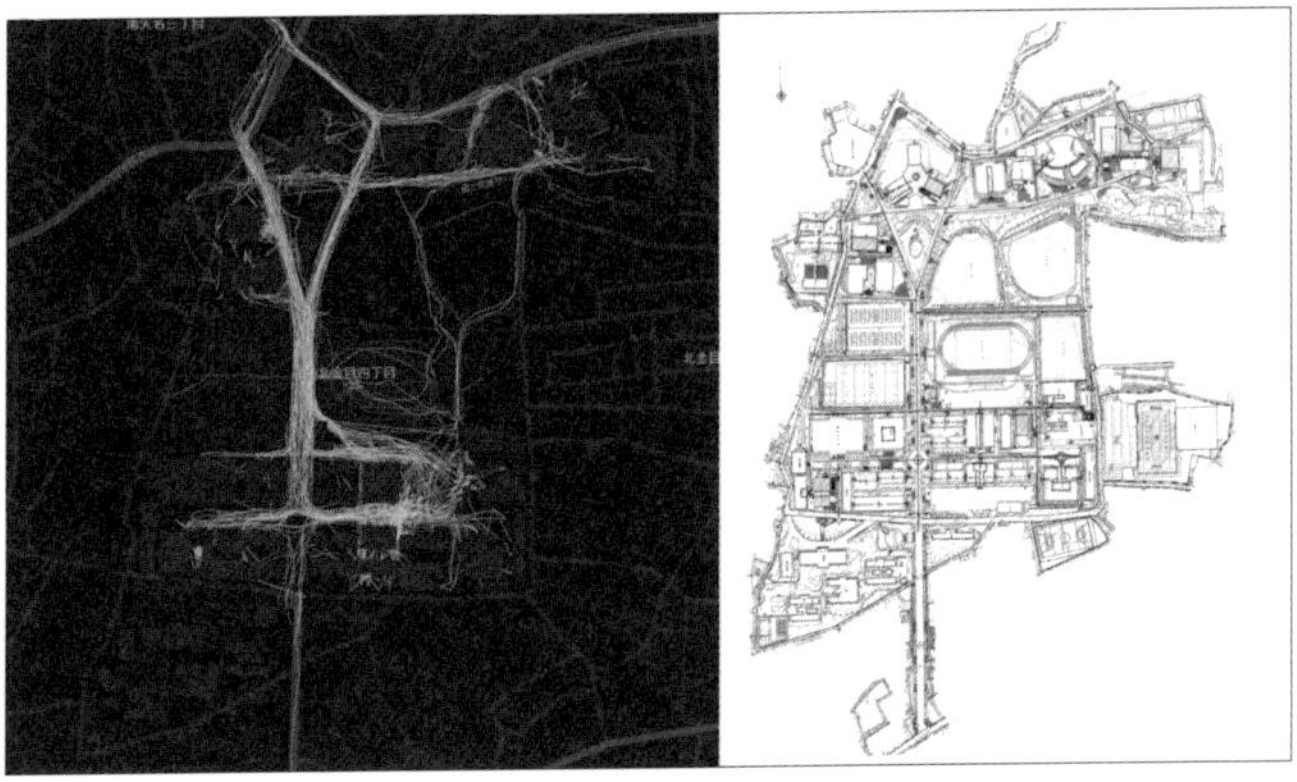
（図94）

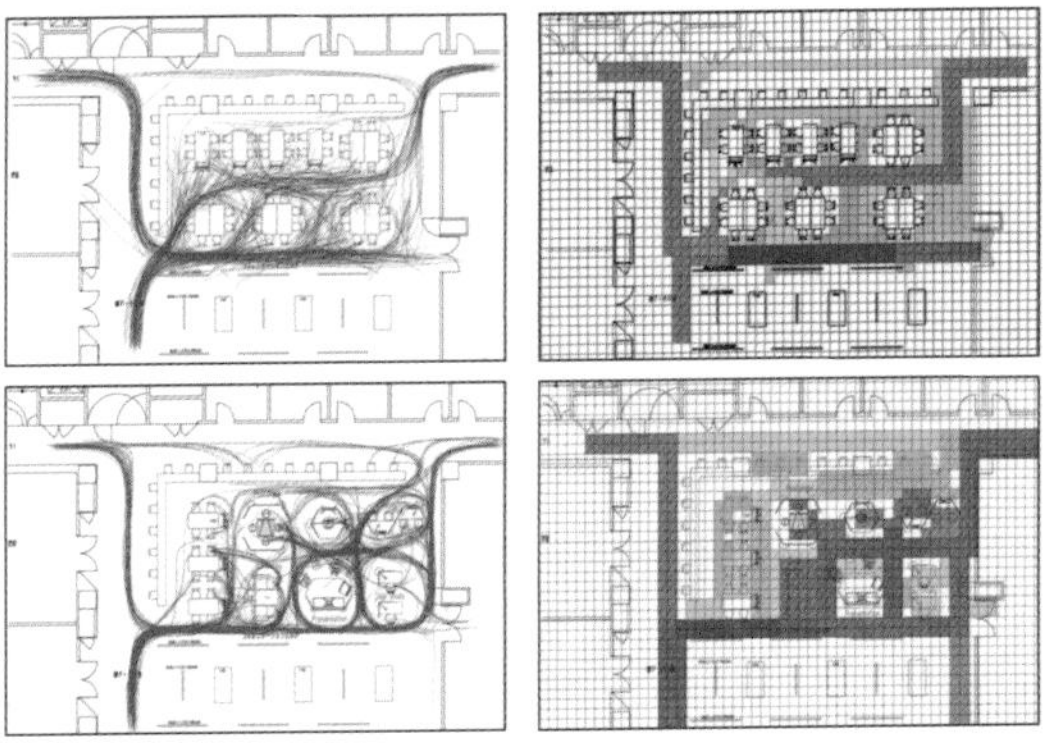
（図95）

（図96）

COLUMN 06
建築

# 実務から課題を、課題から実務を考える

尾沢 俊一(東海大学非常勤講師/オザワデザイン一級建築士事務所主宰)

岩﨑さんは、大学で建築学の教育を行ないながら、建築家として実際の設計に関わるプロフェッサー(教授)アーキテクトである。机上の理論のみでなく実務に関わることは、研究上・教育上も必要であり、学生に設計の本質を示せる大きな利点があるとされている。

今回の講義「建築から都市を、都市から建築を考える」では、自身の実務経験の中から、六つの実施作品を題材に、複数の切り口で実現してゆく設計プロセスについて語っていただいた。

各プロジェクトでは、敷地状況や法規制、クライアントからの要望など与件に対して、いくつかのテーマを設定し、それらを有機的に編み解きながら一つの建築空間を結実してゆくという設計思考が伺える。いずれも、プロポーザルコンペの中で獲得した作品であるため、ゆるぎない骨太なコンセプトがあり、これを実現させるべくいくつものの仕掛けが下支えしているというのが実際の構図であろう。サブテーマ「建築と都市空間の重なりと奥行きデザイン」により、建築空間そのものが都市の縮図となり、あるいは建築が都市の中に溶け込んでいるようだ。

東京理科大学は、行政の都市計画と並走しながらのプロジェクトである。学生と近隣市民の各動線を計画し、竣工後には曜日による行動軌跡を調査することで、当初の狙いを分析しているところが興味深い。

慶応義塾大学の計画では新たなキャンパスの象徴を形成しながら、その存在感を消し既存建築群とつなげていこうという意

図が感じられる。

また、明治大学と上智大学の各タワー計画では、都市文脈との関係性を明確化することで密実な都市の中で座りの良い建築となっている。

そして、小中一貫校の計画では、メビウスの輪のようなリボンによって個性的な都市空間がデザインされており、内外を回遊する生徒らの楽しげな学校生活が想像できる。

全てのプロジェクトに共通することは、建築のユーザーはもとより周辺の市民も巻き込みながら、感動的な出会いを誘発する豊かな3次元空間が随所に創出されているということである。人の出会いは偶然のものだが、この偶然性をも緻密な計画によって、あらかじめ用意されていたと言っても過言ではない。「今の自分があるのはこの出会いがあったから」と誰しも思い当たる節があり、非常に大事なことだと思う。プロポーザルコンペを通過し実現に至った理由は、こうした強い理念や思想が計画全体にあまねく貫かれており、建築の世界を超えてクライアントに響き社会の深い賛同があったからに他ならない。

さて、この本を手にしている都市建築学部の学生諸君は、設計課題の真っただ中だろうか。大学の設計課題の多くは、計画地こそ実在するにしても、実際に建てることまでは前提としていないことがほとんどである。

ここで諸君は、二つの悩みを抱えることと想像できる。

一つは、与件が少ないがゆえの自由度の高さである。一見嬉しい話であるが、究極的には「あなたは何か？」を問われているようなもので、真摯に向き合うほど、苦しみや葛藤を伴うかもしれない。しかし壁を乗り越え次の扉を開いたとき、世界が広がりものづくりの喜びを味わうことができるのである。これこそが建築設計の醍醐味で、楽しさを感じる瞬間なのだ。

もう一つは、実現への緊張感

や原寸センスが欠落してしまうことである。学生トレーニングの経験としてアンビルドの世界を決して否定はできないが、建築設計にリアリティは不可欠である。実際に建つことをイメージして知恵を働かせたい。学生諸君の努力や想像力でこれらの悩みを是非カバーして前進することを願うのである。これらは教育現場サイドの出題の工夫や環境整備によっても、より生き生きと充実した設計課題になり得る。もしかすると、この学生時代の設計課題への取り組みはいったん社会に出てしまうと二度と戻れない貴重な体験なのかもしれない。

覚えてます、4つのキーワード!

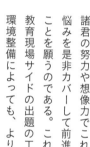

# 07
# [メディア]
## Media

建築は実際に訪れて体験されるよりも、
雑誌やWebなどのメディアを通して見られ、体験されることが多い。
建築ジャーナリストとしてメディアを通して建築を紹介してきた磯達雄氏が、
メディア側あるいは建築家側による建築の紹介の仕方（見せ方）や、
それにより私たちの建築の見方が規定される様を解説する。

[2022年7月23日講演（オンライン）]

磯 達雄
Tatsuo Iso

OFFICE BUNGA

# 建築を動かすイメージとワード

## 建築メディアの仕事

私は建築のジャーナリストという肩書で活動をしています。簡単に言うと、建築を見に行き、設計者や関係者に話を聞き、そして多くの資料にあたって、建築について文章を書き、写真は自分で撮ることもあれば、プロの写真家に撮ってもらうこともありますが、写真を何らかの形で用意して、また補足的な資料を用意して建築の記事をつくる。それを主に雑誌や書籍などの紙メディアで発表する。そういった活動をしています。

今日は、私の仕事を簡単に説明して、そしてその後、私が関わってきたメディアを構成しているものは何かということ、そして、それは主に言葉やイメージだったりするわけですが、そういったものと建築の関係についてお話をしていきたいと思います。

現在、Office Bungaという小さな編集組織体で活動しています（図1）。一応メンバーが2人と半分ぐらいいまして、一人は宮沢洋という、私と元々

（図1）

同じ雑誌で働いていたメンバーで、今も共同で記事をつくっています。もう一人、ライターとして関わっている長井美暁という者がいます。

それでは私が出している本について簡単に触れておきます。『昭和モダン建築巡礼』という本を出しました（図２）。私は元々『日経アーキテクチュア』という雑誌の編集部で働いていたわけですが、その雑誌に連載した記事をまとめた本です。建築が建てられた年代で言うと１９４５年〜１９７５年まで、日本の戦後復興期から高度経済成長期までに建てられた建築の中から代表的な作品を選び出し、それを改めて見に行って、その建築が今どのように見えてくるのかという連載記事を続けてきました。その連載をまとめたものです。先ほど紹介した宮沢さんと一緒にこの記事はつくっており、私の方で文章と写真を担当し、宮沢さん、イラストが非常に上手なので、彼の方でイラストを描くというように分担して記事を制作しています。先ほどお話ししたように１９４５年〜１９７５年までという年代の区切りでまとめましたが、１９７５年まで辿り着いたので、その後の１９７５年〜１９９５年までの建築を同じ方法で記事にし、『ポストモダン建築巡礼』のタイトルで本にまとめました（図３）。１９９５年から先

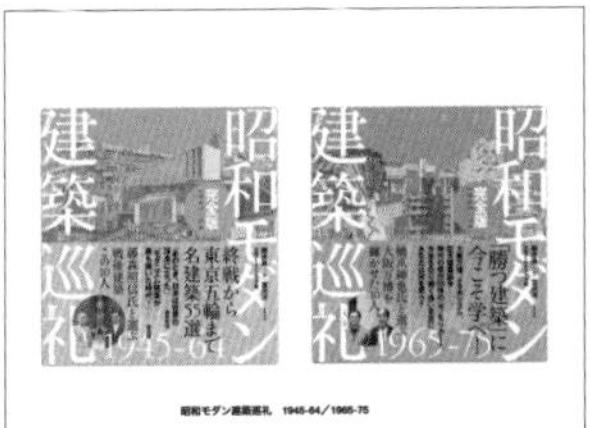

昭和モダン建築巡礼　1945-64／1965-75

（図2）

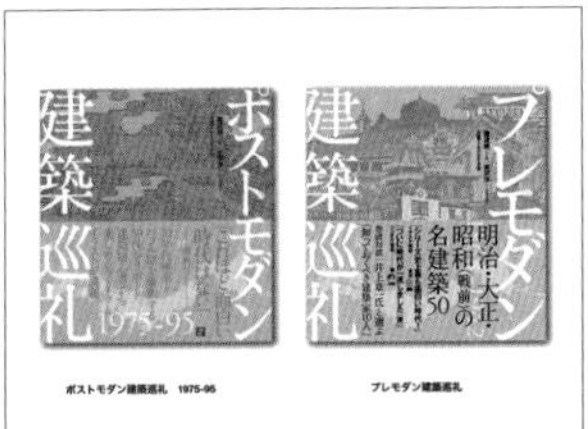

ポストモダン建築巡礼　1975-95　　プレモダン建築巡礼

（図3）

はまだ書きにくいだろうということで、時代を戻って古代の建築、神社やお寺など日本の古建築に行って、『日本遺産巡礼』という本を出し、やはり同じ形式で明治・大正・昭和初期という時代の記事をつくり、これは『プレモダン建築巡礼』という本になりました。そのように時代ごとに記事をつくり、一応、時代が一巡したという段階になったのです。いまは昭和モダン建築、ポストモダン建築巡礼の二巡目という形で、1990年代に建てられた建物に関する記事を、同じく『日経アーキテクチュア』で連載している状況です。

それから記事を企画の段階からつくることも行っていて、LIXILという建材メーカーがありますが、そこで出しているPR誌に関わっています（図4）。LIXILのPR雑誌は、僕が以前にいたフリックスタジオという編集事務所で制作を行っていますが、毎号一つの都市を定めて、その都市と建築がどのように関係しているのか「建築のまちを旅する」という特集を毎号載せていて、その企画から関わっています。PR誌はLIXILのWEBサイトからPDFをダウンロードできますので、皆さん関心があればぜひご覧になってください。今年2022年の1月号は大磯とい

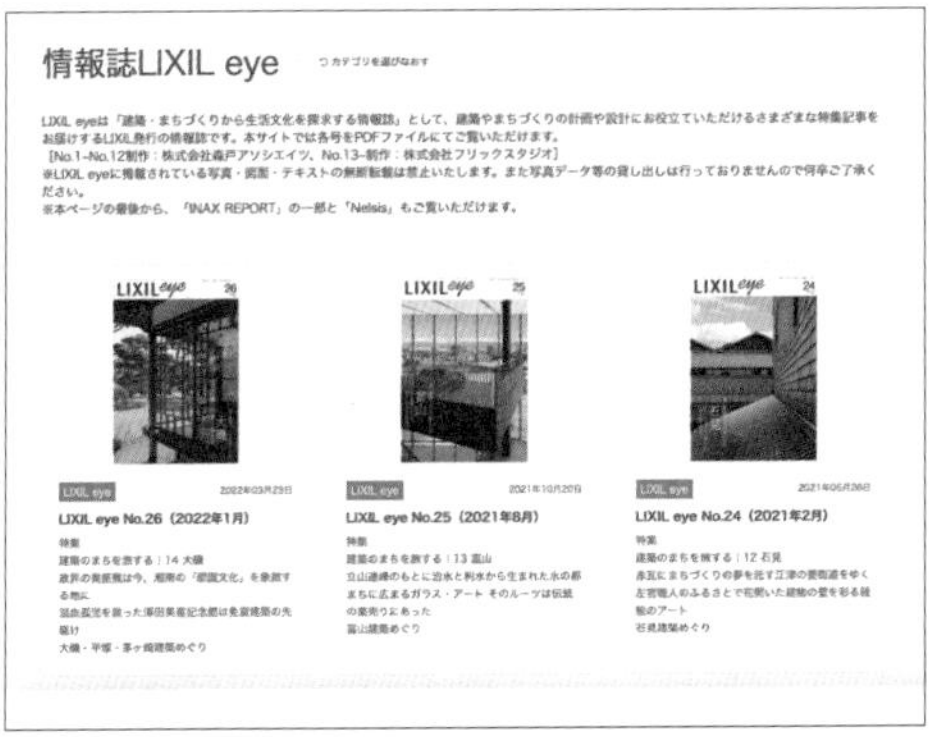
情報誌LIXIL eye
LIXIL eyeは「建築・まちづくりから生活文化を探求する情報誌」として、建築やまちづくりの計画や設計にお役立ていただけるさまざまな特集記事をお届けするLIXIL発行の情報誌です。本サイトでは各号をPDFファイルにてご覧いただけます。
［No.1-No.12制作：株式会社森戸アソシエイツ、No.13-制作：株式会社フリックスタジオ］
※LIXIL eyeに掲載されている写真・図面・テキストの無断転載は禁止いたします。また写真データ等の貸し出しは行っておりませんので何卒ご了承ください。
※本ページの最後から、「INAX REPORT」の一部と「Nelsis」もご覧いただけます。
LIXIL eye
LIXIL eye No.26（2022年1月）
特集
建築のまちを旅する｜14 大磯
大磯・平塚・茅ヶ崎建築めぐり
LIXIL eye
LIXIL eye No.25（2021年8月）
特集
建築のまちを旅する｜13 富山
立山連峰のもとに治水と利水から生まれた水の都
まちに広まるガラス・アート そのルーツは伝統の薬売りにあった
富山建築めぐり
LIXIL eye
LIXIL eye No.24（2021年2月）
特集
建築のまちを旅する｜12 石見
石見建築めぐり
（図4）

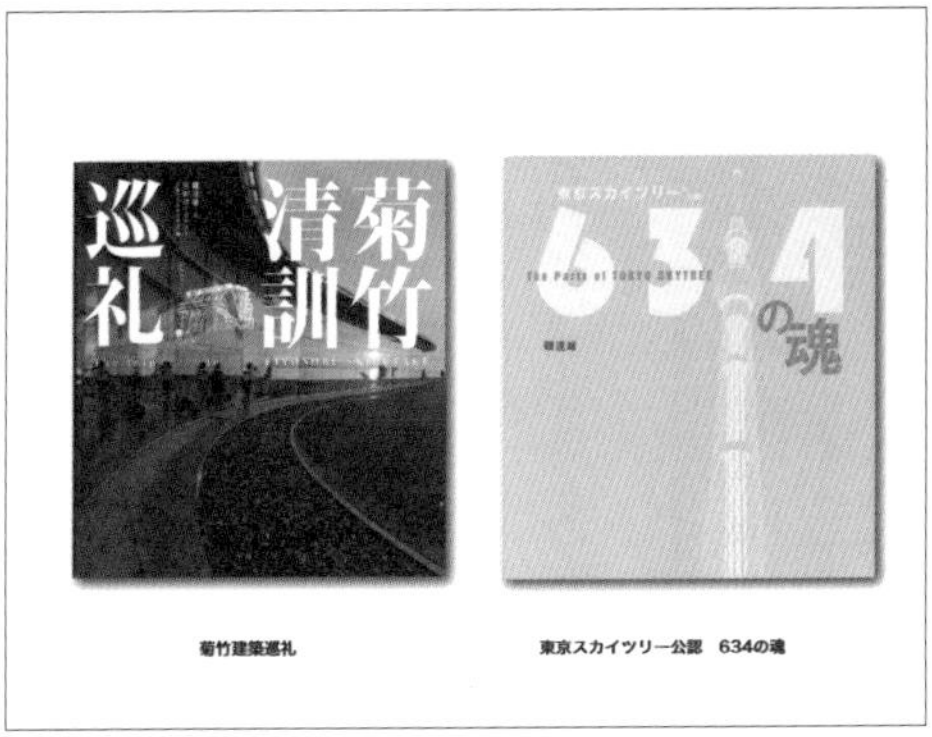
菊竹清訓
巡礼
菊竹建築巡礼
634の魂
The Parts of TOKYO SKYTREE
東京スカイツリー公認　634の魂
（図5）

日経アーキテクチュア
日経アーキテクチュア
NIKKEI ARCHITECTURE
（図6）

うまちを取り上げました。その前は富山、その前は島根県の石見を取り上げて、建築と地域との関わりを掘り下げています。建築のガイドマップもついていますので、旅行に行くときにも非常に便利な記事になっています。巡礼の話に戻りますが、『日経アーキテクチュア』で菊竹清訓の建物をまとめたことがあって、それも同じような形で本になりました（図5）。それから東京スカイツリーが完成したときには、それも徳間書店の雑誌『グッズプレス』で連載をして、その連載をまとめて本にしてもらいました。このような形でさまざまな本の仕事を行っています。

そもそもなぜ建築の雑誌や本をつくる仕事に携わるようになったかということですが、最初は『日経アーキテクチュア』という雑誌の編集部に入ったことからです（図6）。その前に遡れば、大学は工学部の建築学科で建築を勉強していました。私は大学に入った段階では、設計の仕事に就くつもりでした。高校卒業時、進路を考えた際に、建築がおもしろそうだ、そしてそれを設計することに関心があって建築学科に入ったのです。しかし、大学で建築の勉強を進めていくうちに、特に設計の課題に取り組んでいくうちに、どうやら自分は設計に向いてないのかもしれないと思うようになり始めたのです。一方、大学にいた頃、実はSF研究会に所属して、そこでSFに関する評論のまねごとのようなものを書いたり、翻訳をしてみたり、自分たちでそういった記事をまとめて雑誌にして、皆に読んでもらったりしていたのです。本をつくる真似事もやっていたので、大学を卒業するときに出版社を受けてみようと思い、日経BP社を受験しました。日経BP社は経済分野から医療分野、コンピューター分野までいろいろな雑誌を出していますが、運よく私を採ってくれました。日経BP社では建築学科を出たからといって、建築雑誌に配属されるとも限りませんが、私は『日経アーキテクチュア』の編集部に配属され、結果的には10年間在籍しました。建築の雑誌、建築の専門誌は、『新建築』はじめ『建築文化』『SD』などいろいろ出ていますが、私が所属していた『日経アーキテクチュア』は、建築に関する総合的な情報を専門家に提供するという雑誌でした。その中で私がメインに担当していたのは、新しく建てられた建築を紹介するページです。例えば京都駅ビルができあがると、写真を撮りに行く。私が撮るのではなく、プロのカメラマンに撮ってもらうわけですが、その時はこのように撮ってください、こういうところを撮ってくださいという指示をカメラマンに伝えます。それから、どういうページ構成にするかを考えます し、文章も書きます。この建築はどういう建物なのか？ 設計者がどういうことを考えて設計したのか？ 建築家に話を聞いて、設計のコンセプトを聞き、それを自分なりに文章化します。

このような紹介ページ以外にもいろいろな特集があり、それらを企画して、やはり取材執筆を担当します。例えば1970年に行われた大阪万博についてもう1回振り返ってみようという特集を企画しました（図7）。タイトルにはフラッシュバックという言葉を使い、大阪万博はフラッシュバックのように今も建築界に影響を与えているということをコンセプトにしました。大阪万博のときにつくられたアメリカ館の空気膜構造がその後、東京ドームで使われるなど、大阪万博で採用された新しい技術がその後の建築にいかに大きな影響を与えたのかということを改めて取材したり、当時大阪万博に関わった建築家にインタビューしたりして、大阪万博のときにどういうことを考えて、それは今の自分にどのような影響を与えているかということをまとめました。取材した相手には、その後東京都知事になる鈴木俊一（注1）さんもいました。それから隈研吾さんや伊東豊雄さん

（注1）
鈴木俊一（すずき しゅんいち、1910年～2010年）
1979年～1995年まで東京都知事を務めた。都知事になる前は副知事を務め、東京オリンピックの開催を中心とした東京都の開発を担当。副知事退任後は大阪万博の事務総長を務め、万博の開催に尽力した。

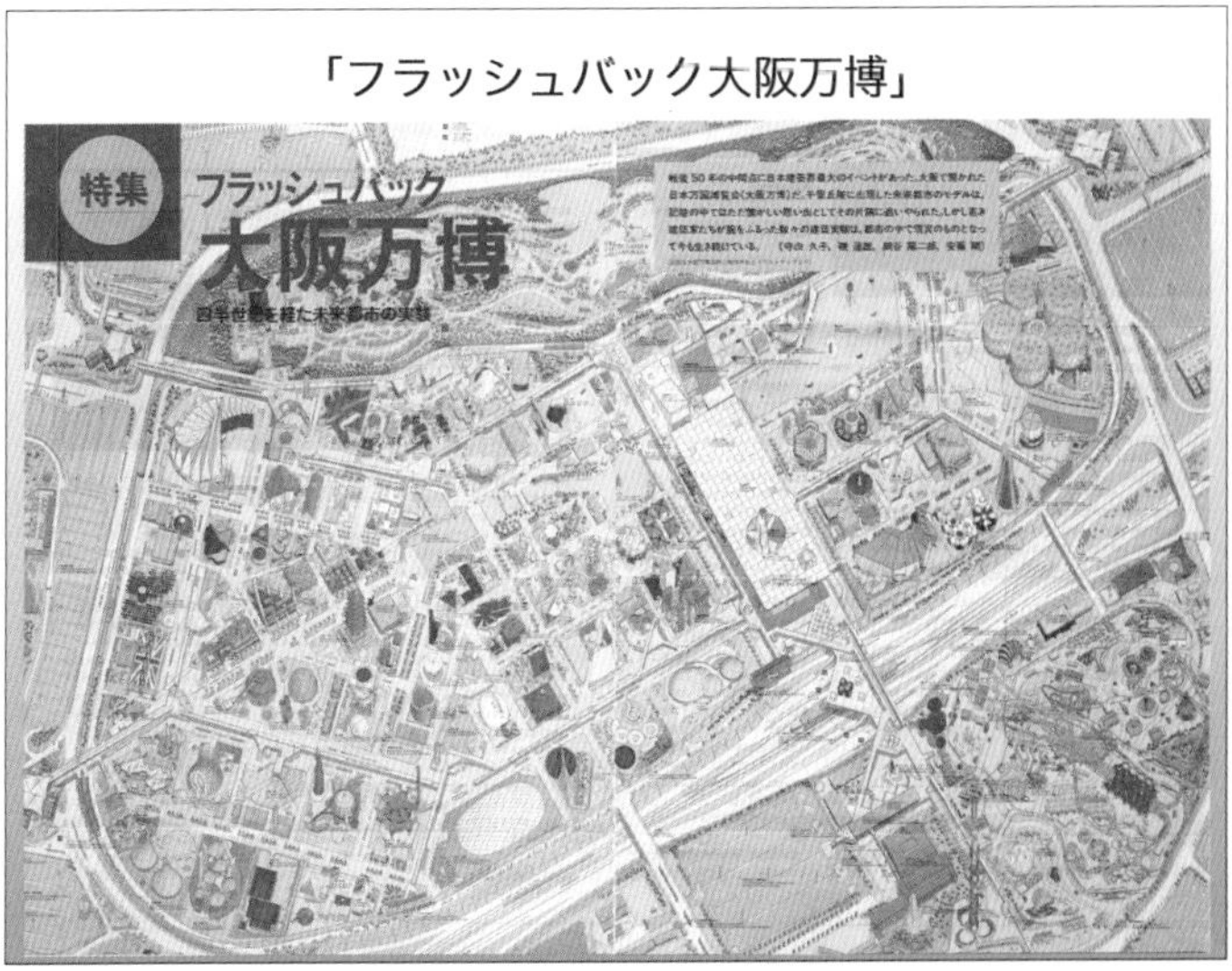
「フラッシュバック大阪万博」
特集
フラッシュバック
大阪万博
四半世紀を経た未来都市の実験

（図7）

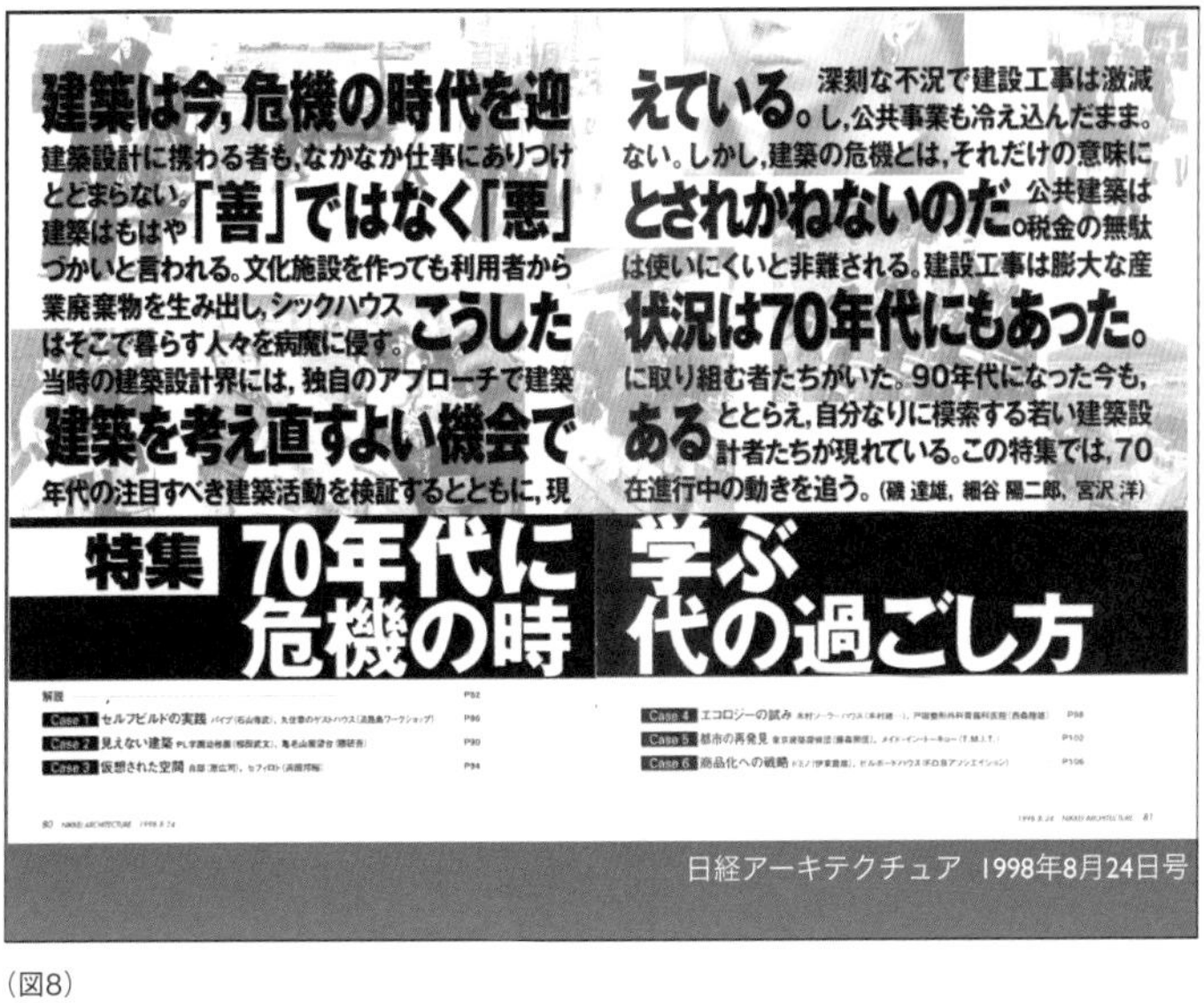

建築は今，危機の時代を迎えている。深刻な不況で建設工事は激減し，公共事業も冷え込んだまま。建築設計に携わる者も，なかなか仕事にありつけない。しかし，建築の危機とは，それだけの意味にとどまらない。建築はもはや「善」ではなく「悪」とされかねないのだ。公共建築は税金の無駄づかいと言われる。文化施設を作っても利用者からは使いにくいと非難される。建設工事は膨大な産業廃棄物を生み出し，シックハウスはそこで暮らす人々を病魔に侵す。こうした状況は70年代にもあった。当時の建築設計界には，独自のアプローチで建築に取り組む者たちがいた。90年代になった今も，建築を考え直すよい機会であるととらえ，自分なりに模索する若い建築設計者たちが現れている。この特集では，70年代の注目すべき建築活動を検証するとともに，現在進行中の動きを追う。（磯 達雄，細谷 陽二郎，宮沢 洋）

特集 70年代に学ぶ 危機の時代の過ごし方

解説 P82
Case 1 セルフビルドの実践 P86
Case 2 見えない建築 P90
Case 3 仮想された空間 P94
Case 4 エコロジーの試み P98
Case 5 都市の再発見 P102
Case 6 商品化への戦略 P106

80 NIKKEI ARCHITECTURE 1998.8.24 / 1998.8.24 NIKKEI ARCHITECTURE 81

日経アーキテクチュア 1998年8月24日号

（図8）

もいました。

それから、これも少し過去を振り返る特集ですが、「70年代に学ぶ危機の時代の過ごし方」というタイトルの特集を企画して担当しました(図8)。1998年の特集ですが、1990年代が、実は1970年代に似ているのではないかというコンセプトです。1970年代に起こったセルフビルドの活動が、1990年代にも見られたり、あるいは1990年代に見られる土の中に建築を埋めて隠してしまう建物の作り方が、振り返ると1970年代にもあったりする、そのような特集を組みました。今の時代に建てられている建築のあり方を、過去を振り返ることによって相対化し、その意味をもう一度考え直す、捉え直すという特集です。

次は『日経アーキテクチュア』編集部を辞めてからの仕事ですが、本の企画もやっていて、「オルタナティブ・モダン」という連続レクチャーを大林組でやりました。そのときの企画は、五十嵐太郎さん、後藤武さん、小野田泰明さん、それから金田充弘さんの4人によるもので、伊東豊雄さん、青木淳さん、藤本壮介さん、西沢立衛さんという4人の建築家にレクチャーをしてもらいました。それを本にするということになり、その本の企画編集を任されたのです。4回、4人がレクチャーして、最後にもう1回企画者全員でディスカッションを行うという連続5回の企画でしたが、その5回の企画を1カ月に1回ずつ、5カ月にわたって行うという連続企画です。5回全部に来られるとは限らない。聴き逃した回があると内容がわからなくなる可能性がある。そうであれば回が終わるたびに本を1冊ずつつくっていったらいいじゃないかということで、1回分のレクチャーを1冊、2回目が終わったら別に1冊というようにレクチャーが終わるたびに本にして、5回全てのレクチャーが終わると全部まとめて一つの箱に入れて出来上がりという、そういう本の企画を考えてつくりました（図9）。

## 建築を紹介する誌面のフォーマットとは

ここからは建築のメディアとは一体何なんだろうという話を進めたいと思います。これは私が担当した『日経アーキテクチュア』の誌面です。SANAAが設計した、飯田市小笠原資料館という長野県の山の中にある小さな展示施設です。この建物が新しくできたので取り上げたわけですが、新しい建物の紹介はいろいろな雑誌でなされていて、その記事の作り方は

（図9）

良く似ています。基本的なフォーマットがあるわけですね。まず、これが最初の見開きです（図10）。このページには何が載っているかというとまず写真が2枚あります。大きな写真と小さな写真。それから配置図が載っています。そしてタイトルが付いています。タイトルは建物の名前です。設計者の名前も付いています。建築の名前と設計者の名前がタイトルになって、最初の見開きの1ページがつくられています。次の見開き（図11）。やはり写真が3点載っています。大、中、小。そしてここには文章が載っています。本文といいますが、文章が3段で流れています。設計者の妹島和世さん、西沢立衛さんに話を聞いて、私の方でまとめた文章です。そしてそこに見出しが付いています。「空中を蛇行するガラス張りのチューブ」という見出し。これは文章を書いた私が付けました。それから三つめの見開き（図12）。この記事の最後のページになります。写真が2枚あります。そして右側のページには平面図、立面図、断面図、加えて構造を説明する図が載っています。そして下の方にはデータがあります。建物名称、設計者、所在地、用途地域、建築面積、延べ面積、敷地面積、構造階数、何階建て、どういう構造の種類か、それから施工者、仕上げに関するデータ、

飯田市小笠原資料館
日経アーキテクチュア 1999年7月12日号
（図10）

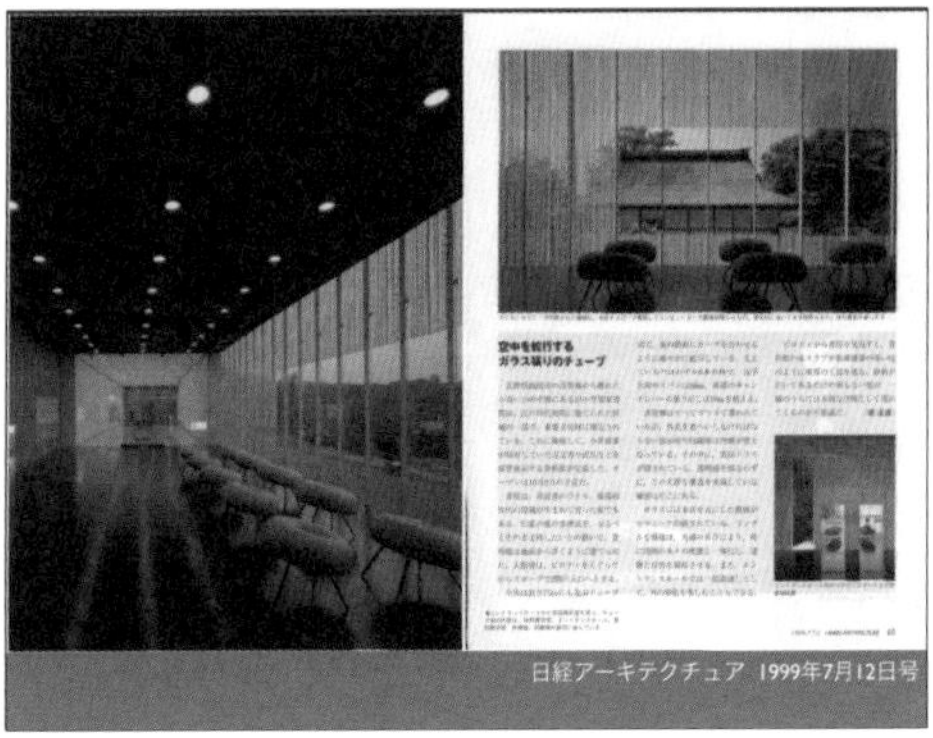
空中を航行する
ガラス張りのチューブ
日経アーキテクチュア 1999年7月12日号
（図11）

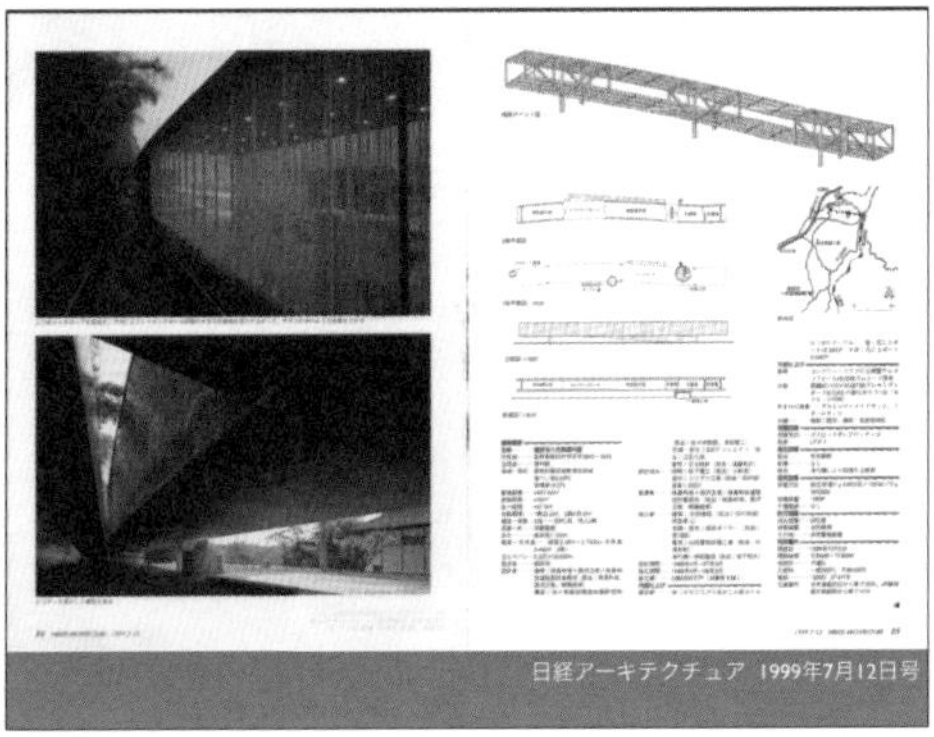
日経アーキテクチュア 1999年7月12日号
（図12）

外側はどういう材料が使われているのか、内側はどうか、空調の設備は主にどういったものが入っているのか、防火設備やその他の設備も書いてあります。それから最後の方は利用案内。この建物を見に行きたいと思った人のために開館時間や入場料、アクセスなどの情報が入っています。これが一つの建物を説明したページで、全部で6ページを使っています。それからキャプションという短い説明の文章が写真1枚ずつに付いています。それ普段、何気なく見ているかと思いますが、建築を説明する記事は、このようなフォーマットで成り立っています。ちなみに誌面をつくる時にどういうことを考えているかというと、文章を書くのが大変なのは当たり前ですが、実はそれだけではなくて、一番力を入れているのは、どういうレイアウトにするかということです。写真家が少し多めに写真を撮ってくるので、どの写真を雑誌に載せるのかは、編集者が選びます。それをどういう順番で載せるのか、それからどの写真を大きく扱い、どの写真を小さく載せるのか、写真の大小を決めることも重要な役割です。また写真をどのように配置するのか、右側に載せるのか、左側に載せるのか、ページのレイアウトを考えていきます。最初の見開きであれば、工夫したのは右側の大きな写真です。この写真の右側には新しい建物が、少しカーブしたガラスの面で空中に持ち上げられたような格好で建っています。一方、この敷地には元々左側にある古い建物が建っていたのですね。資料館で展示している重要な資料を元々所蔵していた建物。この古い建物も重要です。そして古い建物と新しい建物で挟まれた広場状の空間がありますが、このように古い建物と新しい建物が向かい合って建っていることが重要だと考えたので、この写真を大きく扱ったわけです。さらに、この二つの建物の間には実は電柱が立っているのですが、この写真の真ん中に立つ電柱は、デザイン上は無い方がよく、なるべく目立たないようにしたかった。雑誌のページは、真ん中の開くところに糊で留める部分があります。ノドと言いますが、そのノドのところは折られて開きにくくなっているので、ノドに電柱があれば誌面上は目立たない。なので、そうなるように写真を合わせてレイアウトしたのです。こういった苦労は読む人には伝わりませんが、編集者はそういうことを考えて写真レイアウトをしているのです。

写真を並べる順番も考えています。基本的な並べ方は、外側の写真から内側の写真に移っていくという並べ方です。これは建物を実際に見に行く人の体験を読む人も体験して欲しいから雑誌でもシミュレートする。それから2ページ目の見開きでは中に入って、内側の写真が並んでいます。ここでも建物の一番いい所を左側に大きく縦の写真で使っています。あとこの写真では、ガラスのファサードですね、これがカーブしていることもおもしろいですし、ガラス面に印刷のような形で模様が入っていますが、その模様を一部透明化して向こう側の古い建物を見せるという技法が施されています。こういう視覚的な透明性も重要だったので、それが伝わるような写真を選んで載せています。最後の見開きはそれ以外の写真、広場と反対側の外観や夕景など、補足的に載せておきたい写真を選んでいます。

まとめとして建築の紹介記事を構成する要素を改めて挙げていくと（図13）、まずタイトルがあります。建物名称と設計者で構成されていますが、よく考えると建物名称というのも不思議で、建築雑誌に載っている建物名称は、実際に呼ばれている名称と異なる場合があります。つまり建築家の方で勝手に付けた名称です。建築雑誌では、この建築家が勝手に付けた名称を使っていることもままあります。それが本当にいいのかどうかというのは、議論がある所だと思いますが、多くの建築雑誌はそうしています。

**建築紹介記事を構成するもの**

- •タイトル（建物名称、設計者、etc）
- •写真
- •キャプション
- •文章（設計者／批評家・ライター）
- •（見出し）
- •図面
- •データ

（図13）

それから写真、写真に付くキャプション、そして文章。これは設計者が自分で書くこともありますし、第三者である批評家やライターが書く場合もあります。『新建築』では設計者が、自分はこういうことを考えて設計しましたという文章を書くことが多いです。『日経アーキテクチュア』の場合はそうではなくて、第三者であるライターや編集者が文章を書きます。また『日経アーキテクチュア』の場合はそこに見出しというものが付きます。「この建物はこうなんだよ」と、端的な短い言葉で説明されるのです。これはどういう建物を記事に取り上げるかとも関わってきますが、短い言葉で説明できない建築は、そもそも記事にしにくいのですね。何を取り上げるかと考えた時に、やはり編集者の側は、取り上げる建物を読者にはっきりと分かりやすく伝えたい。伝える価値があるということをわかってもらわなくてはならないわけで、そのためには見出しとしてこの建物の特徴や新しさを書けることが大事なのです。だから、見出しが書きやすい建物を取り上げることが建築雑誌では大なり小なり行われていると考えていいと思います。それから図面やデータも載ります。図面やデータは設計者から提供を受けます。

## メディアが建築の見方を規定してしまう

さて、そういったものが誌面を構成しているわけですが、実はそれ以外にも伝わるものがあります（図14）。建築紹介記事のさらなる意味として、読者にいろいろなものが伝わっているのですね。一つはページ数です。飯田市小笠原資料館は6ページの記事でしたが、全ての紹介記事が6ページで構成されているわけではなくて、8ページの記事もあれば10ページの記事もあります。その建物によって、使っているページ数が違うのですね。それはどれぐらいの写真を載せればこの建物を紹介したことになるのか。そういったことを編集者が考えてページ数が増えたり減ったりします。ページ数は、多くの場合建物の規模とも関係します。大きい建物だと写真を撮る場所が多く、ページ数が増えがちです。しかし、決してそれだけではなく、小さい建物でもページ数を多く割いて紹介することもあります。読む側は多くのページ数を割いているからこの建物は重要だというように、ページ数の多少から価値を判断します。編集者にはそのような意図がない場合も、読む側からすると、多くのページ数を取っている建物が、重

**建築紹介記事のさらなる意味**

- ページ数
- 掲載順（表紙）
- 掲載時期
- 単独／特集
- 関連記事（インタビュー、批評）の有無

（図14）

要な建物なのかと思ってしまう傾向がある。同じような意味で掲載順があります。通常、雑誌を手に取ると前からめくっていきます。その雑誌をずっと読んで欲しい、買って欲しいと編集者の側は思っているので、なるべくいい記事は前の方に載せたいのです。そうすると読者もそれを感じて、前に載っている建物ほど重要なのかなと考えるようになる。あるいは掲載時期ですね。建物が完成してすぐに載っていると、やはりすぐに紹介する価値があると思うし、2年前に出来た建物が今頃載っていると、どうして古い建物が載っているのだろう、他に紹介する建物が無かったからかなと思ったりする。掲載時期によって、その建物の重要性が何らかの情報として伝わることがあり得る。あるいは建物単体を紹介する記事か、似たような傾向の建物をまとめて特集として紹介するかの違いもあります。例えば美術館特集で、美術館をまとめて紹介する場合もありますし、一方で一つの建物だけでも、これは単体だけでも取り上げる価値があれば、当然、単独で紹介するわけですね。単独で載っていると、それはそれだけの価値があると思ったりする。

そういうさまざまな記事の取り上げ方によって、その建築の重要性や意味が読者に伝わるのですね。それは編集者の方で意図しなくても、読者の側はさまざまな載り方から、何かしらの意味を汲み取ってしまう。編集者は、建築を客観的に伝えたいと基本的に思っていたとしても、読者への効果としては、その建築の見方を教えてしまっているということが起こってしまう（図15）。良いか悪いかは分かりませんが、否定はできないと思います。どの建築が重要で、どの建築が重要でないのか、建築のどこを見るべきなのか、そういったものを教育する効果を建築のメディアが担っている。そういうことがあるということを、雑誌をつくりながら感じてきました。

## 言葉が建築の在り方を規定する

建築雑誌での建築の紹介の仕方を見てきましたが、メディアで建築を紹介する際に重要なものが二つあると思っています。それは「言葉」と「イメージ」です。その二つについて、それが意味としてどのように働いているのか、働いてきたのかを見ていきたいと思います。

建築に関する言葉が、どれほど大きな意味を持つのかという証明の一つが、「インターナショナル・スタイル」という言葉なのではないかと思っ

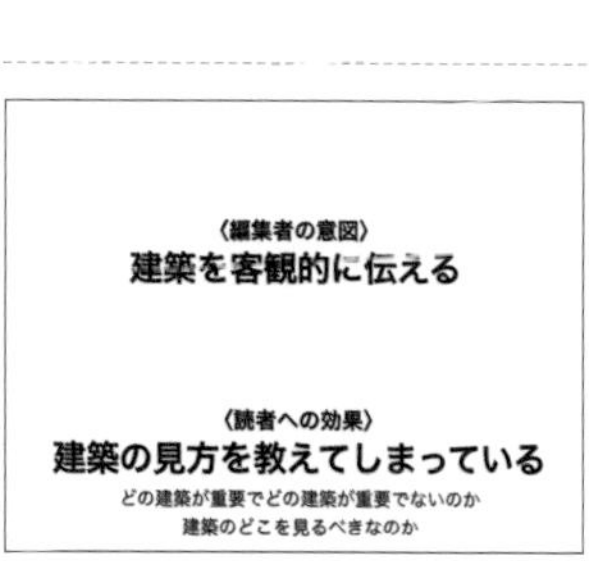

〈編集者の意図〉
建築を客観的に伝える
〈読者への効果〉
建築の見方を教えてしまっている
どの建築が重要でどの建築が重要でないのか
建築のどこを見るべきなのか

（図15）

ています。近現代建築史の中では必ず触れられる重要な出来事ですが、1932年にニューヨーク近代美術館でモダン・アーキテクチャーという展覧会が行われます。この展覧会は、ヨーロッパでル・コルビュジエやミース・ファン・デル・ローエなど20世紀を代表するモダニズムのムーブメントを起こした建築家達の活動が本格的に始まり、それを紹介した展覧会です。その展覧会を企画したのが、建築家としても活動したフィリップ・ジョンソンと、H・R・ヒッチコックです。彼らは、この展覧会を書籍化する時に、「インターナショナル・スタイル」という言葉を使いますが、これがその後、世界中に広まっていく建築のデザインの在り様の一つをあらかじめ決めてしまったと思うのです。モダニズムの建築の在り様に触れておくと、それまであった建築の装飾を剥ぎ落して、装飾が無い白い四角い箱のような抽象的な形にして、その四角いボリュームを配置することによって建築をつくっていく。そういう建築デザインの革命的なムーブメントでした。この建築のムーブメントは世界中に広まり、ヨーロッパ、アメリカ、アジア、アフリカ、世界中に同じような建築がつくられていくわけですが、その建築デザインの広まりをインターナショナル・スタイル、国際様式という言葉が、あらかじめ決めてしまっているところがある。それまでは地域ごとに、気候や歴史、文化に根差した建築がつくられてきたはずですが、モダニズムという建築の作られ方ではそういったものを基本的に止めて、世界中同じ材料、同じ形、同じ方法でつくることになる。そういった建築の在り様を展覧会の書籍のタイトルであるインターナショナル・スタイルという言葉が、あらかじめ規定してしまったと言えると思います。

日本で言うと、戦後の伝統論争も、伝統という非常に分かりやすい言葉を使ったために、いろいろな建築家がこの論争に参加したのではないかと思います（図16）。伝統論争は先ほどのモダニズム建築が、日本で普及していく中で起こった論争です。モダニズムの建築と言えば、歴史的な様式を捨てたうえで建築をつくるわけですが、それに反発して今度は地域の歴史をもう一度取り入れていこうという動きが起こります。そのきっかけとなった論争が１９５５年に雑誌『新建築』で始まります。丹下健三が伊勢神宮や桂離宮などの日本の古建築を参照してモダニズムを発展させていくのだというようなことを言いますが、それに対して白井晟一（注２）という建築家が、丹下健三が参照する過去の建築様式、伝統様式は弥生という

伝統論争

（雑誌「新建築」1955-56）

広島平和記念資料館
丹下健三,1955

松井田町役場
白井晟一,1956

（図16）

（注2）
白井晟一（しらい せいいち、1905年～1983年）
建築家の傍ら、書家としても知られ、また自著を含め多くの装丁デザインを手掛けた。建築家としては昭和初期の和風の住宅における代表的な建築家として知られる。代表作に旧松井田町役場、ノア・ビル、松濤美術館など。

時代に属するデザインの様式に過ぎなくて、日本の伝統には縄文という別のデザインの伝統があると批判し論争が続いたとされます。しかし、実際にはその記事を読み返してみると、論争というほどのことは起こっていません。実は雑誌の編集者である川添登という人が、この論争を仕掛けて、いろいろな建築家に伝統論争に関するテーマで執筆を依頼して、雑誌の中で議論が起こっているように演出していたのです。言葉を使ってそれをメディアで仕掛けるという、そういったことが日本の建築のモダニズムの中でも行われていたという証拠の一つです。

それから1960年代になると、日本の建築界でメタボリズムという運動が起こります。メタボリズムは新陳代謝という意味で、生物学の用語です。生物の体は細胞でできていて、一つひとつの細胞はどんどん死んでいきますが、一方で新しい細胞がどんどん生まれ、入れ替わりながら生物は生きながらえていく。そういった生物の在り方を参照して、建築や都市も新しい時代に対応するよう、新陳代謝をしながら続いていくという在り方が良いのではないか、というのがメタボリズムを主張した人達の考え方でした。このメタボリズムという生物学の用語が、やはり非常にキャッチーだった。分かりやすいとまでは言わないが、何かおもしろそうだなと思わせる言葉だった。だから広まったのだと思います。メタボリズムは日本だけではなく、世界的にも大きな影響を与えて、今でも多くの建築批評家に語られています。

メタボリズムの運動を代表する建築家の一人が菊竹清訓という建築家で、この菊竹清訓は「か・かた・かたち」という三段階で建築や都市を考えていけばいいと言っていました。「か」これは構想的段階に当たるもの、「かた」は技術的段階に当たるもの、「かたち」は形態的段階に当たるもので、この三段階で設計を進めるということです。実際に「か・かた・かたち」の三段階に沿った形で自分の設計事務所のスタッフを分けて設計させていました。これは建築の作り方の説明としては納得する面もあり、おもしろいですが、一方で菊竹自身もこの言葉、三段階の方法に縛られていた面があると思います。

それから1972年に『ラスベガスから学ぶこと』というロバート・ヴェンチューリとデニス・スコット・ブラウンが書いた本が出版されます。カジノがあって栄えているアメリカのラスベガスですが、そこには訪れた人たちの目を引くためにデザインされた建物がたくさんあります。それらは有名な建築家が設計したわけではない、むしろ建築界からはそのようなものは建築ではないと無視されてきた建物だったのですが、この時ヴェンチューリ達はこういった建物こそおもしろいと捉えて、それについて研究する本を出したのです。この時に彼らがラスベガスの建物を説明する時に使ったのが、「アヒル」と「装飾された小屋」という言葉です。ラスベガスの建物を「アヒル」と「装飾された小屋」という二分類で説明します。そして、彼らはこれをさらに進めて、モダニズムの建築も実はこの「アヒル」という建物に該当すると言ってしまうのです。モダニズムの装飾が無い建物は、「アヒル」のようなへんちくりんな格好をした建物とは全然違うと考えがちですが、決してそうではなくて、建物全体の形としてある種の象徴性を持っているという意味では、このアヒルの形をした建物と有名な建築家が設計したモダニズムの建築は変わりないと恐ろしいことを言ったのです。さらに彼らは、そういった「アヒル」的なモダニズム建築は分かる人にしか分からず、一般の人には象徴性の良さのようなものは通じないと言っています。一方、「装飾された小屋」は、建物の正面に看板が張り付いているような建物の作り方ですが、その看板には誰にでも分かるようなサインが付いている、そういった建築の作り方の方が一般の人にはわかりやすくて良いとも言っています。モダニズムの次の建築の在り方について、普通の建物の正面に1枚の分かりやすいサインを付けるという方法でつくっていこうということです。「アヒル」と「装飾された小屋」というわかりやすい言葉で建築を説明することによって、モダニズムからポストモダニズムへと建築のデザインを動かしていった。そういった言葉とも言えるのです。

日本では同じ頃、長谷川堯という建築の評論家が、『神殿か獄舎か』という本を出します（図17）。これも二種類に建築を分ける方法を取っています。長谷川は大正時代の建築に関心を持っていて、後藤慶二（注3）という建築家が設計した豊多摩監獄を本の中で挙げています。監獄という建築は、中に収容された囚人のための建築であって、囚人というのはずっと中にいるわけだから、建築というものを外から見ることができない、内側からしか建築を感じることができない。そういった建築の在り方の方が良いと考えるのですね。神殿か獄舎かと言ったら普通は神殿の方が素晴らし

（注3）
後藤慶二（ごとう　けいじ、1883年～1919年）
東京帝国大学工学科建築学科卒業後、司法省の営繕技師になり、豊多摩監獄の建設に従事。1915年、豊多摩監獄が竣工すると、技士を一旦辞め、朝鮮半島の古墳調査をしたり、明治神宮宝物殿の設計競技に応募し入選したりする。1916年に司法省に復職し東京区裁判所を手掛ける。

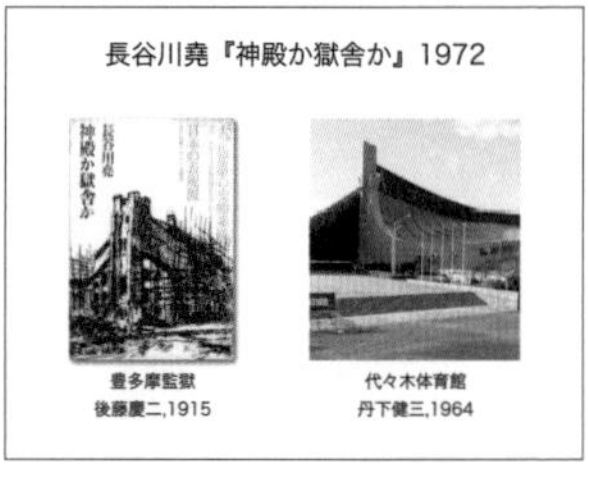


（図17）

いと思いがちだけれど、長谷川堯は獄舎の方を建築として高く評価する。神殿的な建築、ギリシャの神殿を思い浮かべてもらえばいいのですが、建物としてはすごく格好良く建っているかもしれないけれど、それは遺跡であって、外から見て格好良いと思うぐらいのことでしか役に立たないと。そういった建築の在り方で言うと、実は丹下健三の建築もそうだよと、これまた恐ろしいことを言ってしまうのですね。丹下健三の建築もそのカッコよさばかりが重視されているが、それは本当に中にいる人にとって重要なことなのだろうかと批判する。日本を代表する丹下健三の建築を、批判的に見る視点が１９７０年代に出てきて、その流れがポストモダニズムにつながっていく。モダニズムからポストモダニズムへという、そういった流れに移っていく時の一つの象徴的な言葉なのかなと思います。

それから同じ頃、神代雄一郎という評論家が、「巨大建築に抗議するという」タイトルの文章を書きます。神代は、「いい建築」と「いやな建築」があると、ヴェンチューリや長谷川のように二分法で建築を説明していますが、いい建築は「倉敷アイビースクエア」や「東京海上ビル」です（図18）。「倉敷アイビースクエア」はレンガを使った工場をリノベーションし

（図18）

た建物です。「東京海上ビル」は超高層ビルですが赤茶色をした焼き物が外に貼られている、ちょっと珍しい超高層ビルです。神代は、倉敷アイビースクエアは浦辺鎮太郎（注4）という建築家だし、東京海上ビルは超高層ビルでは珍しく前川國男というひとりの建築家が設計した超高層ビルで、こういった建築がいい建築だと。それに対していやな建築がある。それは稲田石で覆われた「最高裁判所」や、「新宿三井ビル」のような超高層ビル（図19）です。西新宿のあの超高層ビル街はちょうどこの頃開発が進むわけですが、そういったものを見ながら嫌な建築だと言うのですね。まずどういう材料が使われているかということに言及して、石やガラスなどが少し冷たい、非人間的な材料と捉える。それから誰が設計したのかという点でも、新宿三井ビルをはじめとした新宿の超高層ビルを担当したのは、日本設計や日建設計、あるいは大成建設など組織設計事務所や大手建設会社の大きな組織の設計チームが担っている。こういう組織ではいいものをつくれないと言うのです。一方でこれに対する反論も出ます。日建設計の設計部門のリーダーだった林昌二は、巨大と言われる建築は、建築家がつくりたいからつくっている訳ではなくて、社会全体でそれを必要としてい

（注4）
浦辺鎮太郎（うらべ しずたろう、1909年～1991年）
京都帝国大学卒業後、倉敷絹織（現クラレ）に営繕技師として入社。社長の大原総一郎とともに倉敷のまちづくりに励み、倉敷を中心に多くの建築を手掛けた。代表作に倉敷国際ホテル、倉敷アイビースクエア、大佛次郎記念館などがある。

「巨大建築に抗議する」神代雄一郎（1974）
"いやな建築"
最高裁判所
岡田新一（元：鹿島）,1974
新宿三井ビル
日本設計,1974
「その社会が建築をつくる」……林昌二@日建設計（1975）

（図19）

るから、つくっているにすぎない。社会が建築をつくっているという言葉で反論します。しかし、それがまた建築家には主体性が無いのかと再批判を受けるという流れになっていくわけです。この頃を境に巨大な建築はどんどん組織によってつくられていき、一方個人の建築家はこういった超高層ビルや大規模な公共建築などの仕事からどんどん弾かれていく傾向になってしまう。個人の建築家は住宅など規模の小さな建築の設計の方に閉じこもっていく。1970年代から建築界は大きく分かれていったとも言えるでしょう。そういう分かれ道に、この巨大建築という言葉を使った論争があったのです。

## 設計者の建築の見方で写真が選ばれ、イメージを規定する

次に写真についても触れておきます。まず雑誌の写真というものは、実際の建物そのままではないということです。写真は加工されています。分かりやすいのが「アオリ」という加工です(図20)。高さのある建物を普通に写真に撮ると上の方が細くなったような三角形に写ってしまいます。しかし、そういう三角形に写った建物は、写真で見た時にどこか居心地が

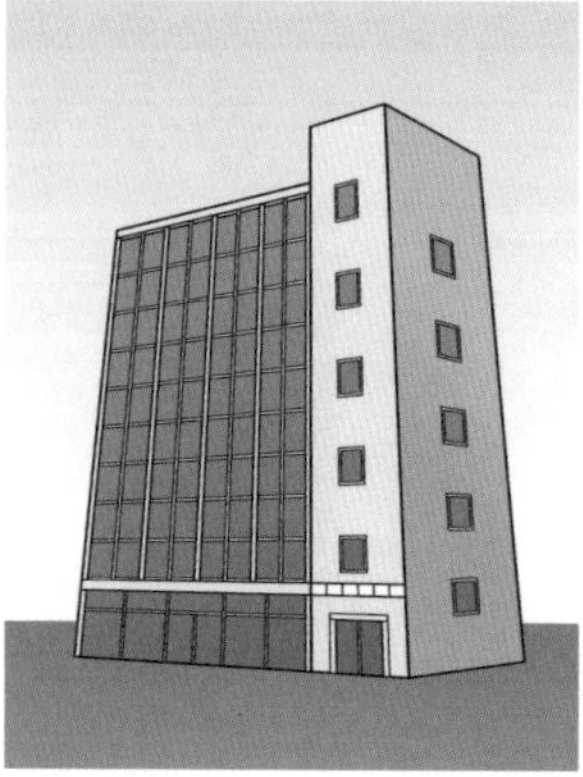

加工前

ビルなどの高い建物を下から撮影すると、建物が上に向かってすぼむように写るが、写真を見た時の画角の違いから違和感を覚える。

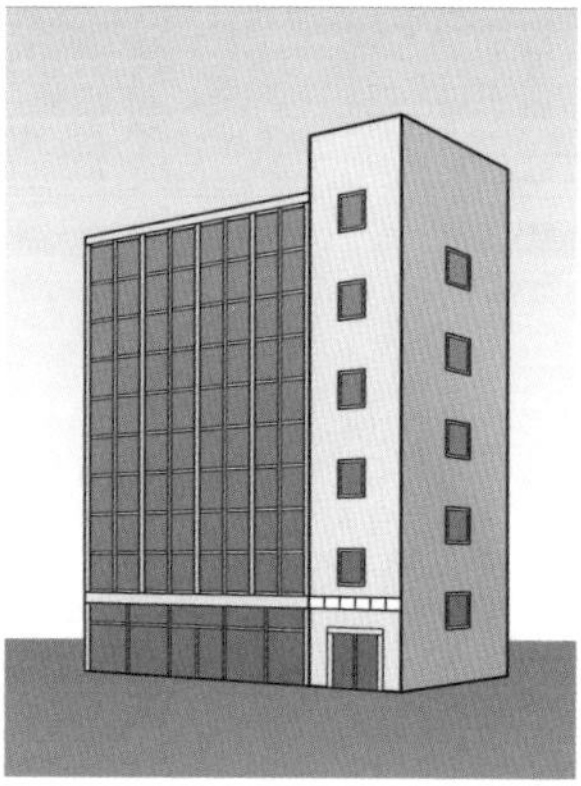

加工後

建物のすぼみを解消することをアオリと言うが、今は写真加工のソフトウェアで建物の低い部分を変えず、上に行くほど広げてまっすぐにするという加工をすることで、簡単に補正できる。

（図20）

（図21）

悪い。実際の建物は下から上まで同じ幅で建っているので、そういうものとして写真では見たい。ということから、雑誌に載せる時の写真は加工された写真で、それは下から上まで平行な形で写っている。そのような写真にするため、私が建築雑誌の編集部にいた頃は、写真を撮る時にカメラのレンズとフィルムをずらすことによって補正していました（図21）。それをアオリといいます。写真として写った段階では、もう補正されたイメージがそこに定着するという形でした。2000年代になってからはほとんどの写真がデジタルで撮られるようになり、今度は撮った後のデータを、Photoshopをはじめとしたアプリケーションで直すようになります。

それ以外にも例えば建物の前に電線や電柱があって邪魔な場合には、電柱をPhotoshopで消したりします。そういうあからさまな加工もします。『日経アーキテクチュア』は元々日本経済新聞社という新聞社から出発した雑誌でもあり、報道というスタンスがあるので、写真を加工すると現実と異なることを伝えてしまうので、写真のレタッチは基本的にやりません。しかし、他の雑誌で使う写真は、格好悪いと思うものが入った場合は、後から消したりします。それから私が写真を撮っていた頃はフィルターというものも良く使っていました。建物を室内で撮る時には照明の光に色が付いているので、その色の効果を打ち消すために、レンズの前に色の付いた薄い透明のフィルムを入れるのです。そうすると青っぽさを外して人間が見た目と同じような色に映る。そのようなこともやっていましたが、それも今はPhotoshopで簡単に補正できますね。今で言うと顔写真が自動的に補正されて小顔になるという加工があったりしますが、そういったことを実は昔から建築写真ではやっていたのです。だから、実は建築の写真はありのままの姿ではない。

それからもう一つ、建築雑誌に載っている写真は、実は決められたイメージの写真が使われているということ。つまり、写真が実は制度化されている。1997年に福屋粧子さんという建築家が書いた「建築はどのように伝達されるか」という評論があります。彼女はいろいろな雑誌で建築が取り上げられるけれど、その写真を見ていくと、取り上げられ方が非常に似通っていると指摘しました。東京国際フォーラムが竣工した年、当時三つの雑誌が表紙にその写真を載せていますが、ガラスホール棟と呼ばれる建物の天井を見上げるような写真を使っています（図22）。角度が若干違い

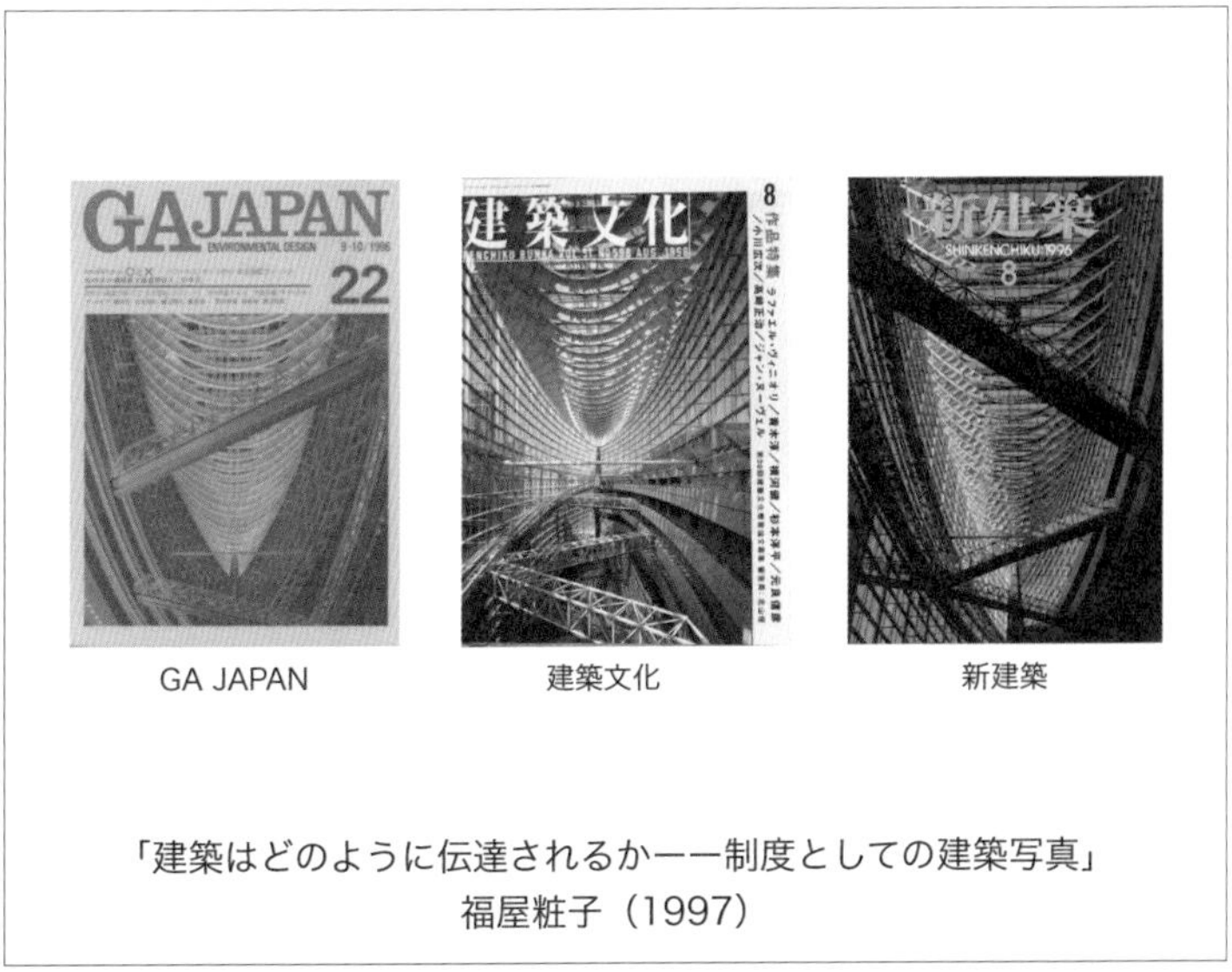
GA JAPAN
建築文化
新建築
「建築はどのように伝達されるかーー制度としての建築写真」
福屋粧子(1997)

(図22)

ますが、3誌とも見上げるような形で天井を撮っていて、よく似ています。当然ながらそれぞれ別の写真家が撮っていて、編集している人も別です。3誌で示し合わせたわけではないのだけれども、3誌とも同じような写真が表紙に使われている。それはやはり建築をここから見てほしいという、設計者の考えがあるからです。ある建築を説明しようと思ったら、このアングルで見るのが建築を説明したことになるのだよ。この建築を見ることは、ここから見ることなのだよ。そういったものが決まっている。雑誌の中のページを見ると、やはり東京国際フォーラムの建物に囲まれた三角形の形をした広場がありますが、3誌とも同じようなアングルで載せている。

さらにはコンペの時のパースも写真と似ていると福屋さんは指摘します。パースは建築家がコンペの時にこういった建物をつくりたいと絵に描いているわけですが、設計する前の、ここから見てほしいという設計者のイメージをそのままなぞるような形で、出来上がった建物を撮影して紹介している。建築の見せ方、見え方は、いかに決まったものになっているのかということを表していると思います。福屋さんの評論を読んで、他の建物もそうなのかなと思い、例えば関西国際空港ができた時の雑誌を見たら、やはり同じようなものだなと思いました。『新建築』と『GA JAPAN』が、同じような場所を表紙にしています（図23）。

## 建築のイメージや言葉が、その後の潮流に影響を与える

写真だけではなくて、出来上がらなかった建物あるいは建築が出来上がる前のもの、そういったものが強く規定することもあります。ル・コルビュジエの「ドミノ住宅」というプロジェクトは、住宅を大量供給する際の提案です。実際に出来上がるわけではないのだけれど、床とそれを支える柱、そして上下を移動するための階段のみが描かれています。このようなそぎ落とされた要素に還元されたイメージが、その後のモダニズムという建築の在り方になる。必要最小限のもので構成される建築をその後の人達のイメージの中に植え付けた。そういった効果があった気がします。

それから、ミース・ファン・デル・ローエのフリードリヒ・シュトラーセのオフィスビル案というのがあります。１９２１年に描かれていますが、それがその後の超高層ビルのイメージを規定しました。20世紀後半に世界中で超高層ビルが建てられましたが、皆ガラスのカーテンウォールで覆わ

関西国際空港（1994）／レンゾ・ピアノほか

（図23）

れています。そのような超高層ビルの在り方を、ミースの絵はこの時点でもう示しています。１９６０年代になると、アーキグラムというチームが出て来て、本をつくって世界中に発信します（図24）。彼らは設計して出来上がった建物は一つもないのだけれど、世界中に影響を与えた建築家チームです。彼らは、「ウオーキング・シティー」や「インスタント・シティー」といったSF的なアイデアをマンガのようなイメージで伝えます。

それから先ほどのメタボリズムという運動の中心メンバーの一人の黒川紀章が設計した山形ハワイ・ドリームランドという建物が竣工して雑誌に発表する際に、図25のようなイメージを添えて載せました。単なる平面図ではなく、平面図が二つになり、三つになりという感じで、繋がっていく絵を描く。実際にこのような増築案があったわけではなく、細胞が分裂していくという、建築家の頭の中にあるイメージなのです。メタボリズムは建築も新陳代謝していく。それを伝えるために、予定をしていない増築案のようなものを描く。こういったイメージが建築家が考えていることを端的に伝えていく役目を果たしていきます。

図26は２００１年にオープンした「せんだいメディアテーク」ですが、

アーキグラム
4号（1964）

（図24）

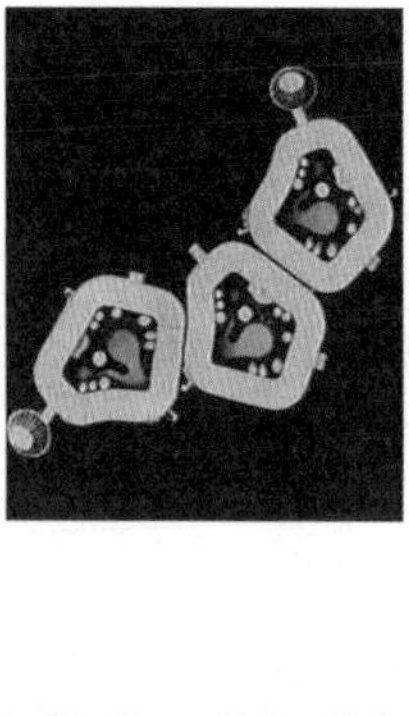
（図25）

（図26）

まとめ

- 建築のイメージや言葉は、建築の代替物として機能する。
- 建築のイメージや言葉は、建築から由来したものであるにもかかわらず、逆に建築を規定する。
- 建築のイメージや言葉は、建築デザインの潮流に大きな影響を与えてきた。

（図27）

1995年にコンペが行われて、そこで伊東豊雄の案が1等になっています。その時のコンペ案に付けられた写真です。籠状の円柱があっちに行ったりこっちに行ったり揺れ動きながら何層もの床を貫いている、そういった建築なのですね。そういう斬新な建築のイメージを模型の写真で伝えています。この模型の写真ですが、建築の模型としては不完全で、正面にガラスのファサードが付いていますが、側面のガラスは外して写真に撮っています。実際に出来る建物は、側面はもちろんガラスがはまっています。しかし写真に撮る時にそれがあると透明感が減ってしまうから、この揺らめく柱のイメージをストレートに伝えようと、側面のガラスをあえて付けず、正面のガラス1枚にして撮影しています。建築のコンセプトを分かりやすく伝えるために、このような工夫をしてコンペで発表する。それが「せんだいメディアテーク」という建築の新しさを共有していく決め手になったというわけです。

最後にまとめです(図27)。「建築のイメージや言葉は、建築の代替物として機能する」、「建築のイメージや言葉は、建築から由来したものであるにもかかわらず、逆に建築を規定する」、建築のイメージは、建築から出発していると基本的には言えるけれど、逆に言葉が、あるいはイメージが建築の意味を決めてしまうことが過去にはあったということ。それから、「建築のイメージや言葉は、建築デザインの潮流に大きな影響を与えてきた」ということです。

COLUMN 07 メディア

# 目と足と手によって建築を動かすこと

渡邉 研司（東海大学建築都市学部教授）

建築界で「磯さん」と呼ばれるのは、一昔前だと先立って亡くなられた建築家の磯崎新さんであり、今だと今回レクチャーをしてもらった建築ジャーナリストの磯達雄さんと言えるだろう。お二人の年の差は32年と親子ほどあり、一方が世界的な建築家、建築理論家であるのに対して、一方が、日経アーキテクチャの編集に携わり、Office Bungaという編集出版を共同主催している建築ジャーナリストである。これほど違いがあるということ自体、建築領域の多様性を表しており、このオープニングセミナーのテーマである、人・都市・建築の講演者のバラエティさ、ひいては建築都市学部の目指さんとしている文理融合としての建築のあり方を示しているとも言える。

磯さんの講演は、「建築を動かすイメージとワード」と題して、自らの建築との出会い、大学時代の建築以外の関心、日経アーキテクチャでの仕事、記事としての誌面の構成や、それらが出来上がるプロセス、写真という媒体の意義、そして独立後のメディアとしての発信の様子など、3分の1は時間の関係で見ることができなかった多くのスライドを使って熱く語ってもらった。特に、雑誌の編集という職種がおそらく建築学科を卒業して就くというイメージがなかった学生にとっては、建築を取材するために現地に赴き、インタビューをとり、場合によっては自らカメラのシャッターを押して、資料を集めて、文章を書くという行為が、実は建築を設計し、組み立て上げる行為と見た目ほどかけ離れていないと感じたに違いない。確かに最終的には文字にするのか、図面にするのかという違いはあるものの、設計＝デザインという行為自体は、編集すなわち集めてきたデータを適切な言葉＝線図によって構成し、求められた物語＝ストーリー＝機能を時間というファクターを入れながら組み立てることなのである。

この建築デザインと言葉あるいは文学との関連性については、古くから指摘されており、18世紀末にフランスでは、建築デザインとは言語で言うところの文法＝グラマーすなわち様式に従って組み立てることを意味しており、実際、フランスの建築家、教育者であったJ・N・L・デュランは、エコール・ポリテクニークのエンジニアのための教科書『建築学講義』（1809年）の中で、建築を学ぶ過程を、言語を学ぶ過程のようなものだと次のように説いた。

「文章における言葉、音楽における音符のように建築にも、それらなくしては先へ進めない多様な構成要素（支柱、壁、開口、基礎、床、ヴォールト、屋根そしてテラス）がある。そしてそれらに慣れ親しんでくるとそれらをどう組み合わせたら良いか、言い換えればそれぞれを水平にも垂直にも他の要素とどのような関係においたら良いかがわかるでしょう。

このようにデュランは建築を文法の言葉で表現することで、簡単に素早く教えることができると提案した。

また、19世紀には、言葉の建築家である作家から、過去の様式を繰り返しあるいは捏造した建築に対して痛烈な批判が浴びせられる。フランスロマン主義を代表する作家ヴィクトル・ユゴーは、『ノートル＝ダム・ド・パリ』（1831年）第5編2「これがあれを滅ぼすだろう」と題した文章を書いている。これ＝書物、あれ＝建築、すなわち書物が建築を滅ぼすだろうという意味である。19世紀以降、文学だけでなくメディアと言われる新聞、雑誌の発展によって、物語の語りの役目を持っていた建築は書物によって滅ぼされてしまうというユゴーの危惧であり、建築家よ奮起せよという激励だと思われる。

振り返って考えるなら、磯さんたちが行おうとしていることは、自らの目と足そして手によって、本来、建築家が有しているはずの身体運動を基盤とした設計力の回復を、意識しようがしまいが、ユゴーやラスキンの役割を担いながら、21世紀の現在に訴えかけようとしているのだと、同じ思いのある私は確信している。

考えてみよう、建築メディアの役割!

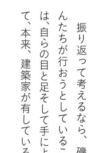

これだ! 求めていたものは・・・

これなんだよ! すごいことになってきた!
あれって、ギャグのつもりだよね・・・?
さあ先生、もはや言葉で確かめるの、無理そうっす・・・

# 08

# ［光環境］

## Light Environment

古くは教会の礼拝堂、現代は都市のイルミネーションと光は空間を構成し、
演出する重要な要素として扱われてきた。
照明デザイナーとしてさまざまな空間の照明デザインに携わってきた澤田隆一氏が、
自身の仕事を事例として紹介しながら、
照明デザインの手法や目的、考え方について解説する。

［2022年10月8日講演（対面&オンライン）］

澤田 隆一
Ryuichi Sawada
SLDA

# 気配・印象・雰囲気をコントロールする——照明デザイン

## 照明の種類と設計する人々

はじめに皆さんに伺います。照明デザイナーという職業があることを知っている人はいますか？　…あまりいないですよね。私のような照明デザインの分野の人は、国内で200人程度でしょう。まだ世間に広く知られているような職業ではないので、まずは照明デザインの仕事がどういうものなのかを説明したいと思います。

照明デザインは、工学以外の分野でもさまざまな領域で研究がなされていて、例えば植物育成照明などもありますが、基本的に照明デザインは人のためになされることです。そして**図1**にあるように、照明デザインは二つの分野に大別されます。まず上段の「劇空間照明」というのは私が付けたネーミングで、一般的にそう呼ばれているわけではありませんが、演劇の舞台はもちろんテレビの撮影現場まで含んだ照明です。劇空間を演出するために光を意図的にデザインする世界です。そして、もう一つが「環境

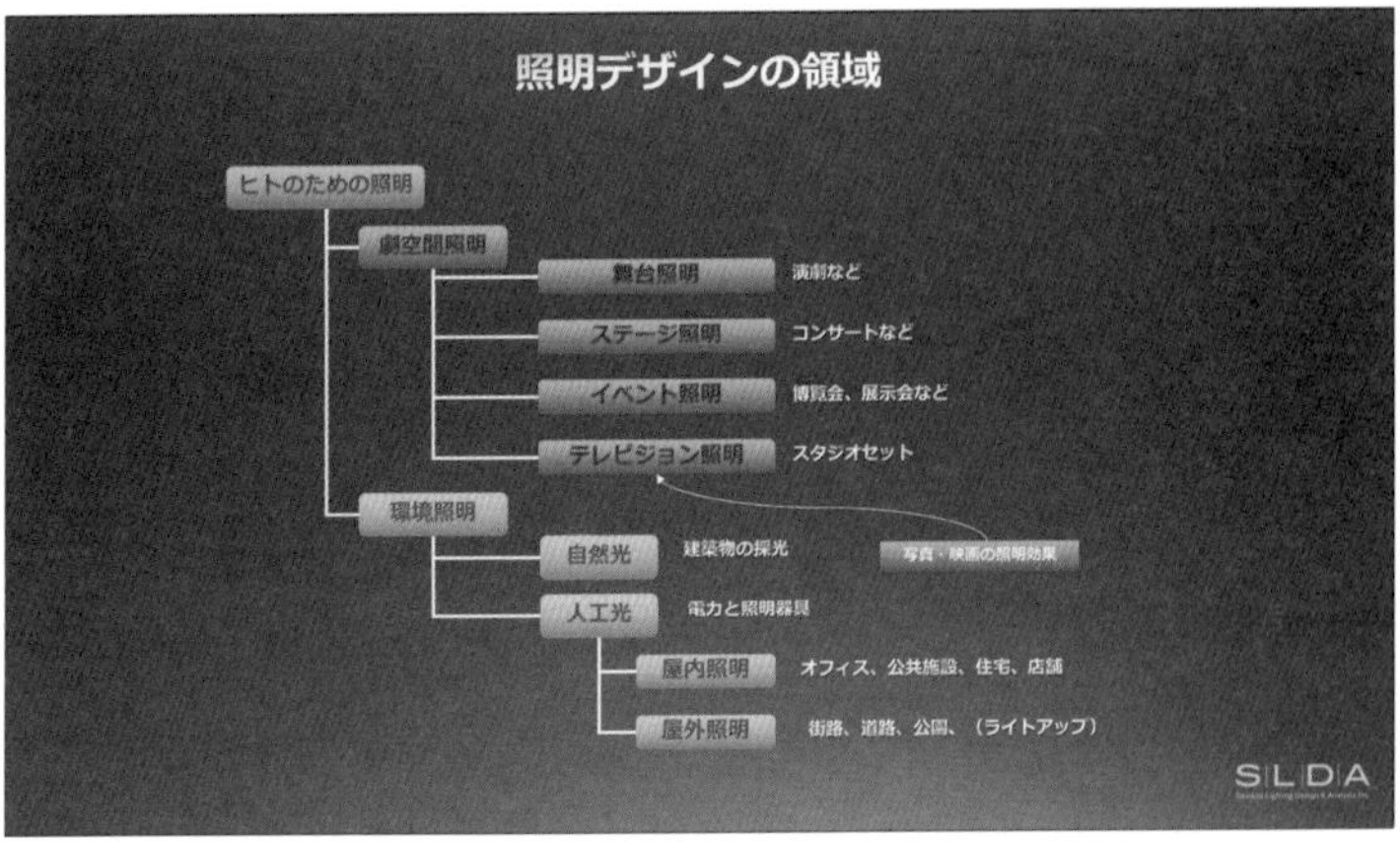
照明デザインの領域
ヒトのための照明
劇空間照明
舞台照明
演劇など
ステージ照明
コンサートなど
イベント照明
博覧会、展示会など
テレビジョン照明
スタジオセット
環境照明
自然光
建築物の採光
写真・映画の照明効果
人工光
電力と照明器具
屋内照明
オフィス、公共施設、住宅、店舗
屋外照明
街路、道路、公園、（ライトアップ）
SLDA

（図1）

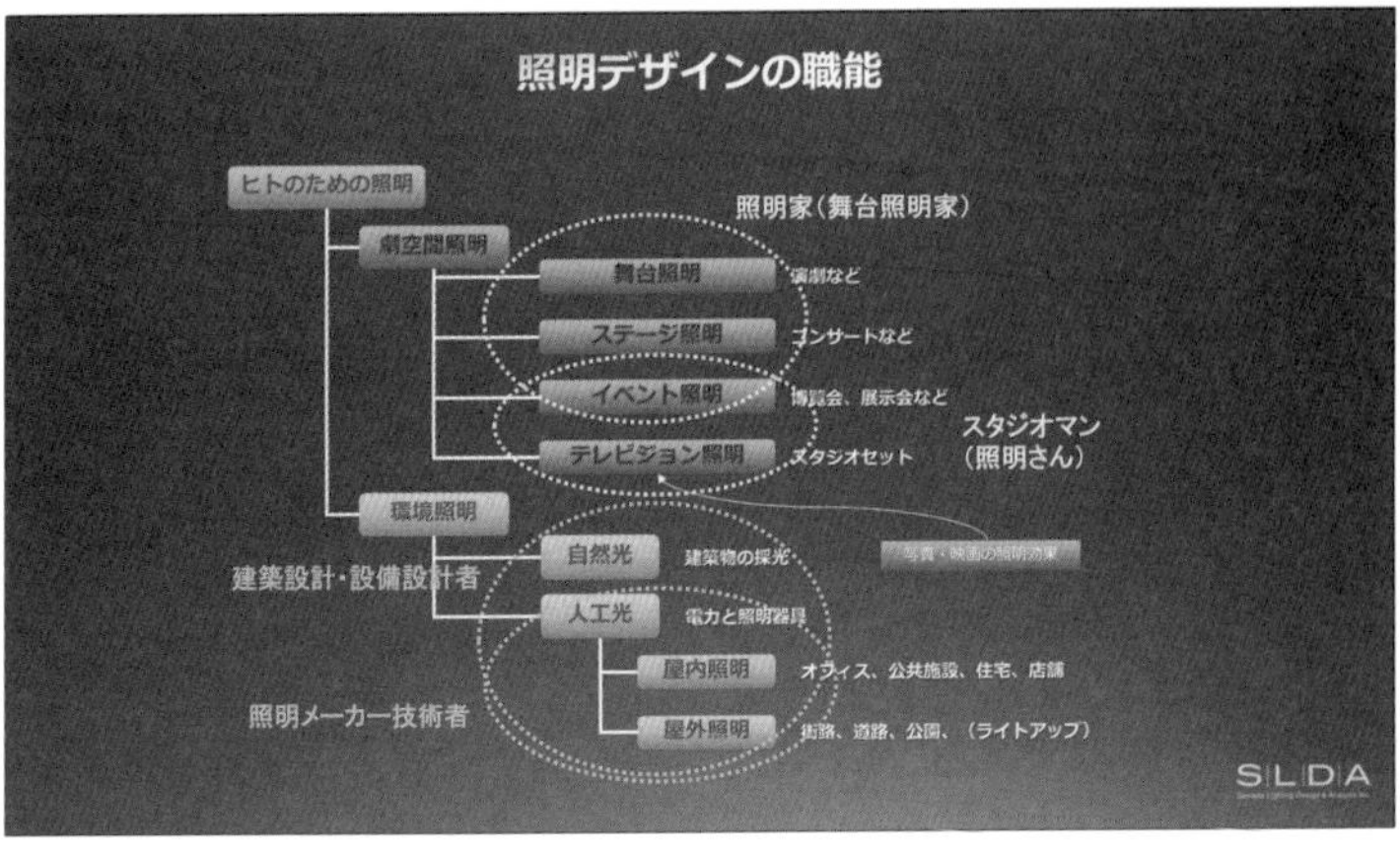
照明デザインの職能
ヒトのための照明
照明家（舞台照明家）
劇空間照明
舞台照明
演劇など
ステージ照明
コンサートなど
イベント照明
博覧会、展示会など
スタジオマン
（照明さん）
テレビジョン照明
スタジオセット
環境照明
自然光
建築物の採光
写真・映画の照明効果
建築設計・設備設計者
人工光
電力と照明器具
屋内照明
オフィス、公共施設、住宅、店舗
照明メーカー技術者
屋外照明
街路、道路、公園、（ライトアップ）
SLDA

（図2）

照明」です。私たちの日常生活に関わる照明のことで、この環境照明の対象となる空間について学んでいるのが建築学科の皆さんということになります。環境照明が扱っているのは、「自然光」と「人工光」です。「人工光」はいわゆる電球の照明のことです。「自然光」は、建築では採光計画と言われる、窓からどうやって光を採り入れるかを考える、建築でも重要な設計分野です。照明デザインには、自然光をどのように生かすか、取り入れるか、あるいは遮るかということがその範疇に入っています。一方、人工光はそれがさらに細かく、屋内と屋外に分かれます。屋内が屋外と大きく違うのは、屋内は人工光がないと昼でも暗いということです。屋外は、昼は明るいから照明は必要ありません。しかし夜になると真っ暗になって照明が必要になる。だからもともと照明デザインは、暗さによる不便を解決するところから生じたと言えます。そこが一番重要な部分で、不便でなければ照明はなくてもよいのかもしれません。

次に、職能について考えてみたいと思います。まず劇空間照明における舞台やステージの照明を担当されている方たちの中には、照明家を名乗る方々もいて（図2）、実際に照明家協会という公的な組織もあります。一方で、テレビや映画の中の人達は照明効果や音響効果といった映像作成の一部を担当しています。カメラマンとチームを組む人々で通称、音効さんとか照明さんと呼ばれています。

さて、我々の環境照明の分野では、先ほど申し上げたように、照明を専門にしている私のような者はそれほど多くはないのです。ところが、世の中を見渡すといたるところに照明が付いていて、誰かがそれを設計しているのです。それは照明メーカーのエンジニアであったり、あるいは建築設計者であったりすることが多いのです。大きな設計事務所になると、専門の設備設計の人がいて、照明を含む電気関係全般を設計しています。

## 気候風土によって光の感じ方が異なる

次に照明デザインの目標を考えてみます。まずは、それは建築はもともと環境デザイン全般もそうですが、あらゆる面で社会の課題解決に取り組まなければいけません。今、世間で騒がれていることのひとつは、エネルギー問題ですね。その少し前はセキュリティ問題がよく取り上げられていました。皆さんも学校で学んだ道のりの先にある社会では、必ずその時代の課題が待ち受けていて、それに取り組むことになります。でも私がこの仕事を続けているのはそうした課題解決が楽しいからではなく、解決をしながらそこに美観をどのように取り入れていくかということにやりがいを感じているからです（図3）。美しさや心地良さというのは学問にするには難しいですよね。感性工学といった学問のジャンルはありますし、あるいは美学という分野もありますが、それは非常に哲学的で、数字に置き換えにくい価値を追求しています。それは、芸術性と言ってもよいと思います。私にとって、その美観とは何かというと、やはり自然の光が根源なのです。自然の光は大きく分けると3種類しかなくて、一つは太陽ですね。月の光は太陽を反射しているので、実際は太陽光です。二つめは太陽よりも遠くにある星です。残りは生物発光現象や雷など地球上で発生する光になります。

　空からの光ということで、今、お見せしているスライド（図4）は私が登山をしていたころに撮った写真を、数年前にデジタル化したものです。当時の写真はフィルムでしたので、経年劣化したフィルムをデジタライズして整えていく際に色を調整しますが、自分のその時の記憶を辿って色調

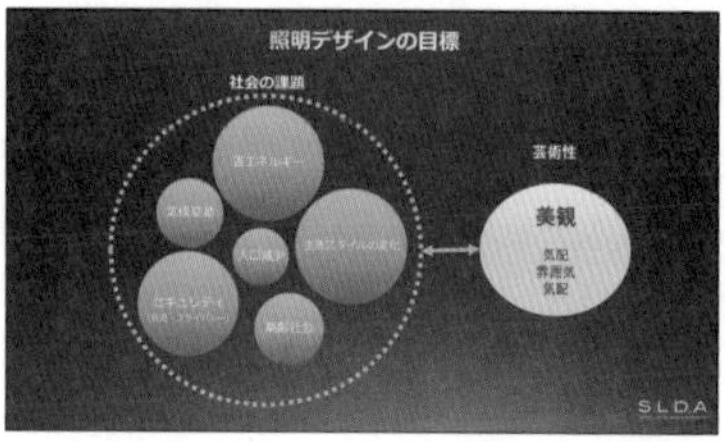

（図3）

（図4）

（図5）

整したものはどうしても派手な色味になっているのですね。自分が感動したものを、自分の中でさらに美化しているのです。デザインにも同じような側面があって、これが良いと自分がピックアップした価値観をさらに美化していくという作業ではないかと思っています。

さて、自然と言ってもいろいろあり、気候風土の違いからも学ばなければいけません。端的な例としてはこの2枚（図5）。どちらも私が撮った写真です。私は神奈川の沿海部に住んでいて、歩いて5分のところに湘南海岸がありますが、これはたまたま台風の後で、凄い夕焼けでした。もっとも劇的だった時の写真であって、毎日こういう状態というわけではないです。一方、左側の写真はデンマーク、コペンハーゲンのニューハウンという街で、これも夏の終わり頃の写真です。ニューハウンのように緯度が高いところに行くと、夏場はなかなか日が暮れず、薄いピンクやブルーのパステルカラーに染まったきれいな夕焼けが何時間も続きます。ところが日本の場合は、中緯度帯の温暖湿潤気候の中にあって、気象が目まぐるしく変わるのです。雲の変化も早く、太陽の沈み方も違います。緯度が高い所に行くと、太陽が地平線や水平線に対して浅い角度で動き、地平線に沈み切るまでに見えている時間が長い。これがたとえば、赤道直下だとストンと下方に落ちるわけです。あっという間に太陽が隠れるので、あっという間に日が暮れます。私たちはそれらの中間的な地域に住んでいて、夕焼け空を眺めていると、20〜30分の間に複雑に色が変化するのが分かります。夕焼けだけでなく陽射しの変化に富んだ気候風土のもとで我々は暮らしているのです。ですので、どのような風土の中で暮らしているのか、あるいは育ったのかで光の感じ方や考え方が違ったりすることもあります。そこにも着目していかなければいけないということです。

## 進化した光源ＬＥＤ

次に、光の現物をお見せしますが、これはＬＥＤです（図6）。およそ十数年前にＬＥＤが急速に普及し始め、その他の光源をほぼ駆逐しました。それまでは白熱電球や蛍光灯、放電灯（注1）と呼ばれるものが主流でしたが、今はそれらがＬＥＤに置き換わってきています。それが十数年前に始まったことですから皆さんが物心ついたころは、ＬＥＤへの光源変革期のなか育ってきたのではないかと思います。昔ながらの築数十年の古いお

（図6）

（注1）
放電灯
放電によって光を発生させる照明の総称。ネオン管や蛍光灯、ナトリウムランプなど種類がある。最も古い炭素アーク灯は放電灯と区別されることがある。本来、電気を通さない空気が高い電圧の電極の間で、状態を維持できず電気が流れる現象で、自然界では雷などがそれに当る。照明に利用する際は、空気ではなくさまざまな分子の気体が用いられる。

家では、まだ電球や蛍光灯を使っているところもあって、みなさんも記憶があるかもしれないですね。蛍光灯の時代も電球の時代も長かったのです。電球はエジソンが発明して60年くらいで、その後蛍光灯が発明されてさらに60年くらい続き、10年前くらいからLEDという新たな光源の時代に入ってきたところです。LEDの入り口の時代に今の皆さんはいるということですね。ここには比較的最先端のものを持ってきましたが、LEDと今までの灯と何が違うの？　と思いますよね。白熱電球はいわゆる赤熱現象と言われるもので、加熱されて赤く光る。一方、蛍光灯や今でも道路にたくさん付いている水銀灯は放電現象で発光します。LEDは半導体の発光現象で、発光原理が全く変わったのです。そして発光原理が変わったことで、光源がすごく小さくなりました。小さなつぶつぶの光を並べて照明器具がつくられています。ですので、例えばこのように曲がる照明器具がつくれるようになりました（図6）。棒状の照明器具はライン照明と呼ばれていて、いま皆さんの頭上で点灯している蛍光灯もライン照明の一種ですが、こうしたライン状の照明器具がLEDによって自由に曲げられるようになったり、さまざまな形をつくれるようになりました。

また、色温度という光の色を表すための尺度で、単位はケルビン（注2）と言いますが、LEDは色温度をかなり自由に作り出せるのです。皆さんもよく知っているであろう、電球色と言われる光源はこういう色で、色温度は2700ケルビンくらいです（図7）。この教室の照明はおそらくこの色温度（図8）。5000ケルビンぐらい。白い光ですね。このようにLEDは色温度を細かい段階でつくることができます。蛍光灯は4～5種類の色温度の製品があったので、LEDも当初は蛍光灯の色温度と同じような種類が用意されていましたが、今はそれよりもっと細かく製造されるようになっています。

それともう一つ、光源が小さくなったという利点を生かして、器具を小さくすることができるようになりました。このスポットライトはお店や美術館の天井に付いているものです。ライティングレールというものに取り付けられるようになっています。この一般のお店で使われているスポットライトの光の広がりの角度はだいたい30度くらいですが、LEDだと光の広がりの角度を3度にもできます。このような細い光は昔からつくることができましたが、それは例えばキセノンサーチライトというもので、船舶

（注2）
ケルビン
温度の単位でも熱力学に基づく単位。例えば、日本では温度を表す際、摂氏温度（℃）を用いており、それは水が氷る温度を0度、沸騰する温度を100度としている。一方、固体では原子や分子は微妙に振動しており、温度が上昇するにつれ動きが激しくなる。この動きが完全に停止し、熱エネルギーがゼロになる温度を絶対温度0としており、絶対温度0を摂氏に換算するとマイナス273・16℃になる。この絶対温度を0以下にすることができず、この温度を「絶対零度」といい、単位にケルビンが用いられる。

（図7）

（図8）

（図10）

（図9）

に搭載されていました。船は夜、遠くの障害物を見分けるために数キロ先まで見渡せる細い光のサーチライトを昔から使っていました。でも、そうしたサーチライトは大きさがドラム缶ぐらいあったのです。それがＬＥＤの時代になって同じようなパワーがこのようなサイズで実現できるのです（図9）。使っている電気量もすごく少ない。画面で見ている方はわかりにくいかもしれませんが照らしてみますね。一般的に我々の生活空間では天井の高さが３ｍ前後なので、これくらい絞った光を使うのは特殊な空間や用途の場合になりますが、ＬＥＤの特徴として、こうした光の制御もかなり柔軟にできて、なおかつ小型化されているということです。

ＬＥＤによって色温度の種類が増えたわけですが、増えただけではなくて、ここ数年でそれが自由に変えられるようになったのです。このスポットライトは今、ほぼ電球色のような色味で点いていますが、これをもっと赤くしたり、もう少し白くしたりと色味を変えることができるのです（図10）。もちろん明るさのコントロールもできます。調光といって、持っているパワーを下げる機能で、これはＬＥＤ時代になる前からあった機能です。それに調色という色味を変えられる機能が合わさるようになりました。

器具の中に何種類かの色温度のチップが入っていて、それをコントロールしているわけですが、半導体なので応答性がよく、この器具の場合は無線通信機能が内蔵されていてこのようにスマートフォンでも操作できます。これらが調光・調色と言われるものです。さらに、ホームエンターテインメント用として個人向けに販売されている電球もあります。これは色温度を変えられるだけではなく、カラー変化をさせることが可能です。専用のソフトウエアがあればこの照明をゲームの画面や音楽に連動させることもできるのです。このような器具のようにいわゆるエンターテインメント的な光は、公共の場から個人の家の中の方へも技術やプロダクトが拡充してきていると言えるでしょう。

## ファニチュアに光を仕込む

それではこれから、私が手掛けてきた仕事の実例を通じて、照明デザインの実務的な話をしたいと思います。今回はプロジェクトを一つひとつ紹介するだけでは伝わりにくいので、テーマを三つほど挙げて、そのテーマの中で今日的な考え方や、最近の照明デザインに関する話題を中心にしたいと思います。

まず「ファニチュアライティング」を最初に挙げてみました。ファニチュアとは家具です。皆さんストリートファニチュアは聞いたことがありますか？　ストリートファニチュアとは、主に屋外の公共の場に置いてある家具のことです。代表的なものはベンチですが、それだけではなくて、いろいろなものを屋外に設置して快適な場所づくりをすることも、ストリートファニチュアに含まれます。

東京電機大学の北千住キャンパスの照明デザインに携わりましたが、なるべく街灯を立てないキャンパスを目指しました（図11）。ランドスケープアーキテクトの人と話し合って、全部ストリートファニチュアの中に照明を取り込んでいったのです。写真（図12）の右に見えているのが北千住駅のロータリーで、駅近の立地もさることながら屋外の敷地が公開空地であるということが、このキャンパスの特徴と言えます。例えばこの東海大学は基本的に私有地で、原則として正門で許可を得なければ入れません。誰でも入っていいことにはなっていないと思います。それに対して、公開空地は誰でも自由に入れる。空地というのは空き地ではなくて歩ける場所、

（図11）

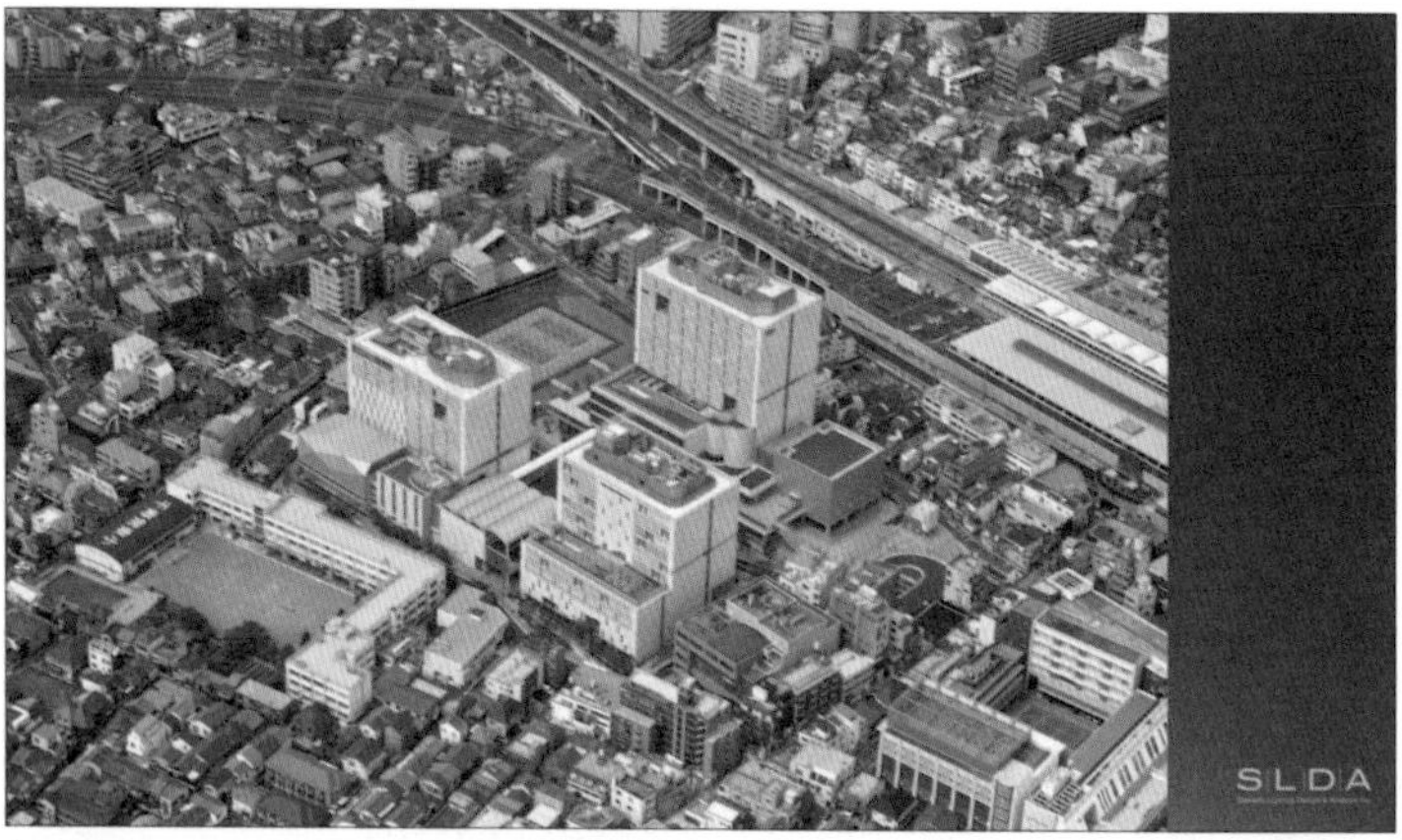


（図12）

（図15）

（図13）

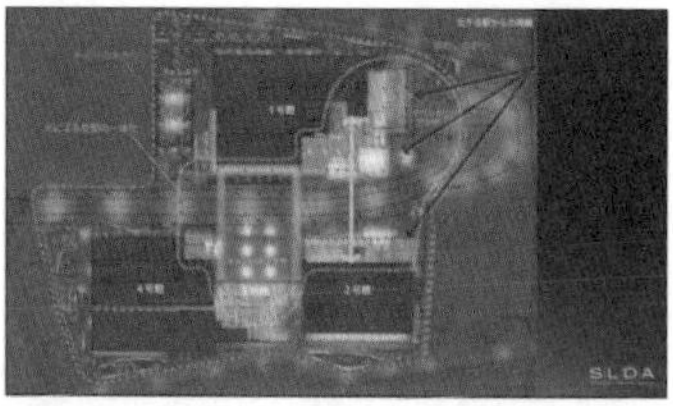


（図14）

敷地の中の誰でも自由に歩ける場所という意味です。東京電機大学のキャンパスはそういう場所になっています。キャンパスの中が街中のようになっていて、大学の中には近所の幼稚園から遊びにきたりするので（図13）、公共の安全を保たなくてはならない。東海大学は、学生がいない夜間は照明を消すと思います。ところが公開空地では、公共の場としての安全性を保つために深夜も照明を灯さなくてはなりません。そういった場合、通常であれば街灯をたくさん建てて明るくしますが、それだと街灯の輝きで見通しも悪くなります。狭い場所では通行の邪魔にもなります。今、お見せしているのはコンセプトダイアグラムですが（図14）、幼稚園の子達がいたのがキャンパスプラザというところで、一番外側の点線がほぼ敷地境界なので、ほとんど建物で埋まっています。でも、周囲の場所は公共の歩道と同じ扱いで、一般の人も通り抜けられます。結構道路ギリギリで街をうずめているような建物なので、ここも夜間の安全性を担保しないといけない。そこで街灯ではなくファニチュアに光を持たせることにしたわけです。また、窓のあるところは、室内に外用の照明を計画してあるのです（図15）。それはタイマーで制御されていて、室内の照明とは別に街灯として機能す

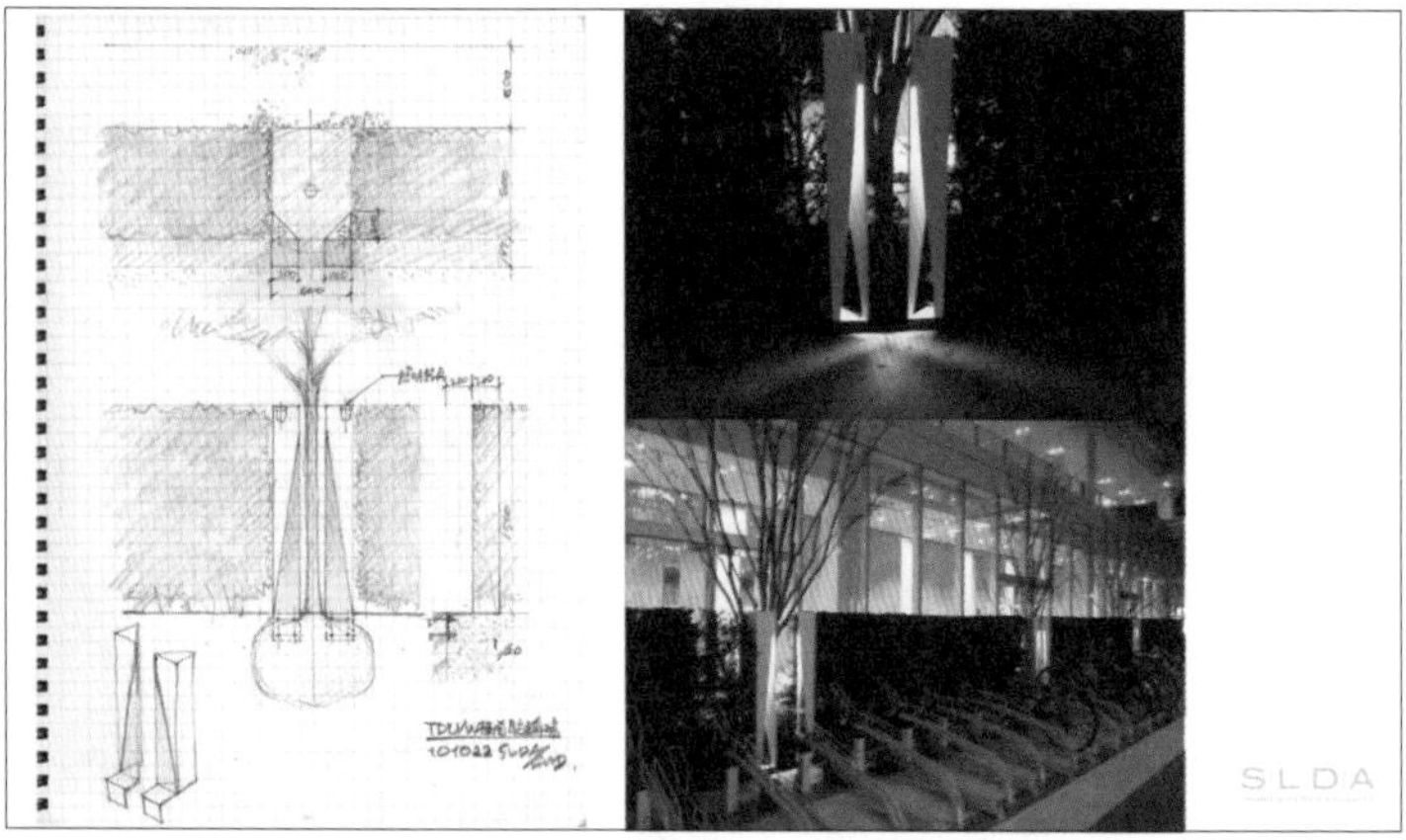

(図16)

(図17)

るように夜間も点灯しています。節電したくても公共の光なので消してはいけないのです。街の灯りを大学の建物内から供給しているのです。公開空地とすることによって私有地と公共の場が入り混じり、私有地側が公共の光を提供しているわけです。駐輪場ではランドスケープのエレメントが刈込の間に挟まれていて、これが照明になっています（図16）。この刈込は年に数回、植木屋さんが剪定作業をしますが、その時の高さや幅をこのファニチャアに揃えて剪定すれば、常に整った垣根の形ができます（図17）。そうした役目も実は果たしています。写真（図18）は屋上庭園ですが、これも同じようなコンセプトで、光を放つファニチュアになっています（図19）。一般に屋外においては街灯のような照明器具が主流ですが、街灯は、夜間には大事なものですが、大半の人が活動する昼間は機能しておらず邪魔な存在です。ですので、それをなるべく建てないためにはどうするかといろいろチャレンジした事例として紹介しました。

## 光がどこに映り、反射するのか

次のテーマは「アートライティング」としました。ちなみに私はデザイ

（図18）

（図19）

ンについて、エンジニアリングとアートを統合する仕事だと思っています。しかしプロジェクトによってはエンジニアリングの比重が大きい場合もありますし、純粋にアートを提案する場合もあります。状況によって二つの間を柔軟に揺れ動いてバランスの取れたデザインを行うことが必要とされているように思います。

この事例は中部地方のとある企業の東京社員寮で、独身向けのマンションのようなつくりですが、住んでいる人は同じ会社の社員さんたちです。エントランスの風除室から奥に向かっていくと、吹き抜けのガラスに囲まれた中庭があり（図20・21）、この吹き抜けの壁にアートを考えました。ちなみにプロジェクトにアーティストが参加して、その作品が建物内に飾られることがありますが、その場合私の仕事は作品を照らして魅力的に見せることです。しかし、時にアーティストを招聘する予算がないプロジェクトがあり、その場合は建築家や私のような照明デザイナーがアーティスティックな設えをデザインするということも時々あります。これはまさに、そのような状況で私が考えた作品です（図22）。写真は昼と夜を並べていますが、ステンレス材の板がさまざまな角度で取り付けられています。こ

（図20）

（図21）

（図22）

（図23）

（図24）

の空まで通じた吹き抜けを活かして、昼は外光を取り入れています（図23）。私は照明デザインをする時に、照らすことばかりではなく、照らした光の反射の影響や、ツヤのある表面にはどこに何が映るかということを、いつも考えています。例えば、この教室の照明デザインを依頼されたとしましょう。今、皆さんの背中側を振り返ると窓ガラスに照明が映っていますが、映って見えている世界も人間が捉えている空間の広がりの一部だと思っています。光沢があって映り込みがある場合は、それも人間の心理の中で空間の広がりとして感じ取っていると考えているのです。ステンレスの表面は磨けば磨くほど鏡のようになりますが、磨きを途中で止めるとボヤっとした映り方になります。その磨きの程度を専門用語では番手と言い、数字で示されます。ステンレスで言うと600番とか800番手まで磨くとほぼ鏡になります。その番手の段階を3種類ぐらい使い分けました。周りがはっきり映っていたり、ボヤっと映っていたりという変化をつけて、この吹き抜けの周りにある廊下の様子を映している。この中庭を通して、廊下を歩く人の気配が感じられる設えにしました（図24）。照明デザインは照らすだけではなく、その光はどこに映るか、どこからどこに反射していく

（注3）
JIS
Japanese Industrial Standardsの略で日本産業規格のこと。日本の産業製品に関する国家規格として、自動車などの産業製品生産に関するものから、文字コードやプログラムコードの情報処理、サービスに関するまでさまざまな規格が定められている。

のか、そうしたことを考える仕事です。

## 愛でる光のデザイン

次は「グラフィカル ライティング」です。これは先ほど申し上げた、アートとエンジニアリングの揺れ動くという話の延長にあります。これもアートの方に振りきった、光で絵を描くようなプロジェクトの紹介です。スライドは、結構古い仕事で２００９年のものです。山形県の天童市は知っていますか？　私たちの業界では天童木工さんという素晴らしい木製家具をつくるメーカーさんがいる町ですが、のどかでよいところです。温泉街を通る道路沿いの小さな公園ですが、写真（図25・26）にあるように敷地はこれだけなのです。歩道の部分はすでに整備されていて、その脇の狭小地を修景整備するプロジェクトでした。ランドスケープの人から「ここには木を数本植えるくらいのことしかできないので、光でなにか好きなことをやってください。」というオーダーがあって、一計を案じてこのようなことをしたのです（図27）。いわゆる都会以外はほとんど車社会です。地方で街中を人が大勢歩いているのはあまり見かけませんよね。つまり、歩い

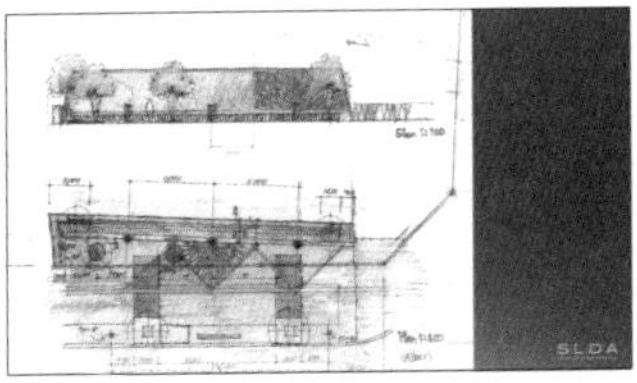

（図26）

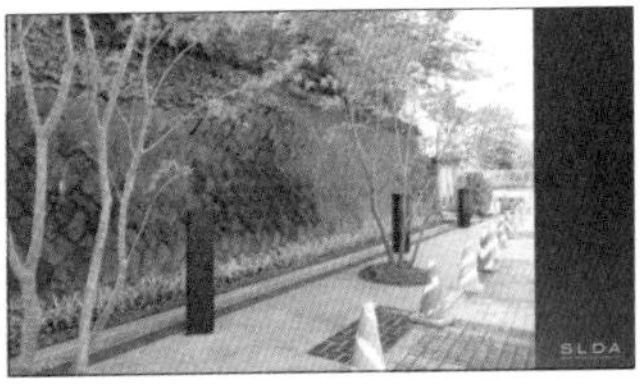

（図25）

てこの公園を通る人はほぼいないのです。ですので、街にこのような場所があるということを車の移動スピードに見せるようにしたのです。そばで見るとやたら派手に見えますが、これは時速60㎞で走る車上から目に留まることを考えたのです。このころはまだＬＥＤはありませんでしたが、なるべく小さな光源を選んで、模型をつくり事務所内でいろいろと試しました（図28）。今はコンピューターを使って高精度でシミュレーションできますが、光は現物を見て試さないといけないですね。「現場現物」という言葉を、私が若いころ、ある設計事務所の方に教わりました。その方は、最終的な建物の仕上げは事務所の中ではなくて、現地の光で現物を見て決めなければならないと言っていました。色や材質を決める時は現地で決める。まさに光もそうです。現場でなくても実験をして、現物に光を当てて自分で見てみることが大切であると思っています。

次にいきます。これは宮城県の気仙沼市のプロジェクトです。少し低めのビルが2棟建っています（図29）。周りは空き地ではなく、２０１１年の津波で全部流されたのです。重たいコンクリートの建物だけ残って他は流されてしまいました。残った建物のなかに一景閣さんという老舗の旅館

（図28）

（図27）

があって、旅館として復興に関わっている人達のために何かしたいということで再生に取り組んだプロジェクトです。コンセプトは、船です。気仙沼はもともと造船業が盛んな町でした。造船技術を建築物に応用して事業を展開されている、現地の高橋工業さんにお願いしてアルミで大きなオブジェをつくりました（図30・31）。オブジェは船体や球状船首などを模していて、そこに光源を仕込み、光を船が蹴立てる波しぶきのように見せることを意図しました。当初は日が暮れるころ、疲れて帰ってこられる復興作業の方たちを励まそうということでしたが、気仙沼の街の人たちに活気のある当時の港町を思い出してもらい、前に進んでもらいたいという想いを込めたオブジェになっています。

次は中国の大連のプロジェクトです。当時大連では、まだ白熱灯が主流でした。白熱灯は中にフィラメントが入っていますが、写真にある鱗のような形の光は、穴を通して投影されたフィラメントの形です（図32）。これを日本の施設でやりたくても難しい時代になりました。寿命が短くて年に何度も切れてしまう白熱灯は、ＬＥＤ時代となった現在ではなかなか受け入れてもらえませんし、フィラメントのような細さで発光するものはま

（図29）

（図30）

（図31）

（図32）

(図33)

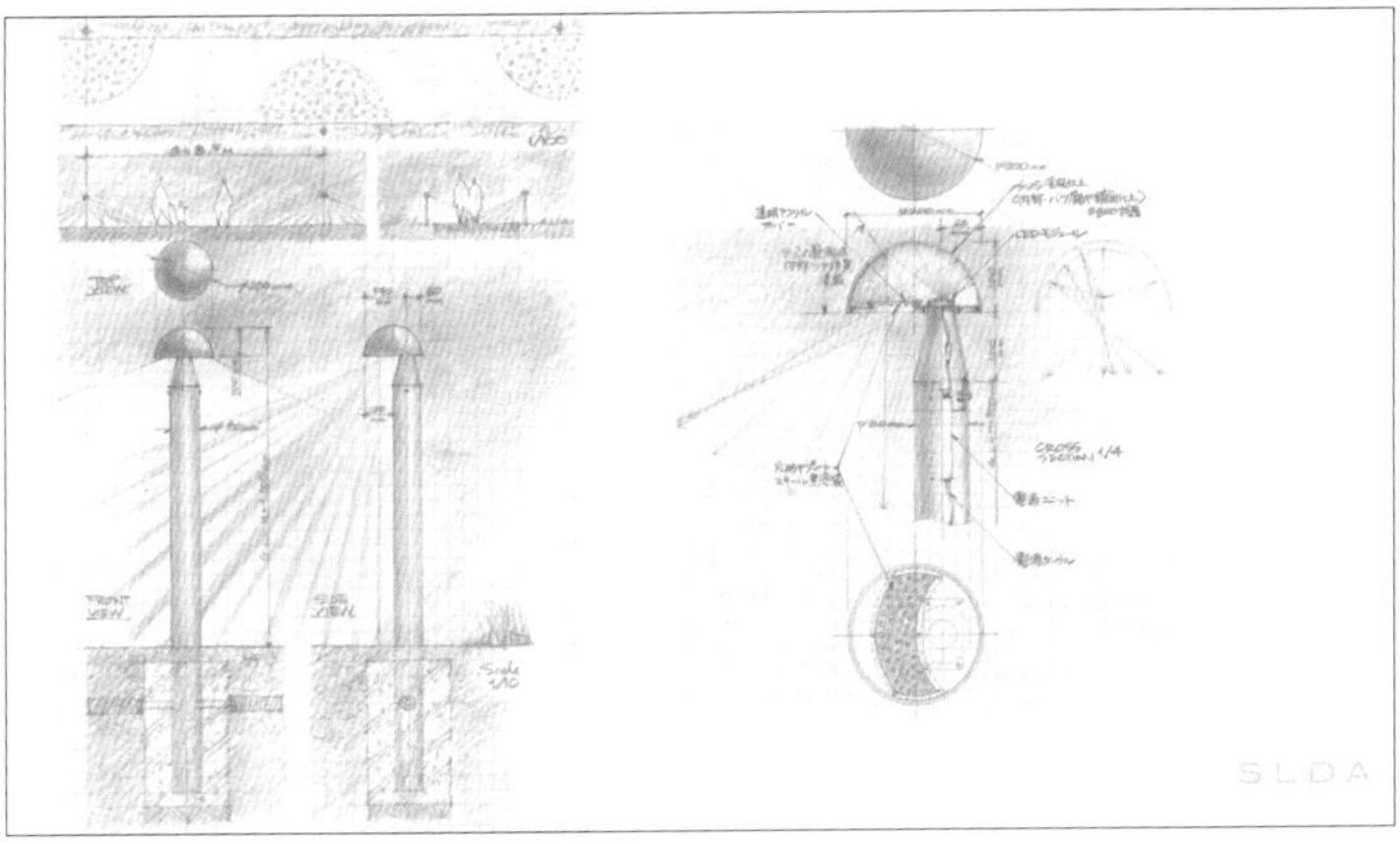


(図34)

だ他にありません。

次に、これは三田綱町という麻布の近くのプロジェクトです。マンションのプライベートガーデンです。公共の灯りとしては、このようにムラのある灯りはあまり歓迎されないのですが、ここはプライベートガーデンなので、このような斬新な灯りも実現できます（図33・34）。

## 仕事場の新しい風景をつくり出す

インテリアスケープという言葉は、最近あまり聞かなくなりましたが、ランドスケープという言葉が専門誌などに出てきた後にインテリアスケープという概念が建築ジャーナリズムの世界で言われるようになりました。最近は当たり前のことになったから、ことさら言葉にしなくなったという気がします。インテリアスケープとは、屋内に景色をつくるということです。さて、こういうオフィスがあります（図35）。２０１８年にできたイトーキさんの東京オフィスです。オフィスでは、デザイナーと営業マンとか、複数の職種が集まって会議をしたり、それぞれが一人で自分の仕事をすることもあります。ここでは集まることと一人で机に向かうことを、場所と

（図35）

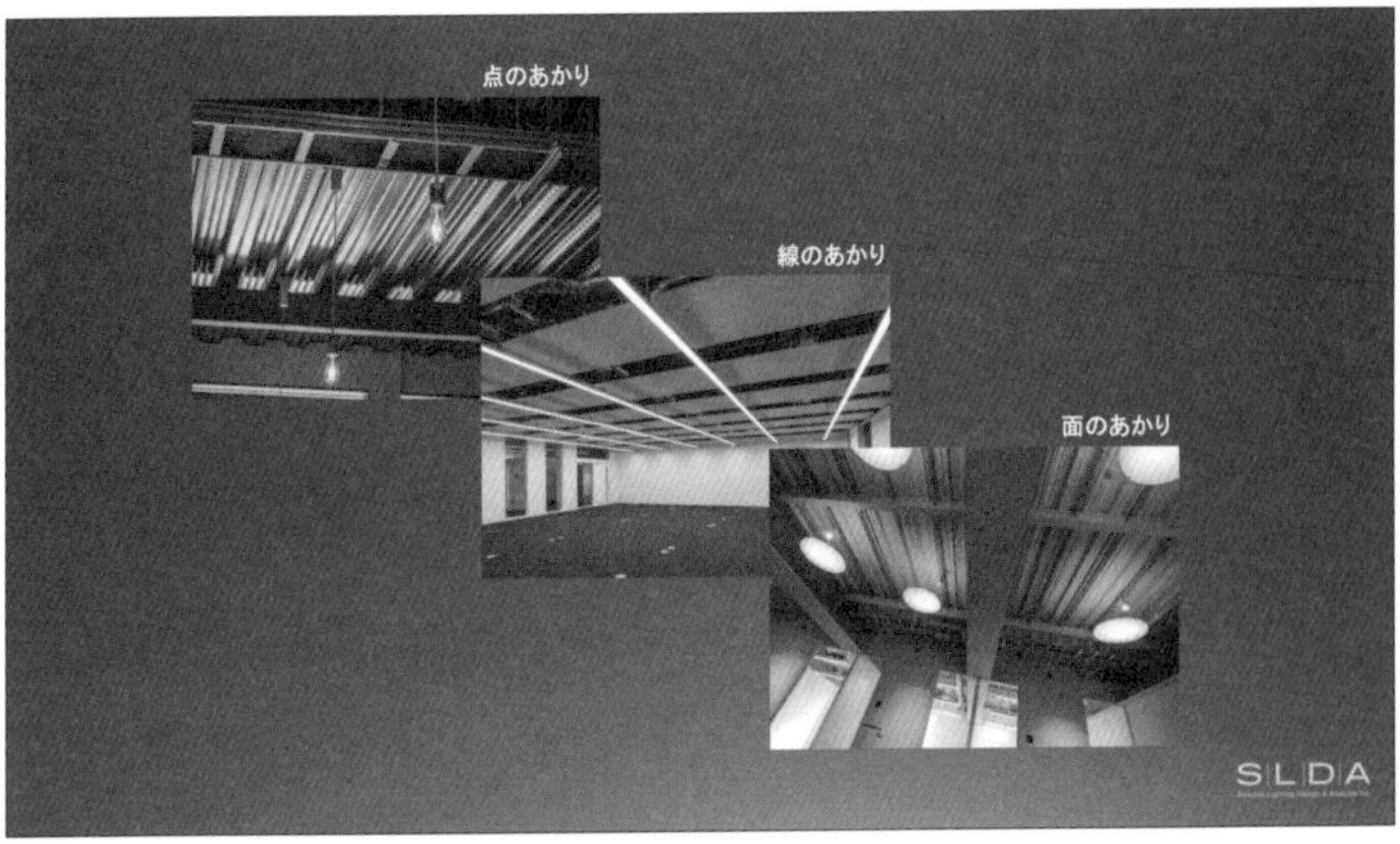


（図36）

して2種類に区切るのではなく、それらがゆるやかに入り混じり、コミュニケーションを活発にしたり、集中とリラックスのバランスをとりやすくするなどの、新しいコンセプトでオフィスがつくられました。近年、いろいろな企業に取り入れられ始めたＡＢＷ（注４）で、多様な働き方をつくり出すことで生産性の向上と健康の確保の両立を目指していますが、つまりリアルでの仲間との交流を促して、気付きや能力を高めることが目標になっているというわけです。さて、このイトーキのオフィスは何に見えますか？例えば、この教室の写真を撮って誰かに見せたら、すぐに学校と分かるでしょう。でもこのオフィスはカフェに見えませんか？　最近はリモートワークが増えてカフェで仕事をする人も多いですよね。カフェはリラックスもできるしほかの人々もいるので孤独感も少なく、程よい距離感ならば集中もできます。そんなわけでところどころにカフェのような景色が誕生することになり、明りもカフェに似たものになっているわけです。

ちなみに、このような計画が成立するには、社員の方々の意識改革も必要です。例えば、フリーアドレス方式と言って、きまった個人の席がありません。どこに座って仕事をしてもいいのですが、逆に特定の場所を陣取

（注４）
ＡＢＷ
Activity Based Workingの略で、仕事の内容によって働く場所を選択するという働き方。仕事に集中したい時は個室ブース、リラックスしての打ち合わせはカフェスペースに移るなど、フリーアドレスをさらに進めた考え方と言える。オフィスも従来の規則的に机と椅子を並べたものから、使い方によって異なる場所が必要とされる。

ることができません。毎日その場を片付けて帰ります。そういうルールのもとで使われています。

次の事例に移りましょう。スライドの写真には天井の照明器具が写っていますが（図36）、点として光るか、線として光るか、面として光るか。発光原理ではなく光そのものの種類は大別するとこの三つなのです。三つは何が違うのでしょうか。同じ明るさであれば、どれでもよいと思いますか？

三つの違いは影の付き方、影の落ち方が違います。影の落ち方と言っても大事なのは微細な影の世界で、例えば、こういう布の材質がどれくらいザラザラしているのかといったモノの質感に影響する影です。

スライドの一覧表（図37）は天井色の明暗の幅のなかに光の形のバリエーションを分類したものです。光の形はさまざまあるように見えますが、これらは先ほどの三つの光の種類に区別できます。

この一覧表は、次に紹介する西原商会さんのプロジェクトのためでした。全国に展開する食料品卸の会社で、本社が鹿児島にあります（図38）。社長が新しい本社ビルを作るにあたって、いかにもオフィスという見え方は

暗色
天井の色
明色
点のあかり
線のあかり
面のあかり
図形のあかり
光のかたち
SLDA

（図37）

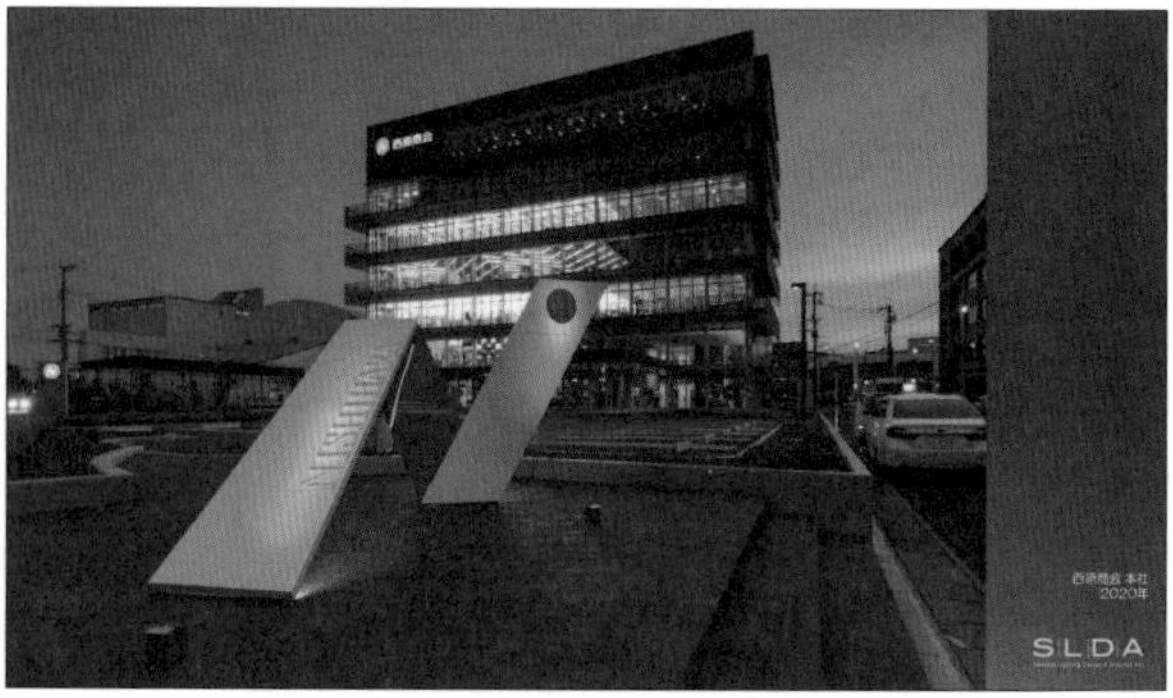
西原商会 本社
2020年
SLDA

（図38）

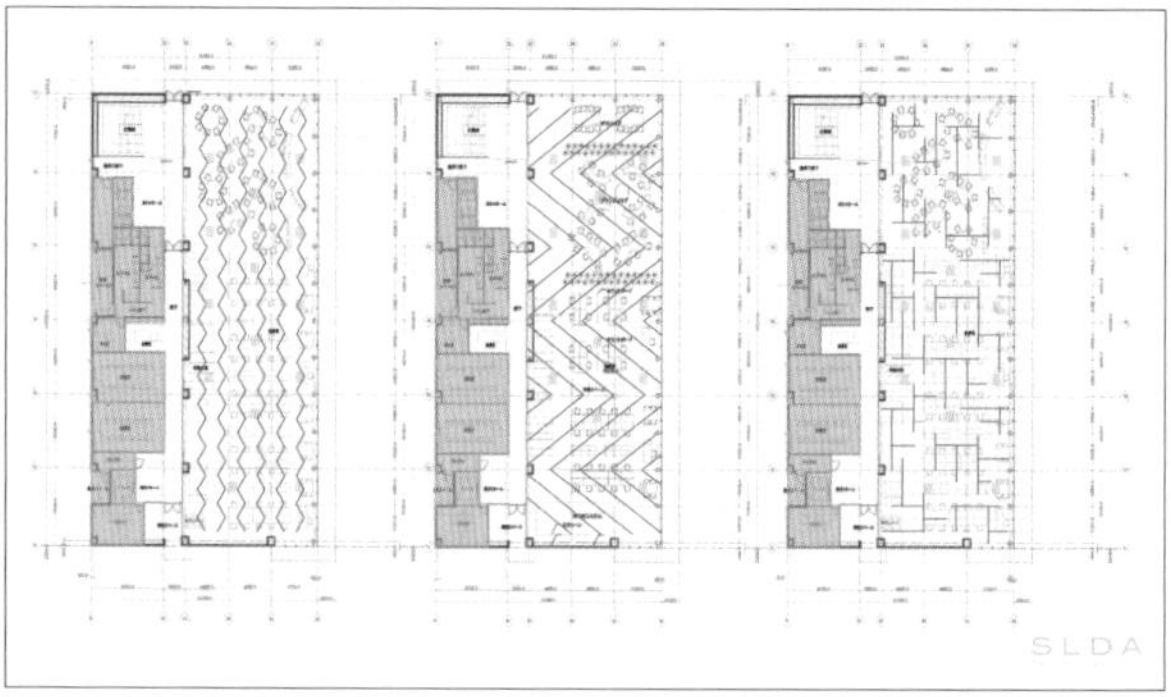
SLDA

（図39）

避けたいというのが、最初のオーダーだったのです。そこでさらに一歩踏み込んで全てのフロアの照明を違うパターンにしてみようと思ったのです。デザインの方向性を議論するために、いろんなあり得るさまざまなパターンをまずはすべて眺めて知ってもらおうと考えてつくった一覧表です。最終的には先ほど説明した線光源を使いました。線光源は手暗がり、つまり影ができにくいので、教室やオフィスによく使われます。一般的にはライン照明と言われています。西原商会さんの場合は、先ほどのイトーキさんの事例と違って働き方はさほど変わっていません。イトーキさんのようなフリーアドレス方式の場合は、会社の中の組織が変更になったり、いろいろなチームが新たにできたりしても、組織や部署が場所に固定されていないので、オフィスを模様替えする必要がありません。その時々に使える場所に集まればよいのです。ところが昔ながらの固定席方式だと、組織改編とか部署の異動があると机のレイアウト変更が必要になります。そういうスタイルの場合は平らで区切りのない広い部屋になります。どこでも同じような照度が取れて、かつ光で景色に変化をつける方法として、ライン照明で、配置のパターンを変えたのです（図39）。天井の風景としては違うものになっていますが、机上の光環境としてはどれもほぼ同じです。通常スタイルのオフィスに加えて、3分の1をフリーゾーンにして、社員間の交流を促しリラックスできる場所にしたいというリクエストもあったので、そのための機能や使用状況を予想しつつ、見た目が違う照明としました。写真は異なる階の三つの執務フロアです。(図40・41・42)。

このように、最近製品バリエーションが増えつつある線光源器具を使って、照明の基本的な機能を満たしつつ空間表現として、なにが出来るかいろいろ試しているところですが、その一例を紹介しました。

（図40）

（図41）

（図42）

COLUMN 08
光環境

# 照明デザインの世界

篠原　奈緒子（東海大学建築都市学部准教授）

照明デザインおよび照明デザイナーという言葉は、建築を目指す学生にとって馴染みのある言葉ではない。照明デザインはアートとエンジニアリングの両方の要素を持つ、と澤田さんが話されているが、この仕事に携わっている方には美術・芸術大学出身者が多い。澤田さんもその一人である。照明デザインは、建築の印象に大きな影響を与える重要な要素であり、建築出身者の多くが興味を持つ部分と思われるが、照明デザインという言葉に馴染みがないため、事実上興味を持つ学生は少ない（これは、教育する側にも問題があり改善が必要である）。このような経緯から、照明デザインは、それを仕事とする照明デザイナーとは、そこから講義が始まった。

同じ空間、建築でも手掛ける照明デザイナーによって異なる空間となる。照明デザインの道を志すようになった方々のきっかけはさまざまであるが、澤田さんは自然が織りなす美しい景色（光）がきっかけとなった。光は多様な表情を創り出す。特に自然の中では時間、大気の状態、自分のいる場所などのいろいろな要因が絡み合い、無数の表情を見せてくれ、飽きない。同じ空を同じ時間帯に見ていても、例えば見る場所が異なると空の様子（光）は異なって見える。個々の光の体験はさまざまであり、光に対する感じ方は個々により異なる。このため、照明デザインを考えるときに、そのヒトが求める光を大切に考えることはとても重要である。また、照明デザインでは、その時々の社会情勢に応じた社会課題に対して答えることも必要である。自然の織り成す美しい光を原点に、その空間を使うヒトの居心地、さらにエネルギー問題などの社会課題の視点から、澤田さんは照明デザインに取り組まれている。

照明デザインは、施主要望、使い方、その空間の構成などから組み立てる。時には、その対象となる場所や建築の歴史的背景なども考慮する。照明デザインの対象となる建築やランドスケープそのものにも、その空間、その形、その仕上げになったことのストーリーがあり、それらの上に光のストーリーを重ねていく。澤田さんが紹介されたプロジェクトでは、建築もしくはランドスケープを邪魔せず活かし、機能面を満足した美しい照明デザインが展開されている。照明器具をアートとしてアピールする手法もあれば、照明器具の存在を感じさせない手法もある。最終的な照明デザインの結果には、関係者のさまざまな想いや照明の目的が込められたストーリーがある。そのストーリーをどう料理して表現するかが照明デザインの醍醐味だ。目的に応じてアプローチの仕方は異なるが、紹介された各プロジェクトにおいて、その検討のプロセスがわかりやすく解説された。なお、照明デザインはイメージだけが先行することも多々あり、完成イメージの齟齬の無い共有も大切である。澤田さんの講演でも説明されたように、シミュレーションツールなどを活用しつつも、実際のモノを見て自分の目で（時には関係者とともに）確かめることはとても重要である。

照明用光源がLEDになったことにより、照明デザインの世界は大きく変わりつつある。LED照明には、光源が小さい、高い制御性、長寿命など特徴がある。照明器具の小型化や光の広がり方のコントロールのしやすさ、照明色の自由なコントロールなどから、主に機能として働いていた照明は、エンターテイメントとしての役割も担うようになっている。このため、照明デザインの範疇は曖昧になっている。例えば、照明なのかサイネージなのか、議論となるものもある。プロジェクションマッピングも照明として考えることもできる。このような流れから、照明デザイナーだけではなく、メディアアーティストも建築照明に携わるようになり、照明デザインに対する考え方も変化してきている。従来の考え方に捕らわれない広い視野を持つことで、照明デザインの幅はさらに広がるだろう。

きみもめざせ、照明デザイナー!

# 09

# [都市情報]

## City Information

現代は仮想のサイバー空間をつくる技術が発展し、そこで現実空間のシミュレーションをしたり、
サイバー空間自体を楽しんだりすることが広がりつつある。
国家プロジェクト「PLATEAU」に携わる内山裕弥氏が、プロジェクトについて解説。
サイバー空間が発達した未来の社会を目指す動きが窺い知れる。

[2022年11月26日講演(オンライン)]

内山 裕弥
Yuya Uchiyama
国土交通省総合政策局/都市局IT戦略企画調整官

# 都市ＤＸの取り組み――国土交通省プロジェクト「ＰＬＡＴＥＡＵ」

09

## 全国の都市でデジタルツインを進める

国土交通省の内山と申します。本日、私からは国土交通省のＰＬＡＴＥＡＵ（プラトー）という取り組みを紹介します。東海大学建築都市学部のオープニングセミナーということでお招きいただいておりますが、まさに建築都市という言葉の通り、ＰＬＡＴＥＡＵは建築や都市をＩＴ技術により変革することなので、ぴったりのテーマだと思っております。それでは、まずはＷｅｂサイトでＰＬＡＴＥＡＵの実際のデータをご紹介します（図1）。皆さん、もしかしたら一度はサイトに訪れたことがあるかもしれませんが、ＰＬＡＴＥＡＵは最近大幅にリニューアルしましたので、一度訪れた方ももう1回見ていただきたいと思います。コンテンツもかなり充実してきました。例えば「ＰＬＡＴＥＡＵ ＡＷＡＲＤ」という、ＰＬＡＴＥＡＵがオープンデータとして提供する３Ｄ都市モデルを活用した新たなアプリケーションやコンテンツ、エクスペリエンスを対象としたコンテス

（図1）

トを実施しています（図2）。初開催ということで、総額100万円と結構な賞金を用意しており、審査員には開発者のユニット「AR三兄弟」のメンバー・川田十夢さん、ITエンジニア兼漫画家のちょまどさん、情報アーキテクトとして活動している小林巌生さん、デジタルエンジニアの松田聖大さん、そして私という多様な人が揃いました。参加は一人でもチームでも、社会人のプロの方から学生のアマチュアの方まで、幅広く募集しておりますので、学生の皆さんも作品のプロトタイプでも結構ですので、ぜひ参加いただけると嬉しいです。

PLATEAUではその他にも、映画監督やエンジニアへのインタビュー、大学の先生の取り組みの紹介などジャーナル的なコンテンツを用意しています（図3）。それから開発者向けにラーニングのページも設けていて（図4）、UnityやBlenderを使って、PLATEAUのデータをどのように活用するかを解説しています。また、活用事例として、私たち国土交通省あるいは企業や大学などがPLATEAUを利用してつくったシミュレーターやアプリケーションなどのレポートを載せています（図5）。自動運転の地図として使ってみた事例や、景観まちづくりで行った

（図2）

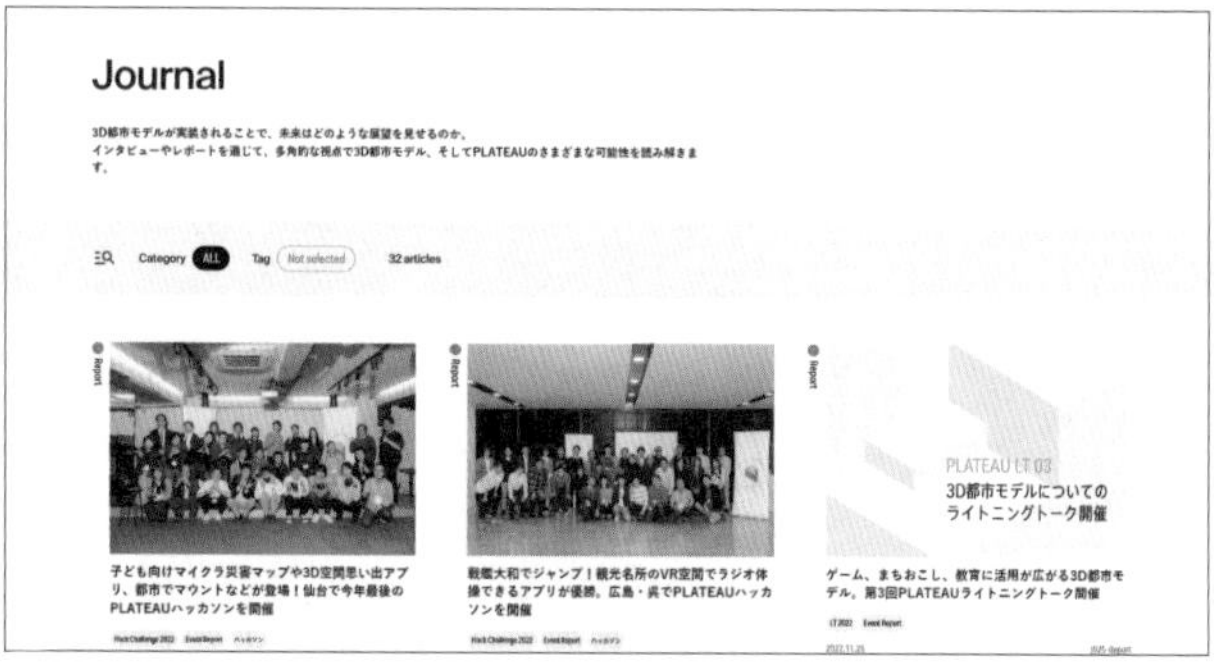
Journal
3D都市モデルが実装されることで、未来はどのような展望を見せるのか。
インタビューやレポートを通じて、多角的な視点で3D都市モデル、そしてPLATEAUのさまざまな可能性を読み解きます。
Category ALL Tag Not selected 32 articles
Report
PLATEAU LT 03
3D都市モデルについてのライトニングトーク開催
子ども向けマイクラ災害マップや3D空間思い出アプリ、都市でマウントなどが登場！仙台で今年最後のPLATEAUハッカソンを開催
戦艦大和でジャンプ！観光名所のVR空間でラジオ体操できるアプリが優勝。広島・呉でPLATEAUハッカソンを開催
ゲーム、まちおこし、教育に活用が広がる3D都市モデル。第3回PLATEAUライトニングトーク開催

（図3）

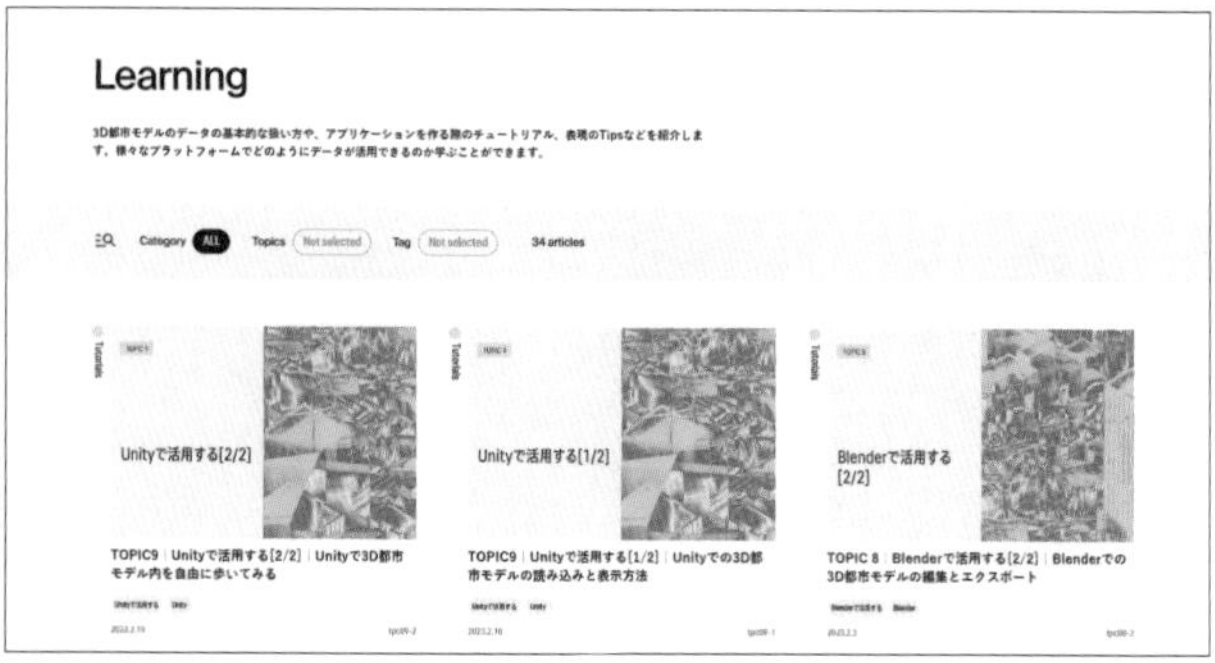
Learning
3D都市モデルのデータの基本的な扱い方や、アプリケーションを作る際のチュートリアル、表現のTipsなどを紹介します。様々なプラットフォームでどのようにデータが活用できるのか学ぶことができます。
Category ALL Topics Not selected Tag Not selected 34 articles
Tutorials
Unityで活用する[2/2]
Unityで活用する[1/2]
Blenderで活用する [2/2]
TOPIC9 | Unityで活用する[2/2] | Unityで3D都市モデル内を自由に歩いてみる
TOPIC9 | Unityで活用する[1/2] | Unityでの3D都市モデルの読み込みと表示方法
TOPIC 8 | Blenderで活用する[2/2] | Blenderでの3D都市モデルの編集とエクスポート

（図4）

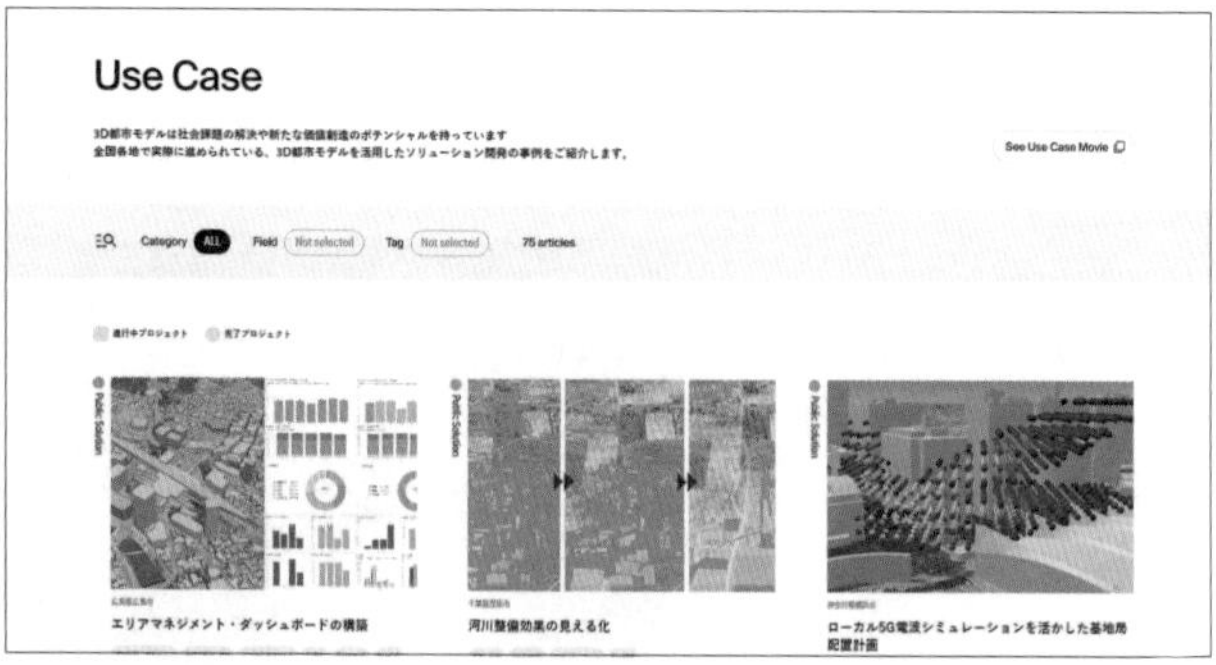
Use Case
3D都市モデルは社会課題の解決や新たな価値創造のポテンシャルを持っています
全国各地で実際に進められている、3D都市モデルを活用したソリューション開発の事例をご紹介します。
See Use Case Movie
Category ALL Field Not selected Tag Not selected 75 articles
Public Solution
エリアマネジメント・ダッシュボードの構築
河川整備効果の見える化
ローカル5G電波シミュレーションを活かした基地局配置計画

（図5）

自動生成などいろいろな記事があります。

それでは、PLATEAUの取り組みについて説明していきます。まずPLATEAUのデータを見てください。画面（図6）は東京駅ですが、日本全国のデジタルツイン（注1）つまり現実世界と同じデータをつくろうとしています。今は全国60都市ぐらい作成していて、今年度中には倍ぐらいに増える予定ですが、どんどん日本中の都市を対象にしたデジタルツインデータの作成を進めています。

そして、デジタルツインと言っているので、見た目だけではなく中身、この建物が何なのかという意味情報、セマンティクスといいますが、そういった意味情報もパッケージングされたデータとなっています（図7）。そして、皆さんが見ているこのデータは、オープンデータとして誰でもダウンロードでき、解析したり、アプリ化したりすることができます。

例えば建築の文脈でいうと、BIMモデルの詳細な3DデータをPLATEAUの都市を対象にしたデータに統合することで、いろいろなソリューションを生み出すことができます。画面（図8）の建物は虎ノ門ヒルズのビジネスタワーですが、そのBIMデータを統合しています。ただ

（注1）
デジタルツイン
現実空間から収集したデータをもとに、デジタル空間に現実世界と同じ空間をつくること。近年注目を集めているメタバースはあくまで仮想空間だが、デジタルツインは現実世界の情報をもとに現実世界を再現する。それによりシミュレーションや検討、予測が可能になる。

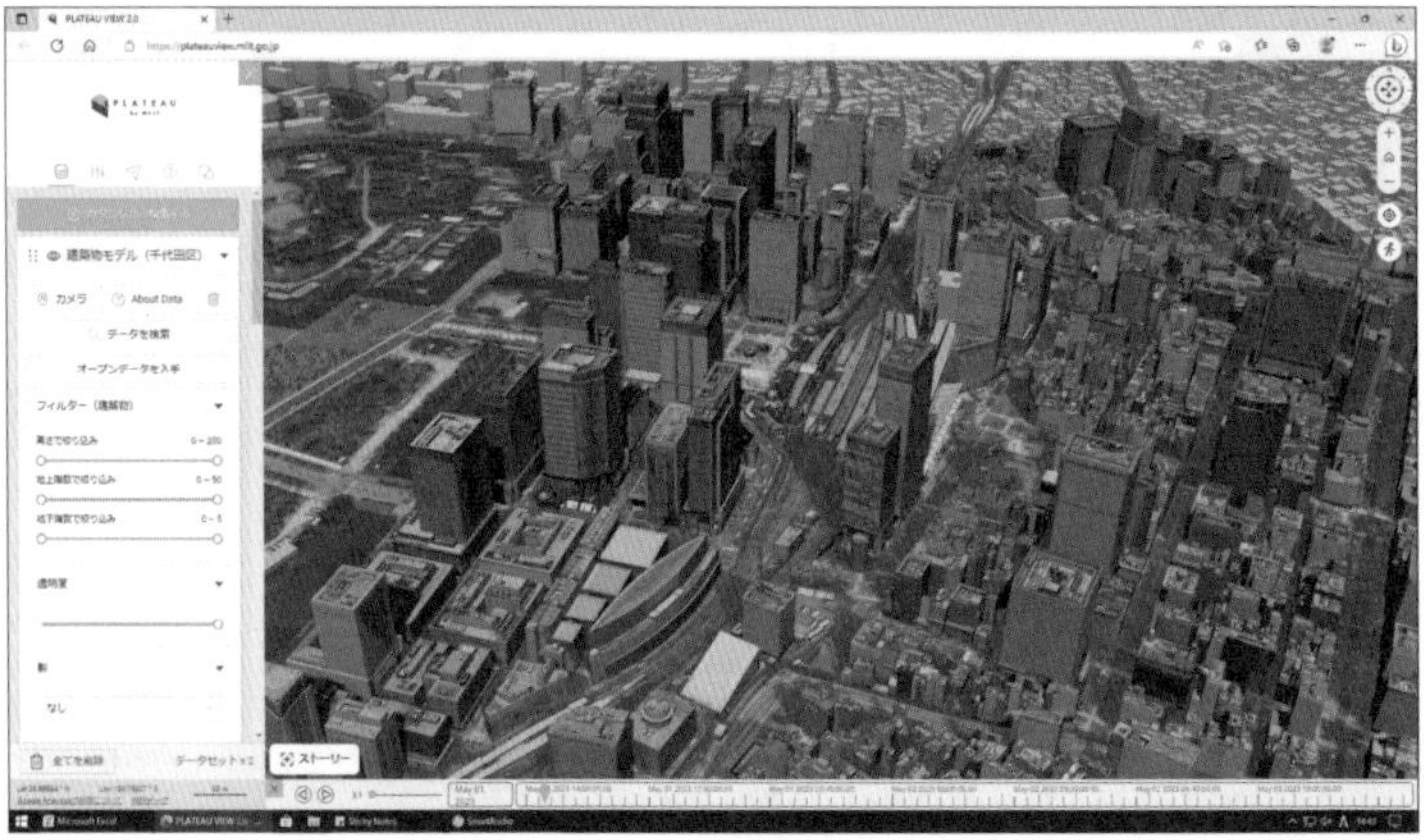
PLATEAU VIEW 2.0
https://plateauview.mlit.go.jp
建築物モデル（千代田区）
カメラ
About Data
データを検索
オープンデータを入手
フィルター（建築物）
全てを削除
ストーリー

（図6）

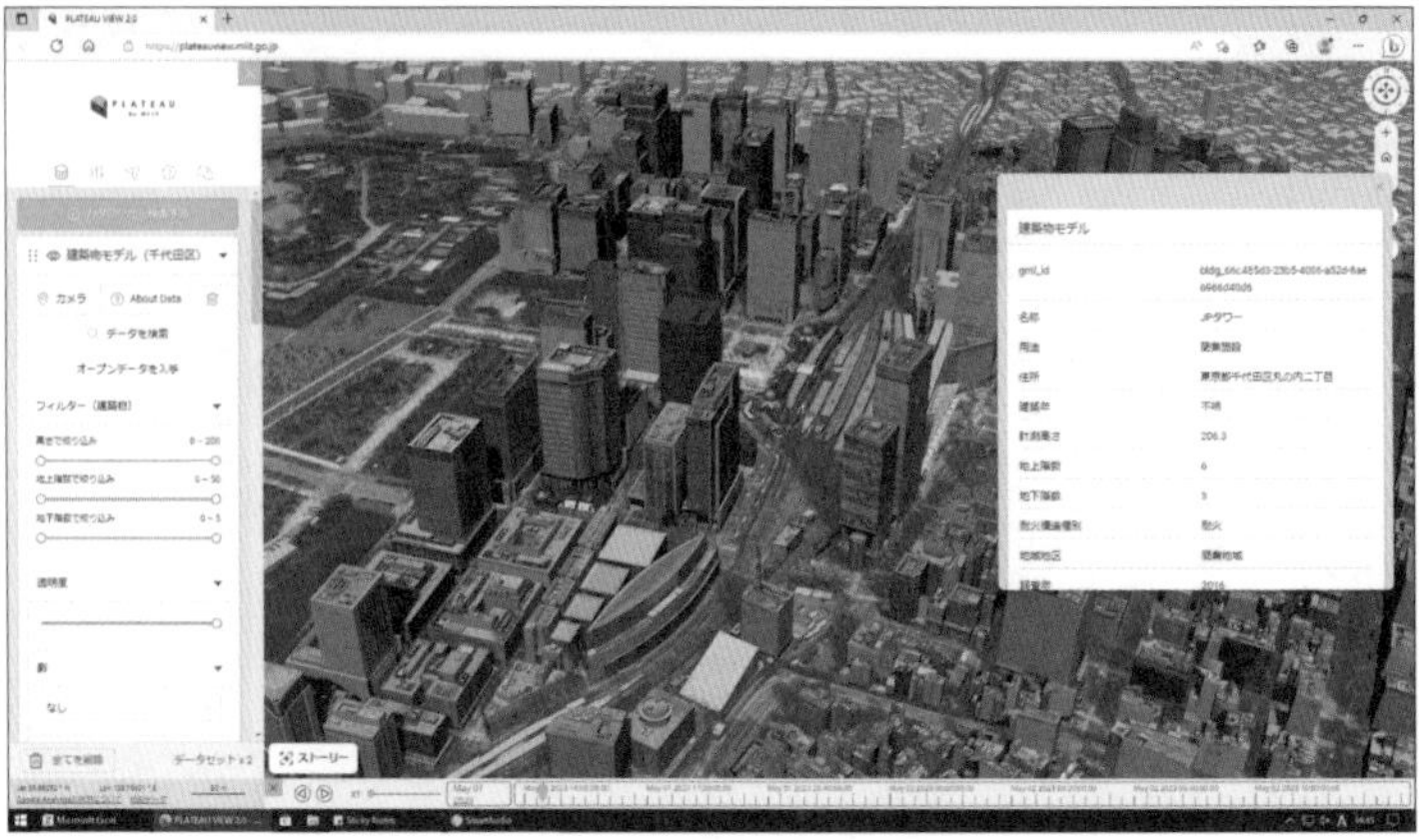
PLATEAU VIEW 2.0
https://plateauview.mlit.go.jp
建築物モデル（千代田区）
カメラ
About Data
データを検索
オープンデータを入手
フィルター（建築物）
全てを削除
ストーリー
建築物モデル
gml_id
名称
JPタワー

（図7）

し、BIMモデルそのものではなくて、都市データと一緒に扱える形で領域や容量を減らしたり、データ形式を変換したりして、PLATEAUの仕様に統合しています。外から見るだけではなく、建物の中にも入れ（図9）、建物周辺のデジタルツインのデータと組み合わせて屋内と屋外をつないでシミュレーションしたり、あるいは建設や開発の計画段階でシミュレーションを行い、どのような建物にするかを検討したり、また周辺との景観調和や交通量の分析など、さまざまなことができるようになります。そのもととなるデータを日本全国で作成しているのです。

## PLATEAUで「まちづくりDX」を推進する

次に政策的にはどのようなことを行っているかを説明します。PLATEAUというのは2020年度に始まった比較的新しいプロジェクトです。その狙いは国土交通省が進めている都市開発あるいはエリアマネジメント、都市の回遊性を高めるための交通政策、都市における健康などいろいろとテーマはありますが、そういった街や都市を対象にした「まちづくり」をDXする、Society5.0（注2）を実現する、そのようなプロジェク

（図9）

（図8）

トです。ＤＸはよく使われる言葉ではありますが、基本的にＩＴ技術を使い変革を起こすという意味で、今までのやり方を変えようという取り組みなわけです。具体的に何をどう変えていくのかというと、スライド（図10）に三つ書いていますが、それがＰＬＡＴＥＡＵのプロジェクトの領域です。土地のデータや都市モデルのデータをつくってオープンにしよう（「３Ｄ都市モデルの整備・オープンデータ化」）、そして「３Ｄ都市モデルのユースケース開発」、それから「３Ｄ都市モデルの整備・活用ムーブメントの惹起」ということで官民学といろいろなプレーヤーを巻き込んで一緒に取り組んでムーブメントを起こしていこうということです。スライド（図10）の下には、まちづくりＤＸについていろいろと書いていますが、例えば「全体最適・持続可能なまちづくり」という都市計画、建設都市開発も含めて、サステナブルなまちづくりをしようということです。道路１本引くにも街区を整理するにも、たくさんの調査や検討を行なってきましたが、それが全部データを利用した精緻な分析に基づいて行われてきたかと言われると必ずしもそうではないと。我々が目指しているのはデジタルツインのデータを使って、都市開発や都市計画を行う際、人口動態や地

（注2）
Society5.0
国より提唱されている、目指すべき未来の社会像。狩猟社会がSociety1.0、農耕社会がSociety2.0、工業社会がSociety3.0、そして現在の情報社会がSociety4.0とし、それに続くSociety5.0は、サイバー空間（仮想空間）とフィジカル空間（現実空間）を高度に融合させたシステムにより、経済発展と社会的課題の解決を両立する、人間中心の社会としている。

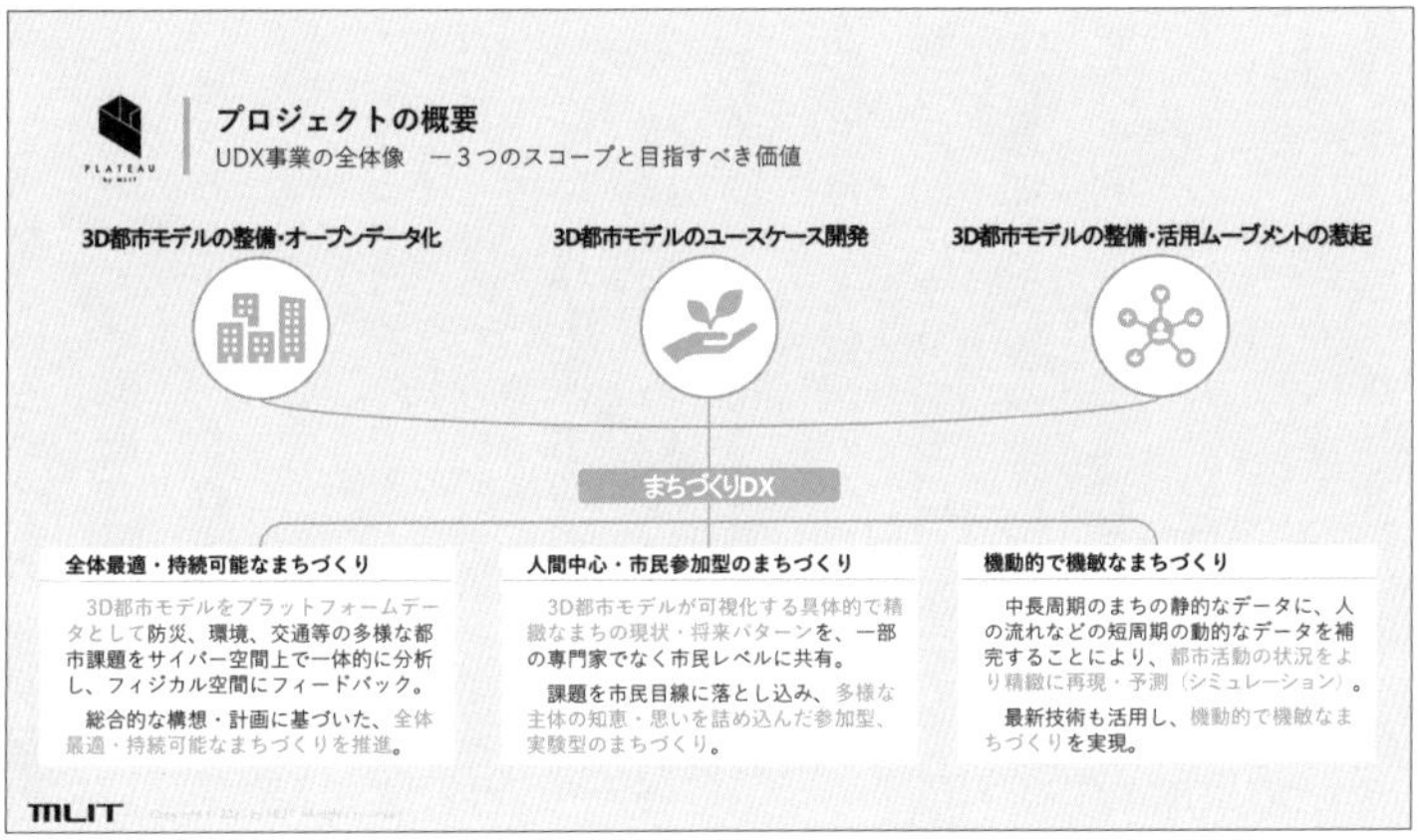
PLATEAU by MLIT
プロジェクトの概要
UDX事業の全体像　ー3つのスコープと目指すべき価値
3D都市モデルの整備・オープンデータ化
3D都市モデルのユースケース開発
3D都市モデルの整備・活用ムーブメントの惹起
まちづくりDX
全体最適・持続可能なまちづくり
3D都市モデルをプラットフォームデータとして防災、環境、交通等の多様な都市課題をサイバー空間上で一体的に分析し、フィジカル空間にフィードバック。
総合的な構想・計画に基づいた、全体最適・持続可能なまちづくりを推進。
人間中心・市民参加型のまちづくり
3D都市モデルが可視化する具体的で精緻なまちの現状・将来パターンを、一部の専門家でなく市民レベルに共有。
課題を市民目線に落とし込み、多様な主体の知恵・思いを詰め込んだ参加型、実験型のまちづくり。
機動的で機敏なまちづくり
中長周期のまちの静的なデータに、人の流れなどの短周期の動的なデータを補完することにより、都市活動の状況をより精緻に再現・予測（シミュレーション）。
最新技術も活用し、機動的で機敏なまちづくりを実現。
MLIT
（図10）

価、交通などいろいろなデータを組み合わせて10年後20年後の姿をシミュレーションして最適な設計をしていこうということです。当たり前のことではありますが、これまでは必ずしもそういった技術やデータが普及していなかったわけです。それがPLATEAUによって、割と実現可能な状況になっているのです。あるいはスライドの真ん中に「人間中心・市民参加型」と書いてありますが、シビックテックやヒューマンセントリックと言っていますが、まちづくりを行うときに住民目線で行おうということです。住民参加についてはこれまで公告・縦覧や説明会などいろいろ行われてきました。民間ではデベロッパーもさまざまな方法で住民へ説明しますが、とはいえ従来のそういった取り組みというのはどうしても上から下へ一方向的になりがちで、一応意見は聞いたという形式だけで、本当にフラットに参加しているのかと言われるとそうでもない。あるいは都市計画の説明会を開くと、参加者が高齢の方ばかり、男性ばかりとか割と偏りがあって、声の大きい人の意見が通りがちな側面が実態としてあった。私たちが目指しているのは真にフラットかつインタラクティブなまちづくり、市民参加ということで市民と一緒に都市やまちの将来像について考えたい。そのときに3Dデータやビジュアライズの機能は、いろいろな人と情報やシミュレーションを共有してコミュニケーションする際に重宝します。実際にXR（注3）のデバイスと組み合わせて、まちづくりワークショップを開くと、これまであまり関心がなかった若い人が興味を持って参加して、いろいろ意見を出してくれます。そのように、まちづくりを変えていこうよというのが二つ目です。

三つ目の「機動的で機敏なまちづくり」は、アジャイルまちづくりと呼んでいます。これまでは20年に一遍くらいの周期で都市計画やまちづくりを考えていくのが常識だったわけです。しかし、社会的にグローバルに多様な変化が起こる中で、20年前の計画は、もちろん長期的にやらなくてはならないものも含まれているわけだけれど、そのままでよいのかという話になる。変化するニーズや価値観に合わせて都市をどのように変化させていくべきかを、その時の状況に合わせて機敏に行なっていくためには、やはり予測や結果評価をするためにデータが必要なのです。そういった意味でデジタルツールやそのデータを使ってもう少しまちづくりを適宜に機敏に進められるようにしていくのが三つめになります。

（注3）
XR（クロスリアリティ）
ヘッドマウントディスプレイなどのデバイスで仮想世界を体験するVR（仮想現実）や、「ポケモンGO」をはじめ現実空間に仮想世界を重ね合わせるAR（拡張現実）など、現実世界と仮想世界を融合して新たな体験を作り出す技術の総称。

## 形状データに加えて、意味データが含まれる

それでは具体的にＰＬＡＴＥＡＵのデータを動画で説明します。都市を扱っているので建築物が目立ちますが、その他にも道路や信号機、標識あるいは目に見えない都市計画、さらには人流データ（図11）や災害リスクのハザードマップ（図12）などこういった都市にまつわるいろいろなデータを都市全体の規模で作成して、それを重ね合わせたり、空間解析したりしていろいろなシミュレーションを行っていきます。先ほどご紹介した通り、ＰＬＡＴＥＡＵのデータは絵柄、つまり建物の外観だけではなく中身も入っているので、このオブジェクトが一体何ですかということも含めてシミュレーションできるというのがＰＬＡＴＥＡＵのデータのユニークな点で、実は今まで我が国では存在しなかった新しい取り組みになるのです。

ただ、ＧＩＳを触ったことのない人からすると、グーグルアースとどこが違うのかと思われるかもしれません。比べてみましょう。スライド（図13）の左がグーグルアースで、右がＰＬＡＴＥＡＵです。見た目は全く同じで区別するのは難しいですが、データの規格つまり成り立ちが違います。

（図11）

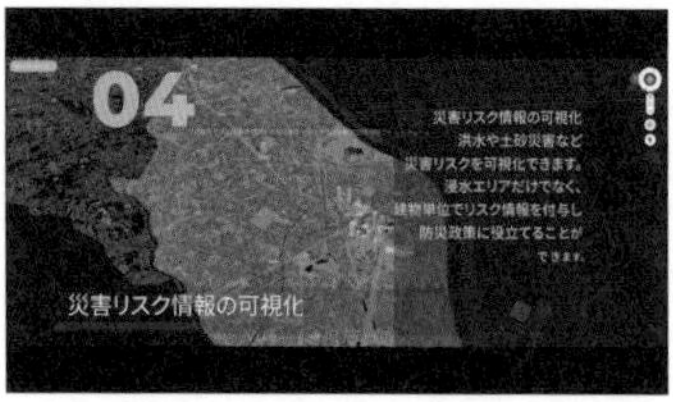

（図12）

3D都市モデルのデータ特性
何が違う？
GoogleEarth
CityGML
MLIT
9

（図13）

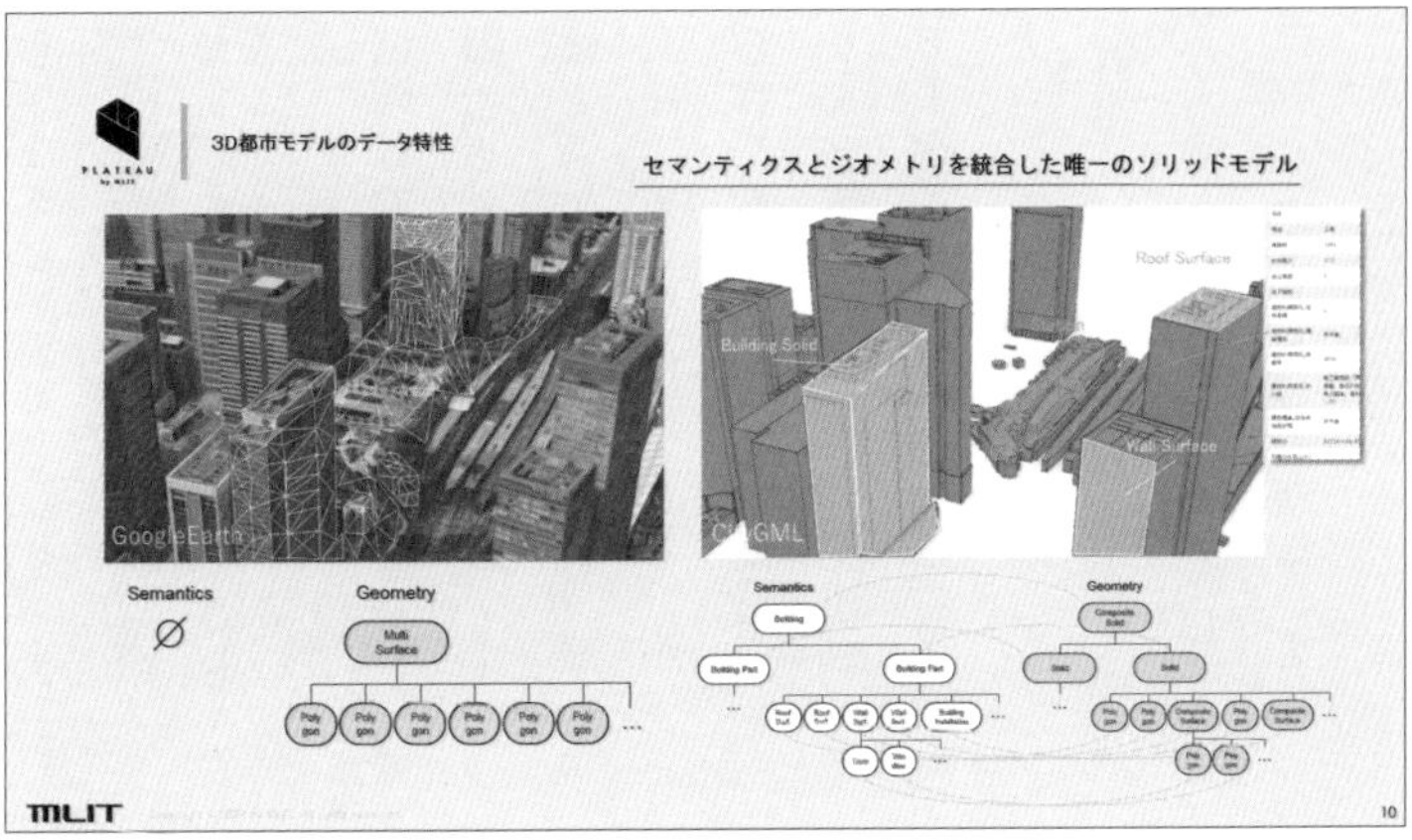
3D都市モデルのデータ特性
セマンティクスとジオメトリを統合した唯一のソリッドモデル
GoogleEarth
CityGML
Roof Surface
Building Solid
Wall Surface
Semantics
Geometry
Multi Surface
Poly gon
Building
Building Part
Composite Solid
Solid
MLIT
10

（図14）

グーグルアースもそうですが、これまでの3Dデータはいわゆるジオメトリーモデルと呼ばれていて、でこぼこの立体形状を再現して色やテクスチャーを貼って3Dデータをつくってきたのです。それとPLATEAUと何が違うかというと、人間の場合、これが建物でここが地面とすぐに判別がつきますが、コンピュータの場合、両者は同じでこぼこでしかないのです。建物と地面、建物同士などそういった区別ができません。我々のデータは図14のように、この立方体は建築物ですよと書いてあるのですね。また、その立方体の中でもこの面が壁ですよ、天井ですよと書いてある。かつソリッドの塊自体が商業施設で何年に建てられて鉄筋コンクリート造で床面積がいくらでという情報がこのジオメトリー形状に紐づく形で記述されている。つまり形状だけでなく意味情報がデータとして書いてある。それが大きな特徴です。何がメリットかというとコンピュータが読めるということです。つまり人間が都市から得られる情報はいろいろありますが、コンピュータは今まで形状のデータしか読めなかったわけです。しかし、PLATEAUのデータを使うと、人間が受け取る情報をそっくりそのままデータとしてコンピュータに渡すことができる。それを実現するデータの規格を採用していることがＰＬＡＴＥＡＵのデータの最大の特徴です。

例えば東京都の中で商業施設の屋根が何平米あって、それがどちらの方角に何度傾いているということを一瞬で算出できるのです。そうすると例えば太陽光パネルを置ける屋根に実際に置いたときの日射量と年間の発電が算出できるなど、今までわかりそうでわからなかったことが、ＰＬＡＴＥＡＵのデータで簡単に見えてきます。もちろんそれ以外にも例えばロボティクスの運用あるいは将来予測のシミュレーションなど、いろいろな使い方があります。建築との兼ね合いで言うとＢＩＭの都市全体版だと理解していただくのが早いかなと思います。我々は構造化されたデータと呼んでいますが、スライド（図15）のようにジオメトリーが壁や窓の意味を持っているので、ソフトウェア上で区別することができ、その特徴を活用することでいろいろ開発できるわけです。

## 標準データモデルによって、知識や技術の共有が進む

さらに一番重要なのは、この標準製品仕様書、いわゆる標準データモデルをつくるのが国にしかできない仕事ということです。つまり、これまで

構造化されていないメッシュデータ

建築物LOD3はドアや窓が構造化

建築物や土地に関する様々な属性情報が付加

（図15）

日本には都市を対象としたデジタルツインの標準データモデルが存在しなかったわけですが、それを2021年3月に初めて策定したことによって、日本中で都市のデジタルツインデータを標準的な規格に従ってつくられるようになった（図16・17）。これは官学にとっても初めての試みで、諸外国は割と10年ぐらい前から取り組んでいますが、日本は遅れていました。PLATEAUの標準モデルは、今年に至るまでまだバージョンアップしながら標準仕様を拡張し、完成度を上げる段階にいます。この標準データモデルという、いわゆるどういうデータフォーマットで書くのか、どういう構造で書くのか、どういった品質チェックをすべきなのかというルールが決められていて、それにより、いろいろなメリットが生まれます。例えばソフトウェア対応の効率化です。データが一つに定まった構造を持っているということは、ソフトウェアで読む際に1度ソフトウェアが対応すれば全国どこでもPLATEAUのデータであれば扱うことができます。実際、QGISやArcGIS、BIMソフトなどいろいろなソフトウェアでPLATEAUの対応が進んでいます。データのルールが決まっているのでさまざまなソフトウェアで読める状態になっているわけですね。これ

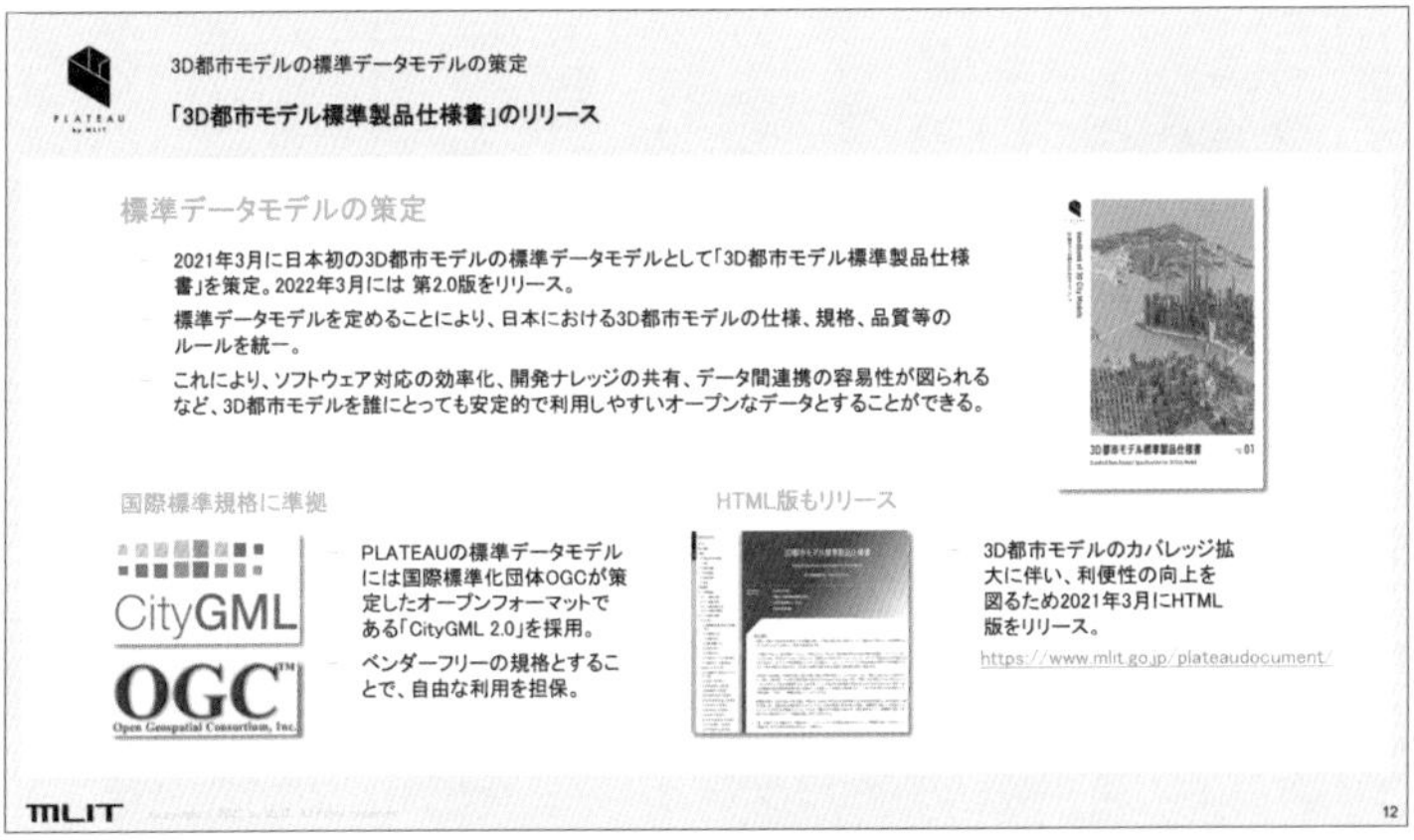
3D都市モデルの標準データモデルの策定
「3D都市モデル標準製品仕様書」のリリース
標準データモデルの策定
2021年3月に日本初の3D都市モデルの標準データモデルとして「3D都市モデル標準製品仕様書」を策定。2022年3月には 第2.0版をリリース。
標準データモデルを定めることにより、日本における3D都市モデルの仕様、規格、品質等のルールを統一。
これにより、ソフトウェア対応の効率化、開発ナレッジの共有、データ間連携の容易性が図られるなど、3D都市モデルを誰にとっても安定的で利用しやすいオープンなデータとすることができる。
国際標準規格に準拠
CityGML
OGC
Open Geospatial Consortium, Inc.
PLATEAUの標準データモデルには国際標準化団体OGCが策定したオープンフォーマットである「CityGML 2.0」を採用。
ベンダーフリーの規格とすることで、自由な利用を担保。
HTML版もリリース
3D都市モデルのカバレッジ拡大に伴い、利便性の向上を図るため2021年3月にHTML版をリリース。
https://www.mlit.go.jp/plateaudocument/
MLIT
12

（図16）

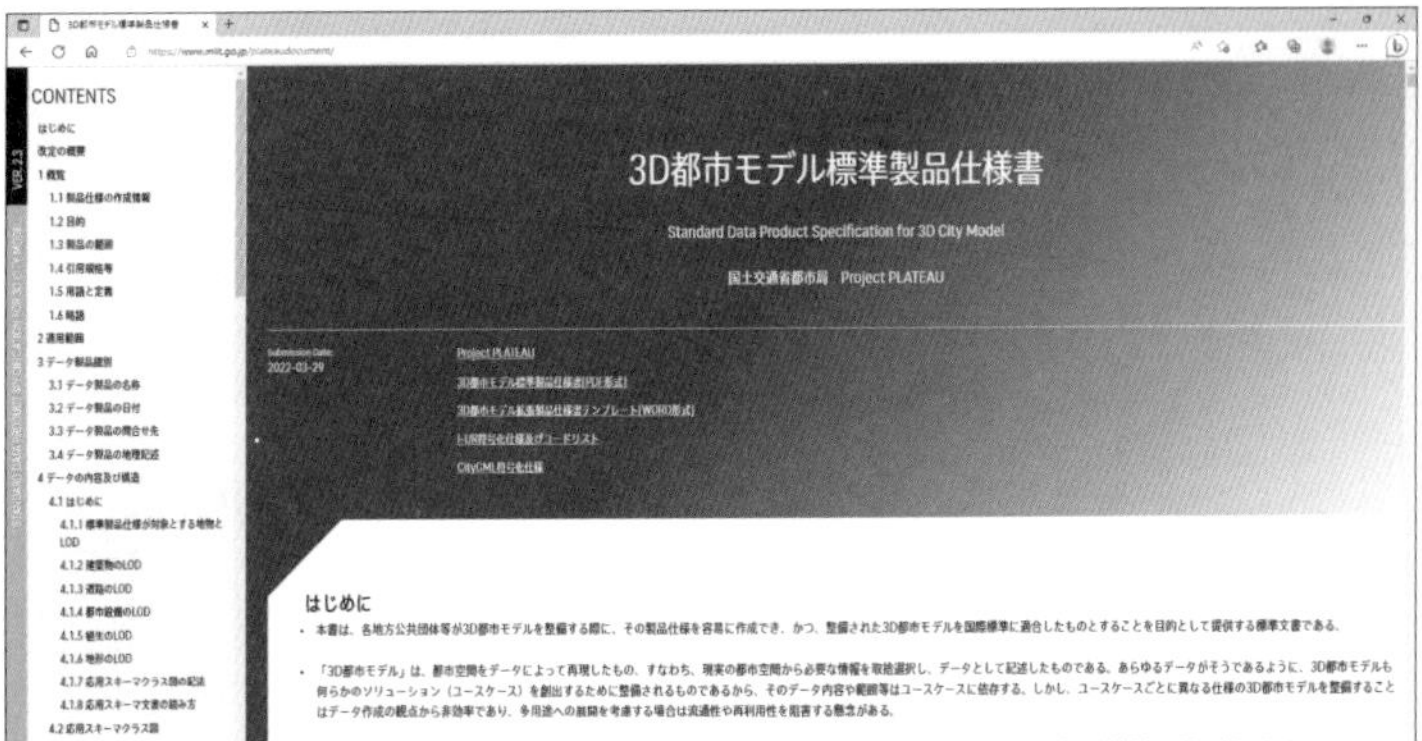
CONTENTS
3D都市モデル標準製品仕様書
Standard Data Product Specification for 3D City Model
国土交通省都市局　Project PLATEAU
2022-03-29
Project PLATEAU
はじめに

（図17）

が決まっていないと、ソフトウェアは東京と大阪で別々のソフトをつくらなくてはならないといったことが起こるわけです。また開発ナレッジの共有でも非常にメリットがあります。ソフトと同様に、PLATEAUのデータを使ったアプリは既にたくさん出ていますが、それぞれの都市でデータの構造や品質が異なっていたら都市ごとにアプリをつくらなくてはならない。アプリをつくるにはデータを解析して把握しなくてはなりませんが、それが一品物になってしまうとなかなかシェアできない。PLATEAUのデータが標準規格を定めているからこそ、誰かが開発したナレッジを他の人もいろいろなところで使えるわけです。加えてデータ関連についてもデータプラットフォームやAPIで活用する際に、データが決まっていると他のソフトウェアやサーバーとの連携がしやすいのです。このようにメリットがたくさんあるので標準規格を定めています。

とはいえ日本政府のやりがちな過ちとして、標準仕様を定めようとは言いつつ、非常に独特のフォーマットで標準仕様的なドキュメントをとりあえずつくって、結果誰も使わないということがあるわけです。そういった事態を避けるために、我々はグローバルスタンダードであるCityGMLという規格を採用して、日本向けにローカライズしたものをＰＬＡＴＥＡＵの標準仕様として出しています。これはＯＧＣという国際標準化団体が決めているグローバルに流通しているフォーマットで、海外ベンダーのソフトウェアも含めて幅広く扱うことができます。こういった流通している規格を採用することで扱いやすいデータを実現しています。この標準仕様書は誰でも見られるようになっていますので、興味のある人は見ていただけたらと思います。

## オープン化により、多様なツールが開発される

さて、その標準仕様データモデルで何を再現したかというと、実は建築物以外にも、道路や土地利用などの対象物ごとに標準仕様書を定めていて（図18）、道路や土地利用であれば、その敷地が何に使われているかということを再現しています。地形や災害リスク、都市設備、植生、都市計画などにおいてデータの作り方に関するルールを定めていて、表の赤いところは今年度新しく定めたものです。実は都市に存在する物体は大小さまざまなものが存在するので、一気に標準データモデルを定めるのがなかなか難し

| | 第2.0版 | | | |
|---|---|---|---|---|
| 対象地物 | LOD0 | LOD1 | LOD2 | LOD3 |
| 建築物 | ● | ● | ● | ● |
| 道路 | | ● | ● | ● |
| 土地利用 | | ● | | |
| 地形 | | ● | ● | ● |
| 災害リスク | | ● | | |
| 都市設備 | | ● | ● | ● |
| 植生 | | ● | ● | ● |
| 都市計画決定情報 | | ● | | |

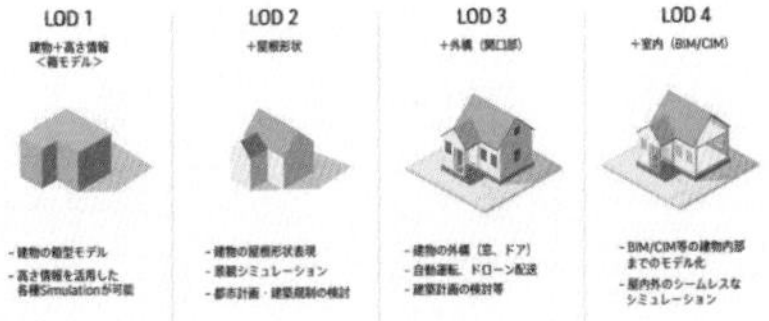
LOD 1
建物+高さ情報
<箱モデル>
- 建物の箱型モデル
- 高さ情報を活用した各種Simulationが可能
LOD 2
+屋根形状
- 建物の屋根形状表現
- 景観シミュレーション
- 都市計画・建築規制の検討
LOD 3
+外構（開口部）
- 建物の外構（窓、ドア）
- 自動運転、ドローン配送
- 建築計画の検討等
LOD 4
+室内（BIM/CIM）
- BIM/CIM等の建物内部までのモデル化
- 屋内外のシームレスなシミュレーション

（図18）

くて、毎年ある一定のまとまりを持って徐々に標準仕様をつくっています。

去年までは建築物しかなかったのですが、今年は植生もつくれるようになっています。来年度に向けて今進めているのがＬＯＤ４というＢＩＭとの連携ができるような屋内モデルです。それから橋やトンネル、堤防などの土木構造物、川、それから地下構造物とまだ標準化できていない対象を標準化するための調査や仕様策定の作業を今まさに進めています。ちなみにＬＯＤというのはレベル・オブ・ディティールという詳細度の概念です。これが細かければ細かいほど詳細に実際の形状を再現することができます。しかし、制作コストも高まっていくので、我々はどれぐらい詳細に再現するのかというルールを決めています。

例えばＬＯＤ１というのは、いわゆる箱と言われる図形に対して高さを与えた立方体のモデルです（図18）。これは実際の建物をしっかり表してはおりませんが、これだけでもいろいろ使えるわけです。例えば災害リスクを分析するとか、都市の使われ方をシミュレーションするとか、そういったことは別に形状には関係ないのでＬＯＤ１で問題ありません。ＬＯＤ２だと屋根がつきます。屋根がつくということは、例えば景観の再現や太陽光パネルを置けるかどうかとか、風向シミュレーションや電波が反射する可能性があるかとか、いろいろな計算ができるようになる。LOD3になると窓やドアがつきます。それにより、例えば実際の形状を画像やレーザーで撮って、それとこのデータを組み合わせることで自分がどこに立って、どちらの方角を向いているのかという位置を測位できる。あるいはロボティクスの運行において、ロボットがドアから入って隣の部屋に行くという際のマップとして使うことができる。LOD4だと屋内も再現するので屋内を含めたシミュレーションができるようになります。各レベルによって使われ方はそれぞれ違いますが、用途に応じていろんなレベルで使えるようになっています。スライド（図19）のダイアグラムですが、LODごとにPLATEAUがつくる地物を紹介しています。建築物、道路設備などいろいろな地物をつくることができます。

少しエンジニア的な話になりますが、データをどうやって使っていくかということで、今紹介したCityGMLという規格はその名前の通りXML言語で書いてある地理空間に特化したGMLというフォーマットをさらにその3次元記述に特化させたものです。これ自体ですね、ASCIIで書いて

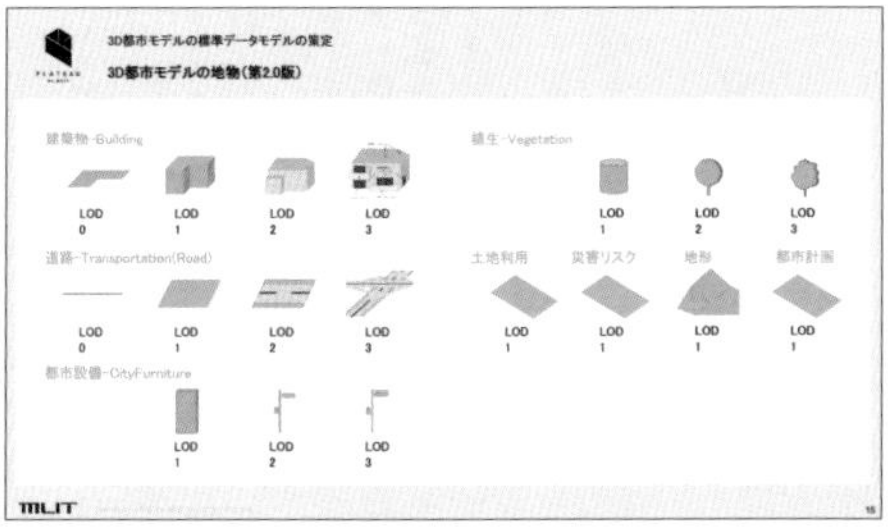

（図19）

あって誰でも読めるし解析しやすい。ただソフトウェアで直接扱うことがなかなか難しい。バイナリ形式（注４）などに変換した方がよいことがあるわけです。あるいはリッチすぎるので軽量化して使いたいと。そのような時には、我々もスライド（図20）のように、いろいろなデータに変換する方法を推奨しています。例えば設計の世界でいうとＤＸＦやＤＷＧなどのＣＡＤ、あるいはＩＦＣやRevitなどのＢＩＭ、あるいはＦＢＸ、ＳＴＬなど３Ｄ的なフォーマット、それからWebGISなどなど、いろいろなフォーマットが世の中にはありますが、こういったフォーマットにCityGMLから変換できる。それがＰＬＡＴＥＡＵとしてのCityGMLのデータの良いところで、スライドには「中間フォーマットとしてのＰＬＡＴＥＡＵのCityGML」と書いてありますが、オープンなっているからこそ、いろいろな人が自分の使い方に応じて変換して使えるという形式でデータを提供しています。

実際、ＰＬＡＴＥＡＵとして提供しているもの、そして勝手に提供されているものも含めさまざまなコンバーター変換ツールがあります（図21）。公式にはＦＭＥというソフトウェアを利用した変換マニュアルとスクリプト。それから開発中ですがゲームエンジン向けのＳＤＫなどコンバーター

（注４）
バイナリ形式
コンピュータが読み取ることのできるデータ形式のこと。コンピュータは全ての情報を０か１の２進法に変換して処理しているため、人間が読み取るのは難しく、人間が読み取れるテキストデータと対比して、それ以外のデータをバイナリ形式と呼ぶこともある。

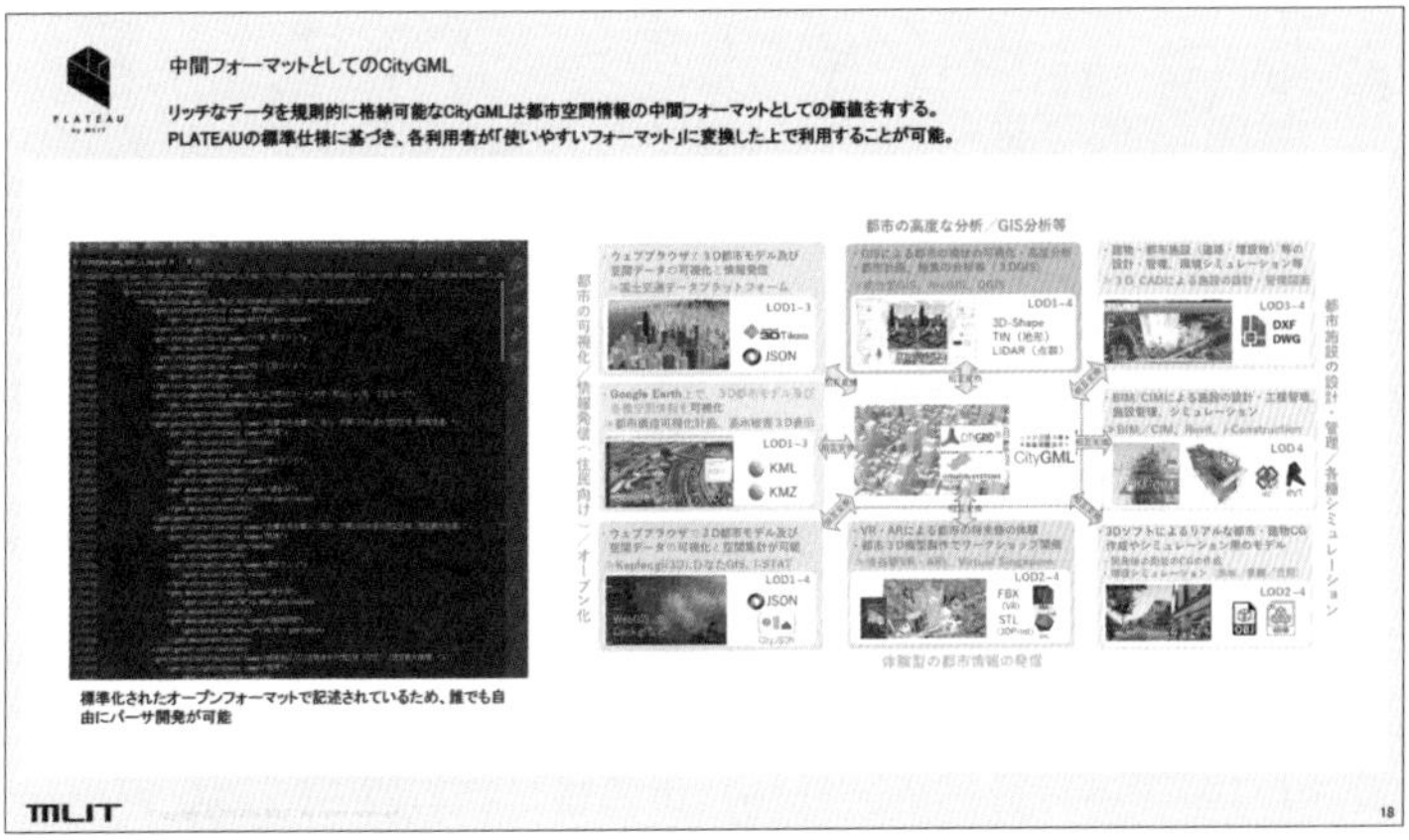
中間フォーマットとしてのCityGML
リッチなデータを規則的に格納可能なCityGMLは都市空間情報の中間フォーマットとしての価値を有する。
PLATEAUの標準仕様に基づき、各利用者が「使いやすいフォーマット」に変換した上で利用することが可能。
都市の高度な分析／GIS分析等
LOD1−3
JSON
KML
KMZ
LOD1−4
3D-Shape
TIN（地形）
LiDAR（点群）
DXF
DWG
LOD4
CityGML
LOD2−4
FBX
STL
体験型の都市情報の発信
標準化されたオープンフォーマットで記述されているため、誰でも自由にパーサ開発が可能
MLIT
18

（図20）

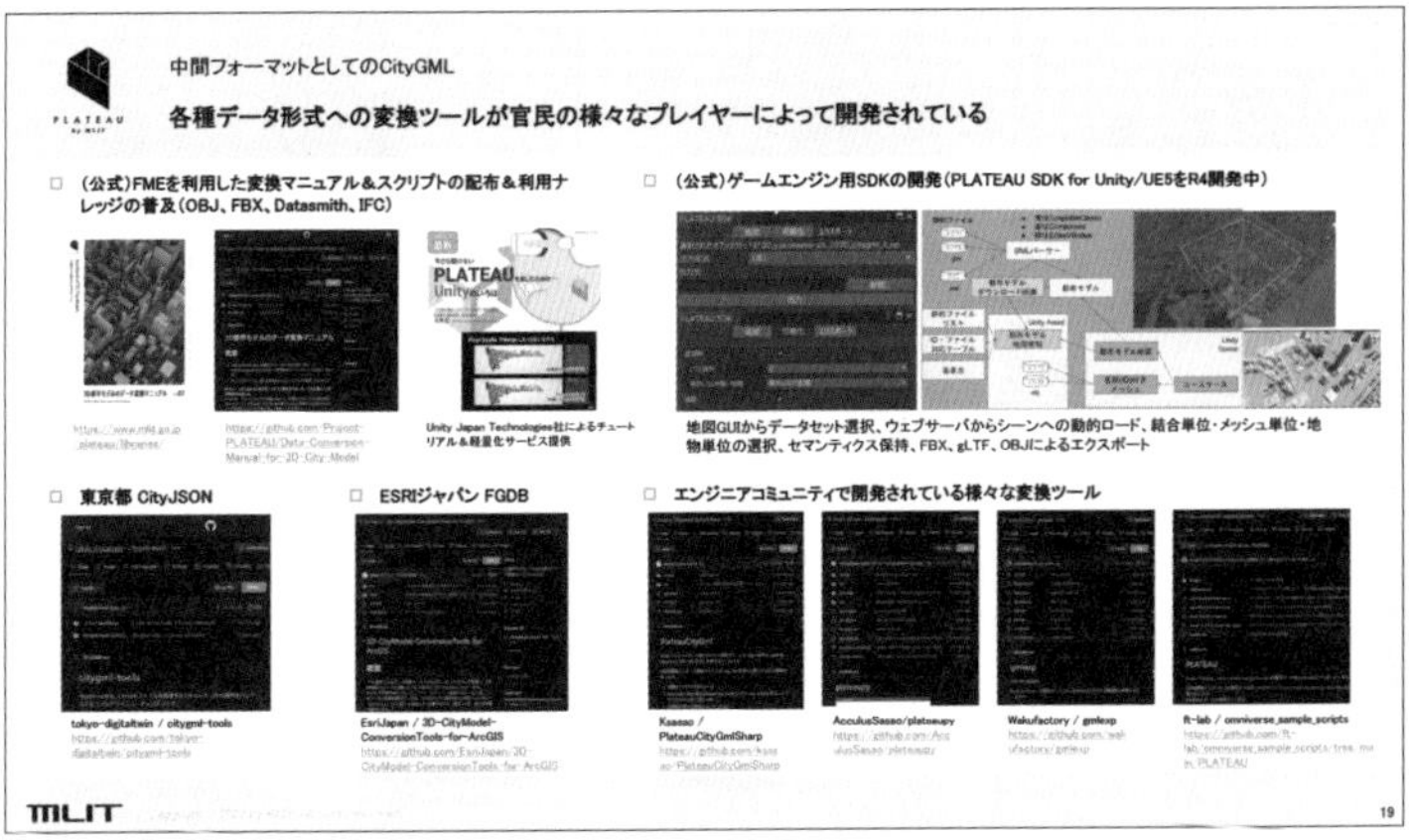
中間フォーマットとしてのCityGML
各種データ形式への変換ツールが官民の様々なプレイヤーによって開発されている
（公式）FMEを利用した変換マニュアル＆スクリプトの配布＆利用ナレッジの普及（OBJ、FBX、Datasmith、IFC）
Unity Japan Technologies社によるチュートリアル＆軽量化サービス提供
（公式）ゲームエンジン用SDKの開発（PLATEAU SDK for Unity/UE5をR4開発中）
地図GUIからデータセット選択、ウェブサーバからシーンへの動的ロード、結合単位・メッシュ単位・地物単位の選択、セマンティクス保持、FBX、gLTF、OBJによるエクスポート
東京都 CityJSON
ESRIジャパン FGDB
エンジニアコミュニティで開発されている様々な変換ツール
tokyo-digitaltwin / citygml-tools
EsriJapan / 3D-CityModel-ConversionTools-for-ArcGIS
Ksasao / PlateauCityGmlSharp
AcculusSasao/plateaupy
Wakufactory / gmlexp
ft-lab / omniverse_sample_scripts
MLIT
19

（図21）

かつエキスポーターのようなものをつくっています。それ以外にも、CityJSONやFGDBなど、いろいろなものがエンジニアの手によって自由につくられ、公開されているという状態です。PLATEAUが出てきた2年前は、このデータをどう使えばいいのか分からないといったような状況でしたが、現在は検索すればいろいろな形でデータを使うことができるようになっています。

それとこれも少しテクニカルな話になりますが、元々PLATEAUのデータはWebで使うことを念頭に置いている部分もあるので、Web上のレンダリングフォーマットとして3DTilesという形式を採用していて、従来の3Dデータでは考えられないほど、Web上で大量のデータをパフォーマンスよく描画することができています。ひと昔前までは先ほどお見せした通り数秒でパパッと3Dデータをリッチに表現することは難しかったわけです。それを実現しているのが、この3DTilesという技術です。こういったWeb用のフォーマットの配信サービスをPLATEAUで行っていて、誰でも自由に使えるようになっています。建物と地形と航空写真だけですが、URLを配布しているので、ご自身で開発されたWebG

IS環境にPLATEAUのデータをぱっと入れて、商用ツールあるいはアプリ開発など無料でいろいろ使ってもらえます。

## ユースケースを重視し、開発を活性化する

次にプロジェクト価値あるいは特徴を説明していきます。まずPLATEAUの特徴の一つとして、実は先ほどお見せしたようなデータを一からつくっているわけではなく、各自治体が持っている既存のデータを提供してもらい、それを組み合わせて整備するというスキームを採用しています（図22）。だからこそ急速に全国に広がっているのです。自治体が持っている地図や航空写真、調査情報を集めてきて、処理スキームに放り込むとPLATEAUが出来上がるという仕組みなので、非常に安価に制作できる。これまで3Dデータを一から制作しようとすると、データ取得などが必要となり、大きなコストがかかっていたわけですが、そこがかからないわけです。非常に安価でかつスケーラブルに、どこにでもあるようなデータを組み合わせればできる。明日つくろうと思ったらすぐに取りかかれるという、データ整備スキームになっています。且つ自治体が持っているデータ

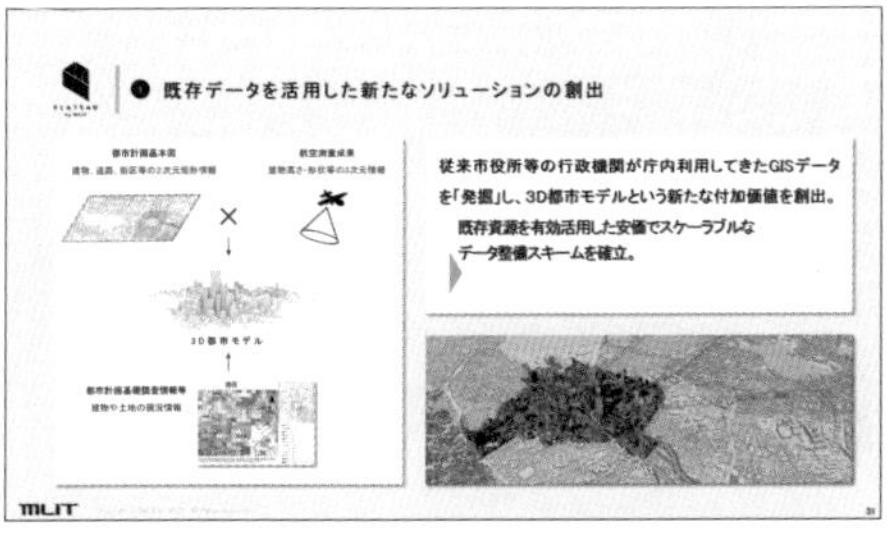

（図22）

というのは結構な費用をかけてつくってきたわけですが、いろいろな分野で有効に使えてきたかというとそうでもない。そのようなリッチだけれど、上手く使えなかったデータを再利用するのがＰＬＡＴＥＡＵの価値でもあるのです。

さらに、もう一つはユースケースを重視しているという点が挙げられます。先ほどＷｅｂサイトでいろいろとご紹介しましたが、データをオープンにしても、開発のイニシャルコストの負担があったりして、なかなか使われないことが多い。そのような中でＰＬＡＴＥＡＵは、データ開発と同時にシステム開発も国自身が多くの企業と組んで行っています（図23）。デジタルツインデータを使った商用のアプリケーションを国が支援して民間と一緒に開発しています。

このように企業と協働していると、あの企業はＰＬＡＴＥＡＵのデータをこんなふうに使っているけれど、当社ではこんなことができるのではないかと、民間からもどんどんアイディアやソリューション開発が出てくる。そういったサービスが普及してくると、当然自治体もうちもＰＬＡＴＥＡＵをつくらなくてはということでデータも増えていくし、ソリューション

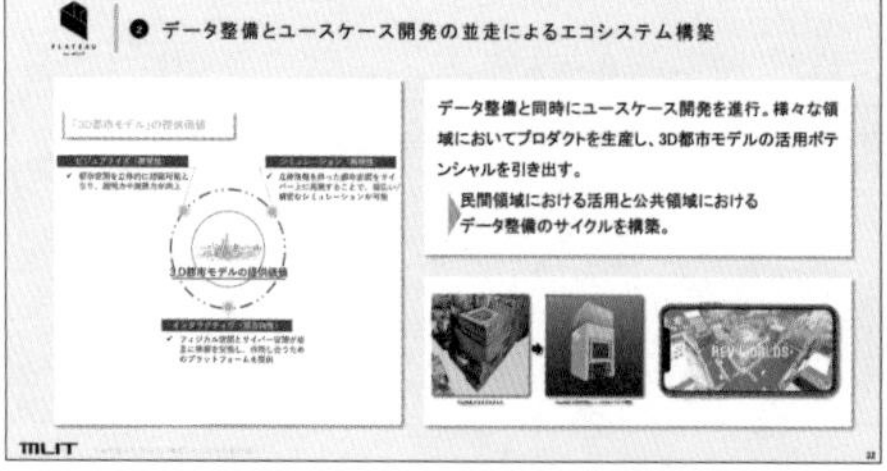

（図23）

も増えていく。そのとっかかり、火付け役として国自らがいろいろなユースケースに取り組んでいます。

最後はオープンであること。これも非常に重要な点で、我々は完全なオープンデータなので、国際規格に則ったオープンフォーマットです（図24）。且つライセンス自体もCC BY 4・0など、そういった完全なオープンライセンスを採用しています。先ほどお見せした通りダウンロードする際も別に手間のかかる申請はなく、非常に使いやすい形にしています。

それ以外にもナレッジのドキュメント化、つまりPLATEAUのデータの成り立ちや使い方のような知識を詳細にドキュメントとして公開しています。Webサイトから誰でも見ることができます。それから関連ソフトウェアのスクリプトもOSS化して出しています。エンジニアフレンドリーというか、実際に手を動かして何か開発する人が助けになるような環境を構築することに重点を置いて進めています。この辺は政府のプロジェクトとしては難しいところで、最近デジタル庁ができましたが、エンジニアが求めていることを役人が理解するのが難しいのです。PLATEAUは、そのようなことをしっかりできているという貴重なプロジェクトだと

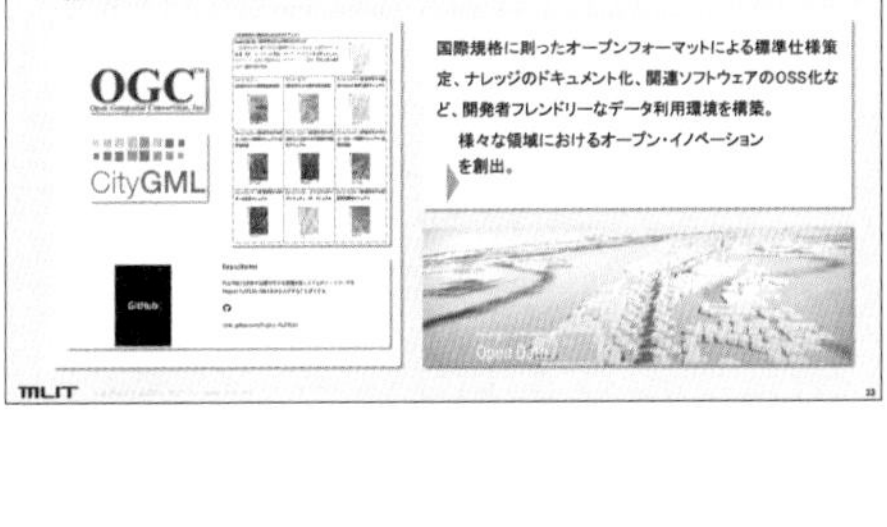

（図24）

思います。

## さまざまな使い道があるPLATEAU

今ではPLATEAUの取り組みは定着してきていますが、昔はこのプロジェクトが1年で終わってしまうのではとよく言われました。国交省としてはこの3Dデータはインフラとして、公共事業として進めていきます。それから非常にたくさんのユースケースが存在しているので、PLATEAUのデータをいろいろなデータと組み合わせることでソリューション開発をどんどん進めています。GIS的な使い方やシミュレーションの条件、AR／VRなど使い方は多様です。スライド（図25）の動画は、ARアプリとして利用されている例です。現実の世界にぱっとARカメラをかざすとPLATEAUがぴったりくっついて出てきて、透過することもできる。このようなことは、昔はいちいち現場に行って、3Dモデルをつくっていたわけですけれども、PLATEAUのデータがあるとこのような位置合わせが瞬時にできるのです。これは合わせるだけですけれども、例えばこの前後関係の計算を使って、この後に何かキャラクターを出して、ビルに

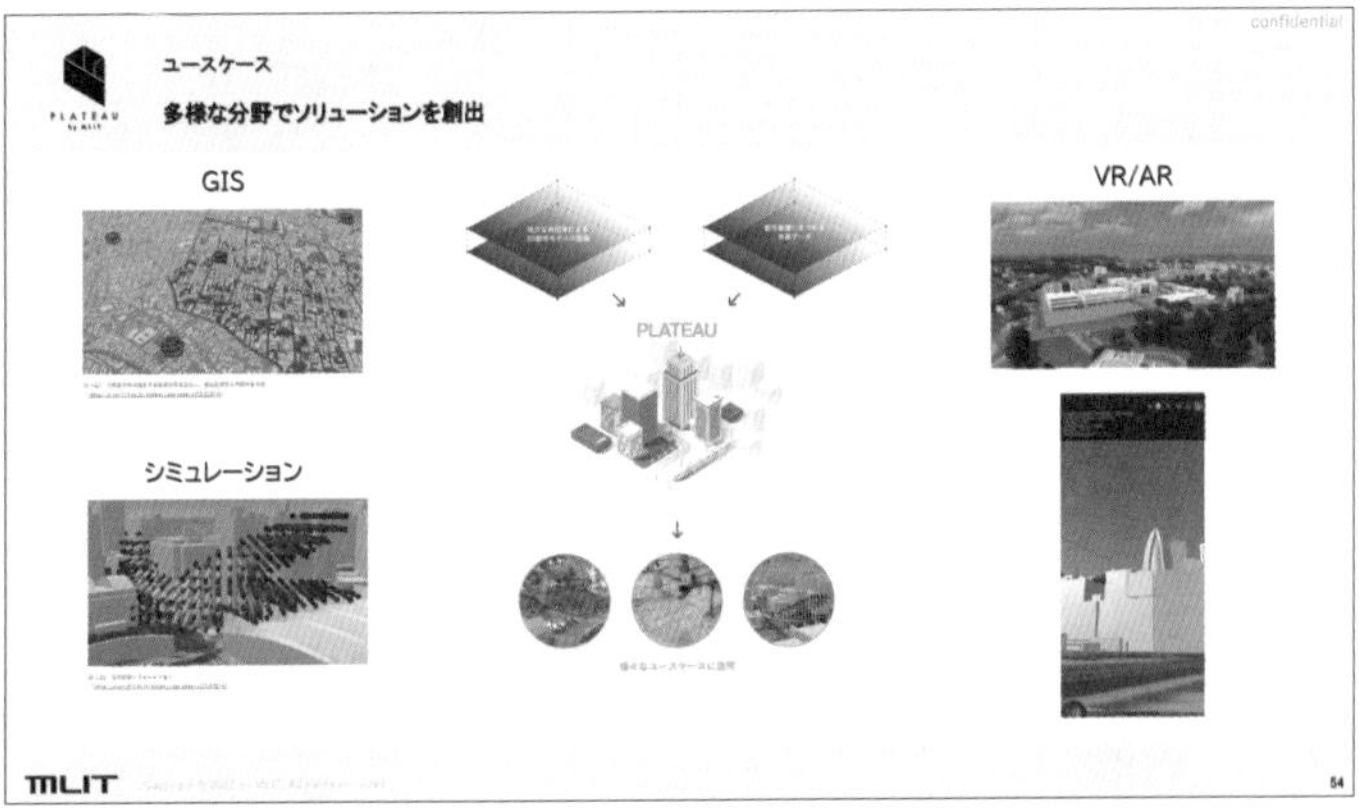
confidential
PLATEAU
ユースケース
多様な分野でソリューションを創出
GIS
シミュレーション
PLATEAU
VR/AR
MLIT
54

（図25）

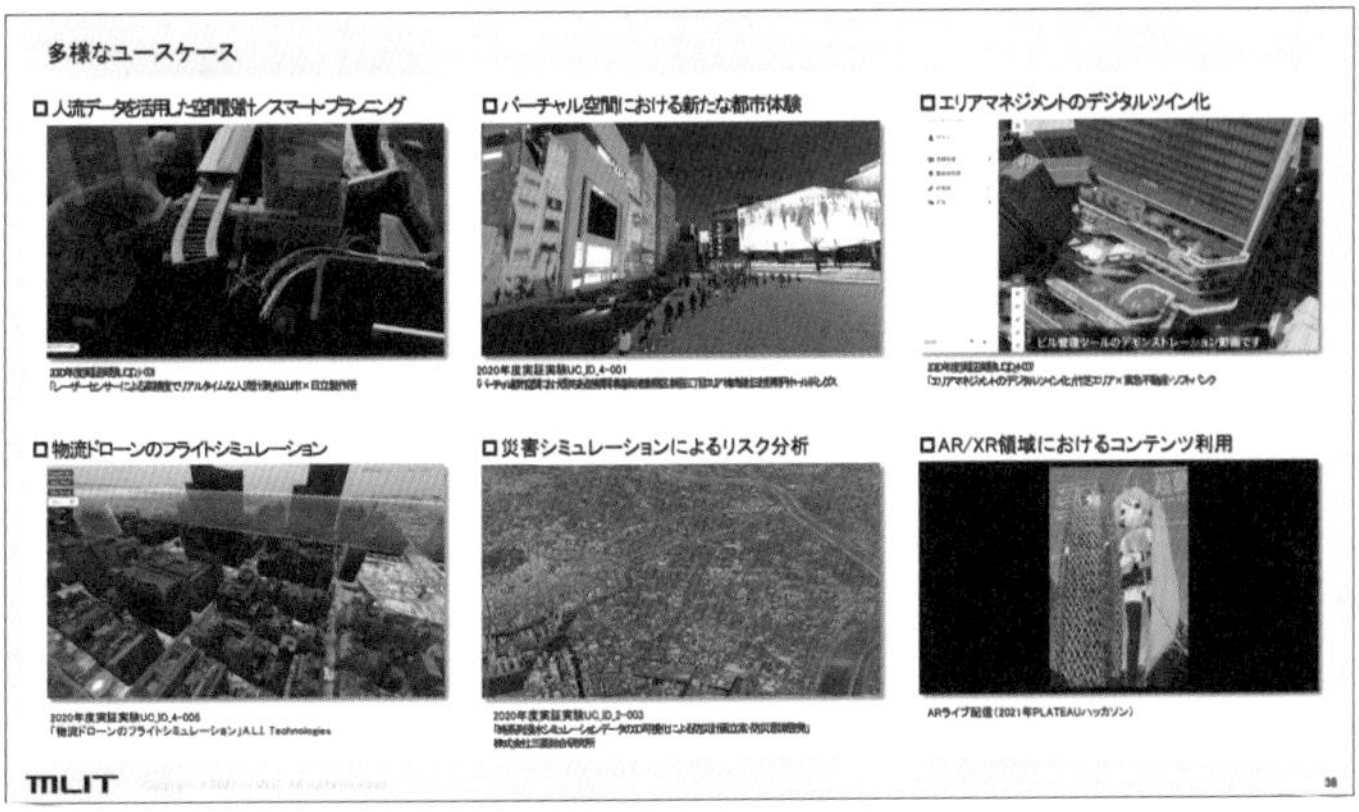
多様なユースケース
□人流データを活用した空間設計／スマートプランニング
□バーチャル空間における新たな都市体験
2020年度実証実験UC_ID_4-001
□エリアマネジメントのデジタルツイン化
ビル管理ツールのデモンストレーション動画です
□物流ドローンのフライトシミュレーション
2020年度実証実験UC_ID_4-005
「物流ドローンのフライトシミュレーション」A.L.I. Technologies
□災害シミュレーションによるリスク分析
2020年度実証実験UC_ID_2-003
□AR/XR領域におけるコンテンツ利用
ARライブ配信（2021年PLATEAUハッカソン）
MLIT
38

（図26）

隠すというようなアプリを開発したりと、そういうことが容易にできるようになっています。あとはVR空間で、コンシューマークオリティで都市を再現することもできます。またスライド（図25）のシミュレーションの画像は電波を解析している絵ですが、このように5Gの電波解析にも使えます。こういったVR空間の再現に使ったり、人流データを組み合わせて都市の使われ方を空間解析したり、IoTデータを統合してエリアを管理するためのツールをつくったり、ドローンのルートや災害リスクをシミュレーションしたり、それが先ほど言ったようなARオクルージョンを使って答えるコンテンツをつくったりと、PLATEAUを使うことにより、さまざまなことが可能になってきます（図26）。

少し事例の紹介します。現在、新宿を対象に人流シミュレーションを行っています（図27）。オープンカフェやイベントを催した場合に、どのぐらいの人が来て、どういう効果を及ぼすかを三次元的に解析し、それによって賑わい創出を図るというものです。こんな政策を打つと、こういうふうになりますというプランニングのツールを開発しています。もう一つは防災です（図28）。開発中の高輪ゲートウェイのBIMモデルと組み合わせ

（図27）

て1・5万人ぐらいのシミュレーションになりますが、地震や火災が起こったときに、何階には何人いて、その人たちがこの地点で密集して危ないといった解析を事前に行い、避難計画を立てています。最近、韓国の事故がありましたが、人流のコントロールはデベロッパーなど街に責任を持った人たちにとってはクリティカルな問題です。それでデータを使って解決していこうということです。

またモビリティについて、車やドローンなどの走行ルートのプランニングからオペレーションや監視、操作、位置測位などがPLATEAUのデータを使うとできるようになります（図29）。

防災については土砂災害が起こった際に、どれくらいの被害が出て、どこに行方不明者がいるかということを、住民台帳などを使いながら、PLATEAUと紐付けて三次元解析を行うことで、要救助者が何人いるかが瞬時にわかる（図30）。

図31のスライドは八王子で行なっているワークショップですが、PLATEAUによって住民参加を促していきたいと思っておりますが、まさにそのためのツール開発をしています。スライド（図31）をよく見ると机の

（図28）

（図29）

（図30）

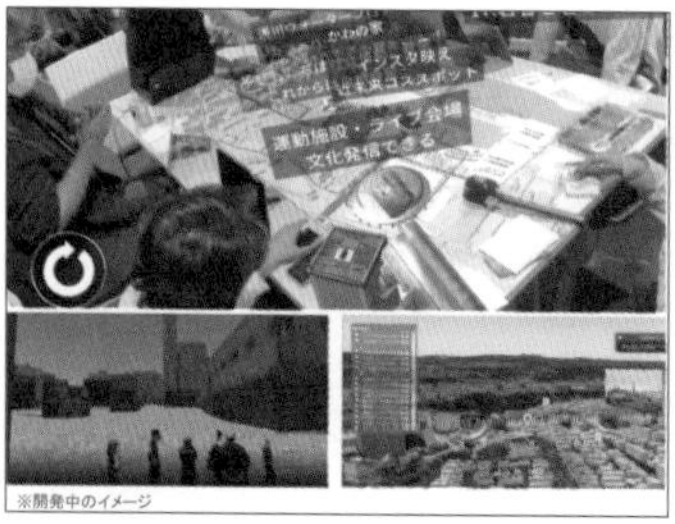


（図31）

（図32）

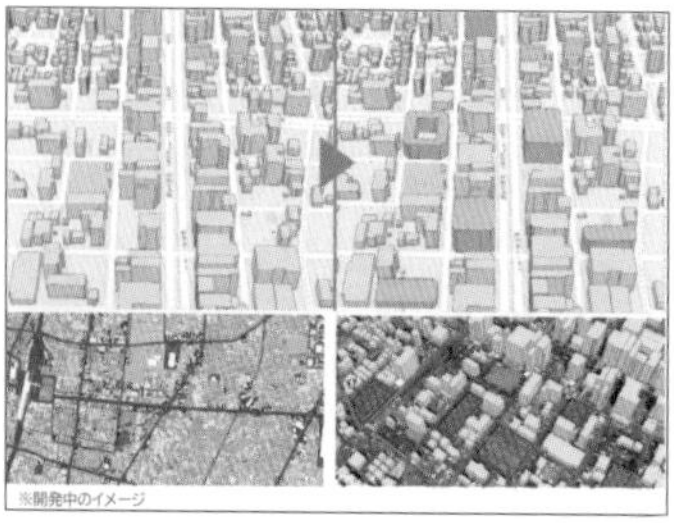


（図33）

上に３Ｄモデルが出てきています。iPadとかNreal、HoloLensなどのデバイスを被ったり、スマホで見たりしているのですが、テーブルの上に現在の街の３Ｄを出して、さらに新しい建築物がいろいろ置いています。街を開発するときにどのような施設を新しく建てるかといったワークショップを机の上で３Ｄデータを浮かべながら、皆で考えていくというワークショップです。これは割と操作性良く３Ｄデータをシェアしながら議論を進めることができました。

あとはＶＰＳ（Visual Positionin System）のような画像を使った自己位置推定システムです（図32）。自分がどこにいてどちらを向いているというＧＰＳではできないような精度の高い情報を獲得。ＰＬＡＴＥＡＵのデータを使って自動運転を行うことができるのです。

次は都市シミュレーターです（図33）。交通政策や都市機能を誘導する政策を打った場合に、どのように街が変化して、例えば空き地が増えるのか減るのかビルが大きくなるのか小さくなるのかと、そういったことを計算するソフトウェアをつくったりできます。

開発許可にも応用できます（図34）。非常に実務的で学生の皆さんはピ

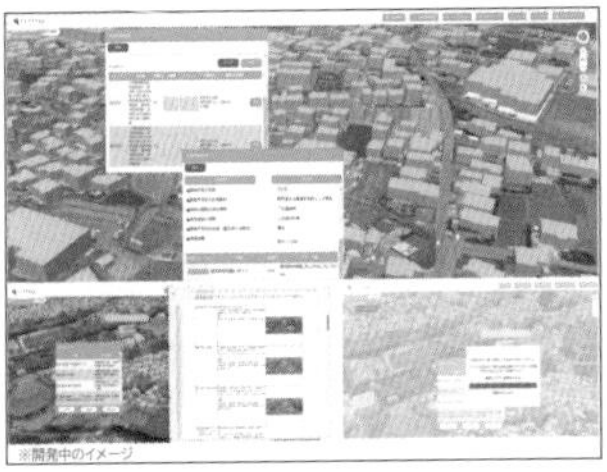

（図34）

ンとこないかもしれませんが、都市で何かを開発するときはさまざまな許可が必要ですが、それをPLATEAUのデータベースで情報を集約し、Web上で申請して簡単に許可できるようなシステムをつくれないかということを試しています。

次は災害のシミュレーションです（図35）。地震が起こると津波などで倒壊した家の瓦礫を、どこに集めてどのように処理するのかという重要な問題が出てきます。いつまでも倒壊した家の瓦礫を処理できないと復旧活動に入れないので、例えばこのエリアでは1トンの廃棄物が出るから、そこの公園に瓦礫を置くというような検討をします。これまでなかなか定量的に考えられなかったのですが、各建築物の構造やボリューム、耐震性などがPLATEAUのデータには入っているので、例えば震度いくつだと、この辺の建物がこれぐらい倒壊するだろうから、そうすると近所の公園は瓦礫を何トンまで置け、残りは別のところに移動させないといけないということが定量的に計算できます。それを使って自治体の復旧計画を立てるわけです。そういったGISの三次元的な分析ツールをつくったりできます。

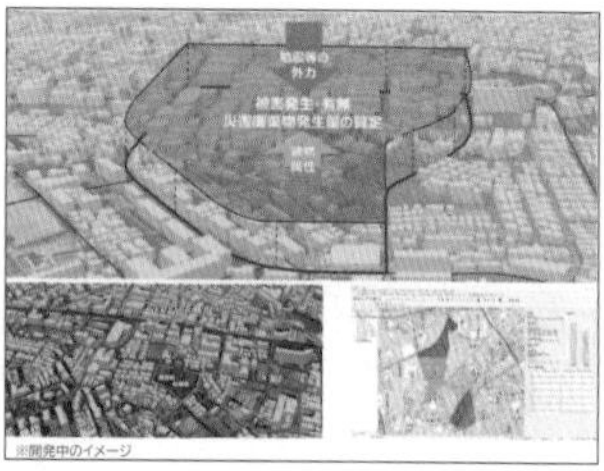

（図35）

（図36）

また、避難ツールとしての使い方もあります。スライド（図36）のツールは、自分が今いる位置を選択すると、そこから避難所までのルートがリアルタイムに計算されます。これいわゆるルーティングのアルゴリズムを使っているだけなのですが、それを使って、浸水開始時点から、あと1時間後はここまで水が来てしまうといった情報を住民にわかりやすく伝える。またＡＲでその状態を見てみるなど、避難ツールや防災政策のツールとしても使えます。

次のスライド（図37）はドローンのルートです。ドローンは今後都市部で自律飛行できるようになるでしょうが、どこのルートを使えば一番リスクが少ないのかということをＰＬＡＴＥＡＵのデータで探ります。まだまだ発展途上で皆いろいろな取り組みをして、知見を溜めているところです。今回つくっているのはＰＬＡＴＥＡＵのデータを使って、地表のグランドリスクと言いますが、地表が何に使われているか、また電波や風況を加味しながらリスク評価をして、最短経路というよりは一番リスクが低い経路を自動的に算出するツールになります。

次は太陽光発電シミュレーターです（図38）。都市全体を対象に一体何

（図37）

（図38）

枚パネルを置けるのか、また何kW発電できるのかということを定量的に評価して、このエリアでパネル設置を促進していこうというような政策につなげることができます。

## 国・自治体・民間が協力してベストサイクルを目指す

このように多種多様なユースケースがどんどん官民の下によって生まれつつあります。それらがウェブサイトで閲覧できますので、関心があったらぜひ見てみてください。最近Webサイトを改修しましたが、ユースケースの検索システムを導入しました。ある分野を選ぶと、その分野のレポートが出てくる。そういったデータベースを入れましたので非常に見やすくなっています。また分野だけではなく、技術、例えばUnityを使って開発したものを見たい場合、Unityで検索してもらうとその開発ケースが出てきます。

最後に、最近の取り組みを少し紹介します。先ほどPLATEAU AWARDを紹介しましたが、2022年は大規模な参加系のイベントもたくさん開催しました（図39）。ハッカソン（注5）やハンズオンなどの開

---

（注5）ハッカソン
プログラマーやデザイナーなどの技術者が集まり、一定期間に集中して開発を行うイベント。ソフトウェアの開発や改善のために行われることもあるが、プログラミングなどの技術の学習や普及促進などのために開かれることもある。専門家により、手を動かしながらトレーニングするハンズオンを組み合わせたハンズオン型ハッカソンなどがある。

（図39）

発系のイベント、またスタートアップ向けのイベントなどをやりつつ、ＰＬＡＴＥＡＵ ＡＷＡＲＤで締めくくるということになっています。ハッカソンなどはアーカイブを公開していて、いろいろな人が発表して、私がそれを評価しているのも見られます。

スライド（図40）は今年度作成中の自治体リストです。ＰＬＡＴＥＡＵで扱っている都市が倍になると言いましたけれども、今年度新規に整備している自治体があります。大きな都市だと仙台や筑波や八王子などです。静岡県は県内全部つくると言っていますし、あと福岡や京都もつくる予定です。そのようなに主要な都市は、どんどんできてきている状況です。

今後の展望をお話すると、来年度に向けていろいろな準備を進めていますが、このＰＬＡＴＥＡＵのプロジェクトがイニシャル期から安定期に入ってきているので、どうやって自律的にデータ整備や活用を広げていくのかが、今後の課題になってくるかと思います（図41）。国と自治体、地域や民間など、それぞれが役割を担っていくことで、エコシステムをつくっていこうということです。国はＲ＆Ｄ的な技術開発やベストプラクティスの開発に注力します。一方、自治体がそういった成果を使って社会実装し

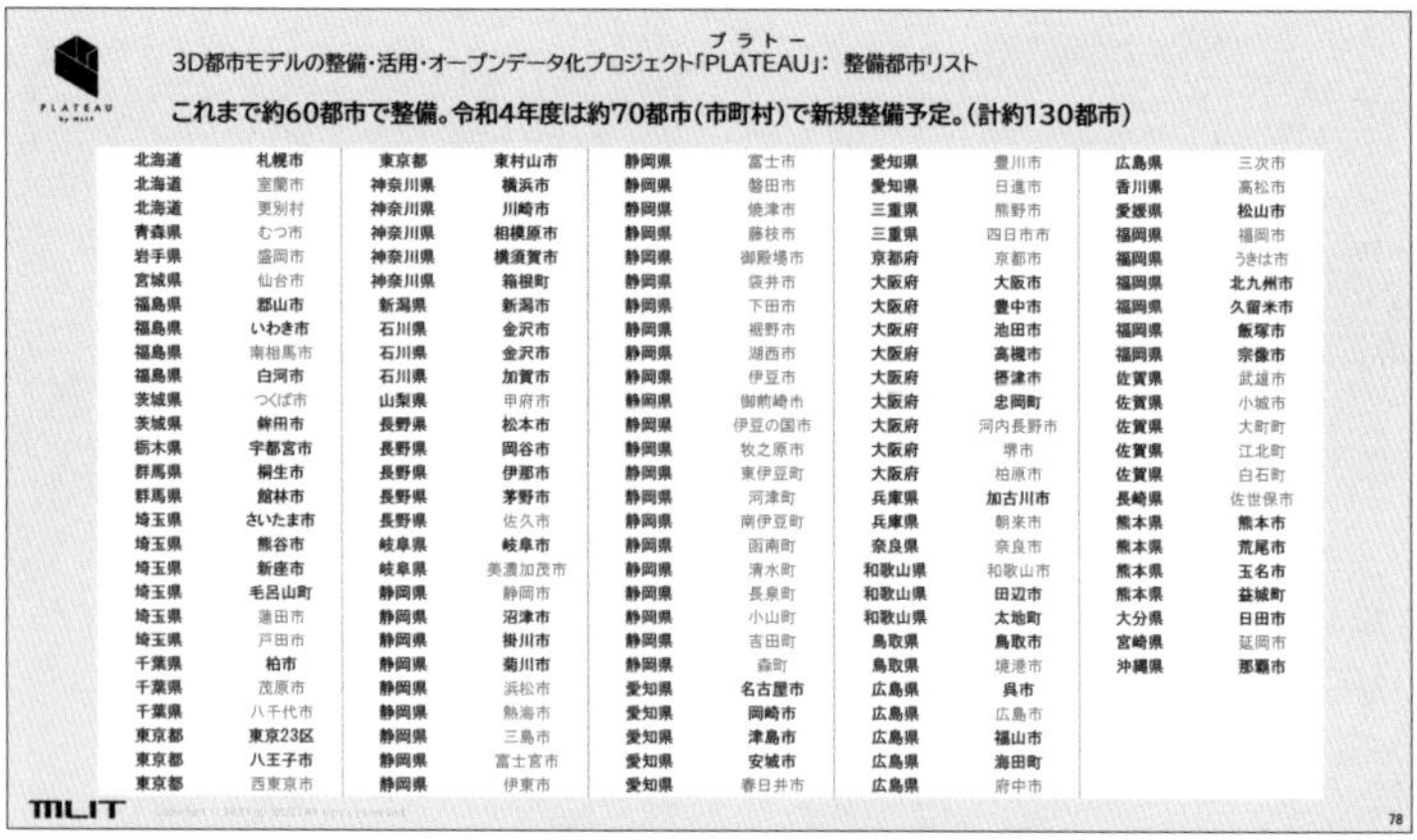

3D都市モデルの整備・活用・オープンデータ化プロジェクト「PLATEAU《プラトー》」：整備都市リスト

これまで約60都市で整備。令和4年度は約70都市（市町村）で新規整備予定。（計約130都市）

| | | | | | | | | | |
|---|---|---|---|---|---|---|---|---|---|
| 北海道 | 札幌市 | 東京都 | 東村山市 | 静岡県 | 富士市 | 愛知県 | 豊川市 | 広島県 | 三次市 |
| 北海道 | 室蘭市 | 神奈川県 | 横浜市 | 静岡県 | 磐田市 | 愛知県 | 日進市 | 香川県 | 高松市 |
| 北海道 | 更別村 | 神奈川県 | 川崎市 | 静岡県 | 焼津市 | 三重県 | 熊野市 | 愛媛県 | 松山市 |
| 青森県 | むつ市 | 神奈川県 | 相模原市 | 静岡県 | 藤枝市 | 三重県 | 四日市市 | 福岡県 | 福岡市 |
| 岩手県 | 盛岡市 | 神奈川県 | 横須賀市 | 静岡県 | 御殿場市 | 京都府 | 京都市 | 福岡県 | うきは市 |
| 宮城県 | 仙台市 | 神奈川県 | 箱根町 | 静岡県 | 袋井市 | 大阪府 | 大阪市 | 福岡県 | 北九州市 |
| 福島県 | 郡山市 | 新潟県 | 新潟市 | 静岡県 | 下田市 | 大阪府 | 豊中市 | 福岡県 | 久留米市 |
| 福島県 | いわき市 | 石川県 | 金沢市 | 静岡県 | 裾野市 | 大阪府 | 池田市 | 福岡県 | 飯塚市 |
| 福島県 | 南相馬市 | 石川県 | 金沢市 | 静岡県 | 湖西市 | 大阪府 | 高槻市 | 福岡県 | 宗像市 |
| 福島県 | 白河市 | 石川県 | 加賀市 | 静岡県 | 伊豆市 | 大阪府 | 摂津市 | 佐賀県 | 武雄市 |
| 茨城県 | つくば市 | 山梨県 | 甲府市 | 静岡県 | 御前崎市 | 大阪府 | 忠岡町 | 佐賀県 | 小城市 |
| 茨城県 | 鉾田市 | 長野県 | 松本市 | 静岡県 | 伊豆の国市 | 大阪府 | 河内長野市 | 佐賀県 | 大町町 |
| 栃木県 | 宇都宮市 | 長野県 | 岡谷市 | 静岡県 | 牧之原市 | 大阪府 | 堺市 | 佐賀県 | 江北町 |
| 群馬県 | 桐生市 | 長野県 | 伊那市 | 静岡県 | 東伊豆町 | 大阪府 | 柏原市 | 佐賀県 | 白石町 |
| 群馬県 | 館林市 | 長野県 | 茅野市 | 静岡県 | 河津町 | 兵庫県 | 加古川市 | 長崎県 | 佐世保市 |
| 埼玉県 | さいたま市 | 長野県 | 佐久市 | 静岡県 | 南伊豆町 | 兵庫県 | 朝来市 | 熊本県 | 熊本市 |
| 埼玉県 | 熊谷市 | 岐阜県 | 岐阜市 | 静岡県 | 函南町 | 奈良県 | 奈良市 | 熊本県 | 荒尾市 |
| 埼玉県 | 新座市 | 岐阜県 | 美濃加茂市 | 静岡県 | 清水町 | 和歌山県 | 和歌山市 | 熊本県 | 玉名市 |
| 埼玉県 | 毛呂山町 | 静岡県 | 静岡市 | 静岡県 | 長泉町 | 和歌山県 | 田辺市 | 熊本県 | 益城町 |
| 埼玉県 | 蓮田市 | 静岡県 | 沼津市 | 静岡県 | 小山町 | 和歌山県 | 太地町 | 大分県 | 日田市 |
| 埼玉県 | 戸田市 | 静岡県 | 掛川市 | 静岡県 | 吉田町 | 鳥取県 | 鳥取市 | 宮崎県 | 延岡市 |
| 千葉県 | 柏市 | 静岡県 | 菊川市 | 静岡県 | 森町 | 鳥取県 | 境港市 | 沖縄県 | 那覇市 |
| 千葉県 | 茂原市 | 静岡県 | 浜松市 | 愛知県 | 名古屋市 | 広島県 | 呉市 | | |
| 千葉県 | 八千代市 | 静岡県 | 熱海市 | 愛知県 | 岡崎市 | 広島県 | 広島市 | | |
| 東京都 | 東京23区 | 静岡県 | 三島市 | 愛知県 | 津島市 | 広島県 | 福山市 | | |
| 東京都 | 八王子市 | 静岡県 | 富士宮市 | 愛知県 | 安城市 | 広島県 | 海田町 | | |
| 東京都 | 西東京市 | 静岡県 | 伊東市 | 愛知県 | 春日井市 | 広島県 | 府中市 | | |

MLIT 78

（図40）

PLATEAUの目指す3D都市モデルの整備・活用・オープンデータ化のエコシステム
FY2023のProject PLATEAUでは、国、地方自治体、民間企業、研究機関等の多様な主体が相互に連携し、
3D都市モデルの整備・活用・オープンデータ化が自律的に発展するエコシステムの構築を目指します。
国によるデータ整備高度化・効率化、ユースケースのベスト・プラクティスの開発
国の取組みにより、民間利用の動向を踏まえたPLATEAU標準仕様の拡張・改良や、自治体による整備を促進するためのデータ整備手法効率化のための技術開発を進める。
また、民間領域の先進技術や新たなアイディアを取り込んだ3D都市モデルのユースケース開発を実施。フィジビリティスタディや有用性検証を行い、社会実装のためのベストプラクティスを創出。
地方自治体による社会実装
国が開発したナレッジを利用して地方自治体が3D都市モデルの整備・活用・オープンデータ化を実施し、データ・カバレッジの拡大やユースケースの社会実装を推進。国は地方自治体の取組みを支援する。
PLATEAU by MLIT
地域のオープン・イノベーションの創出
地方自治体等がオープンデータとして提供する3D都市モデルのデータや、国が公開するユースケース開発のナレッジが活用され、新たなイノベーションが創出されるための環境を整備する。
開発者がデータを利用しやすい環境を作るため、技術資料の整備、開発者向けツールの開発、コミュニティ構築等を実施。
84

（図41）

ていく。そして、データやナレッジをどんどん世の中出していくので、地域や民間がイノベーションの種としていろいろなシーズや技術開発を行っていく。さらに、そういった技術開発の結果に対して、国が実装するための開発支援等を行なっていくと。そのような形で、皆で協力し合って進めていこうというような姿を描いています。

COLUMN 09
都市情報

# 建築や都市の計画をIT技術により変革を目指す

梶田 佳孝（東海大学教授）

　今回の講義は、国土交通省の内山裕弥さんに国土交通省プロジェクトであるPLATEAUによる都市DXの取り組み状況を紹介していただいた。これは2020年度に始まった比較的新しいプロジェクトで、都市開発やエリアマネジメント、都市交通、都市環境の向上、都市における健康などさまざまなテーマに対して、都市政策のDXを推進するもので、3D都市モデルの整備・オープンデータ化、ユースケース開発、活用ムーブメントの惹起を官民学といろいろなプレーヤーを巻き込んで、一緒に取組んでいる。

　都市計画では、20〜30年後を見据えた計画の策定を調査にもとづき検討するが、PLATEAUを使うことにより人口動態や地価、交通などさまざまなデータを組み合わせて将来の姿をシミュレーションして最適な設計を目指すことができる。さらに、最近の社会変化するニーズや価値観の変動に合わせて投資をどのように変化させていくべきかを、デジタルツールやそのデータを使うことにより、起動的で機敏にまちづくりを進められることが可能となる。

　また、PLATEAUは、より効率的に広く継続的に利用してもらえるような工夫がなされている。まずはデータである。通常、3D都市モデル作成には、その基礎データを整備しなければならず、膨大な資金が必要となる。しかし、PLATEAUでは、各自治体が持っている既存の土地利用や交通など調査データを提供してもらい、それを組み合わせて整備しており、非常に安価に作成できる。現在は60都市であるが、今年度中には倍増予定で、今後も急速に全国に展開することが期待される。

次にGoogle Earthと違い、建物の構造、床面積、用途、地区年数などの属性情報が記述されており、データの集計によるさまざまな都市の分析や景観評価、将来予測のシミュレーションにも活用できる。また、国が先導して、標準製品仕様書を国際的な標準フォーマットをもとにつくることで、日本中で都市のデジタルツインデータを標準的な規格に従ってつくられるようになり、さまざまなソフトウェアに対応でき、効率的で知識の共有も容易になる。加えて、近年、国土数値情報などデータのオープン化が進んでいるが、ＰＬＡＴＥＡＵも誰もがデータにアクセスし、ダウンロードでき、解析し、容易に商用ツールやアプリ開発などが無料でできる。

さらに、データの整備だけに満足することなく、いかに使ってもらうかという点にも重点を置いている。データをオープンにしても、開発のイニシャルコストの負担があり、なかなか使われないことが多い。そのため、データ開発と同時にシステム開発も多くの企業と組み、デジタルツインデータを使った商用のアプリケーションを国が支援して民間と一緒に開発している。この取り組みにより、民間からもいろいろなアイディアやソリューション開発が生まれてきている。

都市計画において住民参加が基本となっているが、その多くは、一方通行の説明となり、パブリックコメントやワークショップなど参加が少ない場合もある。しかし、３Ｄデータや
ＸＲの利用は、多くの人にわかりやすく、コミュニケーションや議論がしやすくなり、これまであまり関心がなかった若い人も興

味を持って、多くの人の参加が期待できる。

最後に、これらの活動をより普及するためにHPの充実やPLATEAU AWARDというコンテストを実施している。

また、ハッカソンやハンズオンなどの開発系のイベント、スタートアップ向けのイベントなど大規模な参加系のイベントもたくさん開催し、それらのアーカイブも公開していて、いつでも見られることができる。これらは始まったばかりで、その技術者はまだまだ不足している。建築・土木の学生にも、ぜひ積極的に挑戦してほしい。

# 10

# ［建築］

## Architecture

建築界のノーベル賞と言われるプリツカー建築賞をはじめ国内外で数々の受賞歴をもつ
伊東豊雄氏が、「建築とは何だろう」という根源的な問いをテーマにして語る。
幾何学をもとにつくられてきたモダニズム以降の建築を見直し、
自然や自然と共に生きてきた日本人の思想を取り込み、
新たな建築を模索する伊東氏の試みが見えてくる。

［2023年6月17日講演（対面&オンライン）］

伊東 豊雄
Toyo Ito
伊東豊雄建築設計事務所代表

# 建築って何だろう

## 動物の巣と人間の家の違いは何だろう

人間の家と動物の巣は何か違いがあるのでしょうか。もちろん技術的なレベルに差はありますが、共通する部分もあるように思います。例えば鳥は、周りの木の枝を集めて巣をつくります（図1）。対して、アフリカのピグミーという狩猟民族も、同じように木を集めて家をつくります（図2）。30分ほどで完成するという点においても、この二つは非常によく似ています。ピグミーの家のつくり方は、木の枝でフレームを組み、そこに葉っぱを結わえていくという簡易なものです。彼らは狩猟民族なので、その土地で採れるものがなくなるとまた次の土地に移っていくという、自然の動物と同じような暮らしをしています。

日本にも、簡易な家の例として竪穴住居というものがありました（図3）。縄文時代には竪穴住居が各地につくられ、人が住んでいたといわれています。先ほどのピグミーの家と比べると、かなりクオリティが高く見えます

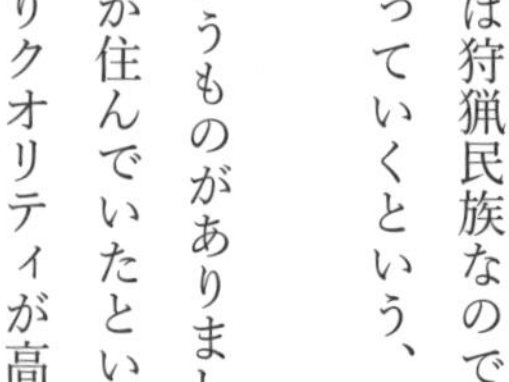
（図2）

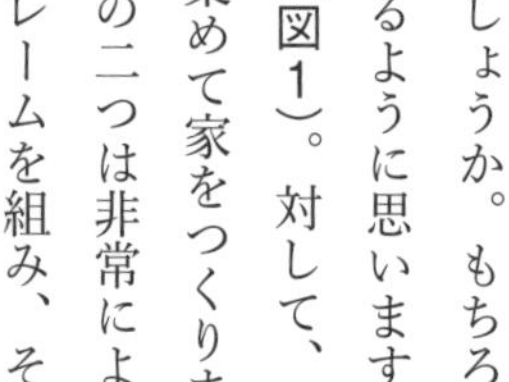
（図1）

が、基本的な作り方は変わらず、木で柱を組んで、周りに土を盛って、草を植えて、地面を少し掘り下げていました。つまり、竪穴住居も動物の巣と変わらないということです。竪穴住居だけでなく、日本の伝統的な民家は茅葺なので、動物の巣と日本の民家は同じ系列にあるといえます。つまり日本人は昔から、自然と一体化した生活をしていたということです。民家の内部を見ると、複雑な小屋組になっていますが、梁は自然のものを加工せずに使っています（図4）。そういう自然と一体化した民家が連なると、自然の中にキノコが生えたような集落が出来上がります（図5）。つい最近まで、こういう生活をしていた人がたくさんいたということです。

このような集落に住む人たちにとって、建築は自然の一部分でした。人も家も、自然と一体化した生活をしていた。僕も小さい頃は川で洗濯をしたり、井戸で飲み水を汲んだりするような自然と近い暮らしをしていた記憶があります。

これに対して、幾何学というものが発生し、大きな変化をもたらしました。幾何学の始まりは、紀元前6000～8000年に、地中海に面したアラビア半島の北にある、レバント地方で四角い家がつくられたことに遡

（図5）

（図4）

（図3）

ります(中沢新一「伊東豊雄の建築哲学」『伊東豊雄自選作品集 身体で建築を考える』、2020年、平凡社より)。それまでの民家は非常に緩い四角でできており、連続させることはできませんでしたが、四角の家であれば、家と家が隣接することができます(図6)。

幾何学による住居が発生すると、ほぼ同時期に農耕が始まりました。農耕が始まると、定住して毎年同じ作物をつくる人が現れる。さらに自分たちが食べる以上の作物をつくるようになると、作物を売ることで利潤を得るようになる。これが資本主義の始まりですね。それから幾何学が発生し、家が連続することによって都市ができる。自然が切り開かれていくのですね。

四角い家を考えた彼らは、自然は混沌としているから、幾何学を用いることによって人間は自然から独立できると考えました。自然と幾何学の関係をわかりやすくするために、イラスト(図7)を描きましたが、自然の中に90度で交わるものはありません。つまり自然から独立した建築が西洋ではじめてつくられて、これまでのピグミーの家のようなものは、建築とは呼ばなくなりました。これがアーキテクチャー(建築)の誕生です。日本人は建築と建築物という言葉を混同している人が多いのですが、建築を

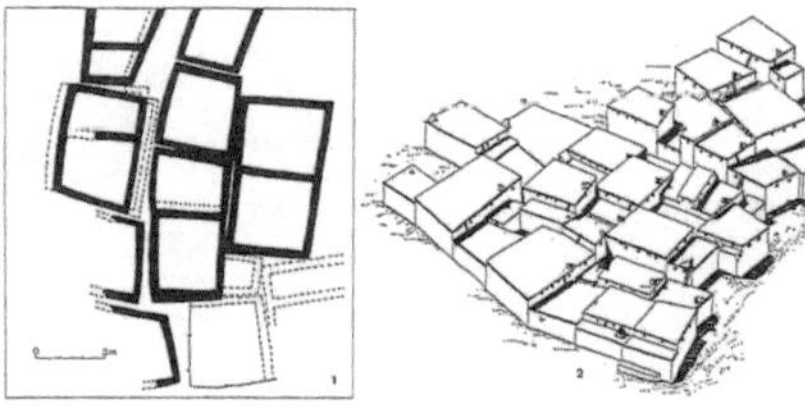

(図6)

© Jacques Cauvin, The Birth of the Gods and the Origins of Agriculture, Cambridge University Press, 2000

つくるのはアーキテクトで、建築物をつくるのはビルダーであるということを考えると、両者の見分けがつくようになると思います。

福岡伸一さんが、哲学者の池田喜昭さんと対談した書籍『福岡伸一、西田哲学を読む――生命をめぐる思索の旅 動的平衡と絶対矛盾的自己同一』（明石書店、２０１７年）によると、ギリシャの時代には、人間の思考はすべて数学主義、つまりすべて合理性の支配下にあったということです。さらに著書の中で、池田さんはプラトンのアカデミアという学校の入り口には、「幾何学を知らざるもの、この門をくぐるべからず」と書かれていたのは有名な話だと言っています。つまり、西洋では幾何学がとても大切にされていましたが、一方アジアでは、鳥の巣を発展させた民家をつくっていた。そこには大きな違いがありますよね。そういうわけで、西洋の建築の歴史は、現在に至るまで幾何学の歴史であるといえます。

## 近代化の問題

話は現代に近づきます。日本で近代化が進んだのは明治以降で、それまでは日本の古い民家に見られるように、自然と一体化した生活を送ってい

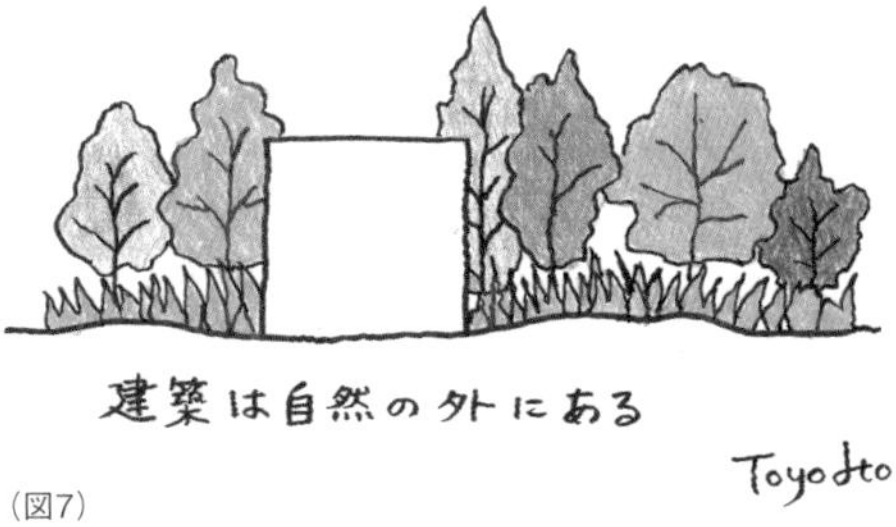


（図7）

ました。そこに西洋の文化が入ってきた途端に、幾何学だ、新しい建築だと自然に対する態度が一変したのです。そこでどのような問題が起きたのか。19世紀の初めに江戸の都市が描かれた屏風絵（図8）を見てみましょう。後方に富士山があって、中央の高台に江戸城、そこから海へ向かって水と道路が渦状に広がっています。当時の日本は屏風絵のように幾何学とは全く関係ない都市だったのです。一部分を拡大して見ても、緑と水の中に住居が点在している、非常に美しい都市がつくられていました（図9）。現在も東京を歩いていると、富士見坂や暗闇坂など、坂が多いことに気付きます。このように部分的には江戸の頃の名残がありますが、大部分が当時の美しい都市とは違ったものになってしまいました。

現在の東京を上から眺めると、建物がどんどん高層ビルに建て替わって、垂直性の強い都市に変わっていっていることがわかります。その一つひとつの建築を見ると、いずれも幾何学を用いたビルディングになっています（図10）。特に湾岸の付近は高層ビルが建ち上っていて、高層の住居が年ごとに増えていますが、このビルをかつての民家と比べたら、自然からははるかに遠ざかったものになってしまっている。現在我々は自然とは縁遠いと

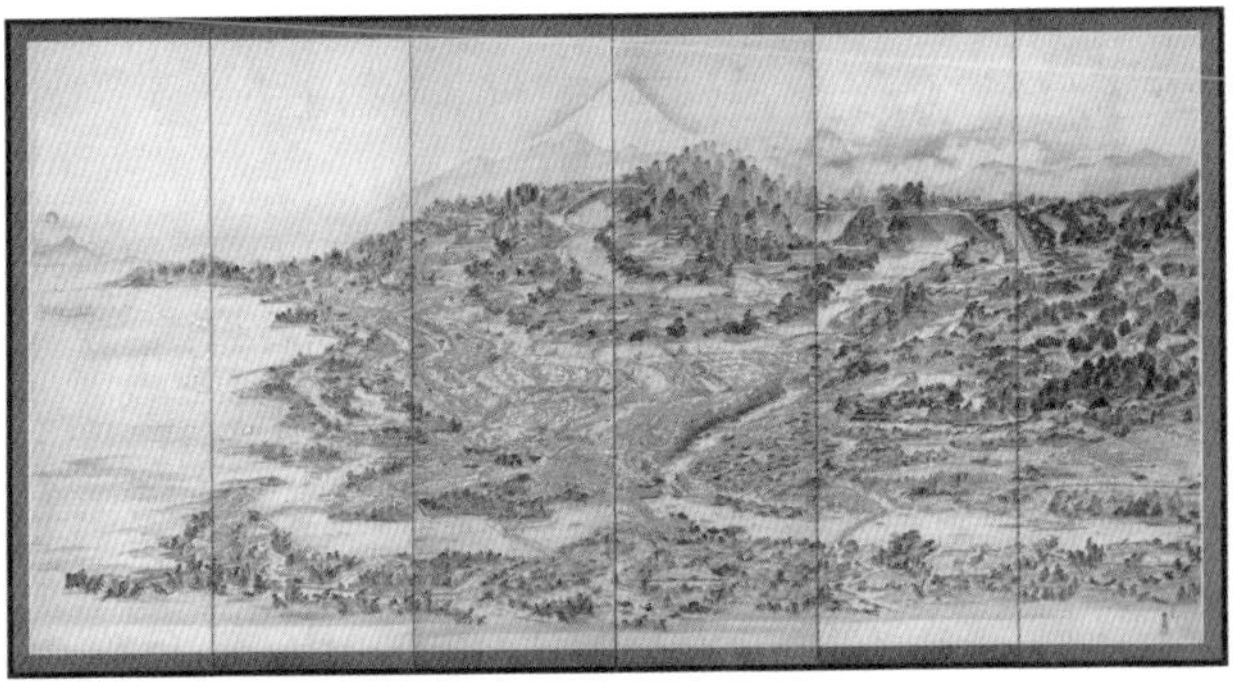

（図8）

（図9）

（図10）

ころに住んでいるのです。幾何学が発達して近代化が進むことと、つまり、自然から切り離された都市ができていくことはオーバーラップしているということだと思います。

明治維新後の日本は西洋世界に憧れて、ひたすら近代化を推進してきました。たとえば毎日200万人の人々が通過すると言われる渋谷の街の古い姿を見てみると、当時は谷底にささやかな駅があって、玉電と呼ばれる、今では市電に分類されるような小さな電車が走っていました。明治の中頃の、まだ洋服と和服を着ている人が入り混じっている時代です（図11・12）。当時の写真（図13）を見ると、スクランブル交差点から道玄坂の西へ向かう風景のなかに、瓦屋根や切妻屋根の家が並んでいます。明治の渋谷はそんな風景だったのです。ところが1960年代になると、渋谷の文化会館ができ、プラネタリウムや映画館が入る（図14）。僕も若い頃その映画館によく行きました。この時代になると、今とあまり違いはありませんが、高層ビルはまだありません。

さらに渋谷には、僕もよく行くのんべえ横丁があったり、今も若い人で賑わうセンター街やパルコがあったりします。1970年代、80年代のパ

(図12)

(図11)

(図13)

(図14)

ルコは若い人たちにとても人気で、新しいおしゃれをするために、みんなパルコへ行っていました。その人気は、一時期「パルコ文化」というものが流行ったほどでした。この頃は、日本が工業化を進めた社会から消費社会に代わった転換点で、「おいしい生活」というキャッチコピーで上手く言い当てられました。こう見ていくと、渋谷には昔からいろいろな文化が混在していたのです。しかし、今の駅前は再開発が進み、これから5、6年の間に7、8棟の高層ビルができるわけです。写真（図15）はグーグルが入っている渋谷ストリームですが、このビルがコロナの蔓延した時期には無人になるのです。実際にその様子を見た私の事務所のスタッフによると、人がいない高層ビルというのは、かなり不気味に見えたそうです。もともと若者で賑わっていた渋谷に、このようなビルが増えたときに、どうなってしまうのか私は非常に危惧しています。渋谷駅の中心部に高層ビルができると、アーバンコアによって歩車分離が進んで、人々は2階、3階を歩くようになる（図16）。そうするとどこも同じような空間になってしまって、均質化が進むことを心配しています。

（図15）

（図16）

## ユニバーサルスペースは、均質化と管理主義を推進する

今のオフィスビルのようなスペースを「ユニバーサルスペース」（注1）と呼ぶことは、建築を学ぶ人なら知っているでしょう。ルートヴィヒ・ミース・ファン・デル・ローエ（注2）という建築家が、20世紀初めに鉄とガラスでできた高層の建物が実現可能だと主張し、その時からユニバーサルスペースという概念が広がっていきました。均質なスペースはどんな用途にでも使えるから良い、という考えのもとにユニバーサルスペースが増えていくと均質化と管理主義が進行します。均質化が進むと、人は自然から離れていくので、代わりに人工環境をつくらざるを得ない。つまり、南側にいようが北側にいようが、2階にいようが50階にいようが同じ環境をつくらざるを得ないということです。その結果、冬はすぐ暖かくなり、夏はすぐ涼しくなるという環境になっていき、建物の均質化は勢いをつけて加速していきます。均質化するのが建築だけならまだよいですが、そのうち人間までもが均質化してしまうでしょう。その証拠に、東京ではみな電車に乗っても、街を歩いていても、できるだけ人と関わらないようにしてい

---

（注1）
ユニバーサルスペース
モダニズム建築を代表する、ドイツ出身の建築家ミース・ファン・デル・ローエが提唱した、床・天井・最小限の壁と柱で構成される、どのような目的にも対応できる空間。空間の使い方は利用者が決めるもので、建築により規定するべきではない、という考えから生まれ、現在の世界中のオフィスビルのモデルとなった。

（注2）
ルートヴィヒ・ミース・ファン・デル・ローエ
（1886年～1969年）
ル・コルビュジエやフランク・ロイド・ライトと共に、近代建築の三大巨匠とされる。最小限の材料を用い、どんな用途にも利用できる空間「ユニバーサルスペース」を考案した。代表作は、ガラス張りの空間にキッチン、浴室、トイレ以外は何もないファンズワース邸（1951年）、鉄骨のガラスのカーテンフォールを採用したシーグラムビル（1958年）などがある。

る。さらに、高層ビルによって人口密度が高くなれば、管理をしっかりして安心安全に住めるようにしなくてはならない。つまり、管理主義が過剰に発達することが問題だと思っています。

実は、明治時代にすでにこの現象を指摘した人がいました。文豪として知られる、夏目漱石です。漱石は明治維新が起きた年に生まれ、明治の近代化とともに生涯を送りました。彼は小説『草枕』のなかで、均質化と管理主義の兆しに気付いたような文章を書いていて、非常におもしろいと思いました。

〝汽車の見える所を現実世界と云う。汽車程20世紀の文明を代表するものはあるまい。何百と云う人間を同じ箱へ詰めて轟と通る。情け容赦はない。詰め込まれた人間は皆同程度の速力で、同一の停車場へとまってそうして同様に蒸気の恩沢に浴さねばならぬ。人は汽車に乗ると云う。余は積み込まれると云う。人は汽車で行くと云う。余は運搬されると云う。汽車程個性を軽蔑したものはない。文明はあらゆる限りの手段をつくして、個性を発達せしめたる後、あらゆる限りの方法によって此個性を踏み付け様とする。一人前何坪何合化の地面を与えて、この地面のうちでは寐るとも起きるとも勝手にせよと云うのが現今の文明である。同時にこの何坪何合の周囲に鉄柵を設けて、これよりさきへは一歩も出てはならぬぞと威嚇かすのが現今の文明である。

何坪何合のうちで自由を擅にしたものが、この鉄柵外にも自由を擅にしたくなるのは自然の勢いである。憐れむべき文明の国民は日夜にこの鉄柵に嚙み付いて咆哮している。文明は個人に自由を与えて虎の如く猛からしめたる後、これを檻穽の内に投げ込んで、天下の平和を維持しつつある。この平和は真の平和ではない。動物園の虎が見物人を睨めて、寐転んでいると同様な平和である。檻の鉄棒が一本でも抜けたら――世は滅茶苦茶になる。〟

夏目漱石「草枕」1906年 より抜粋

私の友人である浦久俊彦さんは、著書『リベラルアーツ「遊び」を極めて賢者になる』(集英社インターナショナル、2022年)の中で、「文化とは、土に向かおうとすること 文明とは、土から離れようとすること」と言っています。土に向かうというのは、その土地にこだわることですから、文化というのは時間を経て培われていくものだという意味ですね。それに対して、文明というのは技術によって常に新しいものを求めていくので、土から離れようとしている。20世紀の近代建築は、世界のどんな場所でも同じ建築をつくることができると言われました。どんなに寒い場所でも暑い場所でも技術によって同じ建築をつくることができる。その意味では、建築は文明の利器の代表といえるでしょう。

続いて、岡本太郎さんの著書『沖縄文化論：忘れられた日本』（中央公論社、１９６４年）からの引用です。

〝文化とは何だろう。土地の風土によって盛りあがり崩れる岩石や、その養分と空気を吸って生い育つ植物のような、根をはったものが本当だと考える。

「クルチュラ」という語源のとおり、その土地を耕すことによって生成するもの、それがさまざまの外的条件を吸収し、逞しくふくれあがっている。その土壌とは、民衆の生活以外にはない。自分のところに吹く風。自分のところにわきあがる水。そののっぴきならない独自の生命のエキスプレッションとして伸びあがり、花ひらくのである。やがて貴族や特権階級によって、形式の洗練をほどこされ、余剰の富と力の象徴、虚飾的な美となる。いわゆる高度な文化を誇ることになるわけだ。〟

岡本太郎『沖縄文化論 忘れられた日本』（1996年、中公文庫）より抜粋

沖縄を訪ねたときに書いた本で、カルチャーの語源は「クルチュア＝土を耕すこと」であり、浦久さんと同じことを言っていました。

1970年の大阪万博の写真で、手前に写っているのは、丹下健三さんがデザインした「お祭り広場」の大屋根でした。僕は万博当時、菊竹清訓さん（注3）のもとで働いていて、見習いとして万博の仕事に携わっていました。そこで見たのは、誰も大屋根には興味を示さず、岡本太郎さんの「太陽の塔」の下に集まるという不思議な光景でした（図17）。その理由を考えてみると、日本人が何を求めているのかはっきりわかるような気がします。それは岡本太郎が、近代化された生活の中に抱いた違和感を太陽の塔に込め、それを当時の日本人が見たときに「やっぱり自分たちが求めていたのはこれだ」と思ったからではないでしょうか。江戸時代までは自然

（注3）
菊竹清訓（1928年〜2011年）
1960年代、建築や都市の計画において、メタボリズム（新陳代謝）という時間的な概念を導入することで、増築や可変に対応できる柔軟な建築・都市空間を提示したメタボリズム・グループの一人。取り外しが可能な球形の展望室を付けたエキスポタワー（1970年）、カプセルを吊り下げることで増築可能なスカイハウス（1958年）が代表作。

（図17）

と一体化していた人々が、突然近代化といわれて、近代化された西洋の文明が素晴らしいもので、それがすべてだと信じているのが日本の社会だと思いますが、その背後で文化が失われている。そのことを我々もどこか違和感を抱いているのではないかと思います。

## 東日本大震災・みんなの家から考えること

ここで、東日本大震災で僕がつくった「みんなの家」（注4）を振り返ります。当時、津波や地震で家を失くした人たちは、まず体育館に避難をして、そこで雑魚寝をしていました。まもなく仮設住宅が完成しましたが（図18）、僕が避難所へ行ってお年寄りに尋ねてみると「仮設住宅には行きたくない。ここで雑魚寝をしている間は、いろいろな人と話ができるが、仮設住宅へ行ったらば一人になってしまう」と言うのです。そこで、仮設住宅の中に人が集まれる、心が温まる小屋をつくろうと考えたのが「みんなの家」でした。僕らは家を失った人たちを慰められる復興後の被災地の絵を描いたのですが、当時の国や県はどこのまちも同じ復興でないとだめだという。釜石は釜石らしく、気仙沼は気仙沼らしく復興してはだめだと。

---

（注4）
みんなの家
東日本大震災で被災した地域のために、伊東豊雄、妹島和世などにより結成された帰心の会が中心となり、被災地に小規模な集会所を提供したプロジェクト。陸前高田のみんなの家（2012年11月）には直径60㎝の丸太が建ち並び、その設計プロセスが評価され、第13回ヴェネツィアビエンナーレ国際建築展に出展され、金獅子賞を受賞した。

（注5）
防潮堤
東日本大震災の教訓から、岩手県・宮城県・福島県の沿岸に防潮堤が建てられた。数千年に一度の津波を想定したレベル2、数十年～数百年に一度の津波を想定したレベル1に分け、レベル1の津波の被害を最小限に抑えるよう防潮堤は設計された。しかし、高さが14mにもなる防潮堤もあり、海浜の景色を遮断し、海と陸を分断すると地域住民から反対の声が上がり、計画を変更したまちもある。

そして防潮堤（注5）をつくり、その内側はかさ上げしてしまいました（図19）。かさ上げをするために山を削って、住民はそこに移転するようにと、どこのまちも同じような復興を余儀なくされたのです。そこで僕らは、せめて均質な仮設住宅が並ぶ中に、木造の小さな小屋ぐらいだったらとつくったのが「みんなの家」なのです（図20）。「みんなの家」はどこにでもあるような家ですが、ここには縁側があり、学生さんたちがボランティアでつくった大きなテーブルがあり、薪ストーブがある（図21）。かつては自分たちの家にあったけれど、仮設住宅ではなくなってしまったものを復元したら、仮設住宅に住んでいた人は涙を流して喜んでくれました。

「みんなの家」をつくるに当っては、被災して家を失った人たちに、どのような「みんなの家」をつくったらいいのか一生懸命考えました。しかし、12年が経過した今は、どのような建築をつくるかではなく、被災した地域の人たちが何を考えていたのか、何を求めていたのかをもっと深く考えるべきだったと反省しています。木造の家を与えれば事足りると考えてしまっていたような気がします。被災地の人たちは近代化に関係なく、自然と長く親しんできて、漁業や農業をしながら、時には津波の被害に遭い、

（図19）

（図18）

（図20）

（図21）

自然というのは恐ろしいものだと知りつつも、自然を愛して、畏れて住み続けてきた。そんな人たちにコンテナのような仮設住宅を提案するのは、あまりにも非人間的ではなかったか。防潮堤で海と山を切り離した生活を強いることも同じです。近代化はあまりに残酷だと、被災地ではあからさまになりました。それは東京でも同じことです。

## 色褪せた幾何学に輝きを取り戻すには

我々はあまりにも幾何学を信用してしまったのではないか。幾何学でつくるということは、日本の社会ではもはや否定できることではないが、その中で自然と親しんできたような、日本人が心の中に持っている自然をどうやって建築に取り込むことができるかというのが私の建築のテーマです。たとえば、日本の人口が減っているのに、渋谷や東京で高層ビルが建てられ続けているのは、経済を回すためにビルを建て替えざるを得ないからです。しかし、日本の音楽や詩などを見てみると、どんなものを取り上げても自然を謳っていますよね。それくらい日本人は自然を愛して、自分の感情を自然に託してきました。それを西洋の文化によって、忘れてしまいつつあるということです。

私はそれを建築の力で変えたいと考えています。この絵（図22）のように、建築に幾何学を使うことはやむを得ませんが、その中に自然の力をもう一度呼び込むことができると考えています。

そんなことを考えながらつくった建築の例を2つ、3つご紹介します。まずは「みんなの森　ぎふメディアコスモス」という図書館を中心につくった建築です。

この建物の構想として、日本の古い家をイメージしました。昔の日本の家は、自然と連続した構造でした。縁側や障子、欄間があって、奥に行くにつれ光が弱くなっていき、風は通り抜けるという自然と連続した家をつくっていました。しかし、現代の家は断熱性能を高めようとサッシを二重三重にするため、家の外と内がとても厚い壁で分断されてしまっています。

その壁をもう少し薄くして、かつての家のような外と内のグラデーションは描けないだろうけれど、二段階ぐらいまではできるかもしれないということで、考え出したのが大きな家と小さな家でした（図23）。大きな家と小さな家に分けて、大きな家は自然に近く、小さな家は屋内の心地よい

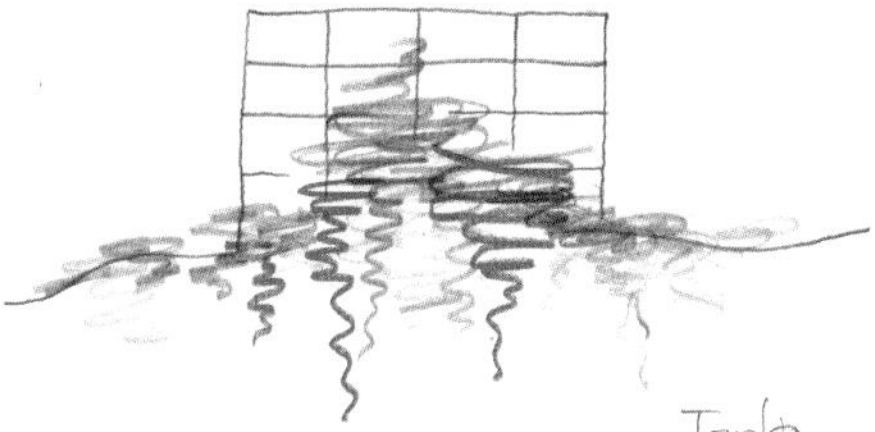

（図22）

空間にしようとしました。両者の壁をもう少し薄くして、自然環境に近い大きな家の中に小さな家をつくったら、少しは自然と屋内とのグラデーションが再現できるのではないかと考えました。そこに、なるべく自然に近い空気を流そうと提案したのが、このレクチャーシリーズでも講演された荻原さん（101ページ）です。

これは2階の平面ですが（図24）、見ると「グローブ」と呼んでいる大きな笠が、天井からぶら下がっています。ここでの温度管理は、1階と2階で地下水をくみ上げる、いわゆる床暖房・床冷房を利用しています。ただし、壁が少ないので、床から昇ってきた空気は自然の力で、館内で循環させることができます。

さらに、夏は天井付近まで上昇した暑い空気を外へ排出できる仕組みがあります。一方で、冬にはこの排出口をふさぎ、暖かい空気を排出せずに、グローブの中で循環させるのです（図25）。

グローブの下には、いろいろな家具が置かれていて、そこで人々は読書をしたり、ゆったりくつろいだりできる（図26）。その周辺に、上のグローブを通って柔らかくした自然光が降り注ぎます。読書をするためのグロー

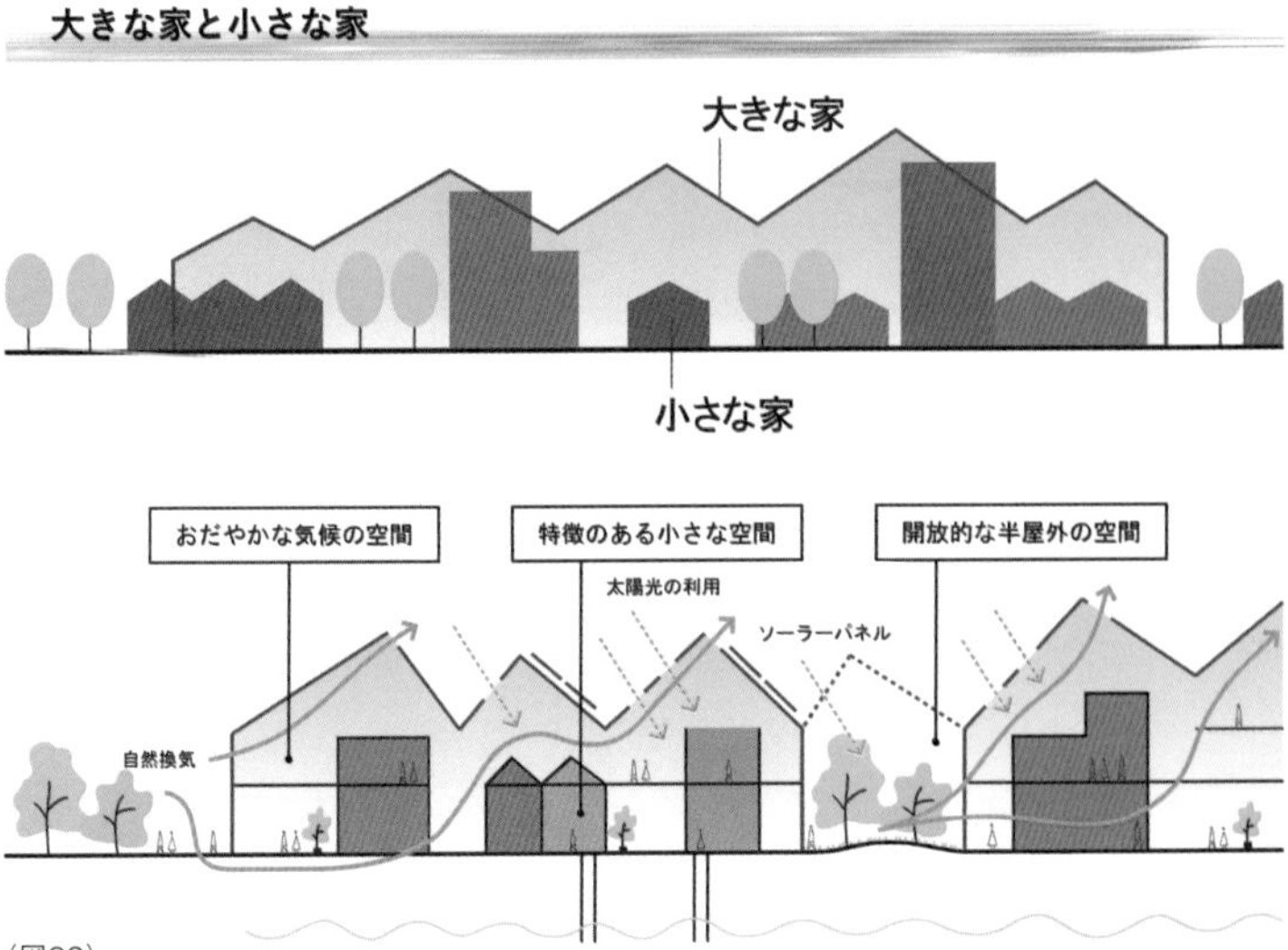
大きな家と小さな家
大きな家
小さな家
おだやかな気候の空間
特徴のある小さな空間
開放的な半屋外の空間
太陽光の利用
ソーラーパネル
自然換気

(図23)

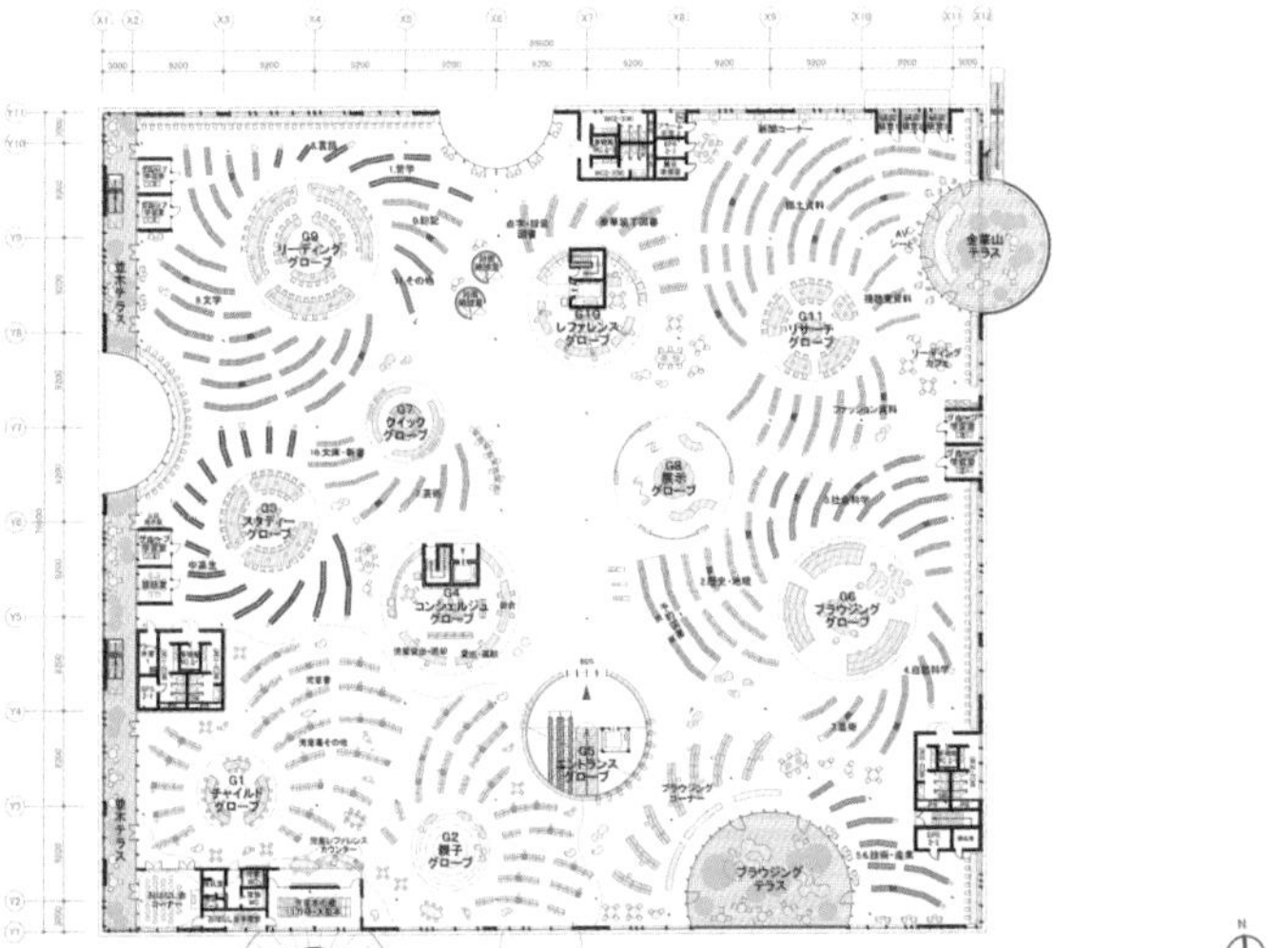

(図24)

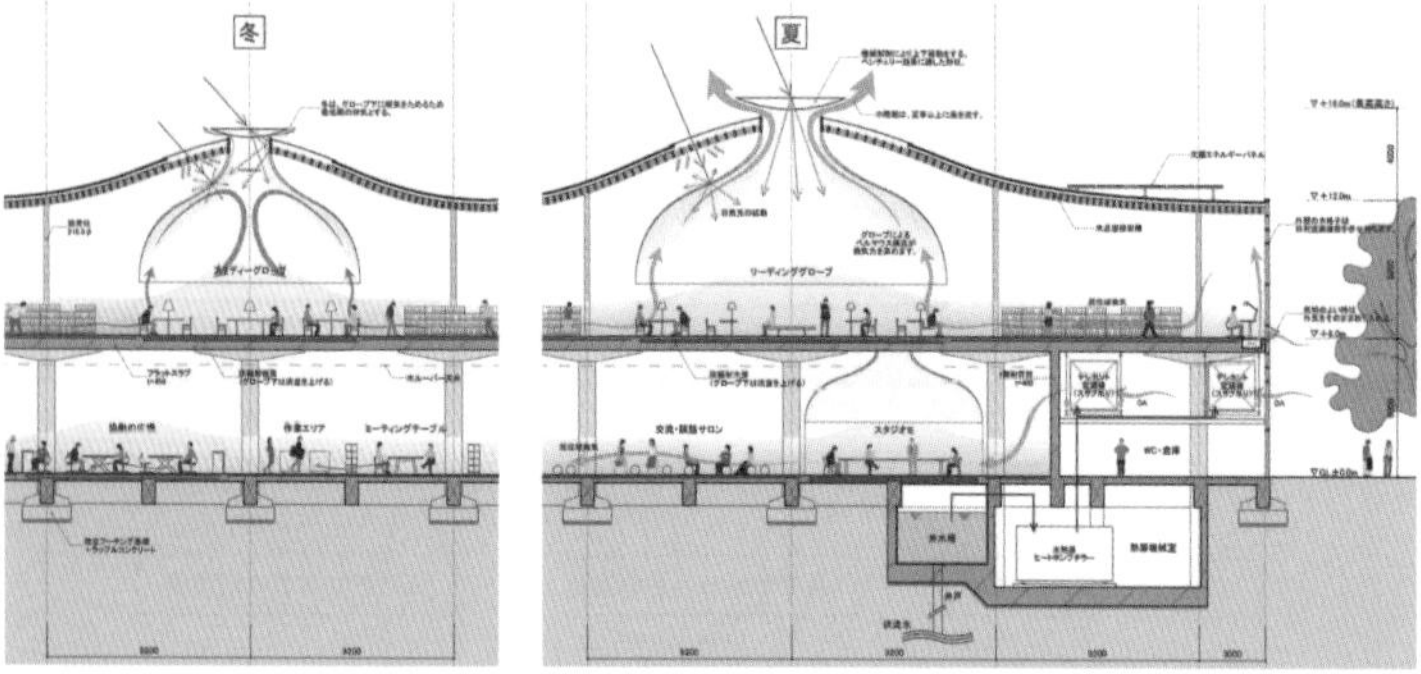

（図25）

（図26） ©中村絵

（図28） ©中村絵

（図27） ©中村絵

ブだけでなく、親子で一緒に遊んだり、読み聞かせができたりするようなグローブ、あるいは小学生が勉強するようなグローブなどもあります。（図27・28）

次に、今月竣工式が行われたばかりの、シンガポールの南洋理工大学のキャンパスにつくられたビジネススクールです（図29）。長さが２００ｍくらいの木造の建物ですが、白い部分は階段とエレベーターで、ここだけはコンクリートでできています。

木造は近年話題になっているＣＬＴ（注6）とＬＶＬ（注7）という素材を使っています。広いところは11ｍのスパンをとばしています。平面図（図30）を見ると両側に2棟の教室等があり、その中央に学生ホールやライブラリーといった、人が集まる空間を設けています。ここは吹き抜けなので、気持ち良い風が吹き抜けていきます。断面図（図31）で見ると、両側の棟が6層の建物になっています。真ん中は3層分吹き抜けになって、上から光が降り注ぐ変化にとんだ建築となっています。写真（図32）は、竣工式の風景で、関係者が集まり、学生たちも自由に出入りでき、くつろいだりしていました。木でつくることによって、鉄骨やコンクリートよりは表情も

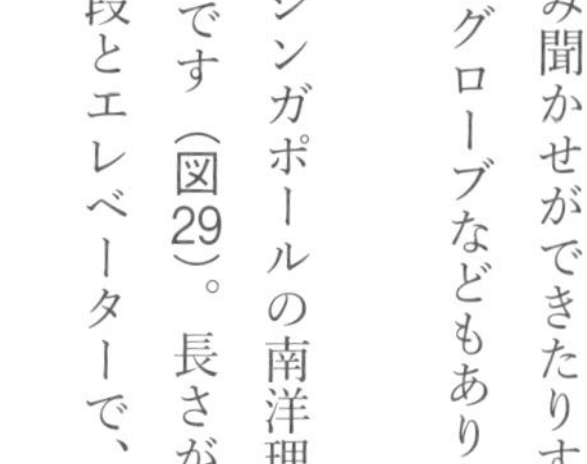
©中村絵
（図29）

（注6）
ひき板を並べたあと、繊維方向が直角に交わるように積層接着した木質系材料。建築の構造材のほか、土木用材にも使用されている。断熱効果や遮音効果を持つほか、事前の組み立てが可能なため施工後期の短縮が期待でき、他の材料と比べて軽量なため、コストや輸送費が軽減できる。

（注7）
ＬＶＬ（Laminated Veneer Lumber）
切削機械で切削された単板を、繊維方向を平行にして積層・接着した木材加工製品。集成材の木材が1㎝以上の厚であるのに対し、ＬＶＬでは数㎜程度の薄板を積層する。主に軸材料として利用される。

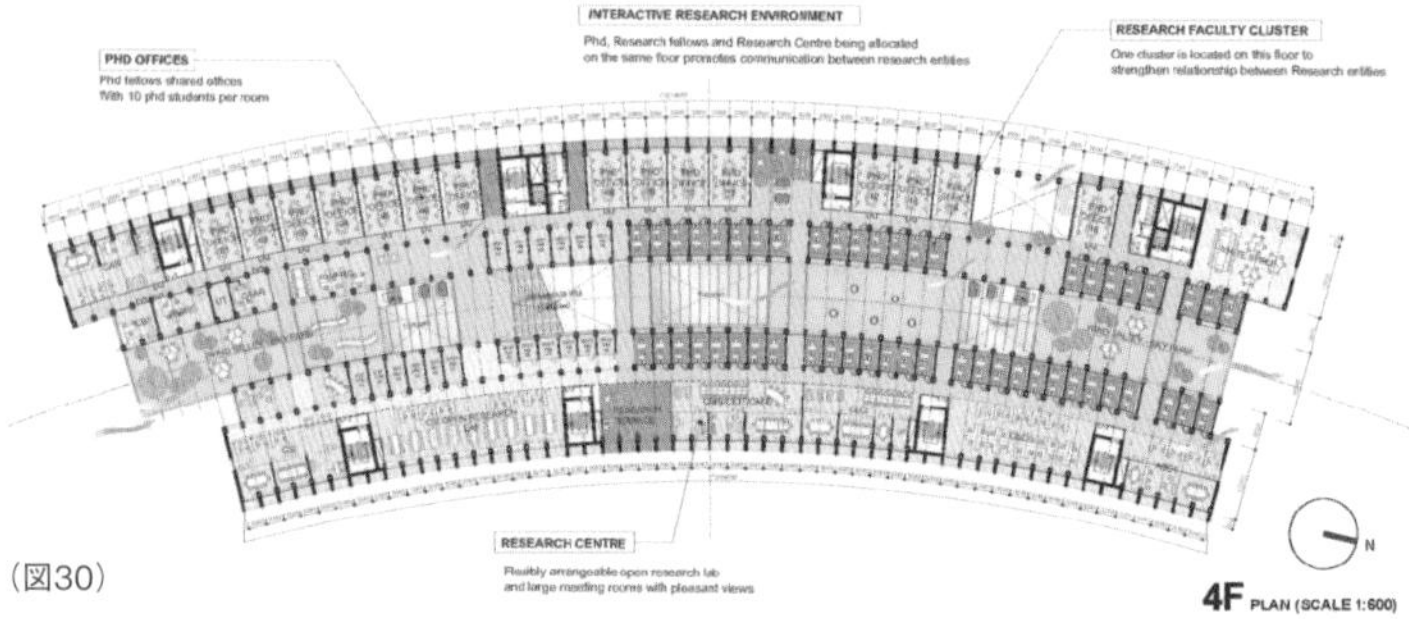
INTERACTIVE RESEARCH ENVIRONMENT
Phd, Research fellows and Research Centre being allocated on the same floor promotes communication between research entities
PHD OFFICES
Phd fellows shared offices With 10 phd students per room
RESEARCH FACULTY CLUSTER
One cluster is located on this floor to strengthen relationship between Research entities
RESEARCH CENTRE
Flexibly arrangeable open research lab and large meeting rooms with pleasant views
N
4F PLAN (SCALE 1:600)

（図30）

**Environmental Section**

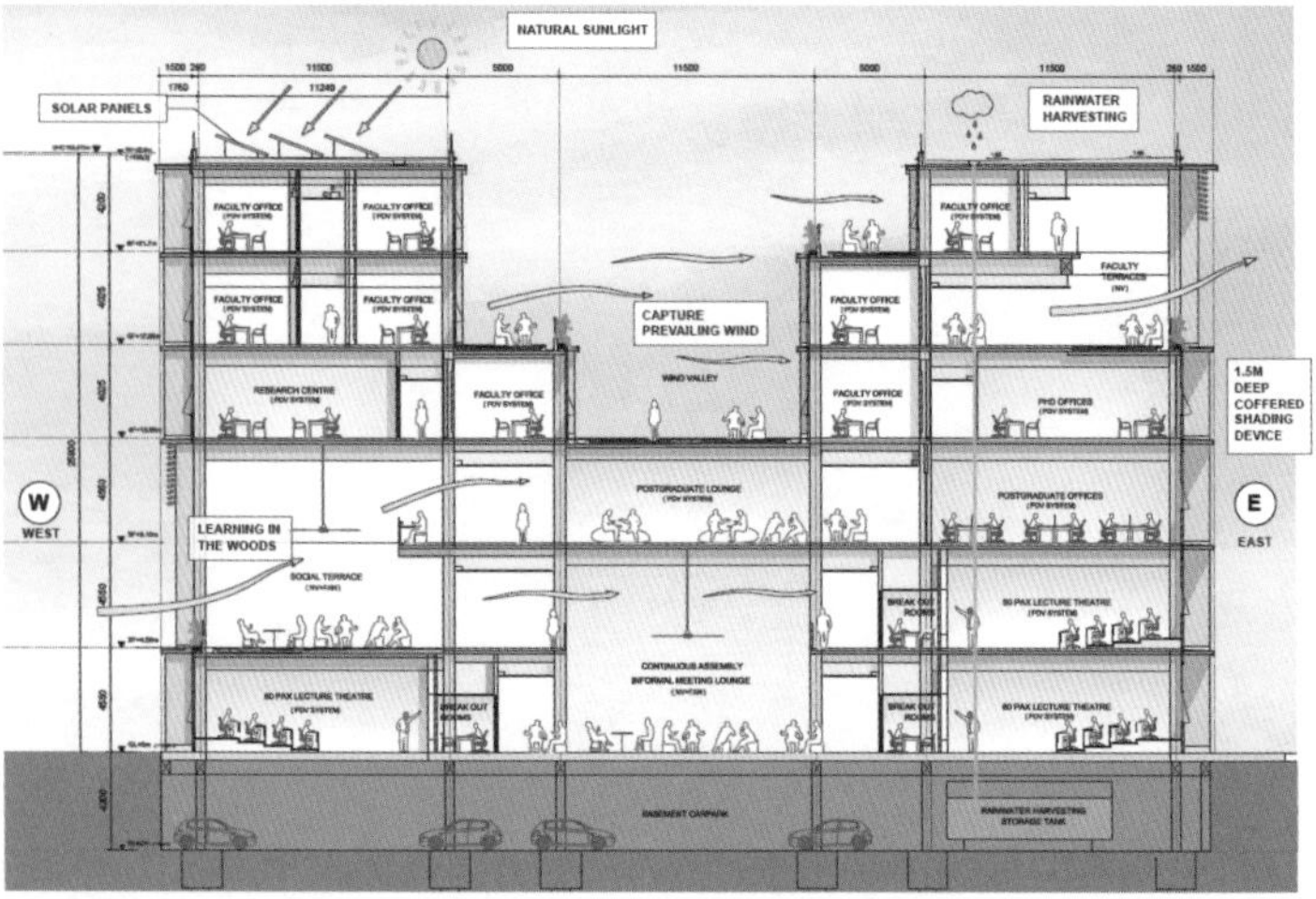
NATURAL SUNLIGHT
SOLAR PANELS
RAINWATER HARVESTING
CAPTURE PREVAILING WIND
1.5M DEEP COFFERED SHADING DEVICE
LEARNING IN THE WOODS
W
WEST
E
EAST

（図31）

（図33）

（図32）

和らぐし、多少の香りもします。また、風が抜けていくような家具をたくさん用意して、衝立代わりにして空間を緩やかに分節しています（図33）。

最後に台中国家歌劇院を紹介します。2016年にオープンした台湾の台中市のオペラハウスです。もともとの発想は、屋外に近いところでストリートコンサートをすると気持ちが良いので、外の音も入ってくるコンサートホールをつくろうという案でした（図34）。それに対して、縦にも横にも抜けていくようなチューブ状の構造体を提案しました（図35）。実は以前にベルギーのゲントという街で開かれたコンペティションに応募した提案であり、その時は落選してしまいました。そこで、台中でリベンジしたのです（図36）。構造体は非常に複雑な造りで、これを現場ではコンクリートを打ってつくりました（図37）。この複雑な構造体のなかに2000席、800席、地下に200席のオペラができる3つのホールがあります（図38）。これは6階にあるレストランの入り口で、トンネルのようなところを通って席に着くデザインになっています（図39）。これが屋上の庭園です（図40）。一階のエントランスの様子ですが、建築の内部というより、外の街路を歩くように、サンダル履きだったり、ベビーカーを押

（図34）

（図35）

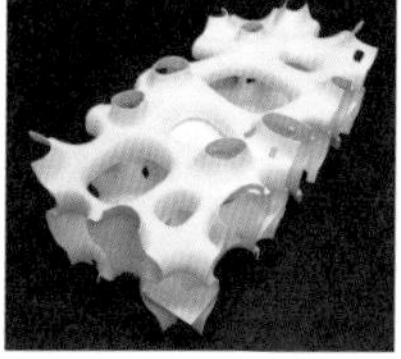
（図36）

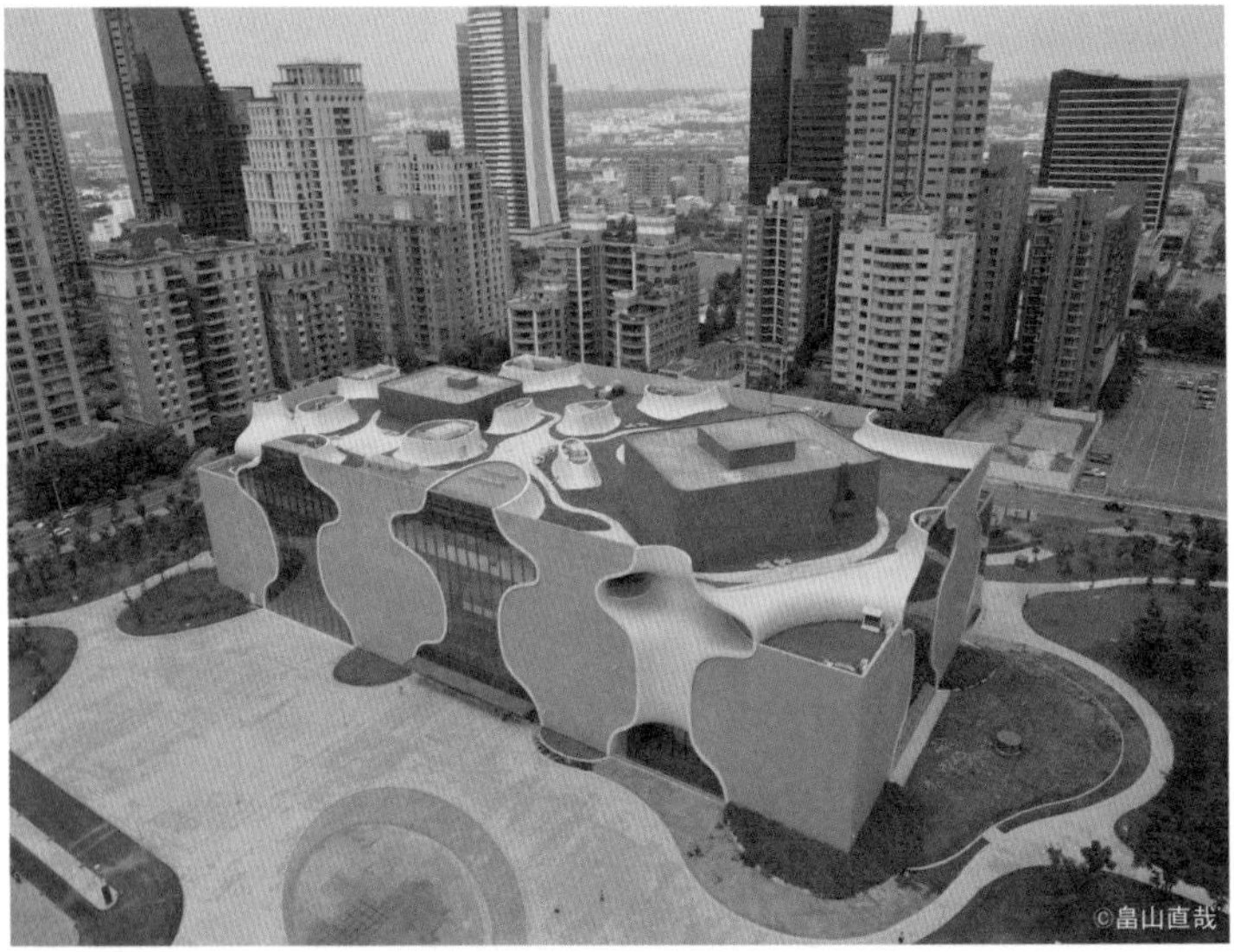
©畠山直哉

（図37）

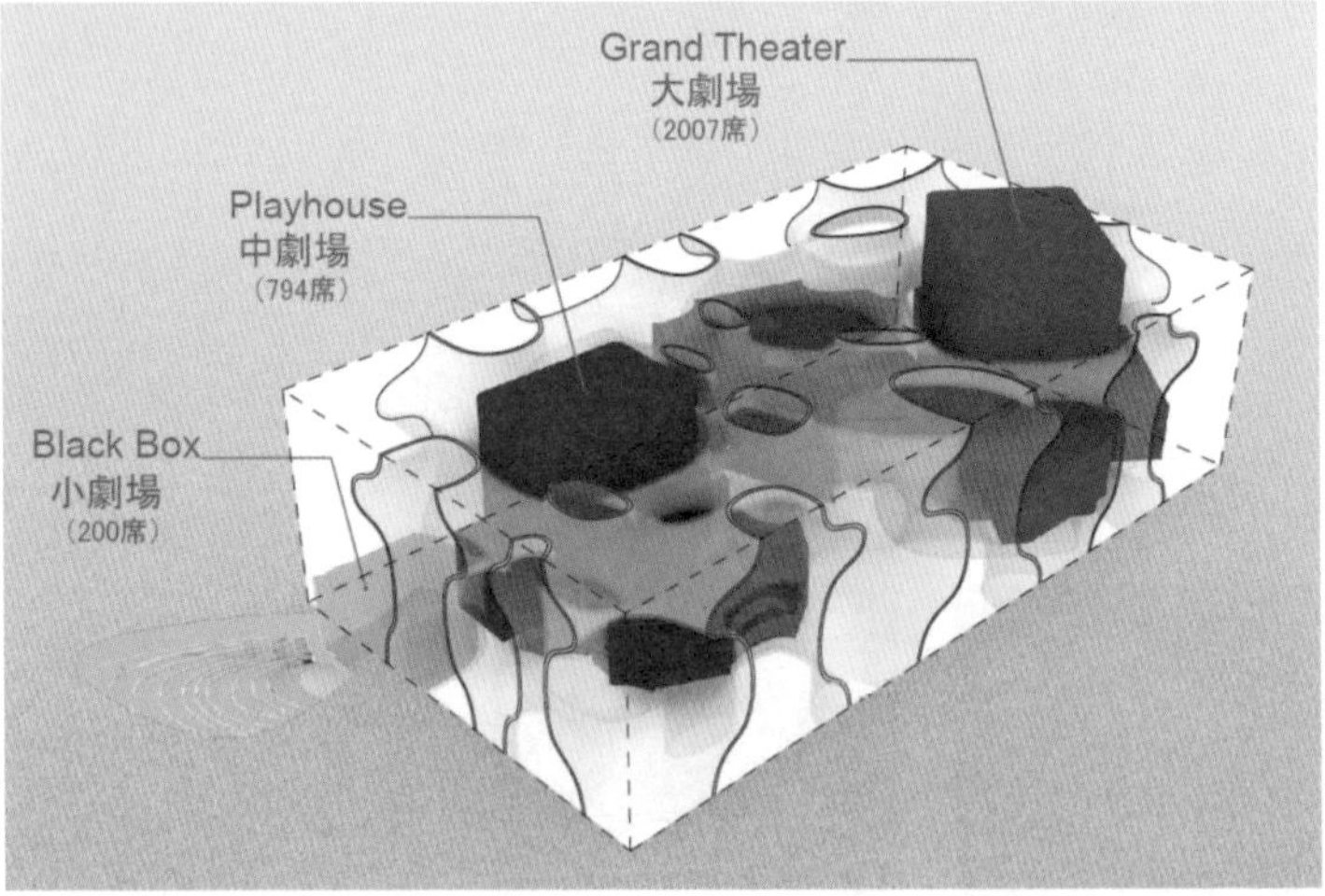
Grand Theater
大劇場
（2007席）
Playhouse
中劇場
（794席）
Black Box
小劇場
（200席）

（図38）

したり非常にカジュアルな格好で人々が歩いています。そして、ホールではないようなさまざまな場所でコンサートが行われていて、それが最大の特徴です（図41）。「ホールだけが劇場じゃない」という考え方はどこでも考えていて、私はむしろホールの外こそが、人々のコミュニケーションを促す場所ではないかといつも考えています。オープンして7年目を迎えましたが、今年の初めに立ち寄った際も、相変わらず賑わっていました。

ここで、なぜ人間は建築をつくるのか考えてみると、まずは台風や大雨などの自然災害から身を守るためです。それから、現代建築は快適でなくてはならない。快適さを保障するものでなければならない。また特に公共の建築であれば、人と人を結び付けるためのものでなくてはならない。そして安らげる場所をつくりたい。最後に、できることならば人に生きる力を与えるような建築をつくりたい。そういうところから、日々建築に取り組んでいます。

（図41）

（図40）

（図39）

建築は自然の部分である

# 質疑応答

**東海大学・建築都市学部オープニングセミナーでは、講演後、質疑応答の時間が設けられた。聴講者からの質問に対し、建築家・伊東豊雄氏の仕事の進め方や考えが語られた。**

Q. 伊東先生の建築には、「自然を抽象化して再現する」というテーマが一貫してあるように感じました。建築の中に自然を取り込もうという意識が芽生えたきっかけはありますか。

A. 僕が外に開く建築をつくろうと思ったきっかけは、ある消防署の設計を担当したときでした。消防隊員の方は地域を守るために、三交代制という不規則な勤務時間で働き、厳しいトレーニングを続けています。しかし、その消防署は市街地にあって、救急車や消防車が出動するたびにサイレンの音がうるさいと街の人から敬遠されていたのです。そこで、消防士と地域の人の距離を近づける消防署にしようと思いました。消防署の隣は小学校だったので、まずは子どもたちと消防士の距離を近づけるために、通学途中に訓練やトレーニングの様子を見学できるスペースを提案しました。さらに、消防訓練の際に地域の人も招いたイベントもできるようにしました。そんなことを考えてつくっているうちに、使っている人たちと外の人たちをつなげる建築がおもしろいと思うようになったのです。この開かれた建築を考えていく中で、壁がなく、自由に場所を選んで使える「自然」を建築で再現しようと思い当たったのです。ただ、この考えは理解されないこともありました。ある公民館のコンペティションでは、会議室も料理教室もゆるやかにつながる建築を提案したところ、審査員から「これでは料理教室の会話や、料理の匂いが会議室まで入ってきてしまって集中できない」という意見が出ました。私にとってはまさにそれが狙いで、会議に来た人がいい匂いを嗅いで、「これはだれがつくっているのだろう」「どんな料理なのかな」と興味を持って料理教室に向かい、そこでコミュニケーションが生まれる。そんな場所をつくりたかったのです。残念ながらこのコンペティションは落選してしまいましたが、いつかこの良さが伝わるだろうと諦めずに続けた結果が、今のさまざまな建築につながっています。

外に開く建築のきっかけとなった「八代広域消防本部庁舎」

Q. ぎふメディアコスモスだけでなく、台湾大学社会学部棟の設計では柱と屋根が一体化した蓮の葉のような構造体で空間を覆い、木漏れ日のような光を実現したりと、伊東先生の建築には「見たことのない空間から自然を取り込んでいく」という手法が窺えました。このような建築はやはり、均質空間に対抗するために、空間にムラを作って使い分けてもらうという考えから出来上がったものですか。

A. その通りです。例えば公園の中には、暗い場所、日が当たる場所、草が茂っている場所などいろいろな場所があって、人は自由に場所を選ぶことができますよね。それが建築だと「食べる場所はここ」や「読書する場所はここ」と規定されてしまうのは、なんだかおかしいと思いました。建築の中でも、自然と同じように自由に選べるような場所をつくりたいと思ったので、私の建築は空間を切り分けるのではなく、さまざまな空間をつなげていくものになっています。

Q. 特に台湾の台中国家歌劇院は複雑な構造体なので、施工現場でも意思疎通が難しかったと思いますが、国内と海外の仕事の進め方の違いはありますか。

A. 仕事の進め方については、台中の台中国家歌劇院のコンペティションに参加したときに、日本との違いを非常に実感しました。私が出した案は、提案した本人でさえもどのくらい予算がかかるのか、どれだけ時間がかかるのか、どうやってつくるのかわからないくらい突拍子もない提案だったのです。それなのに、審査員である台中の市長は「面白いじゃないか、やってみよう」と喜んで採用してくれました。こうしたお金や場所に縛られないおおらかさが日本では失われている気がしますね。かつての日本も台湾のようなおおらかさがあったのですが、今はコンペティションもすべて減点制で、機能性やコストパフォーマンスばかりを意識するようになってしまった。こういった風土では、新しい建築は生まれにくいでしょう。台中のこの建築をはじめ、海外でも多くの建築を手掛けてきましたが、国民性を意識するというよりは、社会の在り方を意識してつくることが多いですね。そこで暮らしている人たちがどのような社会で、何を大事にしているのか、どのような社会的課題を抱えているのかをじっくりと観察し、建築に反映していくことを大事にしています。

Q.

伊東先生の建築は非常に個性的・特徴的な部分が魅力です。そうした見た目のインパクトが強い建築物を配置する際、周りの地域に与える影響などを考慮してつくることはありますか？

A.

国内でも海外でも、新しい建築をつくるときに地元の人のほうがその土地のことをわかっているのは当たり前で、私たち建築家はいわば「よそ者」です。ではよそ者のいいところはというと、地元の人が慣れすぎて何も感じなくなっているところに魅力を感じたり、中からではわからない問題点を見つけられたりする新鮮な視点を持っていることでしょう。ですから私は、もともとある風景と連続する建築はあえてつくらず、その土地において異物となるような建築をつくります。それによって、周りの景色が浮かび上がってくるからです。そんなふうに、よそ者の良さを生かしていくことが私の役目だと思っています。また、「自然を抽象化して建築に取り込む」というのは、土地という額縁に絵をかくようなものなのですね。土地があって初めて建築をつくることができることに感謝しつつ、せっかく用意された額縁になじむものではなく、額縁をよ

り生かしていきたいというのが私の建築だと思います。

Q. 伊東先生の建築は、内部空間に影響されて屋根が形成されているように思えたのですが、先生にとって「屋根」とはどういうものですか。

A. 私の建築では、ぎふメディアコスモスのように屋根を中心に考える場合と、せんだいメディアテークのように壁を中心に考える場合があります。ぎふメディアコスモスの場合は空気の流れを利用して、暖かい空気を上空に集めて放出するという構想があったので、ドーム型の屋根を導入しました。他にも、曲線的な屋根のほうが里山の風景になじむなど、いろいろな要素を集積して屋根の形を決めています。基本形はありませんが、建築の傾向としては、壁が無いときは屋根が主張するように考えることが多いです。また個人的に、曲面が連続するような屋根は好きなのでよく取り入れています（笑）。

Q. 建築という内部の空間に、自然という外部の空間を取り込む際に考えていることはありますか。

A. 私の場合は田舎で育ったので、心の中に自然の中を駆け回った「原風景」があります。若い頃はこれを建築に利用しようとは思いませんでしたが、歳を重ねるにつれて、この原風景が自分の建築に影響を及ぼしていると気づきました。この原風景を取り込む際に気を付けていることが、ありのままでない、美化して抽象化したものを取り込むということです。人それぞれの原風景というものがありますから、自分の原風景を前面に出そうとすると、自分だけの建築になってしまう。そうではなく、みんなの原風景にするために、抽象化の作業が必要なのです。

## A.Q.

学生に向けてのアドバイスをお願いします。

私が菊竹先生のオフィスで学んでいた頃、一番心に残ったのは「頭で考えないで、身体で考えろ」という言葉です。身体で考えるということは難しく感じるかもしれませんが、つまりは五感を使って感じることを忘れないということです。建築をつくるときも、頭だけで納得せず、自分の心や五感に「本当に自分が好きな建築をつくったと言えるか?」と問いかけています。皆さん、身体で考える、つまり建築や都市からいろいろなことを感じて、よい建築がつくれるようがんばってください。

門馬金昭: P.292～293［図90～92］

日経BP: P.307［図7『日経アーキテクチュア 1995年9月11日号』・
図8『日経アーキテクチュア 1998年8月24日号』］、
P.311［図10～12『日経アーキテクチュア 1999年7月12日号』］

PIXTA: P.251［図1・2（暖簾の写真）］、P.328［図21］、P.422［図1～4］、
P.427［図10］、P.430［図15］、P.436［図17］、P.438［図18・19］

岩崎克也: P.253［図4・5］、P.258～260［図19～23］、P.271［図49］、
P.275［図56］、P.282～284［図72～74］、
P.290～292［図87～89］、P.294［図93］

東京理科大学: P.254［図6～9］、P.264［図33］

岩崎克也研究室: P.295［図94～96］

Wiley Publishing Japan: P.334［図25『KISHO KUROKAWA FROM METABOLISM TO
SYMBIOSIS ACADEMYEDITIONS』（黒川紀章著、Wiley、1992年）］

伊東豊雄建築設計事務所: P.107［図3］、P.109［図6］、P.120［図19・20］、P.123［図22］、
P.126［図23］、P.137［図35］、P.425［図7］、P.430［図16］、
P.439［図21］、P.441［図22］、P.443～444［図23～25］、
P.446～447［図30～36］、P.448［図38］、
P.449［図41］、P.452［八代広域消防本部庁舎の写真］

大橋富夫: P.334［図25］、P.335［図26］

柏崎市: P.423［図5］

ケンブリッジ大学出版局: P.424［図6『The Birth of the Gods and the Origins of
Agriculture』（Jacques Cauvin, Cambridge University Press,
2000年）］

津山郷土博物館: P.427［図8・9］

東急株式会社: P.429［図12］

伊藤トオル: P.439［図20］

東京都渋谷区: P.429［図11］

WIKIMEDIA COMMONS: P.429［図13・14］

畠山直哉: P.448［図37］

# CREDIT

山梨知彦：P.15〜17［図1〜4］、P.29［図14］、P.47［図32］

雁光舎（野田東徳）：P.20［図5］、P.30［図17］、P.32［図18］、P.35［図20・21］、P.37［図22］、P.41［図26］、P.42［図27・28］、P.43［図29］、P.45［図30］、P.46［図31］、P.51［図35・37］

ナカサアンドパートナーズ：P.20〜23［図6〜10］、P.34［図19］、P.286〜289［図79〜83・85・86］

日建設計：P.26［図11・12］、P.28［図13］、P.29［図15］、P.30［図16］、P.37［図23］、P.39［図24］、P.40［図25］、P.48［図34］、P.51［図36］、P.256［図10〜12］、P.266［図35・39〜41］、P.267［図42］、P.268［図44］、P.270［図48］、P.273［図52・53］、P.274［図55］、P.276［図58・59］、P.279［図61〜63］、P.285〜286［図75〜78］、P.289［図85・86］

安川千秋：P.48［図33］

Arup：P.102［図1］、P.104［図2］、P107［図4］、P.108［図5］、P.110〜112［図7〜9］、P.118・119［図16〜18］、P.123［図21］、P.126〜134［図24〜33］、P.137［図34・36］、P.141［図42・43］、P.143［図46］、P.147［図48・49］、P.149・150［図52〜54］

Hufton+Crow：P.102［図1］

中村絵：P.115［図12］、P.139［図37〜41］、P.147［図51］、P.150［図55］、P.152［図58・59］、P.444 〜445［図26〜29］、P.449［図39・40］、P.12・421［ポートレート］

谷川ヒロシ：P.115［図10・11・13］、P.117［図14］

MARU。Architecture：P.141〜143［図44・45］、P.145［図47］、P.152［60］

神戸芸術工科大学：P.147［図50］、P.151［図56・57］

iStock：P.251［図1・2（階段・ブラインド・水面の写真）］

Techni Staff（岡本公二）：P.257〜258［図13〜18］、P.262〜263［図24〜32］、P.264［図34］、P.266［図36・37］、P.267［図43］、P.270［図46・47］、P.276［図57］、P278［図60］、P.280［図64・65］、P.281［図67］、P.281［図67（左）］、P.282［図70・71（写真右）］

篠澤裕：P.268［図45（写真小）］、P.272・273［図50・51］

# あとがき

大学着任前の約30年のこれまでの実務経験の中で、大学の教育と実務との乖離を大きく感じていました。母校である東海大学に着任をし、建築都市学部を立ち上げるにあたり、「学生たちにもっと建築や都市にまつわる社会について知ってもらいたい」と考えたのがLinkage連続セミナーの企画の始まりでした。「建築・都市の社会」と「大学での教育」をつなげる位置づけとしてのこの企画をするにあたり、9名の候補者をいろいろな分野からバランスよく選びお願いをしました。皆さん、どなたからも快諾をいただきましたことに大変嬉しく思います。

この素晴らしいセミナーの記録はぜひ残して、これからの学生や、実務で活躍する方々にも共有したく、書籍という形でまとめる運びとなりました。

Linkageセミナーの内容をもとにそれぞれのジャンルに関係するコラムを増補して、さらに、学生にも読みやすく4コマ漫画を挿入して端的に解説をしました。

本企画に快くお引き受けいただきました9人の講師の皆様。山梨知彦さん、佐藤淳さん、荻原廣高さん、平賀達也さん、安藤章さん、磯達雄さん、澤田隆一さん、内山裕弥さん。そして、キャンパスの大ホールにお越しいただき、学生に向けて直接語ってご講演をいただいた伊東豊雄さん。素敵な内容の講義、感謝申し上げます。
さらに、コラムを執筆いただいた建築都市学部教員の渡邉研司さん、梶田佳孝さん、中野淳太さん（現法政大学）、鈴木美緒さん、篠原奈緒子さん、野村圭介さん、、非常勤講師の尾沢俊一さん、西田正徳さん　各節の内容を深めていただきました。そして、これらコラムに4コマ漫画を作成していただきました関原聡さん。親しみやすいイラストで読みやすいものとなりました。皆様、ありがとうございます。

また、本書の元となる連続セミナーのリモート配信の準備をしていただきました教員の山本憲司さん、山川智さん、最終回の伊東豊雄さんの1800名でのホールでの配信にご協力いただきました職員の谷澤裕也さん、東海大学建築会の鹿田健一朗さん他ＯＢの皆様、当日の開場の準備、誘導にご協力いただきました多くの教員、職員、関係者の皆様。そして、ポスター作成をお手伝いいただきました建築都市学部の学生・大学院生の皆様、どうもありがとうございます。
最後に、企画を実現に向けて手助けを頂きました総合資格　佐藤拓也さん、竹谷繁さんの皆様、そして、書籍化にあたり尽力をいただきました総合資格出版局の新垣宜樹さんと三宅崇さんに心よりお礼申し上げます。

2023年10月　岩﨑　克也

# 総合資格学院の本

## ●設計展作品集＆建築書

**構造
デザインマップ
東京**

定価：2,090円
判型：15×
25.8cm

**構造
デザインマップ
関西**

定価：2,090円
判型：15×
25.8cm

**環境
デザインマップ
日本**

定価：2,090円
判型：15×
25.8cm

**STRUCTURAL
DESIGN MAP
TOKYO**

定価：2,090円
判型：12.5×
21cm

**建築学生の
ための
就活ガイド**

定価：1,870円
判型：A5判

**まちデザイン
ゼミ**

予価：2,200円
判型：B5判

**デジタル
田園都市
とは何か**

定価：3,300円
判型：B5判

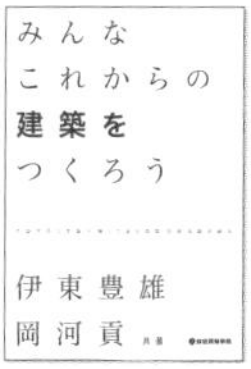


**みんな
これからの
建築を
つくろう**

定価：3,080円
判型：B5判

**住む人の
ための
建てもの再生**

定価：2,200円
判型：A5判

**CANON
量子的生成**

定価：5,830円
判型：A4判変形

**アイゼンマン
の建築論
QUANTU-
METRIC**

定価：2,420円
判型：B5判

**建築模型で
学ぶ！
木造軸組構法
の基本**

定価：7,700円
判型：30.5×24
×8.4cm

**建築新人戦
オフィシャル
ブック**

定価：1,980円
判型：A4判

**建築学縁祭
オフィシャル
ブック**

定価：1,980円
判型：B5判

**Diploma
×
KYOTO**

定価：2,200円
判型：B5判

※すべて税込価格となります

# LINKAGE
## 人・建築・都市を○○でつなぐ


発行日　2023年11月1日　初版第1刷発行
編著者　岩﨑克也
発行人　岸 和子
発行元　株式会社 総合資格
〒163-0557　東京都新宿区西新宿1-26-2 新宿野村ビル22F
TEL 03-3340-6714(出版局)
https://www.shikaku.co.jp/
https://www.shikaku-books.jp/
編集　総合資格　出版局(新垣宜樹、坂元 南)
制作協力　総合資格(平岡達也、佐藤拓也、鈴木一也、竹谷 繁、小野寺 優)
松田朋子、荒井空良人、奥島千晶
デザイン・DTP　総合資格　出版局(三宅 崇)
4コマ漫画　関原 聡
印刷・製本　シナノ書籍印刷 株式会社





Printed in Japan
ISBN 978-4-86417-520-3